es 1253
edition suhrkamp
Neue Folge Band 253

Neue Historische Bibliothek
Herausgegeben von Hans-Ulrich Wehler

Jede Epoche richtet ihre eigenen Fragen an die Vergangenheit. Einer Zeit, der der Abschied von überkommenen Lebensformen und -bedingungen besonders deutlich vor Augen steht, liegt die Frage nahe, wie das Verhältnis zwischen Mensch und Gesellschaft, zwischen Mensch und Natur in anderen Epochen beschaffen war. Bis vor kurzem hätte sich darauf keine befriedigende Antwort geben lassen. Nun aber liegt eine Fülle von Forschungsergebnissen vor, von denen das 17. und das 18. Jahrhundert besonders profitieren. Dadurch ist ein neuartiger Blick auf jene Welt möglich geworden, die der unseren unmittelbar voranging.

Die hier vorliegende Darstellung geht ganz bewußt den Weg von der Herrschaft der Natur zur Natur der Herrschaft. Zwischen diesen beiden Endpunkten sind gleichsam drei Belegstücke für die schrittweise Aneignung der natürlichen Ressourcen und für die allmähliche Emanzipation von den natürlichen Lebensbedingungen eingebettet: die Geschichte der Bevölkerung, des Wirtschaftens und der gesellschaftlichen Ordnung. Alle drei Komplexe verweisen auf eine uns heute weitgehend fremd gewordene Selbststeuerung der Gesellschaft, die im behandelten Zeitraum allerdings zunehmend versagt und darum den Staat auf den Plan gerufen hat.

Christof Dipper ist Professor für Neuere Geschichte an der Technischen Hochschule Darmstadt.

Christof Dipper
Deutsche Geschichte

1648-1789

Suhrkamp

edition suhrkamp 1253
Neue Folge Band 253
Erste Auflage 1991
© Suhrkamp Verlag Frankfurt am Main 1991
Erstausgabe
Satz: IBV, Berlin
Druck: Nomos Verlagsgesellschaft, Baden-Baden
Umschlagentwurf: Willy Fleckhaus
Printed in Germany

1 2 3 4 5 6 – 96 95 94 93 92 91

Inhalt

Vorbemerkung

Bücher sind historische Fakten, und als solche sprechen sie nicht für sich selbst. Der Leser kann darum erwarten, vom Autor über dessen Absichten aufgeklärt zu werden.

Da an Überblicksdarstellungen zur Geschichte des hier behandelten Zeitraumes kein Mangel herrscht, schien es mir wenig sinnvoll, diesen eine weitere an die Seite zu stellen. Ich habe daher von vornherein auf eine ereignisgeschichtlich angelegte Gesamtdarstellung verzichtet und mich bei der Auswahl der systematischen Gesichtspunkte vor allem auf solche beschränkt, die bisher entweder überhaupt nicht behandelt wurden, oder unter den hier behandelten Fragestellungen zu kurz gekommen sind. Von den vielen Themen, die in diesem schmalen Band nicht angesprochen sind, wurden also die meisten absichtlich weggelassen. Ob die Auswahl befriedigt, bleibt dem Urteil des Lesers überlassen.

Vorgegeben war nur der chronologische Rahmen. Was das Stichjahr 1648 betrifft, war dies kein Problem; seit jeher gilt es als Epochendatum der deutschen Geschichte in nahezu jeder denkbaren Hinsicht. Anders verhält es sich mit dem Jahr 1789. Wenn der »Gebhardt« als Maßstab dient, der anders als in den vorigen in der kommenden zehnten Auflage die Grenze ins Jahr 1806 verlegt, scheint der Trend augenblicklich gegen 1789 zu sprechen. Andere Aspekte rücken jedoch dieses Datum mit Recht in den Mittelpunkt. Ich habe, wie das bei systematischer Fragestellung wohl unvermeidlich ist, oft weit über 1789 hinausgegriffen, 1648 dagegen respektiert, soweit dies sinnvoll war; der Kontakt mit Johannes Burkhardt hat dies erleichtert.

Hans-Ulrich Wehler bot mir die Chance, mich mit den angeschnittenen Fragen im Zusammenhang zu befassen. Ich danke der intensiven Mithilfe von Henriette Mlynski und Matthias Lucke. Meine Lehr- und Wanderjahre sind mit dem gestrigen Tage zu Ende gegangen. Ein Anlaß, mich der Trierer Kollegen dankbar zu erinnern.

Darmstadt, 1. April 1990   *Christof Dipper*

I. Die Herrschaft der Natur
Die Aneignung der Umwelt in der Frühen Neuzeit

Daß der Mensch, und namentlich der Mensch vergangener Zeiten, von der Natur umgeben ist, ja von ihr beherrscht oder jedenfalls bestimmt wird, ist nachgerade eine Banalität. Schon weniger banal ist dagegen, jedenfalls im Hinblick auf das, was Historiker gewöhnlich interessiert und was sie dementsprechend zu erforschen pflegen, daß das Verhältnis von Mensch und Natur eine Geschichte hat. Und erst recht nicht mehr trivial ist es, in einem historischen Werk festzustellen, daß die Natur selbst dem Wandel unterworfen ist und dabei buchstäblich Geschichte macht.

Zwei Dinge erschweren die Erkenntnis dieses Zusammenhangs. Erstens unterliegen Natur und Mensch sehr unterschiedlichen Verlaufsformen der Entwicklung, und zweitens ist das Verhältnis beider zueinander je nach den verschiedenen Erscheinungsformen der Natur ganz unterschiedlicher Art. An den Elementargegebenheiten Klima und Erdoberfläche, dem Wetter und der Landschaft also, läßt sich dieser Sachverhalt am einfachsten aufzeigen. Beide sollen darum im folgenden näher betrachtet werden.

Die Geschichte des irdischen Klimas läuft zwar insgesamt zielgerichtet von warm nach kalt, historisch relevant sind aber ausschließlich die zyklischen Schwankungen, d. h. die Abfolge von Wärme- und Kälteperioden. Gerade weil sich, daran gemessen, die Menschheitsgeschichte linear entwickelt, stellt sie sich dar als die zunehmende Emanzipation von klimatischen Gegebenheiten. Drei Feuchtjahre hintereinander beeinträchtigen heutzutage zwar immer noch die Wirtschaft, im 17. Jahrhundert aber bedeuteten sie die Katastrophe schlechthin. Die deutlichen Grenzen, die in dieser Hinsicht der Emanzipation der Menschheit auferlegt waren, sind offenkundig. Anders verhält es sich im Falle der Landschaft. Sie eignet sich der Mensch buchstäblich an, seit er seßhaft geworden ist. Zwar prägen Gebirge und Ebenen, Flüsse und Meere »natürlicherweise« die menschliche Kultur in mehr oder minder starker Form, doch vermag sich der Mensch über die physikalischen Grundgegebenheiten auch hinwegzusetzen und sie sich zu unterwerfen. Wenn Francis Bacon, der Philosoph des Fortschritts, 1623 davon sprach, daß die Natur einerseits zwar »frei« sei, andererseits aber »von der menschlichen Kunst und Arbeit gebunden, gestaltet und gleichsam erneuert« werde[1], reflektiert er, und zwar als einer der ersten, den Prozeß der Aneignung der Natur durch den Menschen. Er nannte dies die »Historie der Künste« oder der »Mechanik«, weil menschliche Kunst die Natur zu verändern imstande sei, jedenfalls bis zu einem gewissen Grade.

Von diesen beiden Ableitungen der »Naturgeschichte« sei im folgenden die Rede, von der »freien« und der »mechanischen«. Beide bestimmten das Leben der Menschen in wahrhaft elementarer Weise, doch bemächtigten sich die Menschen der Frühen Neuzeit auch ihrerseits, so gut sie es eben vermochten, der Umwelt. Was meist übersehen wird: Sie blieben dabei an die Herrschaftsordnung gebunden, von der eine Verschärfung naturbedingter Krisen, aber auch Milderung ausgehen konnte. Ob die Obrigkeit die Vorratsmagazine rechtzeitig füllte oder fahrlässig leerte, ob sie Rodungen erlaubte oder gar förderte oder aber die Waldnutzung einschränkte, längst war im Zeitalter des frühmodernen Staates die »Historie der Künste« ihres ausschließlich naturalen Charakters verlustig gegangen. Es lag in der Natur der Herrschaft, wie weit die Herrschaft der Natur reichte.

1. Das Klima: Die »Kleine Eiszeit«

Daß die Natur in der vorindustriellen Zeit für das Leben der Menschen eine andere Bedeutung hatte als heute, ist eine Binsenweisheit. Dennoch lohnt es sich, den tatsächlichen Zusammenhängen wenigstens an einigen Beispielen nachzugehen. Beginnen wir mit dem Wetter. Selbstverständlich können wir heute nicht mit letzter Exaktheit rekonstruieren, welches Wetter zu welchem Zeitpunkt geherrscht hat. Aber daß es wirklich *geherrscht* hat, steht außer Zweifel. Es beherrschte namentlich die Landwirtschaft und durch diese die Menschen. Dies freilich vielfach gestuft – keineswegs waren alle vor dem Wetter gleich –, aber insgesamt gilt: Gutes Wetter, also das richtige, nötige Wetter, entschied über das bei weitem wichtigste Erzeugnis, die Agrarproduktion.

Mit dieser Feststellung ist jedoch noch nicht viel gewonnen. Es herrschte nämlich im 17. und 18. Jahrhundert nicht nur das Wetter überhaupt, sondern es herrschte damals ein auffallend schlechtes

Wetter. Die Klimahistoriker sprechen von der »Kleinen Eiszeit«, einem weltweiten Phänomen zwischen 1520 und 1860. Die negativen Einflüsse häuften sich besonders in den Jahren zwischen 1550 und 1720, und innerhalb dieses Zeitraums bildeten die neunziger Jahre des 17. Jahrhunderts einen Tiefpunkt ohnegleichen. Die Rede ist nicht von Unwettern oder Katastrophen, denn diese sind alltäglich, wenn auch örtlich begrenzt. Vielmehr geht es um die Kälte und Nässe, und zwar zur Unzeit, d. h. in der Hauptwachstumsperiode; beide Phänomene beschränkten sich nicht auf kleine Räume, sondern erfaßten zumindest die nördliche Halbkugel. Für Mitteleuropa belegt eine Vielzahl voneinander unabhängiger, aber übereinstimmender Daten – Baumringe, Gletscherbewegungen, Zehnt- und Weinlesetermine, Erntemengen, Chroniken und die ersten Wetterbeobachtungen – folgenden Klimaablauf: »Die Sommerperioden waren im ganzen gesehen nicht signifikant kälter, aber zeitweise – vor allem im späten 16. Jahrhundert und im 18. Jahrhundert – etwas niederschlagsreicher. Ein kühler und nasser Juni wurde oft durch einen warmen und trockenen August kompensiert. Die Herbsttemperaturen hielten sich bis um 1670 auf dem heutigen Niveau. Zwischen 1670 und 1920 waren die Temperaturen tiefer und die Niederschläge zeitweise etwas höher als seit 1920. Am Ende der 1680er Jahre kühlen sich Frühjahr (um 1,5° C) und Herbst (um 0,5° C) abrupt ab, besonders Mai und September, wodurch sich die Vegetationsdauer, namentlich im Berggebiet, empfindlich verkürzte. Die durchschnittliche Jahrestemperatur des Dezenniums 1690-1699, des kältesten der Untersuchungsperiode, liegt fast 1° C unter dem entsprechenden Wert der Gunstperiode 1901-1960. Bei der anschließenden Wiedererwärmung erreichen alle Jahreszeiten, mit Ausnahme der Winter, bis ins Dezennium 1720-1729 vorübergehend die volle Wärme des 20. Jahrhunderts. Frühlings- und Herbsttemperaturen fallen nach 1730 wieder zurück; die Sommer sind zwischen 1760 und 1790 überwiegend naß, dasselbe gilt für die Herbste.«[2] Das 19. Jahrhundert setzte mit einer auffallenden Kälteperiode ein, 1816 war ein »Jahr ohne Sommer«.

Über die Ursachen dieser ungünstigen Wetterlage herrscht keine Klarheit. Anfangs hat man die Sonnenflecken oder vielmehr ihr Ausbleiben dafür verantwortlich gemacht. Tatsächlich fällt das sog. Maunder-Minimum in die Periode des größten Temperaturabfalls, und ironischerweise deckt es sich ausgerechnet fast genau mit der Regierungszeit des Sonnenkönigs, der von 1643 bis 1715 herrschte. Mittlerweile haben sich an dieser Theorie jedoch Zweifel eingestellt, da einesteils die Sonnenflecken nur als äußere Erkennungszeichen anderer Vorgänge – einige Forscher sprechen neuerdings in diesem Zusammenhang von einem vergrößerten Sonnendurchmesser und einer deshalb verringerten Rotationsgeschwindigkeit – gelten und weil andererseits der Nachweis ursächlicher Zusammenhänge zwischen Prozessen auf oder in der Sonne und dem irdischen Wetter nicht gelungen ist. Eine andere Theorie mißt dem Vulkanismus große Bedeutung zu. Nun haben zwar gerade am Ende des 17. Jahrhunderts auffallend viele außerordentlich energiereiche Eruptionen stattgefunden, die eine große Menge Staub bis in hohe Schichten der Atmosphäre geschleudert haben, von wo aus sie durch den Jetstream rund um den Erdball transportiert worden sind; dieser Staub soll für gewisse Zeit so viel Sonnenlicht absorbiert haben, daß die Temperaturen deutlich fielen. Aber auch in diesem Fall ist nicht geklärt, ob ein zeitweiliges Zusammentreffen zweier Phänomene auf deren ursächliche Verbindung zurückgeführt werden kann.

Das gilt auch nicht für das Katastrophenjahr 1816, obgleich mit den Ausbrüchen der Soufrière auf Guadeloupe 1812, dem Mayon auf Luzon 1814 und dem Tambora auf Borneo 1815 ein Zusammenhang zu existieren scheint; das Jahr 1816 stellt zugleich den Endpunkt einer schon seit 1770 ungünstigen Temperaturlage dar. Die jüngste Hypothese, die Variationen des atmosphärischen Kohlendioxidgehalts als Ursache der Temperaturschwankungen annimmt, vermag allenfalls für die Zeit seit der Industrialisierung mit plausiblen Erklärungen aufzuwarten.

Die Historiker bleiben aufgrund der Unklarheiten auf die »reine« Klimageschichte verwiesen. Diese erklärt die »Kleine Eiszeit« mit einer Zunahme der nördlichen Polareiskappe, die den Jetstream und mit ihm die Tiefdruckschneisen zu einer Verlagerung nach Süden zwang. So konnten sich über dem europäischen Kontinent im Winter ortsfeste Hochs ausbilden, die Kaltluft nach Süden leiteten, während im Sommerhalbjahr sich das Islandtief über der Nordsee etablierte und das Azorenhoch blockierte. Blockaden des »normalen« Luft- und Feuchtigkeitsaustauschs waren das wichtigste Merkmal jener Zeit. Die Flüsse und Seen schwollen an, die Alpengletscher schoben sich nach vorn, und im Winter fiel außergewöhnlich viel Schnee.

In agrargeschichtlicher Hinsicht beschränkt sich die »Kleine Eiszeit« auf ein erhöhtes Maß von Klimaschwankungen, die das herkömmliche Regelsystem öfter als zuvor aus dem Gleichgewicht brachten, und auf feuchtkalte März- und Junimonate, die die Ertragsbildung der Winterfrucht, die Aussaat des Sommergetreides, die Weinblüte, den ersten Grasschnitt und gegebenenfalls den Almauftrieb, ganz allgemein also das Wachstum behinderten. Schneereiche, tiefkalte Winter dagegen, in denen etwa der Bodensee zufror, was zwischen 1500 und 1799 nicht weniger als neunzehnmal vorkam und sich seither nur viermal wiederholt hat, schaden der im Winterschlaf befindlichen Natur Mitteleuropas dagegen in aller Regel nicht.

Die Verschlechterung der Großwetterlage hatte je nach Dauer ganz unterschiedliche Auswirkungen. Eine Mißernte traf das von ihr betroffene Gebiet unterschiedslos und brachte dramatische Preissteigerungen mit sich. Es ist wohl kein Zufall, daß gerade am Ende des 17. Jahrhunderts, mithin auf dem Tiefpunkt der »Kleinen Eiszeit«, der englische Statistiker Gregory King das nach ihm benannte Gesetz formulierte, demzufolge schon geringfügige Ernteausfälle überproportionale Preissteigerungen auszulösen pflegen. King hatte zur empirischen Erforschung dieses Zusammenhangs reichlich Gelegenheit. Gegen solche Vorfälle konnte man sich aber in gewissem Umfang schützen: weniger durch die Verordnung von Höchstpreisen, wie es der Vorschlag der Obrigkeiten vorsah, als durch ein wirksames Unterstützungswesen, vor allem aber durch Substitution der Mangelware. Johann Friedrich Unger hat ein halbes Jahrhundert nach King als erster auf die sogenannte Kreuzpreiselastizität hingewiesen, womit die Preisgestaltung eines Gutes unter Einfluß eines ersatzweise nachgefragten anderen Gutes bezeichnet wird.

Wo jedoch über längere Zeiträume hinweg ungünstige Witterungsverhältnisse herrschten, spielten sich ganz andere und sehr viel gravierendere Vorgänge ab. Der bereits erwähnte angenommene Temperaturrückgang um 1,0 bis 1,5° C (oder 15 bis 20 Prozent) bedeutete nämlich in mitteleuropäischen Verhältnissen die Verkürzung der allgemeinen Wachstumsperiode um nicht weniger als einen Monat (die seither eingetretene Erwärmung um 0,8° C verlängerte diese Periode wieder um drei Wochen). Hinzu kamen in diesem Zeitraum um ca. zehn Prozent höhere Niederschläge. In günstigen Lagen verkraftete die Landwirtschaft diesen Rückgang, die sog. Grenzböden mußten jedoch unter diesen Umständen vielerorts aufgegeben werden. In den Mittelgebirgslagen soll deshalb die Anbaugrenze für Getreide um bis zu 200 Höhenmeter zurückgegangen sein. So erklärt sich, daß seit dem Ende des hochmittelalterlichen Landesausbaus in Deutschland jede vierte Siedlung wieder aufgegeben worden ist, in der Rhön, im Solling und im Hessischen Bergland sogar bis zu 70 Prozent. Wo nicht ganze Dörfer verschwanden, änderte sich die Zusammensetzung der Anbauprodukte. Vor allem der Weinbau zog sich vom Norden und Osten Deutschlands in die noch heute üblichen Lagen zurück. Die Wahrscheinlichkeit von Fehlernten stieg im Vergleich zum Mittelalter, in dem ein wesentlich wärmeres Klima geherrscht hatte, im 17. Jahrhundert auf das Sechs- bis Zwölffache.

Von den klimatisch verursachten Subsistenzkrisen wurden die betroffenen Gebiete so nachhaltig geschädigt, daß die hergebrachten Sicherungssysteme ganz oder teilweise zusammenbrachen; die gesamte Bevölkerung, darunter einzelne Gruppen besonders, wurde davon elementar betroffen. Wie sich das im einzelnen abspielte, hat ein Schweizer Klimahistoriker rekonstruiert: Bei »normalem« Schlechtwetter konnten in Getreideanbaugebieten nach einer starken Schädigung der Winterfrucht die Felder im Frühjahr notfalls immer noch umgepflügt und mit Sommergetreide bestellt werden, sofern die Saatvorräte ausreichten. Ein Gleiches galt für Teile des innerhalb der Feldflur liegenden Brachlandes. Falls im Vorjahr die Heuernte zufriedenstellend ausgefallen war, hielten sich auch die Verluste an Milchprodukten in Grenzen. War aber der vorausgegangene Hochsommer bereits verregnet gewesen und hatte deshalb zu starken Einbußen an Getreide (durch Auswuchs, Insektenbefall und Schimmel) und Milchprodukten (wegen unzureichender Heuernte) geführt, konnten die Ausfälle durch keine Anbaustrategie mehr verhindert werden. Sie prägten das folgende Jahr elementar. Denn da ohnehin schon am Ende des Winters der Mangel an tierischen Eiweißen und Getreide deutlich spürbar war, verschärfte ein kaltes, schneereiches und spätes Frühjahr, wie es in der »Kleinen Eiszeit« gehäuft vorkam, die Mangelsituation von Haus- und Landwirtschaft in ganz entscheidender Weise. Erste Konsequenz war das Ausbleiben von Milch, Jungvieh konnte also nicht aufgezogen werden. Wegen der erschöpften Heuvorräte mußten darüber hinaus viele der älteren Tiere geschlachtet werden. Damit fehlten Zugkräfte bei der Feldbestellung, vor allem aber

Dünger. Der bereits vom Wetter geschmälerte Getreideertrag verringerte sich also weiter, er fehlte im Herbst zur Nahrung ebenso wie zur Aussaat. Die obrigkeitlichen Vorräte waren beschränkt und reichten allenfalls zur Überbrückung einer einzigen Mißernte, nicht aber zum Ausgleich eines zweiten darauffolgenden Ernteausfalls. Und überdies fielen die Nachbargebiete als Lieferanten aus, da sie in solchen, durch großräumige Klimakonstellationen geprägten Situationen ähnlich betroffen waren. Importe von weiter her schieden deswegen aus, weil die Transportkosten so hoch waren, daß sie abseits von Wasserwegen den Getreidepreis schon nach kurzer Entfernung überstiegen. So verlängerte sich die Not vom Herbst ins Frühjahr und wieder in den Herbst zurück, der Krisenverlauf drohte zum Kreislauf zu werden wie die Naturphänomene selbst, und wo zuletzt noch die Notnahrung ausfiel – vor allem Hafer und Gras –, war das Elend vollkommen. Es liegt auf der Hand, daß die Bevölkerungen in Gebieten mit reiner Viehwirtschaft wie auch die Winzer noch sehr viel gefährdeter waren, da diese Gruppen niemals ausreichende Mengen von Nahrungsmitteln produzierten und daher beständig auf Zufuhr angewiesen waren.

Schlechte Witterung und Mißwachs in Folge blieben jedoch nicht die einzigen Übel, die von Unterernährung und Hunger bereits entkräfteten Menschen wurden vielfach Opfer von Krankheiten und Seuchen. Damit war die unheilige Dreifaltigkeit spezifisch frühneuzeitlicher Elementargefährdung komplett. Auch wenn grundsätzlich die ganze Bevölkerung unter dem Mangel litt, rafften die Epidemien vornehmlich die Schwachen dahin. Dabei war das demographische Gleichgewicht der alten Gesellschaftsordnung ohnedies ständig gefährdet. Eine Subsistenzkrise aufgrund anhaltend schlechter Witterung, »Teuerung« und »Pest« betraf jedoch vor allem die Kinder. Schon in normalen Zeiten starb ungefähr ein Drittel bis ein Viertel der Neugeborenen in den ersten zwölf Lebensmonaten. Die Zahlen schnellten in den Krisenjahren noch nach oben: zwei Drittel, selbst drei Viertel waren nicht die Ausnahme, sondern bildeten in der damaligen Zeit bei solchen Umständen die Regel. Auch die Zwei-, Drei- und Vierjährigen waren primäre Opfer solcher Zeiten. Wenn man zu diesem Hochschnellen der Sterbefälle das Absacken der Konzeptionen hinzunimmt – nicht infolge von Enthaltsamkeit, sondern weil es wegen der Unterernährung der Frauen zu sehr viel weniger Empfängnissen kam als gewöhnlich –, sind die wichtigsten Ursachen der demographischen Krisen aufgezählt, wie sie die damalige Gesellschaft wieder und wieder bedrohten und anhaltendes Bevölkerungswachstum verhinderten. Denn die Auswirkungen des Aderlasses, den eine Gemeinde in einem Katastrophenjahr erlitt, machten sich natürlich über Jahrzehnte hinweg bemerkbar. Solange die »Kleine Eiszeit« für ein Übermaß ungünstiger Wachstumsbedingungen sorgte und entsprechend überörtliche Hungerkrisen auslöste – und das waren, Wilhelm Abel zufolge, die Jahre 1624-25, 1658-65, 1691-1700, 1708-12, 1724-28, 1739-41 –, solange hielt auch eine besondere Wirtschafts- und Bevölkerungsweise an. Es ist darum kein Zufall, daß nach 1740, nachdem der klimatische Tiefpunkt überschritten war und allmählich Erwärmung einsetzte, sowohl die großen Hungersnöte zunehmend ausblieben – nur 1770-72 und 1816/17 brachten noch einmal enorme, jedoch begrenzte Rückschläge – als auch ein deutliches Bevölkerungswachstum einsetzte. Und kaum hatte die Natur die Landwirtschaft aus ihrem eisigen Griff entlassen, begannen sich die Menschen mehr oder weniger von ihr zu emanzipieren.

Es wäre jedoch ein Irrtum, aufgrund des soeben Geschilderten auf das Klima als einzige Ursache der Hungerkrisen zu schließen. Das hat man zwar bislang fast ausnahmslos getan, aber neuere Forschungen haben überzeugend einen Zusammenhang von Hunger und herrschaftlicher Verfassung hergestellt. Ihm gelten abschließend einige Gedanken.

Ein erster Zusammenhang ergibt sich, wenn man die angebauten landwirtschaftlichen Produkte näher betrachtet. Ihre Auswahl war dem einzelnen Bauern im damaligen Europa keinesfalls freigestellt. Vielmehr wachte zum einen die dörfliche Genossenschaft vor allem mit Hilfe des Flurzwangs darüber, daß in den einzelnen Schlägen der Feldmark jeweils nur eine Pflanzensorte angebaut wurde. Innovationen hatten es unter solchen Bedingungen schwer und kamen dementsprechend selten vor. Immerhin lernte man in Süddeutschland seit ungefähr 1730 den über die Osmanen und Italiener vermittelten Mais kennen (der darum anfangs auch »Türkischer Weizen« hieß), und wenig später kam auf verschiedenen Wegen die Kartoffel ins Land. Gerade sie setzte sich jedoch besonders schwer durch, da nicht nur der Flurzwang hinderlich war, sondern die Zehntverfassung als zweiter Hauptfaktor der Einführung Widerstand entgegensetzte. Seit der sog. »Vergetreidung«

Europas im Hochmittelalter bestanden nämlich die Zehnten, einer der wichtigsten Einnahmeposten im herrschaftlichen Haushalt, vorwiegend aus Kornabgaben. Im Laufe der Jahrhunderte war daraus eine der Grundlagen des überregionalen Getreidehandels geworden, der die städtischen Abnehmer versorgte und dabei sichere Gewinne abwarf. Zehntherren und Stadtobrigkeiten setzten daher den Anbauzwang für Korn bis in die klimatisch ungünstig gelegenen höheren Mittelgebirgsregionen durch und ließen keine Experimente mit der widerstandsfähigeren und nährwertreicheren Kartoffel zu. Wenn also anhaltend schlechte Witterung überproportionale Ernteausfälle verursachte, war das nicht auf außergewöhnliche Niederschlagsmengen und Kälteperioden allein zurückzuführen, sondern, jedenfalls in den klimatischen Grenzbereichen, ebensosehr auf die eigennützige und unflexible Annonarpolitik der Herrschaften.

Diese Politik konnte auch noch in anderer Weise krisenverschärfend wirken, nämlich dann, wenn die der Notvorsorge dienenden Getreidemagazine schon zu Beginn einer Mißernte leer waren. Die 1768 bis 1772 von West- nach Osteuropa wandernde Hungersnot liefert anschauliche Beispiele für eine solche Politik. So hat etwa Friedrich der Große 1768 mit gutem Gewinn Magazinroggen nach Frankreich verkauft, wo bereits Hungersnot herrschte. 1770 waren deshalb in Brandenburg und Preußen die Vorräte knapp, 1771 so gut wie erschöpft, als die Krise im eigenen Land ihren Höhepunkt erreichte. Zu einem Ausfuhrverbot für ostpreußisches Getreide, das für die Niederlande und England bestimmt war, konnte sich der König nur für kurze Zeit entschließen, da er nach wie vor an den Exportabgaben interessiert war. In dieser Situation bot die erste polnische Teilung einen unverhofften Ausweg, denn nunmehr war Friedrich nicht mehr auf die freiwilligen Verkäufe polnischer Güter angewiesen, die angesichts des Mangels in Polen selbst längst nicht die Erwartungen erfüllten. Statt dessen konnte nun polnisches Getreide zu Preisen, die Berlin festgesetzt hatte, beschafft, vielfach sogar beschlagnahmt, und in preußische Territorien verfrachtet werden.

In beiden Fällen zeigt sich, daß die Ungunst des Klimas nicht die einzige Ursache für den Nahrungsmangel war. Die herrschaftliche Ordnung konnte sehr wohl krisenverschärfend wirken, ja Klimaverschlechterungen überhaupt erst zum Problem werden lassen. Selbstverständlich war die Obrigkeit auch bestrebt, und zwar mit Erfolg, die Folgen von Fehlernten aufzufangen und abzumildern. Daß aber beide Verhaltensweisen nebeneinander bestanden, sollte dem Historiker Anlaß sein, in den Naturgegebenheiten nicht unabänderliche und damit außergeschichtliche Tatbestände zu sehen, sondern sie auch auf ihre vom Menschen hervorgerufenen Wirkungen hin zu untersuchen. Auch wenn den Zeitgenossen der Zusammenhang verborgen geblieben sein mochte, haben jedenfalls die gegenwärtigen Probleme der »Dritten Welt« die Augen dafür geöffnet, daß der Hunger durchaus auch vom Menschen mitverursacht wird.

2. Landesausbau als Landschaftsgeschichte

Es ist eine offensichtliche Tatsache, daß alle Geschichte sich im geographischen Rahmen abspielt. Vielleicht wird gerade deshalb das Verhältnis des Menschen zu seiner Umwelt und die Abhängigkeit von ihr von den Historikern vergleichsweise wenig beachtet, besonders von deutschen Historikern, die sich mit der Neuzeit beschäftigen. Allenfalls geopolitische Gedanken – meist eine Umschreibung für das Stereotyp von Deutschlands Mittellage – finden gelegentlich ihre Aufmerksamkeit und enden in diesem Falle meist in deterministisch geprägten Feststellungen bezüglich der Vergangenheit oder Zukunft Deutschlands.

Um solche Probleme, nur zu oft Scheinprobleme, soll es hier nicht gehen. Inwiefern Naturgegebenheiten das Leben der Menschen bestimmt haben, ist zwar eine offene Frage, aber das Ausmaß ihres Einflusses wird, wie ja bereits vorn betont wurde, in der Regel überschätzt. Wohl war die Frühe Neuzeit von klimatischen Erscheinungen aller Art abhängiger als die Gegenwart, sie war ihnen aber keineswegs schutzlos preisgegeben. Die Landwirtschaft hatte im Gegenteil, aufbauend auf tausendjähriger Erfahrung, Anbausysteme und -praktiken entwickelt, die, wenn sie wirklich angewandt wurden, mit vorübergehender Witterungsungunst ohne weiteres zurechtkamen. In gemäßigten Zonen pflegte das Wetter auch damals maßvoll zu herrschen.

In noch geringerem Maße drückten naturgeographische Gegebenheiten den Verhältnissen ihren Stempel auf. Der Angriff auf die natürlichen Barrieren Mitteleuropas hatte bereits im Frühen Mittelalter eingesetzt und war in der Frühen Neuzeit längst beendet.

Kein Fluß und kein Gebirgszug bildete im Deutschland des 17. und 18. Jahrhunderts noch ein ernsthaftes Hindernis, ja, kaum diente einer von ihnen noch als Grenze. Es wäre zwar falsch, die Mannigfaltigkeit der deutschen Siedlungs- und Wirtschaftsverhältnisse ganz unabhängig von den naturräumlichen Voraussetzungen erklären zu wollen, aber andere Ursachen gaben oft den größeren Ausschlag. So war die geringe Bevölkerungszahl Ostelbiens nur zu einem geringen Grade auf die ertragsschwachen Böden und kürzeren Vegetationsperioden zurückzuführen, denn im 19. Jahrhundert vermochte dort eine um ein Vielfaches zahlreichere Bevölkerung zu leben, lange bevor sich die landwirtschaftlichen Techniken wesentlich geändert haben. Für die Unterschiede war statt dessen die so ganz andere Gesellschaftsverfassung ursächlich, die den Menschenmangel, der dieses alte Kolonialland immer schon gekennzeichnet hatte, gewissermaßen zum System erhoben hatte.

Die naturgeographischen Gegebenheiten schlossen – auch das wird, weil selbstverständlich, nur zu oft übersehen – hierzulande die dauerhafte Existenz gefährlicher Krankheitserreger ebenfalls weithin aus. Eine spezielle Pathologie des Nordens scheint es, anders als im Falle südlicher Länder, nicht gegeben zu haben. Jedenfalls ist sie bislang nicht beschrieben worden. Die Pestepidemien und sonstigen Seuchen, die im 17. Jahrhundert keineswegs fehlten und erst im 18. Jahrhundert allmählich ausklangen, waren stets die Begleiterscheinungen zweier anderer Menschheitsgeißeln: der Kriegszüge und Hungersnöte; so in ganz Deutschland z. B. die Pest von 1635 bis 1640 und diejenige von 1709/10 im östlichen Preußen. Endemisch waren sie jedoch nicht. Keine der versumpften Talniederungen – die unregulierten Flußtäler würden den heutigen Betrachter wohl am meisten befremden, alle anderen landschaftlichen Erscheinungen kämen ihm dagegen mehr oder minder vertraut vor – kann als so verseucht gelten, daß Besiedelung nicht möglich gewesen wäre. Die 1606 erfolgte Gründung Mannheims mitten in der Rhein-Neckar-Niederung belegt das deutlich. Zwar starb, um in der Gegend zu bleiben, der pfälzische Kurfürst Karl im Mai 1685 an einer Infektion, die er sich im Sommer zuvor beim Kriegsspiel in den Rheinauen vor seiner Hauptstadt zugezogen hatte. Aber dies war bereits damals eine viel beachtete Ausnahme. Im allgemeinen waren die Städte viel ungesünder aufgrund der dichten Bevölkerung und der schlechten Hygiene.

Was die Natur damals – abgesehen von technischen Ursachen – verhinderte, war der Landtransport von Massengütern. Das Langholz der ostpreußischen »Wildnis« und das Getreide aus Mecklenburg waren in Amsterdam, in Notzeiten sogar in Livorno und Venedig zu kaufen, nicht aber in Berlin, Leipzig oder Nürnberg. Mit anderen Worten: Wasser verband Handelsplätze, Land trennte sie, jedenfalls soweit es sich um Dinge des täglichen Bedarfs handelte. Anders verhielt es sich natürlich mit hochwertigen Gütern: Wein, Barchent, Leinwand, Seide, Edelmetalle, Gewürze, Südfrüchte, ja neuerdings sogar Baumwolle. Für diese Produkte waren nicht einmal die Alpen eine Barriere, und namentlich Oberdeutschland, an der Spitze Nürnberg, war die Drehscheibe eines umfangreichen Nord-Süd-Austausches mit Anbindungen nach West und Ost. Fernand Braudel hat diesen Teil Mitteleuropas einen Isthmus genannt, eine Landenge also, die den Verkehrsfluß geradezu anzog und kanalisierte. Seit der Mitte des 17. Jahrhunderts wurde es allerdings stiller um Oberdeutschland, aber nicht wegen natürlicher, sondern wiederum wegen von Menschen geschaffener Umstände. Der Dreißigjährige Krieg einerseits sowie die rasch wachsende Bedeutung des Atlantikhandels andererseits schichteten den europäischen und damit auch den deutschen Warenaustausch um.

Wie alt sind nun eigentlich die deutschen Landschaften? Manchen Leser wird vermutlich diese Frage irritieren, aber man muß sich vergegenwärtigen, daß die Kulturlandschaft von Menschenhand geschaffen worden ist, um die gestellte Frage als berechtigt anzuerkennen. Die Kulturlandschaft hat also eine Geschichte, die nicht zu allen Zeiten mit derselben Geschwindigkeit verlief. Das in der Gegenwart buchstäblich atemberaubende Tempo ist nicht nur dabei, apokalyptische Visionen heraufzubeschwören, es verstellt vielen Betrachtern auch den Blick für die Dynamik als Merkmal der Kulturlandschaft überhaupt. Dabei hat der steile Bevölkerungsanstieg im Spätmittelalter das Gesicht Mitteleuropas in zwei bis drei Jahrhunderten so stark verändert wie nie zuvor. Mit dem Ende dieser Ausbauperiode war auch das Ende des rapiden Umbaus der Landschaft gekommen. Sie veränderte sich in der Folgezeit, d. h. bis ins späte 19. Jahrhundert, nur noch da, wo inzwischen durch massive Verschiebungen in der Bevölkerungsbilanz, sei es durch Verluste oder durch Einwanderung, Eingriffe in die Natur notwendig wurden oder die Natur verlorenes Terrain zurückerobert hat. Die deutschen Landschaften sind daher zu unterschiedlichen Zeiten entstanden, überwiegend im Spätmittelalter, vielfach, und zwar besonders im locker besiedelten Kolonialland des Ostens jedoch erst nach dem Ende des 15. Jahrhunderts.

Daß sich das Landschaftsbild überhaupt noch in der Frühen Neuzeit gewandelt hat, ist eine vergleichsweise junge Erkenntnis der Wissenschaft. Allenfalls waren die Folgen des Dreißigjährigen Krieges bekannt. Seine direkten Auswirkungen waren in den einzelnen Gebieten naturgemäß sehr verschieden, je nachdem, wie groß die Bevölkerungsverluste ausgefallen waren. Wenn diese mehr als 50 Prozent betrugen, traten in der Regel erhebliche landschaftliche Veränderungen ein. Zwar verschwanden nur selten ganze Ortschaften, aber das innere Gefüge der Siedlungen, insbesondere die Besitzverfassung veränderte sich enorm. In der Feldmark wurden die Grenzböden aufgegeben, der Wald drang wieder vor. Während dieser Vorgang in späterer Zeit vielfach wieder rückgängig gemacht wurde, bedeutete die Verbreitung des Weinbaus einen bleibenden Einschnitt in den Mittelgebirgen. Dort, wo es noch Ende des 16. Jahrhunderts dank relativer Klimagunst und besonderer konjunktureller Umstände bis in Höhen von 500 Metern Weinberge gab, verschwanden die Reben und mit ihnen die typischen Terrassenhänge auf Dauer; für das Saaletal, für etliche Gebiete Ostfrankens und für Teile der Rhön haben neuere Forschungen das in vielen Einzelfällen nachgewiesen. Nicht rückgängig zu machen war gleichfalls die Bodenerosion, die nicht nur Steillagen, sondern gelegentlich auch die in Verfall begriffenen Terrassenäkker heimsuchte, bevor eine neue Vegetationsdecke die Böden schützte. Den Zusammenhang zwischen Bevölkerungs- und Landschaftsverlust schildert anschaulich ein amtlicher Bericht aus der Nähe von Kassel, in dem es heißt, daß »an den meisten orten kaum noch die helffte der hiebevorigen hause noch übrig . . . und sonderlich was an den bergen und einhängen liege durch die regen und feldfluten mit der zeit der gestalt ausgewaschen und vom erdreich entblöset, daß solche mehr für steinhaufen als für land anzusehen, auch künftig wohl nimmermehr gebraucht werden können«.[3]

Indessen blieben das alles, so schwerwiegend die Veränderungen im lokalen Zusammenhang auch sein mochten, vergleichsweise begrenzte Eingriffe. Eine flächendeckende Zerstörung durch Kriegshandlungen oder Kriegsfolgen mit mehr oder minder vollständigem Abzug der Bevölkerung hat es in Deutschland immer nur für kurze Zeit gegeben, so während des Dreißigjährigen Krieges vor allem in Teilen Mecklenburgs, Pommerns, Hessens, Württembergs und der Pfalz. Die Pfalz erlebte bald darauf, nämlich 1688/89 und 1693 im Pfälzischen Erbfolgekrieg, eine erneute, diesmal noch weitergehende, weil planmäßig durchgeführte Totalzerstörung im Dreieck zwischen Mannheim, Heidelberg und Philippsburg, um die sich Kreise weniger intensiver Zerstörung zogen. Die Dauerschäden beschränkten sich aber hier wie dort auf einzelne »öde Plätze«, Wüstungen, während die Kulturlandschaft alsbald wieder ihre alte Gestalt annahm. Es verdient an dieser Stelle hervorgehoben zu werden, daß Deutschland das Schicksal Ungarns nach der Katastrophe von Mohács (1526) erspart geblieben ist, nach der der überwiegende Teil der Donautiefebene alsbald zur Steppe wurde. Sie erhielt zwar als Puszta einen späterhin klangvollen Namen, ruinierte die Wirtschaftskraft des Landes aber so, daß nicht einmal die osmanischen Eroberer sich dort dauerhaft zu halten vermochten.

Wenn es dennoch in gewissem Grade vergleichbare Ergebnisse bei der Wiederbesiedelung gab, nämlich den Aufstieg des Adeligen zum Großgrundbesitzer im modernen Sinne sowohl in Ungarn als auch in Nordostdeutschland, hat das ausschließlich in den ähnlichen demographischen und politischen Rahmenbedingungen seine Ursache. Namentlich in den Randgebieten der Ostsee bildeten sich durch Einziehen wüster Höfe und durch Bauernlegen regelrechte Gutslandschaften heraus. An die Stelle des Bauerndorfes trat der Gutsweiler, der, durch Häusler erweitert, auch seinen sozialen Charakter deutlich wandelte. Der Niedergang vieler Landstädte stand damit in engem Zusammenhang. Natürlich wurde von all dem das Erscheinungsbild der Landschaft betroffen, da Siedlung und Ackerbau starken Eingriffen unterworfen wurden. Überhaupt gehörte es zu den Merkmalen frühneuzeitlicher Kulturlandschaftsentwicklung, daß sie immer stärker von der sozialen Differenzierung der Bevölkerung, der Vormachtstellung des Adels und zuletzt von gesetzlichen Maßnahmen der Landesherrschaft abhängig wurde.

Gegen 1680, d. h., nachdem die unmittelbaren Kriegsschäden so weit als möglich beseitigt worden waren, setzte der absolutistisch gelenkte Landesausbau ein, der, weil er zunächst vornehmlich auf Neulandgewinnung zielte und darauf Bauern ansetzte, das Land in gänzlich anderer Weise gestaltete als es beim Adel mit seiner auf schnelle wirtschaftliche Erträge gerichteten Siedlungtätigkeit der Fall war. Erst von der Mitte des 18. Jahrhunderts an wurde dieser Vorgang innerhalb der bestehenden Dörfer und Fluren durch qualitative Verbesserungen unterstützt, die auch auf den großen Adelsgütern begegneten, bis dann noch etwas später durch Gesetze und Verordnungen überhaupt damit begonnen wurde, die jahrhundertealte, mittelalterliche Agrarverfassung und das von ihr geprägte Landschaftsbild ganz zu beseitigen. Gelungen ist dies allerdings nicht in allen Teilen Deutschlands.

Am spektakulärsten waren zweifellos die Maßnahmen der preußischen Landesherren, die von vornherein den Charakter staatlicher Großprojekte trugen und allein bis 1740 ca. 54000 Einwanderer angelockt und mit Land versorgt haben. Es begann mit den »Schatullsiedlungen« des Großen Kurfürsten, die dieser auf eigenem Land – daher der Name – in Ostpreußen anlegen ließ, um darauf Bauerndörfer zu errichten. Ähnliches gilt für die Rodungstätigkeit in Pommern, während bei der Trockenlegung havelländischer Brüche mehr an die Errichtung neuer, für Vieh und Milchwirtschaft geeigneter königlicher Vorwerke gedacht war. Die ab 1685 in Preußen aufgenommenen Hugenotten – weitere ca. 20000 »Réfugiés« strömten in den nächsten fünfzehn Jahren ins Land – kamen als Gelehrte, Kaufleute und Gewerbetreibende für eine Kolonisierung des flachen Landes kaum in Frage, im Unterschied zu den etwas später in Hessen-Kassel, Hessen-Darmstadt und Württemberg ankommenden Waldensern, deren schematisch angelegte Dörfer vom herkömmlichen Erscheinungsbild stark abwichen und als Rodungssiedlungen die seit alters unberührten Waldzonen erschlossen. Scharen von Holländern, Pfälzern und Schweizern waren willkomene Kolonisten, weil sie als vorzügliche Landwirte galten.

Die zweite Etappe der preußischen Binnenkolonisation bildete das sog. »Litauische Retablissement«, die Antwort auf die ostpreußische Pestkatastrophe von 1709/10, in der ganze Landstriche verödet und die Verwaltung zusammengebrochen war. Dementsprechend sollten im Zuge des »Retablissement« nicht nur neue Siedler angesetzt, sondern auch die Administration neu geordnet und das Schulwesen verbessert werden. Nach vielen Fehlschlägen unter Friedrich I. gelang dessen Sohn seit 1723 der Durchbruch. Hunderte neuer Vorwerke, Mühlen und Krüge wurden gebaut, Dutzende von Dörfern angelegt oder wiederbesiedelt und sogar sechs Städte mit dem neuen Verwaltungszentrum Gumbinnen gegründet. Das Flußnetz von Pissa, Inster und Pregel erleichterte den Zugang zu dem abgelegenen Gebiet. Die Neuankömmlinge erhielten die Auflage, ihre Höfe nach »Halberstädter Art« zu betreiben, d. h. eine modernere, am magdeburgischen Vorbild orientierte Feldbestellung einzuführen. Das hatte naturgemäß deutlichere Eingriffe in die Naturlandschaft zur Folge als das beim einheimischen System der Fall gewesen war. Obwohl bis dahin schon 20000 Neusiedler aus vielen Ländern Europas nach Ostpreußen gekommen waren, konnte das ehrgeizige Unternehmen erst als gesichert gelten, nachdem Friedrich Wilhelm I. 1732/33 ca. 16000 Salzburger Exulanten aufgenommen hatte; sie galten nicht nur als besonders glaubensfest, sondern auch als vorzügliche Bauern und namentlich Viehzüchter. Die Wirkung all dieser Maßnahmen war alsbald offensichtlich; eine der letzten weithin unbesiedelten Landschaften Deutschlands war endgültig kultiviert. Friedrich II. sprach achtungsvoll von der Provinz als einer »Schöpfung des Königs«, in die sein Vater die einstige »Wüste« aus brachliegenden Feldern und wucherndem Gestrüpp verwandelt, indem er sie »besiedelt, fruchtbar und glücklich gemacht hat«.[4]

Es sollte indessen nicht dabei bleiben, denn auch nach der Thronbesteigung Friedrichs war Brandenburg-Preußen das am dünnsten besiedelte Gebiet Deutschlands und hatte immer noch weniger Einwohner als vor dem Dreißigjährigen Krieg. Der König errichtete aus diesem Grunde finanziell gut ausgestattete Spezialbehörden, die wüst gewordenes Land registrieren und dieses sowie Wälder und Moore zur Besiedelung herrichten sollten. Allein durch die Entwässerung der großen späteiszeitlichen Brüche, von denen diejenigen von Oder, Netze, Warthe und Prignitz die größten waren, entstanden im Laufe von knapp drei Jahrzehnten ungefähr 400000 Hektar landwirtschaftlicher Nutzfläche, auf denen 48000 Familien, d. h. ca. 208000 Personen, angesiedelt wurden; der Umfang des wiederbesetzten Landes ist nicht zu ermitteln. Die mehr als 1500 neuen Dörfer und Vorwerke wurden nach schematischen Plänen angelegt, als Liniendorf mit einer oder zwei Häuserreihen oder als geschlossenes, um einen Anger gruppiertes Dorf, auf dem Kirche und Schule standen. Im einen wie im anderen Falle unterschied sich das Siedlungsbild grundsätzlich von den älteren, weithin gewachsenen Formen Altdeutschlands, zumal auch die

Kolonistenhäuser normiert waren, vor allem natürlich, wenn sie der Staat errichtet hatte. Die neuen Besitzer waren im übrigen, das sei hier vermerkt, um der Legendenbildung vorzubeugen, überwiegend Kleinbauern und Häusler mit weniger als fünf Hektar Landausstattung, da die natürlichen Reserven eine größere Zuteilung nicht erlaubten.

Friedrich war jedoch nicht nur der auf friedlichen Landgewinn bedachte König, als der er bisher gelten könnte; in seinen Feldzügen wurden ganze Landstriche zerstört, und zwar sowohl eigene wie feindliche. Friedrich berichtete selbst davon, es habe nach dem Hubertusburger Frieden (1763) »völlig verheerte Landstriche« gegeben, »wo sich kaum die Spuren der früheren Wohnstätten entdecken ließen, Städte, die von Grund auf zerstört, andere, die zur Hälfte in Flammen aufgegangen waren . . ., nirgends bestellte Äcker, kein Korn zur Ernährung der Einwohner«. Daher waren auch große Anstrengungen nötig, um die enormen Verluste an Menschen – ingesamt wohl an die 400000 in 25 Jahren, die Mehrzahl davon Flüchtlinge – und Infrastruktur zu ersetzen. Dieses neuerliche »Retablissement«, wie es im Stil der Zeit genannt wurde, ist naturgemäß von den übrigen Erschließungsmaßnahmen nur schwer zu unterscheiden, denn auch hier ging es neben dem Wiederaufbau um die Trockenlegung und Nutzbarmachung der zahlreichen »wüsten Brücher«, die Anpflanzung von Wäldern auf mangelhaften Weiden und andere Maßnahmen, die der Hebung der Landeskultur dienten.

So läßt sich eine gesonderte Bilanz der Wiederaufbauleistungen, die gelegentlich über das Beabsichtigte hinausgingen und das alte Landschaftsbild erheblich veränderten, bisher nicht erstellen. Schon die Zeitgenossen waren im Unklaren und selbst der König, auch wenn er in seinen »Denkwürdigkeiten« von 20 Millionen Talern spricht, die er ausgegeben haben will. Doch so viel ist klar: Nach mehr als 100 Jahren staatlichen, gelegentlich auch adeligen und städtischen Landesausbaus hatte die Landschaft östlich der Elbe – denn in den westlichen Territorien Preußens, in Kleve und der Mark, herrschten ganz andere Bedingungen – vielerorts ihr Gesicht gewandelt, ihren gleichsam natürlichen Charakter verloren. Die ostpreußische »Wildnis« war, wenn nicht endgültig bezwungen, so doch erstmals wirklich erschlossen. Wo bisher Wälder standen, lagen nun neue Siedlungen mit regelmäßigen Fluren, während anderswo aus minderwertigen Weiden Fichtenbestände geworden waren. Vor allem aber war das Wasser auf jenen Flächenanteil beschränkt worden, den ihm die Kommissionen von Fachleuten und die Tausende von Kolonisten und Soldaten zuzubilligen bereit waren. Mit Hilfe holländischer Fachleute hatten sie Dutzende von Quadratmeilen Landes trockengelegt, namentlich der Oder ein stärkeres Gefälle gegeben und an den Ufern Deiche aufgeschüttet. Wasser und Land, Feld und Wald waren nun schärfer geschieden als je zuvor, ein deutliches Merkmal moderner Landschaft (was darum in der englischen Gartenkunst sogleich wieder rückgängig gemacht wurde).

Die enorme Einwanderung – 1786 stammten vermutlich zehn Prozent der Bevölkerung von Kolonisten ab, die seit 1640 eingewandert waren, oder waren selbst erst ins Land gekommen – und die dadurch verursachten kräftigen Eingriffe in die Natur haben Gustav Schmoller um die Wende zum 20. Jahrhundert dazu ermutigt, das Preußen des absolutistisch gelenkten Landesausbaus mit den Vereinigten Staaten seiner eigenen Gegenwart zu vergleichen. Das mag bei genauem Hinsehen übertrieben sein, da das »frontier«-Phänomen in der europäischen Geschichte, von Rußland allenfalls abgesehen, in seiner ganzen Bedeutung unbekannt geblieben ist, doch ist an diesem Gedanken der Hinweis auf die außerordentliche Dynamik des Verhältnisses von »Land und Leuten« zwischen Havel und Pregel wichtig. Nirgendwo veränderte sich im damaligen Europa, von Holland vielleicht abgesehen, unter dem Zustrom der Menschen die überkommene Landschaft so rasch wie in Preußen.

Das heißt jedoch nicht, daß es in anderen Gegenden Deutschlands keinen Wandel gegeben hätte. Nur erreichte er nirgendwo die Dimensionen des Ostens. Man spricht daher, auch im Vergleich zur hoch- und spätmittelalterlichen Ausbauperiode, von einer Epoche der »Nachsiedlung«, die hier und da Retuschen am Erscheinungsbild der Landschaft angebracht, sie aber nicht mehr wirklich umgeschaffen hat. Eine Ausnahme bildet die sog. »Vereinödung« des Allgäus, Vorarlbergs, Oberschwabens und des badischen Linzgaus, die im 16. Jahrhundert begann, ihren Höhepunkt allerdings erst zwischen 1751 und 1825 erreichte. Das Besondere an diesem Vorgang ist das Fehlen von Interventionen der Obrigkeit, die in Gestalt des Fürstabts von Kempten erst 1791 auf den Plan trat, als die Bauern schon das meiste besorgt hatten. Dorf um Dorf vereinbarte nach einvernehmlicher Schätzung der

Parzellen Gemeinheitsteilung und Flurbereinigung, gelegentlich auch Aussiedlung, so daß heute weite Teile des Voralpenlands, in denen bis dahin geschlossene Haufendörfer vorherrschten, mit Weilern und Einzelhöfen besetzt sind. Das Flurbild hat sich dadurch grundlegend verändert. Der ungewöhnliche Vorgang hatte wirtschaftliche Ursachen. Die Bauern versprachen sich, zu Recht, wie sich zeigen sollte, von der neuen, vom Flurzwang befreiten Betriebsverfassung eine verbesserte, sowohl Naturraum wie Marktlage angepaßte Grünland- und Viehwirtschaft, so daß man von »einer der großartigsten bäuerlichen Reformmaßnahmen der Neuzeit« gesprochen hat.[5] Dazu bedurfte es freilich günstiger politischer Rahmenbedingungen, und so haben namentlich die kemptischen Untertanen dank ihrer verfassungsrechtlichen Möglichkeiten in wirtschaftspolitischer Hinsicht eine ebenso aktive wie am Fortschritt orientierte Politik betrieben und ihrer Herrschaft ein Zugeständnis nach dem anderen abgerungen.

Auch anderswo veränderte sich in jener Zeit das Landschaftsbild im Dienste der Ertragssteigerung. An den Küsten drang die Koppelwirtschaft vor. Bis dahin hatte dort die Dreifelderwirtschaft das Gesicht geprägt; ein Drittel des Landes lag regelmäßig brach und diente als karge Weide, sofern nicht schon auf Teilen davon Rüben und Gemüse angebaut worden war. Nun begann, zuerst in Holstein, die Zusammenlegung der Felder und Weiden, die mit Hilfe von Gräben entwässert und durch Hecken oder Baumreihen gegen die Winderosion geschützt wurden und auf denen in bisweilen recht komplizierter Fruchtfolge ein nahezu kontinuierlicher Feldbau eingeführt wurde. Ein ausgeklügeltes Verhältnis von Gras-, Brach- und Baujahren erhöhte die Erträge so erheblich, daß die Koppelwirtschaft und mit ihr das veränderte Landschaftsbild alsbald ostwärts nach Mecklenburg und in die Mark Brandenburg vordrang, d. h. überall dorthin, wo dank des preisgünstigen Wasserweges die Ernten über größere Entfernungen transportiert werden konnten. England war dafür, jedenfalls im Falle Mecklenburgs, der wichtigste Abnehmer. Ob aber das Beispiel der fortschrittlicheren englischen Landwirtschaft und namentlich der Einhegungen, die damals ihrem Höhepunkt entgegengingen, die entscheidenden Anregungen gegeben hat, muß an dieser Stelle dahingestellt bleiben.

Auf alle Fälle vollzog sich dies alles nur dort, wo die Landwirtschaft intensiv in den Markt eingebunden war. Wohlstand und

Landschaftsverbrauch waren damals wie heute eng miteinander verbunden. Zwangskommerzialisierung dagegen, d. h. Verkauf von Agrarprodukten, nur um die vorgeschriebenen Geldabgaben leisten zu können, entwickelte nicht die nötige Kraft, ins Landschaftsbild kolonisierend einzugreifen. Im Extremfall herrschte hier vielfach noch der uralte Rhythmus der Feldgras- und Plaggenwirtschaft, ja in ungünstigen Lagen sogar noch der ambulante Waldackerbau vor. Zwischen Heide, Buschland oder Wald auf der einen und bestellten Feldern auf der anderen Seite gab es nicht die uns heute vertraute scharf konturierte Grenze, vielmehr nahm die Flur jedes Jahr eine andere Gestalt an, weil bebautes Land aufgegeben und gras- oder holzbedeckte Schläge gerodet und urbar gemacht werden mußten. Es versteht sich, daß diese Art von Landwirtschaft nur gemeinschaftlich betrieben werden konnte und daß der modernere, im 18. Jahrhundert von den Sachverständigen propagierte Agrarindividualismus hier eine fremde, ja unverträgliche Erscheinung bleiben mußte. Erst recht fremd war ihm freilich der in den Hochlagen des Hunsrücks in Gestalt der »Gehöferschaften« existierende Gemeinbesitz an Acker-, Wild- und Rottland, das zwar individuell bestellt, aber in regelmäßigen Abständen neu verlost wurde. Es handelte sich dabei freilich nicht, wie viele Gelehrte im 19. Jahrhundert sichtlich zufrieden glaubten und wie auch Karl Marx 1881 nicht ohne Stolz feststellte, um Restbestände des germanischen Urkommunismus, sondern es war ein Versuch, nach dem Dreißigjährigen Krieg die nunmehr viel zu umfangreiche Nutzfläche wieder zu bewirtschaften. Gleichwohl erschien diese Einrichtung den Obrigkeiten vom späten 18. Jahrhundert als schädlich, und sie versuchten, sie in mehreren Anläufen abzuschaffen, was aber erst, wenn auch nicht vollständig, gelang, als die Kataster das Land erfaßten; der ihnen zugrundeliegende moderne Eigentumsbegriff ließ dieser altertümlichen Landnutzungsform so gut wie keinen Spielraum mehr.

Es zeigt sich somit als Ergebnis, daß die rückständige bzw. die fortschrittliche Landwirtschaft einen je besonderen Typ von Landschaftsbild und Landschaftsverbrauch hervorgebracht hat. Zum traditionellen Ackerbau gehörte, sofern man von ausgesprochenen Rodungsperioden absieht und auf einen idealtypischen Vergleich abhebt, offenbar ein rhythmisch wechselndes Erscheinungsbild der Landschaft, das Stabilität eigentlich nur in unmittelbarer Umgebung des Dorfes kannte, d. h. so weit das Gartenland reichte. Alles andere war demgegenüber stetem Wechsel unterworfen, der um so deutlicher ausfiel, je mehr er die Außenbereiche berührte. Dort gab es nicht einmal eine fixe Grenze von Feld und Wald. Wo dagegen intensive Landwirtschaft herrschte, zunächst vor allem Wein, später auch Gemüse, allmählich jedoch alle Produkte erfassend, endete die hergebrachte Periodizität. Die Landschaft wurde gleichsam fixiert, Fruchtwechsel trat an die Stelle der ambulanten Felder. Doch genügte das alsbald nicht mehr, ein neuerlicher Landesaus- und Landschaftsumbau setzte ein. Er fand größtenteils im 19. Jahrhundert statt und scheint im 20. Jahrhundert auszulaufen; die Gegenwart steht womöglich am Beginn eines »Rückbaus«, der in der Geschichte ohne Beispiel ist. Der Ausbau im 19. Jahrhundert bescherte dagegen einen einmaligen Zuwachs an Ackerland, nämlich in ganz Deutschland um die Hälfte, wenn man das Verschwinden der Brache zum neugewonnenen Land hinzurechnet. Noch dynamischer vollzog sich im selben Zeitraum der Umbau. Im Rheinland, für das besonders aussagekräftige Unterlagen vorliegen, wird heute nur noch etwas mehr als ein Drittel des Geländes in derselben Weise genutzt wie um 1820. Dabei fällt besonders ins Auge, daß der Vorgang der Umwidmung dort am intensivsten verlief, wo vordem die Landwirtschaft am rückständigsten war. In gewissem Sinn wurde mit diesem Prozeß nur etwas nachgeholt, was frühere Jahrhunderte in freilich sehr viel langsamerem Tempo stellenweise vorweggenommen hatten. Wo, wie auf den Böden des Niederrheins, schon vor zwei-, dreihundert Jahren kaum noch Ödland anzutreffen war, nimmt die Nutzfläche heutzutage ungefähr denselben Anteil ein wie in dem betrachteten Zeitraum. Und natürlich waren die Hochlagen der Mittelgebirge damals wie heute bewaldet, wenngleich der Wald seine Physiognomie inzwischen gründlich geändert hat.

3. Der Wald

Schon ein erster Blick auf alte und neue Waldkarten zeigt dem Betrachter, daß der Wald gewissermaßen mobil ist. Niemanden überrascht es natürlich, daß der Großteil der heutigen Wohnplätze, der Äcker und Wiesen, ja selbst viele Weinberge sich auf ehemaligem Waldboden erstrecken. Unbewußt weiß man in Deutschland, daß man ein Land der Wälder bewohnt, und jedermann kennt das große Rodungswerk namentlich des Mittelalters. Aber dieses Bild ist nur die eine Seite der Medaille. Kaum jemand ahnt dagegen auch nur, daß ein Teil des Waldes der Gegenwart auf ehemaligem Kulturland und Siedlungsplätzen steht. Es paßt nicht so recht ins Bild, das man sich hierzulande vom Wald macht, daß er nicht nur gefährdet ist und stetig abnimmt, sondern daß er gleichsam unablässig auf der Lauer liegt, bereit, den Boden zu okkupieren, sobald dieser nicht mehr genutzt wird. Von den etwa 40000 Wüstungen des Spätmittelalters hat er vor allem diejenigen alsbald wieder bedeckt, die auf den sog. Grenzböden gelegen und daher wenig rentabel waren. Viele davon sind bis auf den heutigen Tag nicht wieder besiedelt, also nicht ein zweites Mal gerodet worden.

Es wäre indessen ein Irrtum, den Vormarsch des Waldes ausschließlich mit dem einmaligen Wüstungsvorgang am Ende des späten Mittelalters in Verbindung bringen zu wollen. Man weiß mittlerweile, daß die Waldfläche keine im Verlauf der Geschichte notwendigerweise ständig abnehmende Größe ist, auch wenn es Länder mit alter Bauernkultur gibt, die vollständig entwaldet worden sind. In Europa jedenfalls prägt nicht ein linearer Verlauf die Entwicklung, sondern eine Kurve. Sie setzt beim Urzustand der starken Bewaldung ein, fällt erst langsam, dann immer stärker in der Phase der Urbarmachung und intensiven Bewirtschaftung ab und erreicht den Umkehrpunkt, sobald die Hochindustrialisierung einsetzt. Genaue Zahlen sind nicht auszumachen, doch hat man für Ostpreußen errechnet, daß der Anteil von Wald und Bruch um 1400 bei 60 Prozent der Gesamtfläche lag, gegen 1570 auf 50 Prozent, um 1700 auf 45 Prozent, gegen 1800 auf 33 Prozent gesunken war und endlich im Jahre 1900 mit 17,4 Prozent den Tiefpunkt erreichte; bis zum Zweiten Weltkrieg war der Bestand bereits wieder auf 19,3 Prozent angestiegen, d. h., der Wald hatte in nur 30 Jahren um nicht weniger als ein Zehntel zugenommen.[6] In der Bundesrepublik hat sich dieser Vorgang sogar jüngst beschleunigt. Hier dehnt sich die Waldfläche gegenwärtig um ca. 5000 Hektar im Jahr aus – trotz Autobahnbau und Stadtentwicklung –, denn Aufforstung scheint unter den heutigen Bedingungen die einzig sinnvolle Verwendung der Sozialbrache zu sein. Es ist unvermeidlich, daß aufgrund dieser Entwicklung vertraute Landschaftsbilder verschwinden; im Schwarzwald, Spessart und in der Rhön liegen kleine Siedlungen über kurz oder lang in Waldlichtungen, wo einstmals auf weiten Grünflächen Viehwirtschaft betrie-

und auf Feldern Kartoffeln und Getreide wuchsen.

Im folgenden wird es in erster Linie um die Aufhellung und Deutung der fallenden Kurve gehen, von der die Rede war. Genauer gesagt handelt es sich um denjenigen Zeitabschnitt, in dem die Kurve am steilsten fiel, gewissermaßen senkrecht nach unten zu stürzen drohte mit der von alarmierten Zeitgenossen befürchteten Folge einer vollständigen Entwaldung. Dies wurde allerdings nicht im Unterschied zu heute als ökologische, sondern als ökonomische Katastrophe betrachtet. Der Wald war, vom Wasser abgesehen, vor der Industrialisierung die Zentralressource der menschlichen Gesellschaft. Er bildete nicht nur, wie vorn beschrieben, die große Landreserve, die auf Rodungen nur zu warten schien. Vielmehr diente er selbst als landwirtschaftliche Nutzfläche und lieferte eine solche Menge an Produkten, daß gelegentlich die Ansicht vertreten worden ist, der Wald habe die damalige materielle Kultur regelrecht geprägt, denn die Wirtschaft sei weithin waldbedingt gewesen. Ein kurzer Überblick über den Wald als Wirtschaftsfaktor soll das veranschaulichen.

Da man die mineralische Kohle noch kaum kannte bzw. verwendete und Brenntorf nur an wenigen Stellen Deutschlands in solchen Massen vorhanden war, daß er eine nennenswerte Rolle bei der Feuerung spielte, war man auf das Holz als Brennstoff angewiesen. Der Wald lieferte also den bei weitem wichtigsten Energieträger jener Zeit, der im häuslichen Bereich ebenso unverzichtbar war wie im Gewerbe. Holz war aber auch das eigentliche Baumaterial, und das nicht nur auf dem Lande. Denn aus Stein oder Ziegel errichtete Gebäude blieben bis ins 18. Jahrhundert auf Repräsentativbauten des Adels, der Kirche und weniger bürgerlicher Führungsgruppen in der Stadt beschränkt. Die Mehrzahl der Menschen wohnte in Deutschland in Holzhäusern, aus Holz wurden aber auch die Zäune und die dörflichen Schutzwehren konstruiert, für Deich-, Damm- und Wegebauten waren Holz und Faschinen unentbehrlich. Die meisten häuslichen und gewerblichen Geräte und Gebrauchsgegenstände wurden aus Holz gefertigt. Pech, Teer und Kienöl gewann man aus Nadelholz, Pott- und Weidasche, aus Laubholz hergestellt, waren unentbehrliche Stoffe für viele Gewerbezweige, besonders für die Textilindustrie, bei der Glasfabrikation und Seifensiederei. Die Rinde der Eichen, die sog. Lohe, lieferte den Gerbstoff zur Lederbereitung, andere Baumrinden eigneten sich eher als Färbemittel, während Tannenborke vielerorts zum Dachdecken verwendet wurde. Besondere Bedeutung kam der Holzkohle zu, namentlich für alle metallverarbeitenden Gewerbe, aber auch zur Salzherstellung – Salz war das wichtigste Konservierungsmittel – und zur Glasschmelze; zur Herstellung von Schießpulver benötigte man Lindenkohle. Der Bast der Linde und anderer Baumsorten ersetzte den Hanf und diente zur Anfertigung von Stricken, Netzen, Matten und Schuhen. Alle diese Produkte mußten natürlich zum Abnehmer verfrachtet werden, und einerlei, ob das zu Lande oder zu Wasser geschah, das Transportmittel war weitgehend aus Holz hergestellt, und insbesondere der Schiffbau verschlang enorme Mengen Holzes, ja ganze Wälder.

Unverzichtbar war die alljährliche Ernte an Wildobst, Beeren und Pilzen, aber auch zahlreiche Heilmittel, die Kienfackel und den Feuerschwamm suchte und fand man im Wald. Die rechtmäßige Jagd war höchst umstritten; gleichwohl deckte sie einen Teil des Bedarfs an Fleisch, Leder und Pelzwerk. Große Mengen der wichtigen Honigernte – sie lieferte praktisch den gesamten Süßstoff, denn Zucker war vor dem 19. Jahrhundert eine Luxusware – entstammte der sog. Beutnerei, der Jagd auf wildlebende Bienenvölker, und auch Wachs war damals ein wichtiges Waldprodukt. Namentlich die Bauern waren also mit ihrer ganzen Wirtschaft und Lebenshaltung dem Walde verhaftet. Viehzucht war ohne Waldweide, Laubentnahme und Waldmast kaum möglich. Zur Düngung verwendete man regelmäßig die Plaggen, jene nährstoffreichen, humosen oberen Bodenschichten, die man abtrug und auf die Felder fuhr. Holzfällerei, Teerschwelen, Aschenbrennen, Köhlerei sowie Lohnfuhren mit Holz und anderen forstlichen Erzeugnissen waren wichtige bäuerliche Nebengewerbe, oft aber auch, und besonders in Zeiten der Not, wurden sie zum Haupterwerb.

So war, ganz im Unterschied zur Gegenwart, der Wald ein Wirtschaftsraum, der unverzichtbare Funktionen erfüllte, mit der Landwirtschaft engste Berührung hatte, darüber hinaus das Leben aber auch kulturell tiefgehend beeinflußte. Große Teile der Bevölkerung verdankten ihm rundweg ihre Existenz, eine Minderheit lebte sogar in ihm, jedenfalls zu gewissen Jahreszeiten. Hält man sich das vor Augen, versteht man gut die Aussage von Johann Andreas Cramer, eines sächsischen Hüttenfachmanns und Metallurgen, der 1766 in seiner *Anleitung zum Forstmessen*, einem damals sehr geschätzten Handbuch, feststellte: »Unter denen zur Bequemlichkeit, ja zur höchsten Bedürfnis des menschlichen Lebens erforderlichen Dingen, ist keines, welches dem Holze die erste Stelle streitig machen kann. Der Mangel fast eines jeden Bedürfnisses läßt sich, obzwar nicht gänzlich, doch großenteils durch andere ersetzen; der Mangel des Holzes durch nichts. Wo dieses nicht vorkömmt oder aus anderen Ländern hingebracht wird, da ist eine unwohnbare Wüstenei.«[7] Von einem der Reformatoren, Luther oder Melanchthon, wird sogar die Prophezeiung berichtet, daß »vorm jüngsten Tage drei mangelreiche Dinge . . . erscheinen würden«, nämlich Freunde, gutes Geld und »wilde Holzung«.[8] Holzreichtum als apokalyptische Vision – ein Bild, das im Zeitalter gegenwärtiger Energieknappheit nicht ohne weiteres einleuchtet.

Wem gehörte der Wald? Da er ein wichtiges, ja zentrales Wirtschaftsgut war, gab es entsprechend viele, denen an seiner Nutzung lag. Die hervorragende Bedeutung der mittelalterlichen Forsten für die Territorienbildung überrascht daher nicht, ebensowenig die Parallelität von kaiserlichem Machtverfall und Schwund des Reichsgutes, denn der eine Prozeß war die Kehrseite des anderen. Der frühneuzeitliche Fürstenstaat erblickte folglich nicht von ungefähr in der Forsthoheit einen wichtigen Bestandteil seines allgemeinen Herrschaftsanspruchs, der sich auch wirtschaftlich nutzen ließ. Da die Kirchen und der Adel in ihren Privilegien vielfach geschützt waren, entwickelten sich die stärksten Gegensätze im Verhältnis von Fürst und bäuerlicher Allmende. Schon im Spätmittelalter hatten sich daran heftige Konflikte entzündet, denn den Landesherren war es seit dem 14. Jahrhundert zunehmend gelungen, sich in den Markgenossenschaften, d. h. dem gemeinschaftlichen Waldbesitz der Dörfer, den es freilich im Neusiedelland östlich und nördlich der Elbe nie gegeben hat, die Obermärkerschaft zuzulegen. Dadurch erlangten sie das Eigentumsrecht, mit dessen Hilfe sie sogleich die Nutzungsrechte der Bauern zu reglementieren und einzuengen begannen. Im Bauernkrieg war dieses Problem akut, die »Zwölf Artikel« verlangten die Rückgabe aller unrechtmäßig erworbenen Wälder, ja, es kursierten damals noch radikalere Forderungen, die unter Berufung auf »göttliches Recht« verlangten, daß Wald, Jagd und Weide ganz frei sein sollten.

Die Niederlage der Bauern erlaubte es den Fürsten in der Folge, die Forsthoheit konsequent auszubauen. Beginnend mit dem 15. Jahrhundert, mit einem deutlichen Höhepunkt nach dem Dreißigjährigen Krieg, erschienen in Deutschland Hunderte von

Forstordnungen, ergänzt durch ungezählte Mandate, Verordnungen und Reglements, die die Jagd, vor allem aber die Waldnutzung bis ins kleinste vorzuschreiben suchten. Im Vordergrund stand dabei das Schlagen des Holzes und seine Verwendung. Bestandspflege und -erhaltung suchte man nicht durch Flächenhiebe zu betreiben, die man anschließend aufforstete – obwohl vereinzelt, beginnend im Nürnberger Reichswald, die Baumsaat seit langem bekannt war und praktiziert wurde –, sondern durch eine Fülle von Verboten. Auf diese Weise wurden altüberlieferte Gebräuche, die zumindest in den Augen der Untertanen ein unzweifelhaftes Recht darstellten, beseitigt oder zumindest beschränkt und zu obrigkeitlichen Konzessionen umgestaltet.

An dieser Stelle setzte der Widerstand der Betroffenen ein, und so häuften sich gerade im 17. und 18. Jahrhundert die gewaltsamen Auseinandersetzungen vor allem zwischen den Bauern und ihren Herren, wenn zunächst auch alle Bevölkerungsklassen einschließlich des Adels nicht bereit waren, Nutzungsbeschränkungen anzuerkennen. Die Wälder, die bis dahin ähnlich wie im Falle der amerikanischen »frontier« eine gewohnheitsmäßige Siedel-, Nahrungs- und Rohstoffreserve dargestellt hatten, sollten nun zu einem exklusiven Wirtschaftsraum werden, dessen Nutzung geregelt war und der Einkünfte abzuwerfen hatte. Insbesondere die Aneignung des Obermärkerrechts und die zunehmende Verrechtlichung, d. h. die Reglementierung und Beschränkung der zentralen Ressource durch die Obrigkeit, kriminalisierte daher uralte Tatbestände und Praktiken. Beispielsweise wurde das Leserecht zum Holzdiebstahl umgedeutet, der selbstverständlich bestraft wurde – sofern man den Täter, was selten der Fall war, dingfest machen konnte. Diese Konflikte hatten keinen konjunkturellen Hintergrund, sie waren nicht, wie im 19. Jahrhundert, die Folge allgemeiner Teuerung und Massenarmut. Vielmehr stießen im Wald nunmehr zwei Welten aufeinander, verkörpert durch unterschiedliche Eigentumstitel: Rodungsfreiheit und genossenschaftliche Selbsthilfe gerieten in Widerspruch zur Bündelung der Herrschaftsrechte in der Person des Fürsten, der es sich zur Pflicht machte, die als unmündig erachteten Untertanen zu lenken und zu erziehen. Wenn in der Romantik im frühen 19. Jahrhundert das Thema »Wald« sentimentalisiert und mit dem Volksbegriff in Verbindung gebracht wurde, schwang selbst hier noch etwas von dem scharfen Kontrast mit, der in den vorangehenden zwei Jahrhunderten mit Hilfe des römischen Rechts aufgerichtet worden war, denn die vielbesungenen »altdeutschen Wälder« waren das Medium, mit dessen Hilfe man bis in die fünfziger Jahre die neoabsolutistischen Zustände der Gegenwart zu kritisieren pflegte.

Man kann jedoch schwerlich übersehen, daß die Forstrechte der Untertanen mehr und mehr Realität wurden, die einer ordentlichen Bewirtschaftung, die freilich vor der Mitte des 18. Jahrhunderts fast ausschließlich in den Lehrbüchern, nicht aber in der Wirklichkeit zu finden war, und der gezielten Nutzbarmachung der Zentralressource Holz vielfach im Wege standen. Spätestens seit der Mitte des 18. Jahrhunderts gab es in Deutschland keinen herrschaftlichen Wald mehr, der nicht mit irgendwelchen Servituten belastet war. In der Praxis spielte es daher eher eine untergeordnete Rolle, ob sich ein Forst im Eigentum des Landesherrn, des Adels oder irgendwelcher geistlicher oder weltlicher Korporationen befand – die Verteilung dieser Besitzarten innerhalb Deutschlands hatte historische Ursachen und war demgemäß sehr unterschiedlich. Viel wichtiger waren statt dessen Siedlungsdichte, Gewerbebesatz und Entfernung zu Ortschaften. Die Feststellung, die sich im Waldprotokoll der Grafen von Manderscheid aus dem Jahre 1621 findet, daß nämlich »das beste Holtz an ungelegene Örtter in den Bergen stehent undt wachsent« zu finden sei[9], kann ohne weiteres verallgemeinert werden. Denn die tatsächliche Nutzung der Wälder war weitgehend von ihrer Zugänglichkeit und den anfallenden Transportkosten abhängig. Aus diesem Grunde findet man Köhlereien und erst recht die Pottascheherstellung selbst in den entlegensten Revieren, während Waldweide, Brenn- und Nutzholzentnahme vornehmlich in den Randgebieten stattfanden und dafür sorgten, daß sich die heute als unverrückbar geltende Grenze zwischen Feld und Wald damals unablässig verschob.

Bei besonders begehrten Stämmen und bei Holz, das aufgrund von Verträgen nicht zu Marktpreisen bezogen werden mußte, lohnte sich sogar ein weiterer Transportweg. Während normalerweise sechs bis sieben Wegstunden, was ungefähr 25 bis 30 Kilometern Entfernung entsprach, die Kostenvorteile aufzehrte, erlaubte der Wasserweg ganz andere Kalkulationen. Die Saline von Lüneburg z. B. bezog ihr Holz via Stecknizkanal, der bereits 1398 eröffnet worden war, aus Lübeck, zwischen 1430 und 1780 jedoch überwiegend via Ilmenau, Elbe und schiffbar gemachter Schale aus Mecklenburg. Dazwischen lagen jeweils mehr als 100 Kilometer

Distanz. Daß diese Brennholztransporte dennoch rentabel waren, sicherten einerseits die auf den jährlichen sog. Gallikonventen, d. h. am Gallustag (16. Oktober) mit den Mecklenburgern getroffenen Vereinbarungen über Schiffahrt und Holzpreise, andererseits die Tatsache, daß das Holz nur Rückfracht war. Auf dem Hinweg hatten die Schiffer das wertvolle Salz geladen. Beim Flößen fielen trotz unvermeidlicher Transportschäden, bis zu einem Drittel des Holzes, die Frachtraten noch geringer aus. Das lag nicht nur am Wasserweg, sondern auch daran, daß die Preise für allerbeste Buchen- und Eichenstämme, aus denen die nordwesteuropäischen Flotten im 17. und 18. Jahrhundert großenteils gezimmert wurden – die Engländer und Spanier versorgten sich nach Möglichkeit mit dem Holz der Neuen Welt –, dank des Flottenbooms und der zunehmenden Erschöpfung der Bestände kontinuierlich stiegen.

Erschöpfung der Bestände war überhaupt das Schlagwort der damaligen Zeit. Die meisten Waldordnungen nannten es als Motiv ihrer Eingriffe, alle Kameralisten warnten davor, ja, es existiert eine ganze Literatur, die den Mangel thematisierte und zu sparsamem Umgang mit dieser Ressource aufrief. Holzsparmethoden wurden gewissermaßen am laufenden Band einem scheinbar gleichgültigen Publikum vorgelegt, und manche Behörden verboten sogar gelegentlich die Ausübung besonders energieverzehrender Gewerbe wie das Glasschmelzen oder die Fabrikation von Ziegelsteinen, wie etwa 1700 und 1745 der Rat des Kantons Bern. Kein Wunder, daß Werner Sombart, der diese umfangreiche Literatur als erster Wirtschaftshistoriker systematisch zur Kenntnis genommen hatte, zur These vom drohenden Ende des Kapitalismus als Folge der Holzverknappung am Ende des 18. Jahrhunderts gelangt ist; andere sind ihm hierin bis in die Gegenwart gefolgt.

Was den heutigen Beobachter freilich stutzig machen muß: Nicht nur die Entwicklung zum modernen Kapitalismus brach nicht ab, es sprechen im Gegenteil alle Indikatoren für ein ungewöhnlich dauerhaftes Wachstum der gewerblichen Wirtschaft nach 1750, und zwar, was in diesem Zusammenhang noch bemerkenswerter ist, bei vergleichsweise geringen Preissteigerungen. Agrarprodukte waren deutlich knapper als gewerbliche, obwohl der Holzbedarf der letzteren ungleich höher war als im Falle der Landwirtschaft. Die folgende Tabelle verdeutlicht den zum Teil enormen Verbrauch an Holz zur Herstellung durchaus alltäglich

Tabelle 1: *Spezifischer gewerblicher Holzverbrauch*

Erzeugnis	Gewichtsverhältnis Fertigprodukt : Holzeinsatz
Siedesalz (16./17. Jh.)	1 : 15
Siedesalz (18. Jh.)	1 : 7
Roheisen	1 : 15
Schmiedeeisen	1 : 30
Kupfer	1 : 200
Silber	1 : 300
Pottasche	1 : 2000
Glas	1 : 2400

Das Gewichtsverhältnis zwischen Fertigprodukt (= 1) und hierzu erforderlichem Holzeinsatz; dargestellt an ausgewählten Erzeugnissen des Montangewerbes.[10]

benötigter Waren.

Im Falle des Siedesalzes belegen diese Zahlen – der Lüneburger Saline – zugleich einen enormen technischen Fortschritt. Er stellt aber keine Reaktion auf die Verknappung von Energie dar, denn andere Produkte waren ungleich energieintensiver, ohne daß ähnliche Entwicklungen erkennbar wären. Vielmehr war das Lüneburger Salz bis ins 17. Jahrhundert auf einem von Konkurrenz freigehaltenen Markt verkauft worden, doch brach dieses Monopol seit 1680 Zug um Zug zusammen und in seiner Folge auch der hohe Preis. Erst daraufhin begann man schonender mit den Holzvorräten umzugehen. Salinen waren überhaupt Großverbraucher, da das Salz eines der wichtigsten Produkte für die menschliche Ernährung und namentlich für die Konservierung von Lebensmitteln nötig war. Aus diesem Grund blieb die Versorgung mit Brenn und Tonnenholz immer ein Problem. Lüneburg löste dieses Problem durch die schon erwähnten langfristigen Verträge mit Mecklenburg und durch Zukäufe auf dem freien Markt in den Seehäfen Hamburg und Lübeck, nachdem es zwischen dem 13. und 15. Jahrhundert die gesamten Wälder der näheren Umgebung abgeholzt hatte. Auf diesen kahlen Sandböden wachsen seither nur noch Heide und Wacholder (die jetzigen Wälder wurden erst im 19. Jahrhundert angepflanzt). Auch alle anderen Salinen sicherten sich durch langfristige Lieferverträge oder, wie Reichenhall und viele andere alpenländische Siedestätten, durch riesige Bannwälder ab. Die Landesherren wirkten hierbei maßgeblich mit, so daß Salzgewinnung, Holzbedarf und Ausbau des fürstlichen Forstregals in engem Zusammenhang standen. Das war auch gar nicht anders möglich, denn wenn für das 18. Jahrhundert die deutsche Salinen-kapazität mit 100000 Tonnen pro Jahr geschätzt wird, war dafür eine Million Festmeter Brennholz nötig, und diese wiederum machten die Abholzung von 2000 Hektar oder die Durchforstung von 200000 Hektar Hochwald nötig.[11]

Für die Glashütten wurde ein jährlicher Holzbedarf von mindestens zwei bis drei Millionen Festmetern geschätzt, die Eisenschmelzen der wichtigsten Hüttenlandschaften, d. h. Kärntens, der Oberpfalz, des Harzes und des Siegerlandes, verbrauchten allein etwa 1,7 Millionen Festmeter. Dem Flottenbau fielen ganze Wälder zum Opfer, denn für große Schiffe benötigte man – ohne den Bedarf an Teer und Pech zu berücksichtigen – ungefähr 4000 Stämme. Die Seemächte suchten sich durch Flottenholzmonopole abzusichern. Den Anfang machte Kastilien schon 1503, es folgten Portugal 1532, England 1651, Frankreich 1669, Rußland 1708 und schließlich Spanien 1748. Der mit Abstand größte Verbraucher war aber der einzelne Haushalt. Es hatte mehr als nur symbolische Bedeutung, daß die frühen Volkszählungen nicht nach Familien rechneten, sondern nach Feuern. Der Bedarf der 30000 Kärntner Haushalte übertraf 1768 den Verbrauch der 300 Betriebe des dortigen Eisengewerbes noch um das Eineinhalbfache.

Auch wenn es weder möglich noch sinnvoll ist, den gesamten Holzbedarf Deutschlands hochzurechnen und diesem den Gesamtwaldbestand gegenüberzustellen – es gab ja keinen »Gesamtmarkt«, der Angebot und Nachfrage hätte ausgleichen können, ja den Markt suchten Großverbraucher nach Möglichkeit gerade umgehen, und die ländlichen Haushalte waren auf ihn vielfach gar nicht angewiesen –, eines jedenfalls dürfte deutlich geworden sein: der Holzbedarf war enorm, die Nutzung der Wälder darum ein zentrales Problem der Gesellschaft.

Es überrascht daher nicht, daß seit dem 16. Jahrhundert die bereits angesprochenen Klagen über Holzmangel auftauchten. Die lange Stockungsspanne nach dem Dreißigjährigen Krieg hat zwar zunächst verhindert, daß in Deutschland das Thema mit derselben Eindringlichkeit behandelt wurde wie in Frankreich und namentlich in England. Aber nach dem Ende des Spanischen Erbfolgekrieges setzte eine internationale Konjunkturbelebung ein, und bald darauf zeichneten sich die Anfänge deutlich beschleunigten

Bevölkerungswachstums ab. Beides trieb den Holzverbrauch in die Höhe, die Preise stiegen, Knappheitserscheinungen machten sich bemerkbar. Entwaldung wurde nun wahrgenommen und mehr noch der schlechte Zustand der vorhandenen Wälder beklagt. Die Lüneburger Heide hatte schon am Ausgang des Mittelalters die dort ursprünglich heimischen lichten Wälder abgelöst. In Pommern und Ostpreußen jedoch war erst in den Bereisungsprotokollen des 17. Jahrhunderts von neuerdings beobachteten Wanderdünen die Rede, die ganze Dörfer zur Aufgabe gezwungen hätten. Bilder vom Harz zeigen Mitte des 18. Jahrhunderts eine Gebirgslandschaft mit großen Kahlflächen, gleiches ist für den Westerwald, die Eifel und den Hunsrück festzustellen. Zedler schrieb in seinem Lexikon 1747, »daß fast allenthalben die entblößten Gebürge und kahle Wälder jedermann ihre Armut am Holze zeigen und ihre Einwohner bei dem Schöpfer verklagen, wie übel sie hausgehalten«.[12]

Gab es wirklich eine Energiekrise, drohte ernsthaft die »unwohnbare Wüstenei«? Viele Zeitgenossen waren davon fest überzeugt, und etliche Historiker unserer Tage teilen diese Ansicht. Tatsächlich trat ja die Obrigkeit auf den Plan: Exportverbote für Holz, strenge Reglementierung der Waldnutzung durch immer neue Forstordnungen und rigorose Strafandrohungen für Waldfrevel waren an der Tagesordnung. 1787 versuchte das preußische Forstdepartement sogar, die Glashütten und Eisenwerke der Kur- und Neumark sowie Pommerns stillzulegen, um mit einigermaßen wohlfeilem Holz die Residenzstädte Berlin und Potsdam versorgen zu können, wo seit 1700 die Preise um gut das Dreifache gestiegen waren. Das war in der Tat alarmierend, aber nicht so sehr das Ergebnis wirklichen Holzmangels als vielmehr des enormen Wachstums dieser Agglomeration; allein in Berlin war in diesen 100 Jahren die Zahl der Einwohner um mehr als das Fünffache gestiegen, nämlich von 30000 auf 170000 Menschen. In den übrigen Städten der Kurmark lebten gegen 1800 weitere 180000 Menschen.

Im ganzen gesehen hatten die Holzpreise erst gegen 1690 wieder das Niveau von vor dem Dreißigjährigen Krieg erreicht und stagnierten bis 1730 auf dieser Höhe. Erst dann setzte die Hausse ein, die erstmals im Siebenjährigen Krieg gipfelte, sich in den siebziger Jahren abschwächte, aber gegen 1780 das Doppelte der Preise des Jahrhundertbeginns erreichte. In den folgenden Kriegsjahrzehnten setzte sich die Aufwärtsbewegung zunächst fort, hielt jedoch in der napoleonischen Zeit ein und erreichte dann im Vormärz unerhörte und in der Tat dramatische Höhen. Bis zur Jahrhundertwende hielt sich die Steigerung in Grenzen, wenn man von Ballungsgebieten absieht, und auch danach überschritt sie zunächst 40 Jahre lang, gesamtwirtschaftlich betrachtet, nicht das allgemeine Maß. Daß die Preise kletterten und auch gelegentlich fielen, war natürlich nichts Neues, aber man zog daraus die falschen Schlüsse. J. C. Huberti ist ein gutes Beispiel dafür, wenn er 1765 die Frage stellte: »Warum soll die fast allgemein und täglich steigende Theuerung des nötigen Gehölzes nicht die nämliche betrübte Folgen hinter sich nachziehen, die wir bei der Theuerung der Früchten zum Beispiel betrachtet haben?«[13] Das eben war die falsche Analogie! Holz war, anders als die Grundnahrungsmittel, nicht prinzipiell unverzichtbar, weil es durch alternative Energieträger ersetzt werden konnte, sobald die Technik deren Nutzbarmachung ermöglicht hatte. Die im Vergleich zu Deutschland viel frühere englische Energiekrise, die sich bereits seit dem Ende des 17. Jahrhunderts abzeichnete, war der Nährboden für bahnbrechende Erfindungen auf dem Kohlesektor. So zeigt gerade die relative Rückständigkeit Deutschlands im Industrialisierungsprozeß den anhaltenden Reichtum des traditionellen Energieträgers an: 1850 wurden noch 75 % der deutschen Hochofenproduktion mit Hilfe von Holzkohle hergestellt. Erst die im Zeitalter der Eisenbahn einsetzende Verbilligung der Steinkohle und die gleichzeitige Teuerung des Holzes bewirkten den Übergang auf Kohle, vor allem in der Eisenindustrie und beim Hausbrand. Nunmehr wurden die apokalyptischen Ängste von Holznot überwunden (oder besser: auf andere Objekte verlagert). 1883 konstatierte ein Beobachter für Preußen: »Dieser ungeahnten Vermehrung der mineralischen Brennstoffe mußte die frühere, Jahrhunderte drückende Furcht vor dem einstigen Brennstoffmangel weichen, und namentlich seit der Zeit verstummen die Befürchtungen, wo durch Bahnen bald überallhin zu einem niedrigen Frachtsatz der mineralische Brennstoff gelangt.«[14]

Holz war im Deutschland der Frühen Neuzeit zwar knapp und der Wald vielerorts in schlechtem Zustand, aber eine Katastrophe drohte zu keiner Zeit. Als Mme. de Staël 1803/04 Deutschland bereiste, fielen der Französin als erstes die großen Wälder auf. Verknappung und Verschlechterung berührten zwar jedermann, in besonderer Weise trafen sie jedoch die fürstliche Ökonomie. Das war der wahre Grund für die immer rigidere Forstpolitik der Obrigkeit, die auf die Einkünfte aus dem Forstregal, auf Holzkohlen- und Holzverkauf angewiesen war.

Bei kleineren Herrschaften in waldreichen Gebieten wie etwa der Grafschaft Manderscheid-Blankenheim betrug dieser Anteil im 17. und 18. Jahrhundert nicht weniger als die Hälfte bis drei Viertel aller hoheitlichen Einnahmen. Kein Wunder, daß in diesem Territorium eine Forstordnung auf die andere folgte – 1600, 1652, 1723, 1787 – und jede Neuauflage unter Hinweis auf Mangel und Devastierung die Nutzung der Wälder immer stärker einschränkte. Dank des reichhaltigen historischen Materials kann man gut verfolgen, wie die Obrigkeit in einem ersten Schritt die Einschlagmengen reduzierte, so daß die Preise in die Höhe kletterten, und wie sie in einem zweiten im Zeichen des Kameralismus die Hochwaldkultur durchsetzte, die die Feuerholzbedürfnisse der Untertanen bewußt ignorierte und statt dessen die Sonderbedürfnisse der jagd- und waldgebundenen Gewerbe begünstigte. Darüber hinaus wurde jetzt gezielt aufgeforstet. Die höhere Nutzholzerzeugung gab der Regierung auf lange Sicht zwar Recht, aber der Kampf um den Wald war nicht nur eine Frage des wirtschaftlichen Sachverstandes, sondern auch ein politischer Konflikt. Die staatlich durchgesetzte Hochwaldkultur wurde zu einem der Eckpfeiler absolutistischer Herrschaft, die sich gegen ältere, konkurrierende Modelle genossenschaftlicher Ausbeutung durchzusetzen wußte. So erklärt es sich, daß jedesmal, wenn die Spannungen sich zum gewaltsamen Konflikt steigerten, die Untertanen »sogleich dem Walde den Prozeß gemacht« haben, wie noch 1854 Wilhelm Heinrich Riehl aus eigener Anschauung wußte.[15] Aber gerade damals ging der »Kampf um Wald und Weide«, wie der österreichische Sozialist Otto Bauer seinen geschichtlichen Überblick genannt hatte, zu Ende. Aus der einstmaligen Zentralressource war mittlerweile ein Wirtschaftsgut geworden, für das sich nur noch jene Minderheit von Waldbesitzern interessierte, die daran moderne Eigentumstitel besaßen. Es war diese Funktionsentlastung des Waldes, die seiner Sentimentalisierung in der deutschen Romantik Vorschub geleistet hat.

II. Bevölkerungsentwicklung

Über Ab- und Zunahme der Bevölkerung, über Geburt und Tod in früheren Zeiten sind wir immer noch mehr oder weniger unzureichend unterrichtet. Diejenige Wissenschaft, die sich solchen Fragen widmet, die Historische Demographie, ist noch vergleichsweise jung. Die Quellenprobleme sind immens, denn das Zeitalter der Statistik setzte erst ganz am Ende unserer Epoche, um die Wende zum 19. Jahrhundert, ein. Alle Materialien, die vorher gesammelt worden sind, dienten nicht den Zwecken, zu denen sie heutigentags ausgewertet werden, was nicht ausschließt, daß auch auf diese Weise vorzügliche Erkenntnisse zutage gefördert werden.

Je kleiner die Einheit, deren Vitalstatistik erstellt werden soll, um die Bevölkerungsverhältnisse sichtbar zu machen, desto zuverlässiger sind im allgemeinen die Resultate. Der Grund ist leicht einzusehen: Kirchenbücher, Steuerlisten, Einwohnerverzeichnisse, Kataster usw. bezogen sich auf die kirchliche oder politische Grundgröße, die Gemeinde. Diese war, bei allen Unterschieden im einzelnen, insoweit autonom, als sie sich gemäß ihren eigenen Traditionen und Besonderheiten verwaltete, so daß die Datenerhebung von Ort zu Ort verschieden war. Das erschwert natürlich die überörtliche Zusammenfassung oder den Vergleich. Lediglich die Kirchenbücher legte man nach einheitlichen Regeln an; sie waren zugleich die einzigen Verzeichnisse der Bevölkerung, die fortlaufend geführt wurden. Aber von dieser Ausnahme abgesehen, entsprach eine lückenlose Dokumentation nicht den Erfordernissen des frühneuzeitlichen Regierens. Mangels eines flächendeckenden Verwaltungsapparates und infolge gestufter Untertanenschaft verfügten die Obrigkeiten auch nicht über die Voraussetzungen, die genaue Anzahl der Menschen zu ermitteln. Es gab ja noch nicht einmal einen Begriff, unter dem die Bewohner innerhalb bestimmter Landesgrenzen geführt wurden. »Einwohner« und »Untertanen« verwiesen, anders als im heutigen Sprachgebrauch, auf Ungleichheit, auf ständische Merkmale in einer Welt, in der herrschaftliche Gemengelage das Normale war.

Erst als die Gleichheit aller als politisches Ziel auftauchte, stellte sich auch ein Begriff ein, der der neuen Sachlage Rechnung trug:

1789 erscheint der »Staatsbürger« im deutschen Wortschatz, selbstverständlich ein Reflex des »citoyen«, der sich im Nachbarland soeben konstituiert hatte. Aber es sollte nicht nur etliche Zeit vergehen, bis dieser Begriff in die Verwaltungssprache Eingang gefunden hatte – er tauchte erstmals im badischen Konstitutionsedikt des Jahres 1807 auf (§ 1), ein zweites Mal im österreichischen ABGB von 1811 (§ 28), 1812 dann im preußischen Edikt zur Judenemanzipation –, er bezeichnete auch dann, wie könnte es anders sein, nur eine Minderheit: die volljährigen, ansässigen, zur direkten Steuer veranlagten Aktivbürger.

All dies muß man sich vor Augen halten, um zu verstehen, wie anachronistisch im Grunde gerade die Fragen sind, die die Historische Demographie an ihr Quellenmaterial richtet. Es verwundert deshalb auch nicht, daß insbesondere die hochaggregierten Daten mit erheblichen Unsicherheitsfaktoren belastet sind. Sie stellen nichts anderes als Schätzungen oder bestenfalls Hochrechnungen dar. Einige von ihnen seien hier angeführt (siehe Tabelle 2).

Im Hinblick auf Deutschland, das man sich in den Grenzen von 1871, ohne Elsaß-Lothringen, vorzustellen hat, scheinen die Zahlen, noch mehr aber die Trends von Kellenbenz am plausibelsten, weil die unterschiedlichen Rhythmen von Rückgang und Wachstum sich fest in andere Tatsachen einfügen. Zunächst tragen sie den Franzschen Schätzungen der Kriegsverluste Rechnung. Sodann ist als sicher anzunehmen, daß die Bevölkerungszunahme in der zweiten Hälfte des 17. Jahrhunderts außerordentlich hoch war, höher als zu irgendeinem anderen Zeitpunkt vor der Industrialisierung.

Allgemein akzeptiert wird auch das im Anschluß an diesen Zeitraum sehr viel geringere Wachstum, das sich in ganz Europa seit 1740 erneut stark beschleunigt hat. Plausibel erscheint überdies der Gleichstand von 1600 und 1750. Er besagt nichts anderes, als daß es ungefähr drei Generationen gedauert hat, bis die Verluste des Dreißigjährigen Krieges wieder aufgefüllt waren. Das paßt mit zwei anderen Tatsachen zusammen: mit den vergleichbaren sozialen Erscheinungen als Folge der bis an die Grenze der Leistungsfähigkeit ausgelasteten Landwirtschaft zu Anfang des 17. und in der Mitte des 18. Jahrhunderts und mit der seit 1750 unabdingbaren und auch erfolgreichen Suche nach bisher unbekannten Wegen, die Tragfähigkeit der Wirtschaft zu erhöhen. Diese Wege bestanden zum einen in der Steigerung der Ackererträge dank der Einführung

Tabelle 2: *Bevölkerungsentwicklung 1600-1800*

	Deutschland (Grenzen von 1871)									Reich	
	Clark[a]	Cipolla/Borchardt[b]	Abel[c]	Wehler[d]	Bosl/Weis[e]	Sagarra[f]	Kellen-benz[g]	Dipper	WR (%)[i]	Mitterauer[h]	WR (%)[i]
1600	15	15	16 (1620)	15	16	18	18-20	18-20		21	
1650	12	–	10	–	10	10-11	11-13	11-13	–35/–34	16	–33
1700	15,5	15	–	16	–	–	–	15-17	30/40	21	29
1750	18	–	18 (1740)	16-18	18	18	18-20	18-20	16/20	23	16
1800	23	24,5	–	23-24	23 (1815)	–	24	23	20/27	31	28

a) C. Clark, Population Growth and Land Use, London 1969, 64.
b) Europäische Wirtschaftsgeschichte, Hg. C. M. Cipolla u. K. Borchardt, Bd. 2, Stuttgart 1978, 20; Bd. 3, ebd. 1976, 16.
c) W. Abel, Geschichte der deutschen Landwirtschaft, Bd. 3, Stuttgart 1967, 275.
d) H.-U. Wehler, Deutsche Gesellschaftsgeschichte, Bd. 1, München 1987, 69.
e) K. Bosl, E. Weis, Die Gesellschaft in Deutschland, Bd. 1, München 1976, 221f.
f) E. Sagarra, A Social History of Germany 1648-1914, London 1977, 10.
g) H. Kellenbenz, Deutsche Wirtschaftsgeschichte, Bd.1, München 1977, 305.
h) M. Mitterauer, »Die Entwicklung der europäischen Bevölkerung im 17. und 18. Jahrhundert«; in: Beiträge zur historischen Sozialkunde 1, 1971, 11.
i) Durchschnittliche geometrische Wachstumsrate pro 50 Jahre (bezieht sich auf Dipper und Mitterauer).

von Luzerne und Kartoffeln, zum anderen im Ausweichen einer immer größeren Zahl von Menschen in den gewerblichen Sektor, dessen Anteil an den Beschäftigten gegen Ende des 18. Jahrhunderts in Preußen bei 21%, in dem frühindustrialisierten Herzogtum Berg aber sogar bei 60% der Beschäftigten lag, während ungefähr je 15% auf den Dienstleistungssektor entfielen.[1] Die Masse der deutschen Territorien lag irgendwo zwischen diesen beiden Beispielen.

Man hat einst geglaubt, die Bevölkerungsbewegung Deutschlands im 17. und frühen 18. Jahrhundert weiche stark vom übrigen Europa ab. Man kannte eigentlich nur die Zahlen für Frankreich, die Vauban, Quesnay, Mirabeau und Necker auf unterschiedlicher Grundlage geschätzt hatten und die trotz allen Unterschieden im Detail von einem starken Rückgang zwischen 1650 und 1710 sprachen und auch danach nur ein vergleichsweise langsames Wachstum annahmen. Diese Vorstellung hat sich mittlerweile als Irrtum herausgestellt, denn Frankreich stagnierte zwar, jedenfalls per Saldo, im 17. Jahrhundert, weil es als dichtbesiedeltes Land ohnedies geringe Wachstumsraten aufwies und den größten Teil seines Zuwachses durch die Vertreibung der Hugenotten und durch andere Ereignisse wieder einbüßte. Aber das Land verlor erst zwischen 1700 und 1715 mit zwei bis drei Millionen Einwohnern ungefähr ein Zehntel bis ein Siebtel seiner Bevölkerung, erholte sich aber sehr rasch von diesem Aderlaß.

Dieser Aufholprozeß hatte, wie erinnerlich, auch in Deutschland nach dem Dreißigjährigen Krieg stattgefunden. Er verweist auf eine Konstante des damaligen Bevölkerungsverhaltens, für deren Verständnis man sich folgenden Zusammenhang vor Augen führen muß. Die Ertragskraft der Landwirtschaft, des bei weitem wichtigsten Produktionszweiges, hing von der Zahl der in ihr beschäftigten Menschen und vom Umfang der Nutzfläche ab. Dieses dreiseitige Verhältnis war zwar nicht starr, aber der enge Zusammenhang von Rodung bzw. Nutzung von Grenzböden und Bevölkerungswachstum belegt die relativ enge Koppelung der Produktionsfaktoren. Sie war den Menschen natürlich bekannt, und die Gesellschaft sorgte dafür, daß das generative Verhalten den jeweiligen Gegebenheiten nach Möglichkeit entsprach. Durch Kriege und Seuchen wurden die hergebrachten Proportionen jedoch gestört, weil in solchen Fällen nicht nur, wie sonst, vor allem die Kinder starben, sondern Arbeitskräfte. Von einer gewissen Größe der

Bevölkerungsverluste an fielen, jedenfalls in Friedenszeiten, die Nahrungsmittelpreise, weil die Produktion nicht in gleichem Maße zurückging wie die Zahl der Esser. Das begünstigte den demographischen Aufholprozeß nach dem Ende solcher Krisen, denn die Versorgung mit Lebensmitteln war unter solchen Bedingungen ungewöhnlich gut. Günther Franz berichtet von Bischoffingen, einem Dorf am Kaiserstuhl, kurz nach dem Dreißigjährigen Krieg, es »heiratete von den Töchtern eines Mannes die eine viermal, das letzte Mal nach 22jähriger Ehe, in der sie acht Kinder geboren hatte, während die Männer der drei anderen Töchter vier-, drei- und zweimal sich verheirateten und aus jeder ihrer Ehen Kinder gewannen.«[2] Man muß sich solche und andere ungewöhnlichen Erscheinungen vorstellen, um die Bevölkerungswelle zu verstehen, die Deutschland nach dem Kriege hervorgebracht hat. Ein italienischer Reisender stellte 1662 fest, daß man hierzulande »Kinder ohne Zahl sieht, aber wenig waffenfähige Männer«.[3]

Anders als heute waren die generativen Verhaltensweisen, ja überhaupt die Bevölkerungsentwicklung weitgehend auf die wirtschaftlichen Gegebenheiten bezogen. Es ist daher gerechtfertigt, ebenso wie von wirtschaftlichen auch von demographischen Konjunkturen zu sprechen, die beide übrigens, setzt man sie in eine graphische Darstellung um, einander auffallend gleichen: unter kurzfristigem Aspekt starke Ausschläge nach oben und unten, die, wenn man sie im Hinblick auf langfristige Entwicklungen bereinigt, in der Regel nur ein sehr geringes Wachstum erkennen lassen. Die Ursache war die begrenzte wirtschaftliche Leistungsfähigkeit der frühneuzeitlichen Gesellschaft und die ihr angepaßte Bevölkerungsweise, die wir ein wenig genauer betrachten wollen. Auch wenn das Wachstum der Bevölkerung, die »Peuplierung«, von der Obrigkeit der Frühen Neuzeit gerne gesehen und bisweilen auch aktiv gefördert wurde, war die Wirklichkeit weniger von Wachstum als von Gleichgewicht gekennzeichnet. Um dieses Gleichgewicht herzustellen und zu erhalten, bedurfte es aber eines wesentlich höheren Umsatzes an Menschen als heutzutage, denn die hohe Sterblichkeit mußte durch ebenso hohe Geburtenziffern ausgeglichen werden.

Wie wurde dieses, allerdings prekäre Gleichgewicht hergestellt? Da uneheliche Geburten damals weit mehr als heute die große Ausnahme bildeten – sie pflegten vor 1750 selbst in Anerbengebieten kaum die Ein-Prozent-Marke zu überschreiten, und nachträgliche Legitimation war häufig –, war Eheschließung die bei weitem wichtigste Voraussetzung. In welchem Alter das geschah, war für die Zahl der zu erwartenden Nachkommen naturgemäß von erheblicher Bedeutung. Da die Lebenserwartung 15jähriger Mädchen im 17. und 18. Jahrhundert durchschnittlich weitere 30 bis 40 Jahre betrug, mithin praktisch die gesamte Dauer der natürlichen Fruchtbarkeit der Frau, hatte es die Gesellschaft gleichsam in der Hand, mit Hilfe des Heiratsalters die Kinderzahl zu regulieren. Für den Ersatzbedarf der Bevölkerung in Normalzeiten genügte es, wenn Mädchen zwischen dem 25. und 29. Lebensjahr die Ehe eingingen, und dieser vergleichsweise späte Zeitpunkt kennzeichnete tatsächlich damals das gesamte Europa, wenn man seine östlichen Teile ausnimmt. Man hat darum mit Recht festgestellt, daß das hohe Heiratsalter »die eigentliche Waffe der Geburtenkontrolle« Europas war.[4]

Von Geburtenkontrolle zu sprechen bedeutet, daß in der Regel die Sorge vor zu vielen Menschen größer war als die gegenteilige. Kinderreichtum galt, von der Oberschicht abgesehen, oft als Unglück. Wie viele Kinder benötigte die Gesellschaft zur Stabilität? In damaligen Zeiten fünf bis sechs. Bei mehr als sechs Kindern begann die Bevölkerung rasch zu wachsen, bei weniger als fünf stagnierte sie oder nahm sogar leicht ab. Familienrekonstitutionen haben ergeben, daß tatsächlich vier bis fünf Kinder die Regel waren, mithin daß die Gesellschaft das generative Verhalten realistisch erfaßt und wirksam beeinflußt und kontrolliert hat. Wie war dies möglich? Zum einen, wie bereits gezeigt, durch das auffallend hohe Heiratsalter. Überdies aber auch durch Faktoren, die in den Ehen selbst zu suchen sind; zum ersten die Gebärfähigkeit der Frauen. Sie endete in den untersuchten Familien meist kurz nach dem 40. Lebensjahr, die Spanne lag zwischen 37 und 46 Jahren. Die im Vergleich zu heute früher eintretende Menopause, eine Folge der höheren körperlichen Belastung, der schweren Arbeit, von der die Frauen keineswegs ausgenommen waren, bedeutete für die Frauen, daß ihnen nur ca. 20 Jahre ehelicher Fruchtbarkeit zur Verfügung standen. In diesem Zeitraum mußten sie die Nachkommenschaft zur Welt bringen, die die Familie und damit die gesamte Gesellschaft sicherte. Dabei kommt aber noch ein weiterer Faktor in Betracht, der die Geburtlichkeit beeinflußt hat: die Kinder kamen nicht im biologisch kürzest möglichen Abstand nacheinander auf die Welt, sondern es lagen 24 bis 26 Monate dazwischen. Die

Ursache dafür ist die sog. Laktationsamenorrhöe, die bei stillenden Müttern die Empfängnisfähigkeit erheblich herabsetzte. Die Masse der Frauen stillte in damaligen Zeiten ihre Kinder, ja, viele verdienten sich noch als Ammen für Kinder höherer Stände ein Zubrot, was wiederum die höheren Kinderzahlen bei den Oberschichten teilweise erklärt. Kombiniert man Geburtenabstände, normales Heiratsalter und Eintritt der Menopause, zeigt sich, daß – zumindest rein rechnerisch – nicht mehr als sechs Entbindungen pro Ehe möglich waren. Die in den ersten Ehejahren erhöhte Müttersterblichkeit, die jenseits des 30. Lebensjahres von derjenigen der Väter abgelöst wurde, senkte, natürlich wiederum rein rechnerisch, die Zahl der tatsächlichen Geburten auf knapp fünf.

Allerdings gab es viel zu viele Ehen mit bedeutend weniger Kindern, als daß nicht noch andere geburtenregulierende Faktoren angenommen werden müssen. Im Dorf Heuchelheim bei Gießen etwa sank zwischen 1721 und 1750 die Fertilitätsziffer auf 3,8, weil ein Drittel aller Ehen nur noch drei oder weniger Kinder zur Welt brachte. Die Gebärtätigkeit konzentrierte sich also auf wenige Jahre innerhalb der gesamten fruchtbaren Periode der Frau. Es bleibt daher gar keine andere Schlußfolgerung übrig als der Hinweis auf eine »zeitweilige aktive Geburtenbeschränkung in weiten Bevölkerungsschichten«.[5] Wie diese aussah, ist bekannt – die Beichtspiegel der katholischen Kirche sind neben Gerichtsakten die wichtigste Quelle –, die Geschichte ihrer Verbreitung jedoch noch kaum erforscht. Daß Soldaten und Angestellte von Handelsgesellschaften, Matrosen und Flößer, aber auch wandernde Handwerksgesellen sowie endlich Kolportagebuchhändler für die Verbreitung der einschlägigen Kenntnisse gesorgt haben, kann man sich unschwer vorstellen. Die Methoden, die zum Teil aus dem Orient und aus Übersee stammten, reichten von den verschiedensten Präparaten mit kontrazeptiver Wirkung über mechanische Verhütungsmittel bis hin zu der mit besonders schweren Strafen bedrohten Abtreibung. Am häufigsten wurde ohne Zweifel der »coitus interruptus« praktiziert. Die Wahl der jeweiligen Methode war standes- und altersspezifisch. Abtreibung sollte vor allem vor- und außereheliche Schwangerschaften ungeschehen machen und war daher im Dienstbotenmilieu mit seinen strengen Heiratsverboten besonders häufig zu finden. Die ledige »Kindsmörderin« ist ja geradezu zur literarischen Figur geworden. Die höfische Gesellschaft bedurfte zur Entfaltung der Erotik im späten 17. Jahrhundert subtilerer, doch darum nicht weniger wirksamer Methoden, denn illegitime Kinder waren in Deutschland selbst bei regierenden Häusern, vor allem wenn sie protestantischer Konfession waren, mehr oder weniger verpönt. Das vielbeschworene »ius primae noctis« des Adels hat sich ohnedies längst als ein Produkt der Phantasie erwiesen; entstanden ist dieses Gerücht im antiaristokratischen Milieu Frankreichs am Vorabend der Revolution, popularisiert hat es Mozart in »Figaros Hochzeit«.

Wenn das Leben den Rhythmus der demographischen Konjunktur geprägt hat, so galt das in noch weit stärkerem Maße für den Tod. Er war in jener Gesellschaft ein vertrauter Bestandteil des Alltagslebens. Legten sich Erwachsene zum Sterben, wurden sie zum Mittelpunkt einer großen Versammlung, an der Eltern, Freunde und Nachbarn teilhatten und selbstverständlich auch Kinder. Ungezählte Traktate hier, überlieferte Sitten dort bereiteten auf den Tod vor, den man gefaßt zu ertragen hatte. Wie die Wirklichkeit war, wissen wir dagegen kaum. Aber soviel ist klar: Die vielgepriesene »ars moriendi« war im Hinblick sowohl auf das krisenhafte Massensterben als auch auf den Tod der Kinder ohne Bedeutung. Dabei starben weitaus die meisten Menschen im Kindesalter: ungefähr ein Drittel im ersten Lebensjahr, ein Siebtel in den folgenden drei Jahren. Bis zu seinem 20. Geburtstag hatte sich ein Jahrgang auf die Hälfte vermindert. Von den Neugeborenen hatte daher nur eine winzige Minderheit die Chance, an Altersschwäche zu sterben. Unter den 20jährigen war der Anteil naturgemäß weitaus größer; eine erhebliche Zahl von ihnen erreichte das sechste Lebensjahrzehnt und mehr. Die Berechnungen des zur Gegenwart hin zunehmenden Durchschnittsalters – es liegt in der Bundesrepublik gegenwärtig für Frauen bei 77, für Männer bei 73 Jahren – soll nicht darüber hinwegtäuschen, daß im 17. und 18. Jahrhundert die Erwachsenen fast ebenso alt geworden sind wie heute. Nur erreichten längst nicht so viele das Erwachsenenalter, sondern eben bestenfalls die Hälfte eines Jahrganges!

Für die Erhaltung des demographischen Gleichgewichts hatte diese hohe Sterblichkeit, die zum hohen Bevölkerungsumsatz am meisten beitrug, eine Reihe von Konsequenzen, die die Menschen nicht ignorieren durften. Die wichtigste hat Pierre Goubert für das von ihm untersuchte nordfranzösische Gebiet vorgerechnet, aber die Ergebnisse können ohne weiteres verallgemeinert werden, weil sie mathematisch zwingend sind.[6] Wenn nur die Hälfte der Mädchen das 20. Lebensjahr erreichte, mußten von diesen 85 Prozent heiraten, damit die Bevölkerung nicht allmählich ausstarb. Jedenfalls galt dies für die Masse der bäuerlichen und handwerklichen Bevölkerung, während sich die Oberschichten mit ihrer höheren Geburtenrate auch eine größere Anzahl eheloser Familienmitglieder erlauben konnten – und das auch tatsächlich taten, vor allem sofern sie katholisch waren, weil der Erwerb kirchlicher Pfründen in mehrfacher Hinsicht von Bedeutung war. Freilich war dieses Verhalten riskant und hat dazu beigetragen, daß eine ganze Reihe adeliger Familien im 17. und 18. Jahrhundert unversehens ausgestorben ist – teils lediglich im Mannesstamm, teils jedoch ganz und gar.

Dieses Heiratsminimum von 85%, wie man es nennen könnte, erklärt die überaus heftige Debatte um den Zölibat, namentlich in katholischen Gebieten zwischen 1680 und 1780. Danach lösten malthusianische Schreckensvisionen dieses Thema ab, und es überrascht nicht, daß protestantische Gegenden hierin den Anfang machten. Die Überprüfung im Wege der Familienrekonstitutionen hat bisher ergeben, daß tatsächlich eine Zölibatsquote von 15% in normalen Zeiten nicht überschritten worden ist, jedenfalls nicht vor 1800. Die frühneuzeitliche Gesellschaft hat also, ohne ihre Reproduktionsbedingungen genau zu kennen, die Regeln eingehalten. Indem sie Heiratsverhalten und Geburtlichkeit regulierte, suchte sie die Lücken zu füllen, die der allgegenwärtige Tod stets aufs neue riß, ohne eine überproportionale Zunahme zu riskieren.

Der Tod hielt nicht nur seine regelmäßige Ernte, sondern er verursachte darüber hinaus außerordentliche Krisen, die aber so häufig waren, daß die Bevölkerungshistoriker von »regulären Irregularitäten« der demographischen Konjunktur zu sprechen pflegen. Jeder Erwachsene im Alter von 30 bis 40 Jahren hatte normalerweise mehrere, mindestens jedoch eine solcher Mortalitätskrisen erlebt, denen Familienmitglieder, Verwandte, Freunde und Nachbarn zum Opfer gefallen waren. Diese Mortalitätswellen sind in mehrfacher Hinsicht von grundlegender Bedeutung. Zum einen erklären sie den unausgeglichenen Seelenhaushalt der Menschen jener Epoche: die alles lähmende Angst beim Herannahen der Krise, den oftmaligen Verzicht auf Vorsorge, den Fatalismus, dann aber auch die Ausgelassenheit derjenigen, die die Wellen von Krieg, Hunger und Pest überlebt hatten, das rasche Heiraten und vieles andere mehr.

In demographischer Hinsicht verliefen alle Krisen in derselben Weise. Sie begannen mit einer kurzfristigen, aber enormen Übersterblichkeit, die die übliche Zahl der Todesfälle um das Doppelte, oft um wesentlich mehr überstieg. Gleichzeitig gingen die Eheschließungen mindestens auf die Hälfte zurück, die Konzeptionen aber um nicht weniger als zwei Drittel. Der Geburtenausfall ist aber weder eine Folge von Enthaltsamkeit im Angesicht der Krise, in der man Gottes strafende Hand erblickte, noch läßt er sich auf den Tod allzuvieler Mütter zurückführen. Beide Erklärungen halten einer kritischen Untersuchung nicht stand. Vielmehr sorgte die mangelhafte Ernährung dafür, daß keine oder nur sehr wenige Konzeptionen stattfanden. Der Fachmann spricht von Hungeramenorrhöe. Denn jede Mortalitätskrise fiel mit einer oder mehreren Fehlernten zusammen, die die ohnedies prekäre Ernährungslage zur Katastrophe steigerten.

Die Opfer einer solchen Krise verteilten sich keineswegs gleichmäßig über alle Jahrgänge und Bevölkerungsschichten. Die besonders gefährdeten Altersgruppen waren Kinder und Greise. Daß allein 70% der Säuglinge und insgesamt 90% der Kleinkinder bis zu vier Jahren an Hunger oder Krankheiten binnen kurzem dahingerafft wurden, war keine große Seltenheit. Auch die über Fünfzigjährigen starben in solchen Krisen erheblich zahlreicher als in durchschnittlichen Jahren. Für die keineswegs besonders schwere Krise des Jahres 1757 liegt eine zeitgenössische Auswertung vor, die hier wenigstens gestreift werden soll. Sie ist auf Hinterpommern beschränkt, eine rückständige und dünn besiedelte preußische Provinz, in der sich eben deshalb die Dramatik nicht so deutlich zeigte wie in den großen Städten, wo schon normalerweise ganze Heere von Elenden darbten und viele von ihnen entsprechend rasch dahingerafft wurden. Üblicherweise starben, wie Johann Peter Süßmilch, der diese Liste überliefert und interpretiert hat[7], in Hinterpommern ca. 9500 Menschen im Jahr, 1757 aber waren es 15 267; die Übersterblichkeit betrug also 60%. Genauso groß war sie auch in der Gruppe der Witwen und Witwer, worunter die alten Leute zu verstehen sind. Von den Kindern unter sieben Jahren starben aber 71% mehr als die gewöhnliche Rate betrug, von denen zwischen sieben und vierzehn Jahren sogar 83%. Dabei hatte die letztere Altersgruppe bereits 1752/53 eine Pocken- und Masernepidemie überstanden, in der ihre Übersterblichkeit 47 Prozent betragen hatte.

Von den zwischen 1745 und 1752 Geborenen können also, soviel ist auch ohne Kenntnis der Geburtenzahlen sicher, 1758 und danach nicht mehr viele am Leben gewesen sein, d. h., fünf bis sechs Jahrgänge waren stark dezimiert, und dieses Minus pflanzte sich als vitalstatistisches Wellental natürlich noch mindestens 60 Jahre lang fort. Hingegen haben ihre Eltern die Krise ungleich besser überstanden, wie überhaupt als Faustregel gelten kann, daß die Altersgruppe der Fünfzehn- bis Fünfundvierzigjährigen, mithin diejenigen, welche die gesellschaftliche Reproduktion sicherstellen, Epidemien und Nahrungsmangel am besten überstand. Freilich gilt das nicht, sobald soziale Faktoren die rein physiologischen Zusammenhänge überlagern.

Süßmilch, der erste Bevölkerungsstatistiker Deutschlands, hatte bei seiner Untersuchung über das *Größere Sterben des 1757ten Jahres* die unterschiedlichen Wirkungen einer solchen Mortalitätskrise auf dem Lande und in den Städten erkannt. Nicht Krieg und nicht Klima – obwohl Preußen damals eine militärische Existenzkrise durchmachte und obwohl es 1755 und 1756 hintereinander zwei Fehlernten gegeben hatte, die damals bei weitem gefährlichste Konstellation von Witterungsungunst – waren seiner Ansicht nach die hauptsächlichen Verursacher der »größeren Mortalität«, sondern »die Wirkungen der teuren Zeit«.[8] Am stärksten betroffen waren darum nicht die pommerschen Bauern, sondern die Berliner Manufakturarbeiter und ihre Familien. Die Schilderung der Verhältnisse, die Süßmilch als Propst von Cölln aus eigener Anschauung kannte, ist so plastisch ausgefallen, daß sie hier ausführlich wiedergegeben wird: »1. Der Verdienst aller derer, die um einen feststehenden Lohn arbeiten, wird auf die Hälfte heruntergesetzt, wenn der Preis des Brots noch einmal so hoch steiget. Wer also vorhero den Tag vier Groschen verdiente, erwirbt alsdann nur zwei, weil er das Brot, als das vornehmste Nahrungs-Mittel, noch einmal so hoch bezahlen muß. Wer nun vorhero nicht vielmehr als Wasser, Brot und etwas Zugemüse gehabt hat; wer kaum soviel vom Verdienst hat abstoßen können, um sich das nötige Holz für den Winter, und die nötigste Kleidung anzuschaffen: der findet sich plötzlich in die größte Not und Verwirrung gesetzt. Hat er nun überdem eine Frau und mehrere Kinder zu erhalten; so wird das Elend vergrößert. Daher kommt Sorge, ein verzehrender Gram, Hunger, Blöße und Kälte. Alles Dinge und Folgen, die der Gesundheit höchst nachteilig sind. Die Nahrungs-Säfte sind oft schon vorher schlecht und kaum hinreichend gewesen, einem ausgemergelten Körper die zur Arbeit erforderlichen Kräfte zu geben. Jetzt werden sie noch unzulänglicher. Kommt Blöße und Kälte dazu, so wird die Entkräftung und die Anlage zu Krankheiten bei Kindern und Erwachsenen beschleunigt. Ein kleiner Stoß wirft sodann den Menschen um. Wo nun aber Rat und Hülfe her, wenn der, so noch Brot verdienet, krank dahinfällt? Wenn kein Notpfennig und kein Hausrat, oft kein Bette mehr, zum Verkauf vorhanden ist? Wann nun solche Leute vorher, an die Möglichkeit einer solchen bösen Stunde und teuren Zeit nicht gedacht, auch noch dazu liederlich gelebet haben, wie es sich unter der geringeren Art von Menschen nur gar zu häufig findet; wenn sie sich dadurch zu Krankheiten vorher zubereitet; wenn sie dadurch sich der Liebe anderer Mitbürger unwürdig gemacht, sich auch von Gott den Fluch zugezogen haben: so muß ihr Unglück dadurch in der Teuerung desto größer werden, sonderlich, wenn sie in Krankheit verfallen. Es kann wahrlich nichts Kläglicheres erdacht werden, als wenn die, so mit der Armen-Pflege in einer volkreichen Stadt zu tun haben, täglich mehr als einen Bericht lesen müssen, daß ganze Familien auf dem Stroh, und in der Kälte und Hunger verschmachtend, da nieder liegen. Man wird leicht sehen, welche Personen in der Teuerung diesem Elende und dieser Gefahr am meisten ausgesetzt sind. Die Dienstboten empfinden es nicht, weil ihre Herren für ihren Unterhalt sorgen müssen. Die aber erfahren es, die in den Städten und auf dem Lande für einen gewissen Tagelohn arbeiten: diejenigen sonderlich in Städten, die bei Manufakturen und Fabriken mit spinnen, weben und dergleichen arbeiten ihr Brot verdienen müssen.«[9]

Schärfer als die meisten seiner Zeitgenossen hat Süßmilch die Ungleichheit vor Not, Krankheit und Tod gesehen und analysiert. Daß dies aber seit 1740 – sein Hauptwerk, die *Göttliche Ordnung in den Veränderungen des menschlichen Geschlechts* erschien erstmals 1741, 1762 in stark erweiterter Neuauflage – überhaupt geschah und in der Folge immer öfter, war selbst eines der Ergebnisse der Bevölkerungsentwicklung in Deutschland. Ihren Konjunkturen und ihren Krisen gilt darum als nächstes unsere Aufmerksamkeit.

Auf die enormen Bevölkerungsverluste im Dreißigjährigen Krieg reagierten die Menschen nicht durch häufigere Heirat – das war ja wie gesehen kaum möglich, da schon unter normalen Bedingungen ungefähr 85% der Erwachsenen eine Ehe eingehen mußten, um das demographische Gleichgewicht zu wahren –, sondern durch größere Kinderzahlen. Das wichtigste Regulierungsinstrument stellte das Heiratsalter der Frauen dar. In Gießen und Umgebung sank es bis zur Jahrhundertwende um nicht weniger als vier Jahre, nämlich von 29,8 auf 25,7 Jahre; am niedrigsten war es zwischen 1646 und 1655. Rein rechnerisch kamen auf diese Weise – »ceteris paribus« – zwei Kinder mehr pro Ehe zur Welt als in den vorhergehenden Jahren, was für ein vergleichsweise rasches Bevölkerungswachstum genügte. In vielen anderen Territorien verhielt es sich offenbar ebenso, denn man nimmt für ganz Deutschland an, daß kurzfristig die Geburtenziffern auf 50‰ und mehr anstiegen. In normalen Zeiten lagen sie damals knapp über 30‰. Auch die Sterblichkeit ging vorübergehend zurück, da die sinkenden Getreidepreise eine bessere Ernährung erlaubten. Seit 1655 verkündeten einige Landesherren Einfuhrverbote, um den Preisverfall einzudämmen. Kriege bremsten die demographische Erholung vor allem im Südwesten. 1665 bis 1667 zog die Beulenpest von Amsterdam rheinaufwärts und ließ die Mortalität in Mainz z. B. für kurze Zeit um das Sechs- bis Zehnfache steigen. Der Holländische Krieg von 1672 bis 1678 und wenig später der Pfälzische Erbfolgekrieg von 1688 bis 1697 brachten neue Belastungen. Insbesondere die außerordentlichen Zerstörungen der französischen Heere 1688/89 am Oberrhein von Karlsruhe bis Mainz unterbrachen den Wiederaufbau in materieller wie in demographischer Hinsicht. Die 1400 Toten des Jahres 1689 in Mainz stellten das Vierfache der normalen Sterblichkeit dar, was fast ein Zehntel der Bevölkerung ausmachte. Das Gebiet von Mannheim und Heidelberg entvölkerte sich vorübergehend sogar vollständig.

Es war unvermeidlich und von Kriegen und Getreidepreisen unabhängig, daß die Geburtenziffer in den siebziger und achtziger Jahren des 17. Jahrhunderts sank, nachdem die erste Nachkriegsgeneration aus dem reproduktionsfähigen Alter zu treten begann. Man nimmt einen Rückgang auf 35-40‰ an, was immer noch knapp über den Durchschnittswerten der vormodernen Bevölkerungsweise lag. Trotzdem wuchs auch in der Folge die Bevölkerung rasch weiter, und zwar rascher als zuvor, weil von den späten achtziger Jahren an die geburtenstarken Jahrgänge ins Heiratsalter kamen. Wo außerdem umfangreiche Zuwanderung stattfand – und meist waren es junge Leute, die mobil waren –, stieg gegen Jahrhundertende aber auch die spezifische Geburtenziffer weiter an. Spitzenwerte erreichte sie in Berlin mit 46‰ im Jahr 1682 und fast unglaublichen 85‰ zehn Jahre später. Und das alles, obwohl die Zeit zwischen 1691 und 1700 von schweren Krisen geprägt war: 1691/92 war es ungewöhnlich naß, zwei Jahre lang herrschte große Kälte bis in den Sommer, vom Rhein meldete man damals sowohl Überschwemmungen als auch, daß er zugefroren war. 1697/98 wiederholte sich das Zusammenspiel von Frost, Nässe und Mißernte, die Getreidepreise stiegen auf das Doppelte. Überall schnellten die Mortalitätszahlen hoch. Aber nur an wenig Orten starben mehr Menschen als geboren wurden, so daß die gefürchtete Krise dieses Mal ausblieb.

Sie kam dafür 1709/10, berührte aber vor allem den Nordosten Deutschlands. Am schwersten getroffen wurde das Herzogtum Preußen, wo durch die enormen Menschenverluste das gesamte »Retablissement« gefährdet wurde: ca. 202 000 Leute starben, ein Drittel der Gesamtbevölkerung. Ausgangspunkt war das Wetter. Der Winter 1708/09 war einer der schlimmsten der neueren Zeit; selbst in französischen Chroniken ist vom »Grand Hiver« die Rede. Auf den langen Frost folgten Regen und Überschwemmung, nach der Wintersaat verdarb auch das Sommergetreide. 1710 erreichten die Brotpreise den dreifachen Ausgangswert, doch war an diesem Anstieg nicht nur die Natur schuld, sondern auch die rücksichtslose Eintreibung von Abgaben durch die Generalkriegskasse; die Bauern hatten kein Saatgut mehr. Es herrschte folglich Hunger, und die Hungersnot verursachte Ruhr und Typhus. Um das Maß voll zu machen, hielt von den Schlachtfeldern des Nordischen Krieges, der sich bis zum Schwarzen Meer hinzog, auch noch die Pest Einzug. Es war die letzte, die Deutschland erleben sollte, fortab überzogen andere Epidemien, Blattern, Pocken und zuletzt Cholera, am häufigsten natürlich die Grippe das Land. Freilich spielten sie nicht die Hauptrolle, denn Mangelkrankheiten wie vor allem der Schwindsucht fielen je länger, desto mehr Menschen zum Opfer.

Weiter als bis Pommern drang die Pest nicht nach Westen vor. Die allenthalben hohen Preise verlangsamten aber generell das Bevölkerungswachstum. Zugleich lief die große demographische Welle nach dem Dreißigjährigen Krieg aus, und auch die Einwanderung hatte im großen und ganzen ein Ende gefunden. Stellenweise kehrte sich der Trend sogar um. Aus der Pfalz und dem

Rhein-Main-Gebiet sollen 1710/11 nicht weniger als 1500 Untertanen nach Nordamerika ausgewandert sein, der erste Massenexodus der neueren deutschen Geschichte. Binnenwanderung fand natürlich weiterhin statt, sie bildete hier einen Bestandteil der Lebensweise der Ärmeren, der bäuerlichen Nacherben und der Handwerker. Die Stadt Berlin verdankte ihr in diesen ersten vier Jahrzehnten des 18. Jahrhunderts ihr gesamtes Wachstum, das gleichwohl um beinahe die Hälfte, nämlich auf 16,4‰ jährlich zurückgegangen war. Auch Hamburg verzeichnete einen erheblichen Zuwachs, sein wirtschaftlicher Aufstieg zog zahllose Menschen aus Nord- und Ostdeutschland an.

Generell aber verlangsamte sich das Tempo des Bevölkerungswachstums. Es war nicht Nahrungsmangel, was den Trend abflachen ließ, denn die Versorgungslage war damals dank reichlicher Ernten so gut, daß gelegentlich von einer Einkommenskrise der Landwirtschaft gesprochen wird. Vielmehr waren die Lücken, die das 17. Jahrhundert gerissen hatte, meistenteils wieder aufgefüllt, wenn man von Schleswig-Holstein, Mecklenburg und Brandenburg-Preußen absieht, wo noch immer sehr viele der ehemals angebauten Hufen wüst lagen. In der Mitte Deutschlands, wie auch im Westen und Süden, waren die Dörfer wieder voll besetzt. Und wieder fungierte, wie schon nach 1648, das weibliche Heiratsalter als wichtigstes Regulierungsinstrument der Fertilität. War in Gießen das Alter der Bräute rund 60 Jahre lang kontinuierlich gesunken, begann es jetzt wieder zu steigen; von 1701 bis 1730 um zwei auf 27,8 Jahre. In den umliegenden Dörfern kam offenbar – anders sind die Zahlen nicht zu erklären – geplante Geburtenkontrolle hinzu; in Heuchelheim etwa scheint sie mehr als die Hälfte der Paare zwischen 1721 und 1750 betrieben zu haben. So kam fast in jeder fünften Ehe das letzte Kind vor dem 30. Lebensjahr der Mutter zur Welt, die in der Regel erst vier Jahre vorher geheiratet hatte. Paare mit zwei bis drei Kindern waren darum keine Seltenheit. Man darf diese Zahlen nicht verallgemeinern, wohl aber den Trend, den sie andeuten. Anders ist es nicht zu erklären, daß im damaligen Deutschland die jährliche Wachstumsrate der Bevölkerung von 5,8 bis 7,2 ‰ auf 3,2 bis 4,0 ‰ zurückging.

Die regionalen Unterschiede, um es zu wiederholen, waren aber erheblich. Im Nordosten gab es wegen der Kriege und Seuchen zunächst keinen Zuwachs, sondern einen Rückgang. In Preußen und der Kurmark begann die Bevölkerung erst von der Mitte des dritten Jahrzehnts ab zu wachsen, seither aber mit ungeheurer Geschwindigkeit: Ostpreußen mit 14,3‰ im Jahr, die Kurmark sogar mit 16‰. Solche Zahlen deuten einen hohen Bedarf an Arbeitskräften an, da die Menschen sonst bald verhungert wären. Die Notwendigkeit einer demographischen Aufholjagd war für das streckenweise noch immer menschenleere Preußen offenkundig, in der Kurmark wirkte der hauptstädtische Markt als Antriebskraft der Expansion. Es überrascht daher um so mehr, daß auch ein viel dichter besiedeltes Land wie das Herzogtum Württemberg, in dem ungefähr dreimal mehr Menschen auf dem Quadratkilometer lebten, ganz die selben Wachstumsraten aufwies. Zwischen 1697 und 1707 jährlich 19,8‰, bis 1730 immerhin noch 10,7‰. Aber auch hier waren erst dann die Verluste von 1632/33 wieder vollständig aufgefüllt. Danach aber sank die Zuwachsgeschwindigkeit schlagartig um zwei Drittel, und zwischen 1750 und 1760 nahm die Bevölkerung per Saldo so gut wie gar nicht mehr zu. Der Grund: damals sind mehr als 30 000 Württemberger nach Nordamerika, etwas weniger nach Rußland und auf den Balkan ausgewandert. In diesem Falle haben offenbar die Erhöhung des Heiratsalters und die Senkung der Geburtenziffer, wenn beides überhaupt stattgefunden hat, was mangels Untersuchungen offen bleiben muß, als Fertilitätsregulatoren nicht mehr ausgereicht, und es mußte daher als weiteres Ventil die Emigration hinzukommen. Die Landgrafschaft Hessen, die demgegenüber eine etwa um ein Viertel geringere Bevölkerungsdichte aufwies, hatte offenbar noch gewisse einheimische Reserven, um die ungefähr ebenso rasch wie in Württemberg wachsende Bevölkerung aufzunehmen; jedenfalls ist von nennenswerter Auswanderung nichts bekannt. Dafür sank die Zahl der Geburten drastisch im zweiten Viertel des Jahrhunderts und blieb auch im dritten niedrig. Auch Sachsen machte nicht vom Ventil der Auswanderung Gebrauch, obwohl im Durchschnitt um 1750 schon 60, stellenweise aber über 90 Menschen auf dem Quadratkilometer wohnten. Aber das Tempo der Reproduktion verringerte sich deutlich: es betrug jährlich nur noch 3,1 ‰.

Für Sachsen sind wir besonders gut über die regional sehr unterschiedliche Bevölkerungszunahme unterrichtet. Sie betraf zum einen die beiden »Großstädte« Dresden und Leipzig mit 78 000 bzw. 60 000 Einwohnern, zum anderen aber ländliche Gebiete wie die Kreise Schwarzenberg, Auerbach und Plauen im südwestlichen Bergland und angrenzenden Erzgebirge sowie Zittau und Löbau in der südlichen Oberlausitz. Der demographische Schwerpunkt des Landes verlagerte sich immer stärker von der Ebene ins Gebirge. Das bedeutete, daß die Landwirtschaft längst nicht mehr alle Einwohner ernähren konnte. Gewerbliche Tätigkeit, ob als Nebenoder Hauptbeschäftigung, wurde für einen wachsenden Teil der sächsischen Bevölkerung eine wahre Notwendigkeit. Freilich bedeutete das in damaliger Zeit, daß diese Schichten nunmehr von zweierlei, einstweilen noch ziemlich fest aneinander gekoppelten Konjunkturen abhängig wurden: von der agrarischen und der gewerblichen. Auf diese doppelte Gefährdung haben die Betroffenen aber fast nirgendwo in Sachsen mit sinkenden Geburtenraten geantwortet, sondern im Gegenteil mit weiterem Wachstum. Von den Gründen ist gleich noch ausführlicher die Rede.

In die fünf mittleren Jahrzehnte des 18. Jahrhunderts fielen drei schwere Bevölkerungskrisen. Sie gehören zu den letzten, die Europa insgesamt erlebt hat. Die erste dauerte von 1739 bis 1741 und erfaßte das ganze Deutschland außer Preußen; auch das Baltikum und Polen blieben verschont. Der lange, ungefähr ein halbes Jahr dauernde Winter von 1739/40 verringerte das Nahrungsangebot um 20-30%, die Preise stiegen ziemlich genau innerhalb der von King errechneten Margen, nämlich um das Doppelte bis knapp Dreifache – zumindest im verkehrsungünstig gelegenen Hinterland, und das war beim damaligen Verkehrswesen jeder Ort, der über keinen Hafen verfügte. 1740/41 ließ erneut die schlechte Witterung die Ernten auf ein Minimum sinken, und erst dieser zweifache Ausfall, den die Magazine nirgendwo ersetzen konnten, trieb Not und Elend vielerorts auf eine Höhe, die man seit Jahrzehnten nicht mehr erlebt hatte. Am meisten war die gewerbliche Bevölkerung betroffen, da der Kaufkraftschwund zu Lasten des flexiblen Bedarfs ging. So waren in Berlin Tausende ohne Arbeit, und der Sterbeüberschuß erreichte mit 14 ‰ einen Spitzenwert. Aus Minden-Ravensberg, einem Zentrum der Leineweberei, dessen Bevölkerung seit 1685 etwa auf das Eineinhalbfache gewachsen war, wird berichtet, daß die Einwohner »krepierte Hunde und Pferde aus der Erde gruben«.[10] Im Erzgebirge stellte die sächsische Regierung Darlehen aus Kirchenvermögen zur Verfügung, damit die Gemeinden Getreide kaufen konnten. In Nürnberg durchzogen an den Bettelstab gebrachte Handwerker in Scharen die Stadt, da die Nachfrage nach gewerblichen Produkten auf ein Minimum gesunken war.

Daß Gewerberegionen die am schwersten betroffenen Gebiete waren, verweist auf einen sich abzeichnenden Wandel der Krisenursachen. Die Jahre 1739/41 zeigten nicht mehr ausschließlich jene altertümliche Form der Not, jene bloße Subsistenzkrise, die sich allein aus dem Zusammenwirken von Mißernte, Teuerung und Seuchen erklärt. Vielmehr mischte sich Altes mit Neuem, und dieses Neue war der konjunkturelle Zusammenbruch vornehmlich des unzünftigen, auf den Massenbedarf ausgerichteten Gewerbes durch den vom Nahrungsmangel verursachten Nachfragerückgang nach gewerblichen Produkten. Die rein agrarisch strukturierten Gebiete blieben zwar von der Not nicht verschont, aber sie zeigten dort das vertraute Gesicht; mochte auch der Nebenerwerb zurückgehen, arbeitslos war darum noch niemand.

Die nächste Krise dauerte länger, nämlich von 1755/56 bis 1762, in einigen Gebieten sogar bis 1764. Offenkundig wurden die natürlichen Phänomene von den Begleiterscheinungen des Siebenjährigen Krieges überlagert. Höhe- bzw. Tiefpunkt war das Jahr 1758. Süßmilch hat, wie oben beschrieben, in der Absatzkrise des Verlagswesens und der Manufakturen, die sich in Lohnsenkungen und Arbeitslosigkeit niederschlug, die Hauptursache für die hohen Sterbeziffern erblickt, d. h. die Bedeutung von Klima und Kampfhandlungen relativiert und diese Erkenntnis in eine für damalige Zeiten harte Kritik an den wirtschaftlichen Verhältnissen umgemünzt. Berlin war ein Sonderfall, denn keine andere Stadt des Alten Reiches war so rasch gewachsen und konnte so viele in den überörtlichen Markt eingefügte Betriebe mit Lohnarbeitern aufweisen; 1761 waren über 30000 Personen, ein Drittel der Bevölkerung, auf öffentliche Unterstützung angewiesen. Aber damals hatte die Mortalitätskrise den Gipfel bereits überschritten, nachdem 1758 die Sterberate mit 60‰ auf das Doppelte der Geburtenziffer gestiegen war. Schuld daran waren vor allem die Ruhr und andere Störungen des Verdauungsapparates infolge schlechter Ernährung, aber auch Schwindsucht, Auszehrung und Lungenkrankheiten spielten als Todesursachen eine große Rolle. Mehr als in anderen Zeiten erlagen ihnen diesmal Erwachsene, was den schlechten Gesundheitszustand der Berliner Bevölkerung bloßlegt; gerade die arbeits- und reproduktionsfähigen Teile der Einwohnerschaft wurden hinweggerafft. Allerdings konnte ein Teil der Verluste durch Zuwanderung ausgeglichen werden. Zunächst aber sank binnen zweier Jahre die Zahl der Zivilisten um 7000 Personen, was einem Vierzehntel der Population entsprach.

Im Vergleich zu anderen Gebieten kam die Hauptstadt noch glimpflich davon. Wenn die Zahlen korrekt sind, die Otto Behre in seinem statistischen Werk über Brandenburg-Preußen zusammengestellt hat[11], betrug in jenem Land der Bevölkerungsverlust ungefähr 524000 Menschen, d. h., so viele sind mehr gestorben und weniger geboren worden als nach dem Friedensdurchschnitt zu erwarten gewesen wäre; das macht nicht weniger als 20,7% der Bevölkerung aus! Tatsächlich zählte der Staat 1764 im ersten Friedensjahr, ohne das mittlerweile erworbene Schlesien, knapp 200000 Menschen oder 7,9% weniger als vor Kriegsbeginn. Das war ein ungeheurer Blutzoll. Im hartumkämpften Schlesien belief sich der rechnerische Verlust auf runde 211000 Menschen, was sogar 18,6% der Bevölkerung entsprach; um wieviel tatsächlich die Bevölkerung zurückgegangen ist, muß offen bleiben. Außerordentliche Opfer verlangte Friedrichs Offensive auch von Kursachsen; Übersterblichkeit und Geburtenausfall summierten sich hier auf ca. 140000 Menschen oder 8,2% der Bevölkerung.[12] Besser als lange Schilderungen geben diese Zahlen einen Begriff davon, welche Katastrophe von einer als »Kabinettskrieg« mit dem Odium des Harmlosen bezeichneten militärischen Auseinandersetzung ausging, vor allem, wenn sie lange genug dauerte, um die internationalen Handelsbeziehungen ernstlich zu stören.

Selbst in weit entfernten und von Kampfhandlungen verschonten Gebieten ist die demographische Krise leicht zu erkennen. Von 1756 bis 1766 verzeichnet die Vitalstatistik von Gießen sechs Jahre mit negativer Bilanz, diejenige der umliegenden Dörfer fünf Jahre. In beiden Fällen waren 1759/60 die Verluste mit großem Abstand höher als zu irgendeinem sonstigen Zeitpunkt im 18. Jahrhundert, so daß in diesen neun Gemeinden insgesamt die Bevölkerung um 363 Personen abgenommen hat – nach einer keineswegs positiveren Bilanz zuvor. Ähnliches ist aus Mainz zu berichten. Während der gesamten Kriegsdauer starben jährlich mehr Menschen als geboren wurden. 1760 und 1761 waren hier die schlimmsten Jahre, als die Zahl der Todesfälle um 40 Prozent über dem Durchschnitt lag. Nur geheiratet wurde hier wie dort nicht in gewöhnlichem Maß, sondern weitaus mehr als sonst – ein sicheres Zeichen, daß besonders viele Erwachsene unter den Toten waren und unvollständige Ehen aufgefüllt werden mußten. Nicht anders im noch ferneren Württemberg, das zwar 12000 Soldaten aushob und der

Reichsarmee gegen Friedrich II. zur Verfügung stellte, sonst aber vom Krieg nicht direkt betroffen war. Trotzdem stagnierte der Bevölkerungszuwachs in den fünfziger und sechziger Jahren des 18. Jahrhunderts. Teilweise war dies ein Ergebnis massiver Auswanderung, teilweise aber waren auch hier Nahrungsmangel und stockender Gewerbeabsatz die Urache.

Die dritte und letzte große Krise des 18. Jahrhunderts umfaßte die Jahre 1771 bis 1774. In ganz Mitteleuropa scheint die Ernte von 1771 um rund ein Drittel geringer ausgefallen zu sein als in den Vorjahren, eine Folge des miserablen Wetters im Frühjahr und Sommer 1770. Auch 1772 fiel mager aus, 1773 gab es eine Durchschnitts-, 1774 eine sehr gute Ernte. Die Nahrungsmittelpreise stiegen wie gewohnt, d. h. auf das Eineinhalbfache bis Doppelte, vereinzelt noch höher. Erschwerend kam hinzu, daß in Deutschland beim Beginn der Krise vielfach die Magazine leer waren, weil 1768/69 in Frankreich eine große Teuerung geherrscht hatte und viele deutsche Fürsten in der berechtigten Erwartung guter Gewinne Getreide nach dort exportiert hatten. Daher wirkte schon die erste Fehlernte mit einer Wucht wie sonst nur eine unmittelbar darauffolgende zweite.

Besonders betroffen waren auch diesmal nicht in erster Linie die agrarischen Regionen als vielmehr die gewerblichen Verdichtungszonen – ein Vorgang, der sich seither bei jeder Krise in verstärktem Maße wiederholen sollte. In Minden-Ravensberg, wo der Boom des Garn- und Leinengewerbes nach dem Siebenjährigen Krieg gerade die armen Spinner- und Weberfamilien enorm hat anwachsen lassen, herrschte außerordentliche Not. Im Eichsfeld, einer anderen frühen Gewerbelandschaft, mußte 1772 das Ausgraben verendeter Tiere verboten werden. Im Erzgebirge und Vogtland, wo der Kartoffelanbau noch kaum heimisch geworden war, starben 1772 beinahe doppel soviel Menschen wie im Durchschnitt aller kursächsischen Kreise, in den rein landwirtschaftlich genutzten Bezirken dagegen nur halb soviel. Die Ansbacher Regierung meldete im selben Jahr, daß »bei dem allgemeinen Geldmangel und da die Handwerker und Fabriques meist ganz darniederliegen, vielen es an Geld zu Erkaufung der Notdurft fehlt, woraus dann hier und da Seuchen und tödliche Krankheiten erfolgen müssen«.[13]

Die Beispiele mögen genügen, um einen Eindruck von den unterschiedlichen Auswirkungen dieser Not zu geben. Die Bevölkerungsbilanz war in ganz Deutschland negativ. In der Kurmark, in

Magdeburg und in Halberstadt waren die Verluste besonders hoch. Am genauesten sind wir über Berlin unterrichtet, wo nach dem enormen Sterbeüberschuß, der volle sieben Jahre, von 1770 bis 1777 reichte, die Bevölkerung sich um ca. 25 000 Menschen verringert hat. Dabei stieg gerade damals die Zuwanderung auf enorme Werte, wohl weil die Armen in der großen Stadt Arbeit und Brot zu finden hofften. Weit gefehlt, auch sie wurden von Epidemien, vor allem von Ruhr und Hungertyphus, rasch dahingerafft. Erwachsene waren die hauptsächlichen Opfer des Massensterbens. Zum Spitzenwert von 69‰ bei der Sterbeziffer gesellte sich der Tiefstand der Geburten von 33,8‰ und, noch auffallender, derjenige der Heiraten mit nur noch 5,3‰. Damit wich Berlin erheblich von anderen Städten ab. Wieder, wie schon in der vorhergehenden Krise, war dies die Folge seiner moderneren Bevölkerungsstruktur, wo 1790 bereits knapp 30% der Bevölkerung den Manufakturarbeitern und weitere 8% den ihnen verwandten Tagelöhnern zugehörten; 15% waren Gesellen. Betrieben die Oberschichten Geburtenplanung – wenn sie überhaupt noch heirateten –, so sank die Heiratsquote bei Handwerkern und Manufakturarbeitern bei unvermindert hoher Kindersterblichkeit in diesen Schichten. Von den Tagelöhnern, Knechten und Soldaten gründete gegen Ende des Jahrhunderts schon mehr als die Hälfte keine Familie mehr, weil ihr Lebensstandard dazu nicht ausreichte. So überlagerten sich gerade zu jenem Zeitpunkt in der dynamischen Hauptstadt des Hohenzollernstaates die akute demographische Krise und das für Berlin bislang unbekannte chronische Bevölkerungsdefizit und sorgten für ein erheblich verringertes Wachstum der Stadt, das bis ins kommende Jahrhundert hineinreichte.

Außer den brandenburgischen Territorien wurde auch Sachsen von Nahrungsmangel und Teuerung schwer getroffen. Blaschke hat errechnet, daß infolge der Krise 60 000 Menschen mehr gestorben sind und etwa 36 000 Kinder weniger geboren wurden als in Normaljahren und beziffert diesen Ausfall von knapp 100 000 Personen auf 6% der Gesamtbevölkerung. Auf die Tatsache, daß die Sterblichkeit in den einzelnen Teilen des Landes je nach wirtschaftlicher Ausrichtung durchaus unterschiedlich ausfiel, ist bereits hingewiesen worden.

In Mainz dauerte die Krise von 1770 bis 1774, die – völlig unabhängig davon – im ersten und letzten dieser fünf Jahre von einer fast ausschließlich die Kinder treffenden Pockenepidemie noch verschärft wurde. 1770, 1772 und 1774 war darum die Vitalstatistik der Stadt defizitär. Aber gerade, als der Roggen am teuersten war (1771) – obwohl der Kurfürst Getreide in Danzig aufgekauft hatte und in der Stadt unter Preis hatte verkaufen lassen –, starben weniger Menschen als vorher und danach. Leicht zu erklären ist das nicht. Mit Sicherheit spielte eine Rolle, daß wir es in Mainz mit einer im Vergleich zu Berlin, Augsburg oder den sächsischen Städten, in denen die Subsistenzkrise große Lücken in die Bevölkerung gerissen hatte, völlig anderen Sozialstruktur zu tun haben. Wie in Koblenz, wo es zwischen 1770 und 1772 ebenfalls nur einen leichten Anstieg der Sterblichkeit gegeben hat, war der Gewerbesektor noch ganz auf das zünftige Handwerk beschränkt, und die höfische Gesellschaft, deren Kaufkraft naturgemäß nur wenig zurückging, spielte eine beherrschende Rolle. So waren es wohl die altertümlichen gesellschaftlichen Verhältnisse, die viele vor dem Schlimmsten bewahrt haben. Diese Deutung paßt auch gut zu der Beobachtung, daß das generative Verhalten in Mainz sich damals überhaupt noch in ausgesprochen traditionellen Bahnen bewegte: Die Sterblichkeit blieb hoch, die Geburten pro Ehe lagen ungefähr um eineinhalb bis zwei Kinder über den andernorts ermittelten Werten und von Familienplanung konnte keine Rede sein.

In anderen Gebieten war dagegen die Tradition, d. h. das typische europäische Heiratsverhalten mit seiner kontrollierten Geburtlichkeit schon länger auf dem Rückzug. Dies gilt namentlich für die schon in früher Zeit zu ausgesprochenen Gewerbezonen gewordenen Regionen. Die seit langem beste Beschreibung dazu besitzen wir für das Züricher Oberland, wo das Spinnen und Weben von Baumwolle ungefähr seit der Mitte des 17. Jahrhunderts eine erhebliche Bedeutung erlangte, ja, einen wachsenden Teil der Bevölkerung immer ausschließlicher ernähren mußte. Hier brachten, jedenfalls in den vielen Jahren der guten Konjunktur, die neuen Möglichkeiten so viel Einkommen, daß im bäuerlichen Bereich das alte Anerbenrecht zunehmend durchbrochen und jedes der Kinder mit einem Teil des Erbes ausgestattet wurde, weil man ja »durch Fabrikverdienst das Übrige zu erwerben« vermochte, wie ein zeitgenössischer Beobachter feststellte.[14] Unterlagen hier die traditionellen Normen nur einer zeitgemäßen Veränderung, löste die landlose Bevölkerung jener Dörfer ihr Schicksal ganz aus dem Bereich der Landwirtschaft und ihrer Konjunkturen, um es in die Hände der Fabrikherren zu legen. »Frühe Ehen zwischen Leuten, die zwar zwei Spinnräder, aber kein Bett zusammenbringen, geschehen bei diesen Leuten ziemlich häufig«, kritisierte ein Pfarrer im Jahre 1816 solche »Bettelhochzeiten«.[15]

In jedem Falle nahmen in diesen Gebieten die Eheschließungen zu, auch wenn sie nicht, wie oft angenommen, in einem wesentlich jüngeren Alter erfolgten als bisher. Das reichte aber bereits für eine starke Zunahme der Bevölkerung aus, doch blieb dieses Phänomen vorerst lokal beschränkt. Das Dorf Wädenswil hatte im Jahre 1700 mit 3997 knapp 300 Einwohner weniger als das nahe Regensberg, in dem die Bauern den Ton angaben. Bis 1773 aber verdoppelte sich nahezu die Wädenswiler Bevölkerung, während Regensberg sogar mehr als 300 Menschen weniger zählte als ehedem: 7415 Einwohner im ersten, 3949 Einwohner im zweiten Fall. Den Grund erkannten ebenfalls schon aufmerksame Zeitgenossen: »Man siehet, daß bis gegen die Mitte des 17. Jahrhunderts Regensberg mehr Volk besaß als Wädenswil, seither aber und vorzüglich seit dem Anfang dieses Sekulums, in welcher Zeit die Baumwollfabriken überhandnahmen und in die Hände der Tüchler größtenteils gefallen, entdeckt man einen erstaunlichen Zuwachs in Wädenswil, welche unstreitig die Beförderung der Bevölkerung durch die Fabriken erweiset.«[16]

Diese »künstliche Bevölkerung«, wie kritische Beobachter das neue Phänomen nicht ganz unrichtig nannten[17], gab es auch an anderen Stellen als der Nordschweiz. Unter ihnen ragen zunächst Schlesien und das sächsische Erzgebirge, dann der Niederrhein hervor. In der Mitte des 18. Jahrhunderts kam Minden-Ravensberg hinzu, wo das Heuerlingswesen günstige Voraussetzungen für eine frühe Industrialisierung bot. Oberdeutschland, ein Bereich, in dem seit langem Realteilung überwog, entwickelte dagegen ein anderes Muster agrarisch-gewerblicher Beziehungen und nahm dementsprechend auch nicht am demographischen Grundmuster der sog. Protoindustrialisierung teil. Dieses Grundmuster bestand aus drei Merkmalen: der bereits angesprochenen hohen Heiratsziffer, einer entsprechend höheren Zahl von Geburten insgesamt, wenn auch nicht pro Ehe, bei relativ zurückbleibender Sterbeziffer und aus der rasch wachsenden Bevölkerungszahl als Ergebnis aller dieser Faktoren. Ermöglicht hat das die Verlagsindustrie mit ihrem zusätzlichen Arbeitsangebot, das eine wenngleich begrenzte Emanzipation der armen Landleute erlaubte und sie aus dem engmaschigen Netz der Sozialkontrolle einer anderen Interessen und Mentalitäten verpflichteten wohlhabenden Bauernschaft herausführte. Die Bevölkerungsweise blieb darum aber nicht weniger eng an die ökonomischen Grundgegebenheiten geknüpft, nur waren diese eben anderer Natur. Sie gehorchten den Bedingungen ferner, vorwiegend dem Massenabsatz dienender Märkte, auf die der einzelne Spinner und Weber keinerlei Einfluß hatte und die auch der Kaufmann nicht steuern konnte, der sich zwischen diese und jene geschoben hatte. Der Verleger aber war in der Lage, die Risiken zu streuen, und d. h. vor allem an die ländliche Bevölkerung weiterzugeben. Sobald der Absatz stockte, litten diese oft jeder agrarischer Reserven ledigen Menschen größte Not, die gelegentlich – da sie sozial genau abgegrenzt blieb – zu verstärkten gesellschaftlichen Spannungen innerhalb der Gemeinden führen konnte. Wie eng dieses neuartige demographische Grundmuster an die Heimindustrie gebunden blieb, zeigt sich auch daran, daß der Übergang zum Fabrikwesen die Gegenden mit starker heimindustrieller Bevölkerung einem erneuten tiefgreifenden Wandel unterwarf, indem er die Menschen zum Abwandern zwang. Die Fabrikstandorte orientierten sich nämlich nicht an der billigen Arbeitskraft, sondern an den teuren Transport- und Energiekosten und bevorzugten darum den Anschluß ans Netz der Eisenbahnen und Flußläufe. Das war freilich ein Vorgang, der sich erst im 19. Jahrhundert vollzog.

Das Aufblühen der Heimindustrie und der von ihr ausgelöste deutliche Bevölkerungsschub in Gebieten, die bislang mehr oder minder »industrie«-fern waren, fiel zeitlich mit einem anderen Prozeß zusammen, der das Bevölkerungswachstum in noch weit größerem Ausmaß beeinflußt, ja, die gesamte Bevölkerungsweise schließlich grundlegend verändert hat. Gemeint ist die sog. »demographische Transition«, ein Begriff, mit dem der Rückgang der Sterblichkeit und seine enormen Konsequenzen bezeichnet wird. Wie erinnerlich, bedurfte es im vorindustriellen Bevölkerungsaufbau zur Erhaltung des Gleichgewichts eines hohen »Menschenumsatzes«, d. h. hoher Geburtenziffern, damit die hohen Mortalitätsraten ausgeglichen werden konnten. Seit der Mitte des 18. Jahrhunderts begann die Sterblichkeit, und zwar in vielen Ländern Europas, plötzlich zu sinken. Die demographische Transition setzte ein, weil die Geburtenhäufigkeit zunächst wie bisher hoch blieb und sich damit eine rund 200jährige Übergangsphase abzuzeichnen begann, bis die Geburtenziffer sich dem anhaltenden Absinken der Mortalität endgültig angeglichen hatte.

Die Ursachen dieses neuen Phänomens sind umstritten. Sicher ist nur, daß nicht ein einzelner Faktor ausgereicht haben kann, da dieser aufgrund seines enormen Gewichts längst hätte erkannt werden müssen. Ein Schweizer Fachmann hat die Arbeiten seiner Landsleute in der vorsichtigen Hypothese zusammengefaßt, »daß wahrscheinlich eine ausgewogene Ernährung in den Regionen mit gemischter Agrarwirtschaft und mit etwas Bargeld aus der Heimindustrie der Hauptgrund für eine Senkung der Sterblichkeit vor allem der jungen Erwachsenen war und damit ein Bevölkerungswachstum ermöglichte. Außerdem erreichte die Auswanderung in den industrialisierten Regionen geringere Ausmaße als anderswo.«[18]

Das Subsistenzproblem ist ohne Zweifel dafür der entscheidende Faktor gewesen, denn bessere Ernährung erlaubt dem Körper mehr Widerstandskraft und erhöht die Empfängnisfähigkeit der Frauen. Aber das allein hat nicht ausgereicht, da die Versorgung nur ziemlich langsam besser geworden ist. Wichtig war darüber hinaus auch, daß schwere Seuchen nunmehr ausblieben. Die Pest von 1709 bis 1713 war die letzte, die Mitteleuropa erreicht hat. 1720/21 kam eine neue Infektionswelle nicht über das untere Rhônetal hinaus – zur allgemeinen Verblüffung der Zeitgenossen. Mittlerweile waren aber auch die Quarantäneregeln dank erhöhter administrativer Leistungsfähigkeit so effektiv geworden, daß die Verschleppung von Seuchen wirksam verhindert werden konnte – bis im 19. Jahrhundert neue, beispiellos hartnäckige Wellen von Cholera wieder Zehntausende von Menschen dahinrafften. Manche Forscher unterstreichen außerdem das allmähliche Ansteigen des Hygienestandards – ein Beispiel dafür ist die Verlegung von Friedhöfen aus den Städten, eines der großen medizinischen Themen der Aufklärung – und die Verbesserung der medizinischen Versorgung, doch wird beides häufig überschätzt. Die Medizin war noch immer eine Wissenschaft ohne theoretische Grundlage, so daß die Ärzte unvermeidlicherweise mehr »herumdokterten« als wirklich heilten, von den zahllosen Quacksalbern gar nicht zu reden. Und was immer sich an Fortschritten bei den Ärzten ansammelte, die ländlichen Massen, also der Großteil der Bevölkerung Europas, wurden nach wie vor nicht von Ärzten, sondern von Hebammen oder »weisen Frauen« aus dem Dorf kuriert.

Der einzig wirklich greifbare Fortschritt war die Pockenimpfung, deren Kenntnis dank der Vermittlung einer Engländerin, Lady Mary Wortley Montagu, die lange in Konstantinopel gelebt hatte, sich im 18. Jahrhundert aus dem Orient in Europa verbreitete. Aber die frühe Methode, bei der die Lymphe eines Pockenkranken gespritzt wurde, bot wenig Schutz und wurde wegen ihrer Gefährlichkeit 1761 in Frankreich wieder verboten. Maria Theresia dagegen, die sich 1767 bei der zweiten Frau Kaiser Josephs II. ansteckte und beinahe wie diese daran gestorben wäre, verlangte von ihren Kindern und vom gesamten Hofstaat, sich impfen zu lassen in der Hoffnung, dadurch gewönne die Masse der Bevölkerung Zutrauen zu diesem neuen Verfahren. Dieser Wunsch ging aber nicht in Erfüllung, und so raffte die Seuche Jahr für Jahr Zehntausende von Menschen dahin. Erst 1796 ermöglichte E. Jenner durch die Entdeckung der Kuhlymphe als geeignetem Impfstoff eine wirksame Immunität und ungefährliche Injektion.

Manche Forscher betonen die ungewöhnlich lange Friedensperiode der zwanziger und dreißiger Jahre: der spanische Erbfolgekrieg endete 1714, der Konflikt zwischen Habsburg und der Hohen Pforte 1718, der Nordische Krieg schließlich 1721. Andere Fachleute unterstreichen die verbesserten Kommunikationssysteme und die Erweiterung der Märkte. Und gerade mit diesem Argument müssen wir uns erneut bei dem Subsistenzproblem auseinandersetzen. Seine Lösung bzw. auch nur die Entspannung war wohl die wichtigste Voraussetzung für das Überleben größerer Teile der Bevölkerung. Die Säuglinge waren davon nicht betroffen, aber für Kinder von mehr als vier Jahren zeichnet sich in allen Vitalstatistiken, über die wir heute verfügen, im 18. Jahrhundert ein Sterblichkeitsrückgang ab. Die Bevölkerung wuchs also, und zwar immer schneller, nicht etwa dank der steigenden ehelichen Fruchtbarkeit, sondern infolge der sinkenden Mortalität. Vereinfacht lassen sich die Zusammenhänge wie folgt beschreiben: Mehr Kinder als bisher erreichten das Erwachsenen- und damit das Heiratsalter, deshalb wurden mehr Ehen geschlossen (wobei gebietsweise die Ausbreitung der Heimindustrie einen zusätzlichen Schub auslöste); in diesen aber kam die übliche Zahl von Kindern zur Welt. Letztlich hat also – nicht anders als heute in der »Dritten Welt« – die steigende Lebenserwartung die Bevölkerungswelle erzeugt.

In einem auf Gleichgewicht angelegten System rufen schon relativ kleine Eingriffe große Veränderungen hervor. Die folgenden

Zahlen mögen dafür als Belege dienen. Die Volkszahl der preußischen Staaten stieg in der zweiten Hälfte des 18. Jahrhunderts von 3,48 Millionen auf 6,22 Millionen. Nicht alles war jedoch echter Bevölkerungszuwachs, ein Teil davon ging auf das Konto neu hinzugekommener Länder, ein anderer, wesentlich kleinerer Teil, nämlich 285 000 Menschen, waren Einwanderer. Das Wachstum der einzelnen Landesteile vollzog sich jedoch unterschiedlich rasch, und auch Stadt und Land entwickelten sich nicht im gleichen Schrittmaß. Spitzenreiter war das 1772 erworbene Westpreußen, ein Gebiet, das nur dünn besiedelt war und über entsprechend große Ausbaureserven verfügte. Seine Bevölkerung stieg bis zur Jahrhundertwende im Durchschnitt um 17‰ jährlich an. Mit 12,8‰ folgte Schlesien, dann kam Ostpreußen mit 12,3 und Minden-Ravensberg mit 11,3‰. Die dicht besiedelte Kurmark wuchs nur noch eben so rasch wie das arme Pommern, sie benötigte dafür jedoch eineinhalbmal soviel Menschen. Westpreußen nahm auch insofern eine Sonderstellung ein, als dort die Städte dreimal schneller expandierten als das flache Land. Sonst aber schwappte die Bevölkerungswelle vornehmlich über die Dörfer, deren Einwohner in Westpreußen im Jahresdurchschnitt um 15,4‰, in Ostpreußen um 12,4‰, in der Kurmark um 11,2‰, in den übrigen Gebieten um weniger als 10‰ zunahmen.[19]

Kein anderes deutsches Territorium hatte ähnliche Wachstumsziffern aufzuweisen, denn nirgendwo sonst, von Mecklenburg einmal abgesehen, waren die Reserven auch nur annähernd so groß. Für den nahezu doppelt so dicht besiedelten deutschen Südwesten sei das Herzogtum Württemberg herangezogen. Hier hatte sich das Wachstum in einer ersten Welle zu Anfang des Jahrhunderts enorm beschleunigt, eine zweite setzte in den sechziger Jahren ein und erreichte um die Jahrhundertwende 12,4‰ Wachstum im Jahr. Der Durchschnitt für die vorangegangenen 50 Jahre lag immerhin bei 6,9‰, und beides, Wachstum und Beschleunigung, erklären die drastischen Maßnahmen, mit denen die Regierung im 19. Jahrhundert die Bevölkerungsexplosion zu bremsen suchte – freilich ohne Erfolg.[20] Das Herzogtum Braunschweig wies dieselbe Dynamik auf – 6,8‰ im Jahr –, verfügte aber noch über vergleichsweise viele Landreserven.[21] Kursachsen, das ungefähr ebenso dicht besiedelt war wie Württemberg, entwickelte sich dagegen erheblich langsamer. Nur um 3‰ nahm seine Bevölkerung im Jahresdurchschnitt zwischen 1785 und 1802 zu. Freilich besagt auch diese Ziffer wenig, weil das Wachstum wie überall ungleich verteilt war – hier nicht zwischen Stadt und Land, sondern, wie schon öfters bemerkt, zwischen Ebene und Gebirge. Die Weberdörfer in der südlichen Oberlausitz und im Erzgebirge zwischen Chemnitz und Zwickau platzten aus allen Nähten und nicht anders war es, wo Strumpfwirker, Holzwarenerzeuger und Hersteller von Blech- und Eisenwaren zu Hause waren. Noch im 18. Jahrhundert entstanden hier die ersten Fabrikdörfer mit mehreren tausend Einwohnern, in denen die hergebrachte ländliche Sozialordnung restlos beseitigt und die Grundherrschaft zu einem vollkommen fragwürdigen Traditionsballast geworden war, der gleichwohl noch Jahrzehnte auf seine rechtliche Beseitigung warten mußte.[22]

Ein völlig anderes Bild bot sich demgegenüber in Kurbayern. Hier nahm die Bevölkerung nicht zu, sondern ab, und zwar zwischen 1771 und 1794 jährlich im Durchschnitt um nicht weniger als 5,9‰. Als Ursache für diesen ungewöhnlichen Tatbestand nimmt man eine anhaltende Krise der Landwirtschaft an. Sie beeinflußte zwar die Heiratsziffer nur unwesentlich, um so stärker jedoch die Geburtenrate, die spätestens seit 1765 sank und vor den neunziger Jahren nicht wieder zu steigen begann. Die für repräsentative Hofmarken, d. h. Herrschaftsbezirke errechneten Kennziffern lassen im übrigen keinen anderen Schluß zu, als daß die Bauern in großem Umfang Empfängnisverhütung praktiziert haben und in dieser Form die Kriseneffekte aufzufangen suchten.[23]

Altbayern war gewiß ein Sonderfall. Die strenge Aufsicht der Grundherren konnte zwar nicht die Zunahme kleiner und kleinster Anwesen, der Sölden, verhindern, wohl aber den Übergang von Getreide- und Grünlandwirtschaft zu Kartoffelanbau und zu Proto-Industrialisierung. Damit waren zwei Kanäle verstopft, durch die sich anderswo die wachsende Bevölkerung buchstäblich »ins Freie« zwängte, nämlich in die Freiheit einer entstehenden Klassengesellschaft, die neben neuen Entfaltungsmöglichkeiten auch ganz neuartige Risiken barg, insbesondere die massenhafte Armut. Denn die vier bis sechs Millionen Menschen, die Deutschland um 1800 mehr zählte als 50 Jahre zuvor, mußten in der Mehrzahl nach anderen Existenzgrundlagen suchen als ihre Vorfahren. Die Zahl der bäuerlichen Vollerwerbsbetriebe hielt jedenfalls mit der Bevölkerungswelle nirgendwo Schritt, nicht einmal im menschenleeren Osten.

So verwundert es nicht, daß alsbald viele Zeitgenossen das unaufhaltsame Wachstum mit Sorge beobachteten. Jahrhundertelange Erfahrung, aber auch der täglich zu beobachtende Kampf um die knapper werdenden »Stellen«, wie man die selbständigen Existenzen, das Maß aller »Ehrbarkeit«, bezeichnete, legten nahe, daß eine Katastrophe heraufzog. »Der neue Türk der Christenheit« war im Anmarsch, wie Jeremias Gotthelf 1840 die Lage dramatisch beschrieb.[24] Damals näherte sich die Krise ihrem Höhepunkt. Aber schon lange vorher schien Gefahr im Verzug. »Da nun durch die vorhandene Nahrung die Menschenmenge, welche sich erhalten kann, notwendig bedingt wird, so ist eine dies Gleichgewicht überschreitende Vermehrung der Menschen fruchtlos und die Gesellschaft steht stets in der Gefahr, dieses schädliche Mißverhältnis (Übervölkerung) eintreten zu sehen, welches sich immer durch vergrößerte Sterblichkeit, vorzüglich der Kinder, in den unteren Ständen wieder aufhebt.«[25] Das war noch durchaus ständisch gedacht: Das Auf und Ab, die ewige Wiederkehr des Gleichen als Summe der Geschichte.

Obrigkeiten und Gebildete hatten also ihre Not, mit den neuen Tatsachen zurechtzukommen. Sie verwechselten dabei die Symptome mit deren Ursachen. Arbeitslosigkeit galt als Resultat von Faulheit, die wachsende Zahl der Armen als Folge der sich häufenden »Bettelhochzeiten«. Was lag da näher, als die Untertanen zur Arbeit anzuhalten, das Betteln zu verbieten, das Heiraten zu kontrollieren, aber auch alles aus dem Weg zu räumen, was die Steigerung der Erträge behinderte? Kurz, die »Nahrung« sollte erweitert, das »Gleichgewicht« dadurch gerettet werden. Hier war nun wirklich der Staat gefordert, mit Hilfe der »Policey«, d. h. seiner ihm neuerdings zugewachsenen, an konkreten Bedürfnissen der Bevölkerung orientierten Regelungsbefugnis, die Mängel der ständischen Ordnung zu kurieren. Aber eine prinzipiell neue Gesellschaftsordnung war damit nicht beabsichtigt, sie hätte sich wohl auch kaum auf dem Verwaltungswege herbeiführen lassen.

Der Bevölkerungsschub ging also einher mit einem Reglementierungsschub. Er würde noch deutlicher, wenn man die Spruchpraxis der zahllosen Gerichte heranziehen würde, was aber angesichts der Quellenlage ganz unmöglich ist. Schon die Fülle der polizeirechtlichen Bestimmungen des 18. Jahrhunderts ist so wenig zu überblicken, daß hier nur die in diesem Zusammenhang drei wichtigsten Tendenzen herausgegriffen seien. Sie zielten mehr oder minder deutlich auf eine Verhaltensänderung des »gemeinen

Mannes«, und zwar nicht mehr, wie in früheren Zeiten, im Interesse christlicher Moralwerte, sondern um den sich häufenden Problemen irdischer Natur zu begegnen. Im Bereich der Eheordnung überrascht, daß die Politik der »Peuplierung« nirgends einen rechtlichen Niederschlag gefunden hat. Wir stoßen im Gegenteil auf eine Fülle von Vorschriften, die das Heiraten zu regulieren suchten – teils durch Festsetzung vergleichsweise hoher Mindestaltergrenzen, teils durch die Pflicht, einen Vermögensnachweis zu liefern, teils durch Erweiterung der Ehehindernisse über die von den Kirchen gesetzten Grenzen hinaus. Am häufigsten freilich finden sich Anweisungen, wie vorehelicher Beischlaf zu verhüten sei. Dieser Fall ist besonders interessant, weil es sich dabei um eine alte, an gewisse ländliche Gesellschaftsformen gebundene und in den Augen jener Bevölkerung keineswegs illegitime Verhaltensweise handelte. Sie sollte nun durch obrigkeitlichen Eingriff kriminalisiert und dadurch beseitigt werden – ein, wie sich bald zeigen sollte, vorerst hoffnungsloses Unterfangen. Die nach 1750 steigenden Zahlen illegitimer Geburten – wenn sie überhaupt gestiegen sind, was mangels ausreichender statistischer Unterlagen mindestens fraglich ist – deuten jedenfalls nicht, wie gelegentlich etwas vorschnell geurteilt worden ist, auf eine erste »sexuelle Revolution« hin, sondern eher auf die Zunahme lediger Erwachsener, die angesichts steigender Schwierigkeiten sich zu etablieren, den Zeitpunkt der Heirat hinausschieben mußten. Und dieser Befund paßt mit den bereits geschilderten Veränderungen des Altersaufbaus der Bevölkerung und den sich daraus ergebenden sozialen und wirtschaftlichen Problemen gut zusammen.

Der zweite große, vom Polizeirecht erfaßte Themenkatalog war der Bereich der Arbeit. Die Erziehung der Bevölkerung zu »Ordnung, Fleiß und Sparsamkeit«, an sich ein altes Thema[26], wurde mit beispiellosem Eifer und Einfallsreichtum von der Obrigkeit betrieben. Mandate gegen Müßiggang häuften sich, das Bettlerwesen wurde scharf verfolgt, die religiöse Praxis fast ganz in den Dienst einer Erziehung zu unermüdlicher Arbeitsamkeit gestellt. Durch Polizeiordnungen und Gesetze wurden Feiertage abgeschafft, Wallfahrten und Feste verboten wie auch der »blaue Montag« der Handwerksgesellen, der den Regierungen seit jeher ein Dorn im Auge gewesen war. Das alles blieb lange Zeit auf dem Boden traditioneller Moralvorstellungen und daher in die klassische Tugendlehre einbezogen. Nachdem aber das späte 18. Jahrhundert die

Arbeit als wichtigste Form der Wertschöpfung entdeckt hatte, setzte eine Ökonomisierung des Policeyrechts ein. Es reglementierte darum vor allem den gewerblichen Bereich, also das Handwerk und die Manufakturbetriebe sowie überdies die Dienstverhältnisse und endlich die bäuerlichen Dienstleistungen, sparte dagegen Heimarbeit und bäuerliche Eigenwirtschaft weitgehend aus, weil hier der Markt ohnedies zu Disziplin und Arbeitsamkeit erzog. In den genannten Sektoren jedoch griffen die Ordnungen kräftig ein mit dem Ziel, die Gestaltungsfreiheit des Arbeitsvertrags und die Koalitionsfreiheit einzuschränken, beides natürlich zugunsten der Arbeitgeber, um den Gesellen, Tagelöhnern und Dienstboten Arbeitspflicht, Zuverlässigkeit und Gehorsam aufzuerlegen. Alle Interventionen gingen von der Maxime aus, es könne, wie die Deutsche Encyclopädie 1778 feststellte, »eine weise Staatsverwaltung und Polizei... keine arbeitslosen Menschen dulden«.[27] So hatte die Krise der Gesellschaft einen mächtigen Schub der Sozialdisziplinierung zur Folge.

Davon konnte die Eigentumsordnung natürlich nicht unberührt bleiben. Auch in sie griff die Obrigkeit zunehmend mit der Absicht ein, der immer deutlicher spürbaren Knappheit, ablesbar etwa an den unentwegt steigenden Preisen für das Hauptnahrungsmittel Roggen, zu steuern. Folglich richtete sich die Aufmerksamkeit in diesem Bereich in erster Linie auf die Bauern. Das Grundeigentum wurde mit zahlreichen Leistungs- und Unterlassungspflichten belastet und die Nutzungs- und Verfügungsfreiheit in den verschiedensten Richtungen eingeschränkt. Bewirtschaftungsvorschriften ergänzten das Ensemble von Reglementierungen, während die weitgehende Einschränkung des freien Veräußerungsrechts von Liegenschaften zwar der wirtschaftlichen Logik widersprach, aber den Interessen der Grundherren und Zehntberechtigten diente, also letztendlich in vielen Fällen den Gesetzgebern selbst. Sonst aber wurde kein bäuerlicher Tätigkeitsbereich, der mit dem Mehrertrag zusammenhängen konnte, ausgespart: Preußen verordnete das Aufsammeln von Steinen, Württemberg das Einfangen und Abliefern von Sperlingen und Mäusen, Baden ermächtigte die Feldschützen zur Aufsicht über ordentliches Wirtschaften, die Steiermark suchte zu verhindern, daß die Waldbesitzer in ihren eigenen Holzungen »verwüstlich arbeiten«.[28] Die Beispiele ließen sich beliebig verlängern. Aber auch so wird der enge Zusammenhang der Krise zwischen der Ständegesellschaft und der Entstehung des Verwaltungsstaates deutlich geworden sein, der sich die möglichste Erhaltung des Bestehenden zur Aufgabe machte.

Der Reglementierungsschub hat den gesellschaftlichen Wandel nicht ernstlich aufhalten können, weder damals noch später. Die Bevölkerungszunahme beschleunigte sich statt dessen um die Wende zum 19. Jahrhundert. Sie war nun zu einem sich selbst tragenden Prozeß geworden, der durch die emanzipatorischen Tendenzen jener Zeit noch zusätzlich unterstützt wurde. Zu diesen sind rechtliche Phänomene zu rechnen wie das Ende der Gutsuntertänigkeit in Preußen in den Jahren 1807/10, mit der auch die Heiratskontrolle entfiel, wie auch andere Vorgänge, z. B. der beschleunigte Verfall der Hausherrschaft und die einfache Tatsache, daß zwischen 1790 und 1850 wohl mehr als eine Million Deutscher für mehr oder minder lange Zeit Soldaten waren und in dieser Rolle ihren Gesichtskreis umfassend erweitert haben.

Über allen Zweifel erhabene Zahlen liegen auch für diese, immerhin am Beginn des statistischen Zeitalters angesiedelte Epoche nicht vor. Deshalb seien hier wieder einige Angaben gegenübergestellt.

Tabelle 3: *Bevölkerungsentwicklung in Mill. in Deutschland 1800-1830* (Grenzen von 1871)

	Fischer[a]	Hoffmann[b]	Wehler[c]	Dipper	WR (%)[d]
1800	–	–	24,5	23,0	
					0,63
1810	–	–	25,5	24,4	
					0,16
1815	23,7	25,0	–	24,6	
	(1817)	(1817)			1,38
1820	–	26,1	26,3	26,3	
					1,03
1830	28,2	29,4	29,5	29,5	
	(1831)				

a) W. Fischer u. a., Sozialgeschichtliches Arbeitsbuch, Bd. 1, München 1982, S. 21.
b) W. G. Hoffmann u. a., Das Wachstum der deutschen Wirtschaft seit der Mitte des 19. Jahrhunderts, Berlin 1965, S. 172.
c) H.-U. Wehler, Deutsche Gesellschaftsgeschichte, Bd. 2, München 1987, S. 793.
d) Durchschnittliche geometrische Wachstumsrate pro Jahr.

Es ist unschwer zu erkennen, daß die von mir zusammengestellte Zahlenreihe sich weitgehend an Wehlers Angaben anlehnt,
der sie seinerseits Lütge entnommen hat. Hoffmann benutzt einen
etwas anderen geographischen Rahmen, während Fischer wohl die
Stärke der deutschen Bevölkerung zu Anfang des letzten Jahrhunderts unterschätzt.

Die schwankenden Wachstumsraten bedürfen einer Erklärung.
Bezieht man das ausgehende 18. Jahrhundert mit ein, zeigt sich
eine Bevölkerungswelle, die in den siebziger Jahren einsetzte und
nach 1820 auslief. Ihren Höhepunkt erreichte sie unmittelbar nach
den Friedensschlüssen 1814/15. Teilweise handelte es sich dabei
um einen Nachholeffekt, der sich wegen Wirtschaftskrise und
Krieg aufgestaut hatte. Das im ersten Jahrzehnt gegenüber dem
vorangegangenen Zeitraum noch verstärkte Wachstum überrascht
zunächst angesichts von Revolutionskriegen und wirtschaftlicher
Not, ist aber, abgesehen von den bereits genannten Gründen, einfach eine Folge davon, daß nunmehr geburtenstarke Jahrgänge ins
heiratsfähige Alter traten und dabei vielfach keinen gesetzlichen
Beschränkungen mehr unterlagen. Hoffmanns und Hubbards[29]
Berechnungen lassen jedenfalls auf eine sehr hohe Bereitschaft zur
Heirat schließen, die aber 1820, als die zehnjährige Agrarkrise einsetzte, schlagartig zurückging und erst Anfang der dreißiger Jahre
wieder anstieg. Dasselbe gilt für die Fruchtbarkeit, womit der neue
Bevölkerungsschub nach der Julirevolution erklärt werden kann.

Die Auswertung der Kirchenbücher von Gießen und Umgebung – sie wurden schon mehrfach herangezogen – bestätigt in gewissem Sinne diese Schlüsse. So stieg in Heuchelheim nicht nur die
eheliche Fruchtbarkeit ganz allgemein seit dem Ende des 18. Jahrhunderts, sondern speziell der Anteil der Mütter, die nach dem 40.
Lebensjahr noch Kinder gebaren, nahm auffallend stark zu: von
1781 bis 1810 waren es 30,1% der Mütter, 1811 bis 1840 waren es
35,9% und 1841 bis 1870 nicht weniger als 53,6%.[30] Die eheliche
Fruchtbarkeit wurde also im 19. Jahrhundert erheblich besser aus-
genützt als zuvor, ja, selbst die vorehelichen Zeugungen nahmen
deutlich zu. Umgekehrt besagt das, daß die Geburtenbeschränkung des späten 17. und frühen 18. Jahrhunderts ein vorübergehender Einbruch war. Über die Gründe herrscht Ungewißheit.
Wachsender Wohlstand war jedenfalls nicht die Ursache, denn es
gab ihn nicht. Im Gegenteil griff die Massenarmut rapide um sich,
und aus Oberhessen, wo 1846/47 ein Drittel der Bevölkerung zu

den »völlig Verarmten« zählte, berichtete der Staatswissenschaftler Bruno Hildebrand, daß in Marburg »in diesem Winter zweimal bei zehn Grad Kälte Kinder auf der Straße geboren« worden seien.[31] Wenn es also nicht Reichtum war, war es wohl Armut, und zwar die neue, von der agrarischen Welt abgelöste Form der Armut, in der sich Gebärverzicht nicht auszahlte und daher das spezifisch alteuropäische Heirats- und Ehemuster aufgegeben worden war. Die »Vermögenslosen oder Proletairs«, um Franz Baaders Schrift von 1835 zu zitieren, bestimmten das neue demographische System und je nach der Beurteilung der Lage erfüllte das die Mehrzahl mit Sorge, eine Minderheit aber mit Hoffnung.

Doch wollen wir diese Entwicklung nicht weiter verfolgen, da sie den Rahmen unserer Untersuchung sprengen würde. Statt dessen sei noch einmal auf die wichtigsten Erkenntnisse dieses Kapitels hingewiesen. Das Wachstum der Bevölkerung vollzog sich in der Frühen Neuzeit nicht gleichmäßig, sondern hatte seine Konjunkturen. In unseren Zeitraum fielen zwei Wellen unterschiedlicher Ursache und Dauer: Die eine füllte die schweren Kriegsverluste wieder auf und umfaßte im wesentlichen die zweite Hälfte des 17. Jahrhunderts, die nächste setzte kurz vor der Mitte des folgenden Jahrhunderts ein und lief in den zwanziger Jahren des 19. Jahrhunderts aus. Diese zweite Welle war ungleich bedeutsamer, denn sie ergoß sich über eine gleichsam bereits »komplette« Gesellschaft, deren Zusammensetzung und Wesensmerkmale sich deshalb fundamental zu verändern begannen.

III. Die gesellschaftliche Ordnung:
Kontrolle und Dynamik

Als im Jahre 1806 – die Ständegesellschaft war mit der eben abgeschafften Reichsverfassung nunmehr auch rechtlich dem raschen Untergang preisgegeben – Karl Dietrich Hüllmanns *Geschichte des Ursprungs der Stände in Deutschland* erschien, hielt er sich nicht lange bei der Frage auf, was Stände eigentlich seien. Er betonte zwar, »daß die bürgerliche Beschäftigung und das Gewerbe der Mitglieder einer Staatsgesellschaft«[1] die Verfassung bestimme und schien damit eine sozialgeschichtlich fundierte Übersicht der deutschen Vergangenheit einzuleiten. Indessen zeigt schon ein Blick ins Inhaltsverzeichnis, daß er tatsächlich eine Verfassungsgeschichte vor allem des Mittelalters lieferte, die er nach den drei geläufigen Ständen Adel, Geistlichkeit und Dritter Stand gliederte, mithin eher eine Darstellung entlang den Merkmalen politischer Herrschaft. Um die Verwirrung voll zu machen, bezeichnete er die so ins Auge gefaßten Stände dann auch noch wahlweise als »Klassen«, gelegentlich gar als »Kasten« – kurz, er schien diesem Begriff keine sonderliche Bedeutung, etwa als zentrale Kategorie seiner Untersuchung zuzumessen. Hüllmann war freilich damit kein Einzelfall, er machte sich keiner besonderen terminologischen Sorglosigkeit schuldig. »Stand« war damals wirklich zunächst ein Begriff, mit dem sich, wie es im ehrwürdigen Zedlerschen Lexikon hieß, diejenige »Beschaffenheit eines Menschen« bezeichnen ließ, »wodurch er von anderen unterschieden wird«.[2] Mehr nicht. Zedler betonte ausdrücklich: »Die Stände derer Menschen sind . . . sehr unterschiedlich und kann eine richtige Einteilung von denselben ihrer Vielheit wegen nicht wohl gegeben werden« (ebd., Sp. 1097).

Als Elementarbegriff einer spezifischen Gesellschaftsordnung taugte »Stand« offenbar nicht mehr, als soziale Kategorie, der gar von der Geschichtsphilosophie ein bestimmter Platz in der Rangskala politisch-sozialer Ordnungsversuche zugewiesen worden war, dagegen noch nicht. Wenn er bislang überhaupt zur Grundlage eines Gesellschaftssystems gemacht worden war, dann vor allem in der Absicht, den »natürlichen« vom »bürgerlichen Stand« abzugrenzen; nur letzterer galt als legitim und der menschlichen

Bestimmung gemäß, so daß man mit diesem Begriff sogleich nachweisen konnte, daß eine Obrigkeit existieren mußte. Die politische Herrschaft, nicht die Zusammensetzung der Gesellschaft war es, was die Menschen damals ernstlich interessiert hat.

Als letztere zum Thema wurde, war die altertümliche Gesellschaft der Stände gerade untergegangen, ja, weil sie untergegangen und weil die neue Ordnung im Unterschied zur alten von schweren Verteilungs- und Verfassungskonflikten gekennzeichnet war, begann man überhaupt, die alte zu untersuchen. Sofort zeigte sich aber, daß die Beschreibung außerordentlich schwierig war, weil die geeigneten Begriffe fehlten. Weder »Klasse« noch »Stand« noch gar »Kaste« erfüllten die erforderlichen Bedingungen. Der Stein der Weisen schien gefunden zu sein, als man in Anlehnung an den von Aristoteles geprägten, seit dem 16. Jahrhundert als »societas civilis« geläufigen Begriff von der »alteuropäischen Gesellschaft« zu sprechen begann, die die soziale Wirklichkeit vom Spätmittelalter bis zur Revolution gekennzeichnet habe. Aber auch hiergegen wurden Einwände laut: Wie könne man einen Begriff heranziehen, der früher gar nicht der konkreten Beschreibung gedient habe, sondern dem Philosophieren über die gerechte Ordnung? Eine alle Kontrahenten befriedigende Lösung ist auch heute noch nicht in Sicht, der Streit damit immer noch nicht entschieden. Mehr als Annäherungen an die komplizierte Wirklichkeit vergangener Gesellschaftsformationen können darum kaum erwartet werden.

Zu behaupten, die Ordnung des 17. und 18. Jahrhunderts sei eine Ständegesellschaft gewesen, bedeutet also zugleich, nach der Tragfähigkeit dieses Konzepts und nach seinen Grenzen zu suchen. Mit Ständegesellschaft wird ein wichtiges Merkmal herausgegriffen, das jedoch beileibe nicht das einzige ist. Fraglos gibt es daneben Klassenphänomene und die allgemeine Untertanenschaft. Es ist unmöglich, Größenverhältnisse dieser drei Gattungen zueinander festzustellen, aber soviel steht fest: *Klassenmerkmale* finden sich in der Stadt außerhalb der Zunftgesellschaft, auf dem Lande außerhalb der bäuerlichen Welt. Sie erfassen daher vornehmlich, doch keineswegs ausschließlich, die Unterschichten, aber hier nicht so sehr die klassischen Armen – die Witwen, Waisen, Krüppel, Bettler usw. –, sondern die Tagelöhner und die verlegten Heimarbeiter, mithin Personengruppen, die ihr Auskommen vornehmlich der schwankenden Marktlage verdankten. Das

Ideal dieser Deklassierten war nicht auf ihren gegenwärtigen Status ausgerichtet, sondern war der Eintritt bzw. Wiedereintritt in die Ständegesellschaft der Hausväter mit ihrer Ehre und ihrer Sicherheit. Erst sehr viel später, kaum vor der Mitte des 19. Jahrhunderts, begegnen bei Tagelöhnern und vor allem bei Handwerkern Beispiele einer freien Anerkennung der eigenen sozialen Position. Zu dieser Zeit war die Ständegesellschaft jedoch bereits Vergangenheit.

Ständemerkmale erfassen gewissermaßen reziprok dazu die nicht als Klassen zu bezeichnenden Teile der Bevölkerung. Sie enthalten professionelle und damit soziale Attribute ebenso wie obrigkeitliche und mentale. Ein bestimmter Stand repräsentierte darum meist eine Berufsgruppe samt ihren Angehörigen, die als solche auch teilhatten an der Herrschaft. Das war ein Privileg und mußte damit erkauft werden, daß man sich gewissen Verhaltensnormen unterwarf, die dem Erhalt der eigenen wie aller anderen Stände dienten und darum namentlich der gerechten Verteilung knapper Güter wie persönlicher Aufwand, Stellen, Versorgung, aber auch der Konfliktlösung galten.

Untertanenmerkmale schließlich sind anders zu bestimmen, nämlich in erster Linie herrschaftlich, da sie von der Obrigkeit geprägt wurden. In Gestalt dieser Obrigkeit trat der frühmoderne, sich zu absolutistischen Regierungsformen aufschwingende Staat zu allen Untertanen in eine gleichmäßige Distanz, schwächte schrittweise die alten grundherrschaftlichen und genossenschaftlichen Verbände und setzte so allmählich die förmliche Gegenüberstellung von Herrscher und Beherrschten durch. Die ständischen Unterschiede von Privilegien wurden dabei zunächst nicht beseitigt, wohl aber zu staatlichen Konzessionen umgestaltet und damit gleichsam privatisiert. Sie verloren jedoch zunehmend ihre alte Bedeutung und wurden von den Fürsten auf ihre soziale Funktion im Staate beschränkt. Das späte Naturrecht griff dann selbst diese Geburtsunterschiede an und entwarf an ihrer Stelle die Vision einer auf Eigentum gegründeten Staatsbürgergesellschaft. Frühestes Merkmal allgemeiner Untertanenschaft wie moderner Staatlichkeit war die Steuer. Als die Fürsten sich entschlossen, von allen Untertanen und nicht mehr nur von ihren Lehnsleuten Abgaben einzufordern, war damit der hergebrachten Gesellschaftsordnung der Kampf angesagt. Weil sie für diesen Eingriff ins Privateigentum der Zustimmung der Betroffenen bedurften und deshalb eine

Repräsentation des Landes zugestehen mußten, legten sie zugleich den Grund für die politische Gesellschaft, die den Untertanen auf den Weg zum Staatsbürger brachte und die Axt an die Wurzel des Absolutismus legte.

Diese Skizze dürfte bereits deutlich gemacht haben, daß mit den drei verschiedenen gesellschaftlichen Merkmalen zugleich unterschiedliche Zeitschichten angesprochen sind. Die *Ständegesellschaft* entstammt einer anderen Epoche als die beiden anderen, sie ist ein Produkt des Hoch- und vor allem des Spätmittelalters, also des Aufkommens der Städte und deren durch die enorme Bevölkerungszunahme herbeigeführten Grenzen des Wachstums. Städter waren ihre Theoretiker, und sie hatten dabei das städtische Leben mit seiner Dynamik und Vielfalt vor Augen, das sie glaubten, bändigen zu müssen. Grundherrschaft und Lehnswesen waren dagegen erheblich älter und ließen sich nur unvollkommen in das Ständewesen eingliedern; namentlich die bäuerliche Welt war und blieb eine eigene, und in vieler Hinsicht waren die Bauern daher von der ständischen Gesellschaft ausgeschlossen.

Als *Klassen* zu bezeichnende Bevölkerungsgruppen, d. h. solche, die nicht über ererbte Ansprüche auf Herrschaft, Nahrung und Ehre verfügten, begegnen ebenfalls schon sehr früh; sie verschwinden aber immer wieder in dem Maße, wie der nachlassende Bevölkerungsdruck ihnen den Erwerb von Haus- und Grundbesitz und damit den Eintritt in einen Stand erlaubte. Zur dauerhaften Erscheinung in der deutschen Gesellschaft wurden Klassen erst seit der Mitte des 18. Jahrhunderts, und zwar zunächst vor allem auf dem Lande. Wer dort kein Auskommen mehr als Tagelöhner oder Heimarbeiter fand, wanderte ab, meist in die nächstgelegene Stadt. So kam es, daß selbst in einer so traditionell verfaßten Stadt wie Koblenz, um nur ein besonders gut untersuchtes Beispiel vorzuführen, 1797 nicht weniger als ein Viertel aller Haushalte und sogar ein Drittel der Einwohner zu den Unterschichten zählten. Sie waren fast alle vom Westerwald und Hunsrück heruntergekommen und hatten nur zur Hälfte das Bürgerrecht und damit ständische Qualität erworben, den übrigen fehlte dazu das Geld. Es ging ihnen dabei materiell nicht einmal viel schlechter als der Masse der Winzer, Schiffer und Fuhrleute, doch waren sie von diesen als Fremde und Nichtständische scharf geschieden: durch Status, Wohngegend, Beruf und Mobilität.

Zu dieser Zeit war die *Untertanengesellschaft*, die jüngste dieser drei Formationen, schon weit vorangeschritten. Sie war, wie bereits angemerkt, die Schöpfung des frühmodernen Staates, der auf die gewachsenen Ansprüche reagieren mußte, die das neuzeitliche Kriegswesen an die Herrscher stellte. Aber auch die ständigen Konflikte des späten 16. und des 17. Jahrhunderts – in der Sprache der Zeit »Bürgerkriege« – verlangten nach einer neuartigen politischen Ordnung, die den Fürsten freimachen sollte von all den Bindungen, die angesichts der in die Krise geratenen ständischen Ordnung dem Lande immer mehr zum Schaden gereichten.

Insgesamt jedenfalls verdient festgehalten zu werden, daß die Gesellschaft der Frühen Neuzeit kompliziert geschichtet war und überdies gleichzeitig sehr alte und ziemlich junge, dynamische und statische, allgemeine und höchst spezielle Bestandteile enthielt, die sich allmählich zu Widersprüchen aufbauten. Keine der drei Merkmalskategorien konnte die anderen jemals ganz verdrängen. Das Anwachsen der Klassen blieb beschränkt, die allgemeine Untertanenrolle erlangte nie solche Bedeutung wie in Frankreich, wo sich spätestens 1789 Stadt und Land im Begriff des »Dritten Standes« vereinten und zur »Nation« wurden. Der unbestrittene Primat kam jedoch der Ständegesellschaft zu, nicht nur, weil sie objektiv einen erheblichen Teil der Bevölkerung erfaßte, sondern auch weil dieser Begriff dem Selbstverständnis der Zeit entgegenkam. Die Ständelehre war in der Antike entwickelt worden und beherrschte auch das christlich-abendländische Weltbild seit langem. Ihr besonderer Vorzug war es, daß sie alle konkurrierenden Ansprüche zu regeln vermochte. Jeder Stand besaß seine Pflichten, Aufgaben und Rechte, seine Ehre und seine Nahrung, d. h. Lebensstil und Aufwand, kurz: soziale, wirtschaftliche und herrschaftliche Positionen waren miteinander verknüpft und festgeschrieben. Damit waren, oder jedenfalls schien es so, zugleich Verteilungskonflikte ausgeschlossen und das aus gutem Grunde; war doch die wirtschaftliche Leistungsfähigkeit jener Zeit so gering, daß die generelle Güterknappheit ihr hervorstechendes Merkmal bildete.

Die rechtliche Beseitigung der Ständegesellschaft begann in Deutschland nicht vor dem Ende des 18., in umfassender Weise sogar erst zu Anfang des 19. Jahrhunderts, da das Heilige Römische Reich die ständische Ordnung als solche garantierte. Bis zu dessen Untergang, d. h. bis 1806, galt daher der Grundsatz, daß ein jeder Stand bei seinen Rechten zu schützen sei. Insofern konnte auch in der Ständegesellschaft die Rede davon sein, daß »Gleichheit« herrsche, weil damit der formale Aspekt spezifischer Gerechtigkeit (»aequitas«), nicht aber ein inhaltlicher Anspruch im Sinne des Naturrechts (»aequalitas«) gemeint war. Wirklich gleich waren die Menschen nur vor Gott, auf Erden also im Hinblick auf Fragen des religiösen Bekenntnisses. Deshalb respektierten zwar die Gottesdienstordnungen die ständische Gliederung der Gläubigen in mannigfachen Formen, zumindest in religiösen Fragen jedoch hielt sich die Diskussion niemals an Standesgrenzen. Ein besonders eindrucksvolles Beispiel dafür ist die sog. reformatorische Öffentlichkeit mit ihrem Höhepunkt zwischen 1520 und 1525, als auf jeden Deutschen, der lesen konnte, »mehrere Exemplare reformatorischer Flugschriften, wohl gar mehrerer Luther-Schriften, und auf jeden Dritten oder Vierten ein Bibeldruck« entfallen war.[3] Solches hat sich in späterer Zeit nicht wiederholt, und die Entstehung einer »bürgerlichen Öffentlichkeit« im 18. Jahrhundert wird von der Wissenschaft sogar mit der Überwindung der ständischen Gesellschaft gleichgesetzt. Das ist insoweit richtig, als damals eine Reihe von Teilnehmern die herrschende Gesellschaftsordnung im Geiste des Naturrechts zur Diskussion gestellt hat. Wo das jedoch nicht Gegenstand des Gespräches war, sondern sich die Debatte um Fragen der Religion – die Aufklärung begann als Religionskritik – oder der Moralphilosophie drehte, entwickelte sich eine erneut die Ständegrenzen zwar überschreitende, nicht aber sie bedrohende Öffentlichkeit.

Die Teilnehmer an dieser Diskussion blieben jedoch stets begrenzt auf die »gebildeten Stände« und jene Minderheit des Adels, die sich zu wissenschaftlichen und kulturellen Themen hingezogen fühlte. Es fehlte hierzulande an Institutionen wie etwa den französischen Salons, die eine Begegnung beider umstandslos ermöglicht hätten. Und dies wiederum verfestigte die herrschenden Schranken. Wenn Johann Caspar Goethe, der Vater des Dichters, es ein »unmenschliches Vorurteil« nannte, »keinen Bürgerlichen zu den Gesellschaften der Adeligen zuzulassen«[4], spricht aus ihm nicht nur der gekränkte Bürger einer Reichsstadt, sondern auch der Frühaufklärer, der als Mitglied der Gelehrtenrepublik einen Anspruch auf Gleichachtung anmeldete. Nur in den Logen der Freimaurer, die in Deutschland erst nach der Mitte des 18. Jahrhunderts populär wurden, war diese Gleichachtung – »noblemen, gentlemen and working men« hieß die in London 1723 geprägte Formel – institutionalisiert, bedurfte aber eben deshalb des Schutzes durch das Geheimnis. Auch so leisteten die Logen einen nicht wegzudenkenden Beitrag zur Überwindung der überlieferten Gesellschaftsordnung.

Es versteht sich, daß unter diesen Bedingungen ein sozialer Aufstieg und damit Wechsel des Standes die große Ausnahme darstellte. Darüber hinaus blieb der Bedarf an Führungspositionen beschränkt, da dem Staat in jener Zeit nur wenig neue Funktionen zufielen. Die Verstaatlichung der Heere nach dem Dreißigjährigen Krieg hatte den kapitalkräftigen Unternehmer-Offizier überflüssig gemacht und vor allem dem Kleinadel vermehrte Chancen beschert. Gleichwohl zeigte eine Figur wie »der alte Derfflinger«, Kind niederösterreichischer Bauern, welche Möglichkeiten der Kriegsdienst begabten und tatkräftigen Individuen bisweilen einräumte. Auch im zivilen Bereich, im Staatsdienst, gab es manche atemberaubenden Karrieren, aber wichtiger ist hier ohne Zweifel, daß die Gruppe der fürstlichen Bediensten und Beamten als Ganze unaufhaltsam an Bedeutung gewann und damit das einzige aufwärtsgerichtete Element in der damaligen Gesellschaftsordnung Deutschland darstellte. In protestantischen Ländern bestand darüber hinaus für Theologen, die in der Regel aus deutlich bescheideneren Verhältnissen kamen als Juristen, die Möglichkeit, in hohe kirchliche Positionen aufzurücken. Die katholische Kirche demgegenüber hatte gegen alles Kirchenrecht am Stand orientierte Karrieremuster entwickelt und behielt alle Ämter, die Macht verliehen und hohe Einkünfte abwarfen, dem Adel vor, wenn man von einigen süddeutschen Benediktinerabteien absieht.

Bildung war folglich nahezu der einzige Weg nach oben, aber auch hier nur in Ausnahmefällen. Oft kam als weitere Voraussetzung eine Konversion hinzu, da z. B. am kaiserlichen Hof, wo es viele Stellen und noch mehr Protektion gab, Protestanten kaum avancieren konnten. Daß aber Bildung überhaupt ein Mittel für sozialen Aufstieg war, unterschied die deutsche Gesellschaft schon damals in starkem Maße von ihrem englischen oder französischen Gegenstück, verwies sie aber gleichzeitig in die Nähe des Zarenhofes, wo seit Peter dem Großen der Landesadel mehr als irgendwo sonst zurückgesetzt war. Man könnte diesen Kanal nach oben darum auch als einen Begleitumstand relativer Rückständigkeit betrachten.

Bildung allein genügte freilich nicht, es bedurfte vielmehr der guten Beziehungen zu hochgestellten Persönlichkeiten, um die gegebenen Chancen auch wirklich realisieren zu können. Patronage war darum die zweite wichtige Voraussetzung für sozialen Aufstieg und ihre Koppelung an Bildung stattete die fürstlichen Diener mit einem doppelten Vorsprung gegenüber Mitbewerbern aus. Das Klientelwesen ist jedoch noch so wenig untersucht, daß kaum gesicherte Aussagen erlaubt sind. Wie die bisherigen Forschungen nahelegen, war es in den geistlichen Territorien wohl am besten entwickelt, da in diesen Wahlstaaten die Nachfolge grundgesetzlich offen war, was den Interessen der führenden adeligen und bürgerlichen Familien auf dauerhafte Etablierung ihrer Angehörigen geradewegs zuwider lief. So taten sich oft beide Seiten zusammen und bereiteten in jahrelanger Kleinarbeit die künftigen Karrieren und die Nachfolge vor. Die Patronage von Lothar Franz v. Schönborn, der seit 1693 Bischof von Bamberg war und seit 1695 zusätzlich Erzbischof von Mainz (beides bis zu seinem Tode 1729), erfaßte vermutlich die Hälfte, und zwar die wichtigere Hälfte der bürgerlichen Beamten der beiden Hofstaaten. Diese leisteten jede erdenkliche Hilfe, um wichtige Verbindungen zu eröffnen oder intakt zu halten; als Gegenleistung wurden ihre Angehörigen versorgt oder befördert, sie selbst erhielten finanzielle Zuwendungen oder den Adelstitel. Auf diese Weise gelang einzelnen Familien, von denen die meisten freilich bereits seit längerem einen mehr oder minder hohen Rang innerhalb der Gesellschaft eingenommen hatten, der Sprung über eine wichtige Standesschranke.

Prinzipiell blieb jedoch die Ständeordnung unangetastet. Sie galt den Menschen auch als legitim, denn anders ist es nicht zu erklären, daß alternative Gesellschaftsmodelle in Deutschland nicht einmal in Gestalt von Utopien entworfen worden sind, ganz zu schweigen von Versuchen gewaltsamer Durchsetzung; das hat es seit dem Bauernkrieg nicht mehr gegeben. Erst die jüngere Naturrechtslehre, die im letzten Viertel des 18. Jahrhunderts aufgekommen ist, hat eine systematisch begründete und nicht nur mehr emphatisch geforderte Idee der Gleichheit aller Untertanen formuliert und damit der damals herrschenden Ordnung das Fundament in theoretischer Hinsicht entzogen. Daß damit aber nicht alle ständischen Momente der gesellschaftlichen Gliederung beseitigt werden sollten, daß vielmehr diese Kritik trotz ihres Allgemeinheitsanspruchs »wesentlich vom Bürgertum, vom Dritten Stand her gedacht und gefordert wird«[5], zeigt, wie fern auch damals noch in Deutschland eine wirklich egalitäre Sozialordnung lag.

Die Ständegesellschaft erfuhr wohl vor allem deshalb so allgemeine Zustimmung, weil ihr das Element der Dynamik fehlte. In einer Welt, deren wirtschaftliche Ressourcen durchweg so beschränkt waren, daß man neuerdings von einer »économie froide« (LeRoy Ladurie) gesprochen hat und die rasche und tiefreichende Veränderungen der Lage, d. h. die dynamischen Prozesse, eigentlich nur als Katastrophe empfunden hat und empfinden konnte – Mißernten, Seuchen, Kriege, aber auch das Wachstum der Bevölkerung über den gegebenen Nahrungsspielraum hinaus, alles Dinge, die sich verhältnismäßig rasch abspielten –, war der Erhalt des Bestehenden ein Ziel von hohem Rang. Beschleunigung der Zeit galt als Vorbote der Apokalypse, folglich als frevelhaft. Seine Tischreden liefern eine Menge Belege für Luthers Glauben, in einer Epoche der Zeitverkürzung zu leben, was ihm ein Zeichen dafür war, daß der Jüngste Tag mit großer Geschwindigkeit herannahe. Melanchthon gab der Welt immerhin noch 400 Jahre. Zur Hoffnung wurde die Zukunft erst, als der Gedanke des Fortschritts wenigstens den Gebildeten plausibel geworden war, also kaum vor der Mitte des 18. Jahrhunderts. Bis dahin aber war die Vergangenheit die wichtigste Lehrmeisterin, Überkommenes hatte ganz natürlich den Vorrang vor dem Neuen. Da es seit unvordenklichen Zeiten Stände gab oder jedenfalls zu geben schien, waren sie im Lichte der Erfahrung gerechtfertigt.

Sie waren aber eben auch von der Sache her gerechtfertigt. Dem Mittelalter haben die Entwicklung der Dreifelderwirtschaft und die erheblichen Landreserven sowie das Aufkommen der Städte ein ungeheures Wachstum an Wirtschaftskraft und an Menschen erlaubt. Von einer statischen Gesellschaftsordnung konnte daher keine Rede sein, man hat ihr im Gegenteil hohe soziale Mobilität attestiert. Gleichwohl hat es auch damals Ständelehren gegeben, die die Stabilität der gesellschaftlichen Verhältnisse behaupteten. Den durchweg geistlichen Autoren, in jedem Falle städtefeindlich und oft überhaupt gegenwartsskeptisch, mißfiel die Fülle mittelalterlicher Lebenslagen, die sie darum zu disziplinieren suchten. Ein paar Jahrhunderte später hatte sich die Situation jedoch geändert. Nach dem Ende des Mittelalters war der Landesausbau weitgehend zum Stillstand gekommen und auch die Gründungswelle der Städte war längst verebbt. Nennenswerter agrarischer Fortschritt blieb aus, er setzte erst wieder gegen Ende des 18. Jahrhunderts ein. Die bereits im Spätmittelalter aufgetretene, von der Pest aber für

150 Jahre unterbrochene Enge in Stadt und Land wiederholte sich, und die Bevölkerung stieß erneut an die Grenzen des von einer weitgehend unelastischen Wirtschaft bereitgestellten Nahrungsspielraums. Ein zweites Mal griff die Katastrophe, diesmal in Gestalt des Dreißigjährigen Krieges, in die Verhältnisse ein, aber danach erholte sich, jedenfalls im Süden und Westen des Reiches, die Bevölkerung so rasch, daß die Verluste bereits gegen 1700 weitgehend ausgeglichen waren. Wieder stieß die Gesellschaft an die von der »économie froide« gezogene Decke.

Was lag da näher als die Vorstellung vom ewigen Kreislauf und unablässiger Wiederholung? Zumal ja auch im Bereich fürstlichsouveräner Politik die Grundgegebenheiten weitgehend konstant blieben. War nicht die europäische Geschichte zwischen dem 16. und dem 18. Jahrhundert entweder von Bürger- oder Erbfolgekriegen beherrscht? Seit Machiavelli war darum, allen Bedenken von seiten der christlich inspirierten Heilsgeschichte zum Trotz, das Kreismodell wieder im Umlauf. Gottfried Arnold, der Verfasser des 1707 erschienenen *Wahres Christentum Alten Testaments*, brachte das resignative Zeitbewußtsein von der ewigen Wiederkehr des Gleichen auf die knappe Formel: »Es wird immer einerley Comödie oder Tragödie auf der Welt gespielt, nur dass immer andere Personen dabey seyn.«[6] Die Idee einer statischen Gesellschaft entsprach diesem Gedanken vollkommen. Jedermann war von Gott an seinen Platz gestellt, an dem er seinen Beitrag zum gemeinen Nutzen zu leisten hatte. Die Geschichte schien ja zur Genüge zu zeigen, daß wirtschaftliches Wachstum, wie man heute sagen würde, eine leere Hoffnung blieb. In der Knappheitsgesellschaft war darum kein Raum für Mobilität. Aufstieg ganzer Gruppen hätte nur zu vermehrten Ansprüchen an das beschränkte Sozialprodukt geführt, und deshalb konnte niemand einen Sinn im gesellschaftlichen Wandel erblicken.

Statt dessen kam es auf Kontrolle an, insbesondere auf Kontrolle des Bevölkerungswachstums, damit die Gesellschaft nicht in die malthusianische Falle, wie man später zu sagen pflegte, tappen würde, d. h. damit ein Zusammenbruch des Systems wegen Übervölkerung vermieden wurde. Dazu genügten aber nicht die Ermahnungen, die die Hausväterliteratur, jene zwischen 1600 und 1750 blühende Gattung, die dem Vorstand des »Ganzen Hauses« wirtschaftliche, herrschaftliche und sittliche Normen an die Hand gab, in großer Zahl bereitstellte. Vielmehr bedurfte es dazu einer

Obrigkeit, die sich ihrer Pflicht zur Kontrolle der Untertanen bewußt war und ihr durch den Erlaß von Ordnungen, die allmählich das gesamte Leben erfaßten, nachzukommen suchte. Die christlich-ständische Policeyliteratur des 17. Jahrhunderts, namentlich wenn sie protestantischer Herkunft war, stattete darum ein um das andere Mal den Fürsten – »Gottes Amptmann« in der Sprache von Reinkingks Lehrbuch der »Biblischen Policey« von 1653 – mit immer weiterreichenden Eingriffs- und Regelungskompetenzen aus. Justiz, Verwaltung und Ökonomie – letztere eine Verbindung von Wirtschafts- und Sittenlehre – des in voller Entfaltung befindlichen Territorialstaates wurden zu Angelegenheiten der Obrigkeit erklärt und mit besonderen Klugheitsregeln – eben der »Policey« – versehen, damit die gesellschaftliche Ordnung gewahrt werde.

Die Pointe ist freilich, daß die Ständegesellschaft just durch jenes Mittel ausgehöhlt wurde, das zu ihrer Rettung ersonnen worden war. Denn die umfassenden Vollmachten, mit deren Hilfe die überlieferte Ordnung konserviert werden sollte, verlangten letztlich einen Staatsapparat, der die Stände ihres ursprünglichen Zwecks, nämlich der autonomen Regelung aller anstehenden Probleme, mit der es nach Ansicht der fürstlichen Diener längst nicht mehr zum besten stand, vollends beraubte. An die Stelle der Stände trat der frühmoderne Policeystaat samt seinem Gegenstück, der allgemeinen Untertanengesellschaft. Man würde die Dimensionen jedoch erheblich verkürzen, wollte man dieses Ergebnis ausschließlich auf obrigkeitliches Wollen oder gar auf die Wirkung von Autoren wie Arnisaeus, Becker, Oldendorp, Reinkingk, Sekkendorff, Wolff oder Justi zurückführen. Vielmehr standen diese ja selber unter dem Eindruck eines Geschehens, das ihnen große Sorge bereitete und ihr entschiedenes Eingreifen verlangte. Dieses Geschehen war das Wachstum der Bevölkerung, jener Vorgang, der, wie vorn geschildert, die gesamte Gesellschaftsverfassung, ja die innere Ordnung der Staaten überhaupt, ihre »Ruhe«, um ein Schlüsselwort jener Zeit zu benutzen, kontinuierlich bedrohte. Zwei Dinge waren es also, die die Ständegesellschaft untergruben und zuletzt überwanden: von unten gewissermaßen die die Kräfte der Wirtschaft übersteigende Zunahme der Menschen, von oben der als Antwort darauf entwickelte fürstliche Policeystaat, der seinen Untertanen zur Steuerung ihres Verhaltens eine Fülle neuer Normen verordnete.

Für die Sozialdisziplinierung als Merkmal der frühneuzeitlichen Geschichte sind Kleiderordnungen ein besonders anschauliches Beispiel, weil in ihnen der Konflikt zwischen persönlicher Entfaltung und ständischer Ordnung auf der Ebene des Rechts wie der Symbole Ausdruck gefunden hat. Die Obrigkeiten betonten immer wieder die Übereinstimmung ihres Handelns mit dem Herkommen, einer der wichtigsten Legitimationsgrundlagen in damaliger Zeit überhaupt. So stellte etwa der Rat der Stadt Lübeck im Jahre 1612 fest, »Gott der Allmächtige [hat] es also verordnet, daß ein unterscheidt der Stende und Persohnen seyn muß, ohne welchen kein wolbestaltes Regiment erhalten werden kan«.[7] Es war deshalb in denjenigen Bereichen, in denen sich die einzelnen Stände zu begegnen pflegten, im täglichen Leben also, der Umgang miteinander und das Verhalten der Individuen in einer Fülle von Reglementierungen oft bis ins kleinste festgelegt. Nur auf dem Lande, wo es in der Regel keine solchen Kontakte gab, bzw. wo die gesellschaftlichen Abstände der Natur der Sache nach von vornherein so groß und die Gelegenheiten zur Positionsveränderung so gering waren, erübrigten sich förmliche Ordnungen. Um so mehr erschien es den städtischen Magistraten geboten, den Umgang der Stände miteinander zu regeln. Am genauesten aber war das Leben bei Hofe nach ausgeklügeltem Zeremoniell geordnet, und nur hier gelang auch wirklich ihre Durchsetzung. Denn anders als in der Stadt war die soziale Existenz der Hofgesellschaft an das Zeremoniell direkt gebunden, und selbst der Monarch konnte durch Gunst- und Ungunstbeweise nur die prinzipiell geltende Rangordnung variieren. Aber schon diese leichten Verschiebungen genügten, um einerseits den monarchischen Machtanspruch und andererseits den ewigen Wettstreit der Aristokraten miteinander und erst recht ihre Abhängigkeit vom König bzw. Fürsten nach außen hin zu demonstrieren, und eben dies war der eigentliche Sinn solchen Zeremoniells.

Demgegenüber hatten die Kleiderordnungen der Städte und Territorien eine andere Funktion. Hier ging es nicht darum, dem obrigkeitlichen Machtanspruch durch eine gezielte Labilität der je aktuellen Rangordnung Geltung zu verschaffen, sondern hier sollte im Gegenteil die einmal erreichte Stufung ständischen Prestiges mit Hilfe detaillierter Reglements gefestigt werden, nach Möglichkeit ein für allemal. Die Straßburger »Revidierte Kleider-Ordnung« von 1660 zählte darum nicht weniger als 256 verschiedene Berufe auf, die sie in ein Schema von sechs »Graden« einteilte, und verfügte für jeden dieser Stände Ausstattung, Schnitt und Material der Kleidung. Gerade dieses Bemühen um Vollständigkeit und Präzision macht deutlich, was das größte Problem solcher Statuten war, nämlich der Widerspruch zwischen lebendiger sozialer Ordnung und ihrer ständisch-rechtlichen Fixierung. Vom Rat eingesetzte »Zuchtrichter« hatten daher nicht nur über persönliche Verfolgung zu wachen, sondern zugleich etwa unklare Fälle der Zuordnung, verursacht durch die Zuwanderung Fremder, durch die Entstehung neuer Berufe oder durch den sozialen Aufstieg, etwa infolge der Wahl in städtische Ämter, zu regeln und so das Ganze der ständischen Ordnung zu bewahren. Die »Zuchtrichter« wurden auf diese Weise zur Zentralinstanz für die Skalierung der ständischen Hierarchie, von der die Ordnung der Welt abhing. Es war darum unausweichlich, daß die Stadtobrigkeit selbst, der Rat, diese Aufgabe in die Hand nahm, wie auch nur sie dafür in Frage kam, die Rangstreitigkeiten zu schlichten, die das gesellschaftliche Leben der Städte ebenso wie der Höfe unablässig bestimmten.

Kleiderordnungen, Prozessionsvorschriften, Hofzeremoniell waren nichts anderes als in Formulare oder Bilder gegossene Versuche der Fixierung traditionsbestimmter Stufungen und Zuordnungen. Sie erfaßten bei weitem nicht die ganze Gesellschaft, sondern im Gegenteil regulierten sie die Verhältnisse von Minderheiten, die sich allerdings meist im oberen Bereich der gesellschaftlichen Pyramide befanden. Es gab jedoch daneben noch ein anderes Mittel zur Bewahrung der ständischen Ordnung, das in seiner Reichweite die bisher vorgestellten Reglements bei weitem übertraf: das Konnubium. Sein wichtigster Grundsatz war derjenige der Ebenbürtigkeit, ein Begriff, der zwar dem adeligen Standesrecht entstammte, der aber in der Sache auf allen gesellschaftlichen Ebenen, soweit ihnen das Heiraten überhaupt gestattet war, begegnete. Wie sehr er in Fleisch und Blut übergegangen ist, zeigt die Zählebigkeit des Gedankens der »unstandesgemäßen« Ehe, ja, sie ist überhaupt erst in der modernen Gesellschaft zu einem vieldiskutierten Problem geworden, während sie vorher eine bare Selbstverständlichkeit war. Rechtlich sanktioniert war das Konnubium, mit einer wichtigen Ausnahme, ausschließlich beim Hochadel, d. h. bei Familien, die auf dem Regensburger Reichstag Sitz und Stimme hatten und sich durch dieses Privileg deutlich von den anderen Ständen unterschieden. In diesen Kreisen galt bereits die

Heirat mit einer Angehörigen des Niederadels – wobei der Titel keine Rolle spielte – als Mésalliance, die allerdings durch vorherige Zustimmung der Agnaten legitimiert werden konnte. In einem solchen Falle pflegten auch die übrigen Familien die durch Beschluß hergestellte Übersteigung der Standesgrenzen anzuerkennen. Im großen und ganzen genügten jedoch Sozialkontrolle und Furcht vor späteren Erbauseinandersetzungen, um unebenbürtige Heiraten zur großen Ausnahme zu machen, so daß dieser so exklusive Erste Stand des Heiligen Römischen Reiches bis ins 19. Jahrhundert hinein intakt genug blieb, um auf eine schriftliche Fixierung des deutschen Fürstenrechts verzichten zu können. Selbst die Hausgesetze schwiegen sich in der Mehrzahl der Fälle über diesen Gegenstand aus, weil er kein Problem darstellte, mit dem eine Familie ernstlich zu rechnen hatte.

War der Hochadel kraft seiner außerordentlichen ständischen Exklusivität gegen Mißheiraten gefeit, galt dies für den sehr viel zahlreicheren Niederadel nicht. Er war von zwei Seiten bedroht: durch den Verfall der grundherrschaftlichen Einkünfte im Gefolge der frühneuzeitlichen »Preisrevolution« und durch die Wellen von Nobilitierungen, die seit dem Ende des 17. Jahrhunderts in einem vorher undenkbaren Ausmaß stattfanden und deshalb seit 1764 Hofkalender und genealogische Handbücher nötig machten. Um sich zu schützen, behalf sich der alte Adel mit Ahnenproben, die vor dem Zutritt zu exklusiven Körperschaften wie Domstiften, Ritterschaften und Orden zu bestehen waren und die Zug um Zug verschärft wurden. Wer das Kriterium der »Stiftsfähigkeit« erfüllte, d. h., wer den besonders rigorosen Nachprüfungen adeliger Abkunft standhielt, die der Zulassung in eines der 26 Domstifte vorgeschaltet waren, wies damit nicht nur eine ähnliche Exklusivität wie der Hochadel auf, sondern hatte auch dasselbe Interesse an rigoroser Heiratskontrolle innerhalb der eigenen Familie, damit die Nachfahren ebenfalls in den Genuß der mit diesen Institutionen verbundenen Privilegien kamen.

Innerfamiliäre Heiratskontrolle war freilich dort schwer durchzusetzen, wo es wenig Stifte gab und die Ritterschaften nicht besonders exklusiv waren: im protestantischen Norden Deutschlands. Der frischgebackene preußische Landesherr verstand sich darum in dem 1680 angefallenen ehemaligen Erzstift Magdeburg zu einer seine dort angesessenen adeligen Untertanen in singulärer Weise schützenden Vorschrift, indem er 1688 dem männlichen

Adel die standesungleiche Ehe per Erlaß verbot. 1739 dehnte König Friedrich Wilhelm I. dieses Gesetz auf ganz Preußen aus und befahl kurzerhand, »daß keiner von Adel... befuget seyn solle, ausser seinem Stande geringer Bürger und Bauer Töchter oder Wittiben, weit weniger aber solche Persohnen, so vorher in offenbahrer Schande gelebet, zu heyrathen«.[8] Bei Zuwiderhandlung gingen die Lehngüter, bei »schändlichen Ehen« sogar der Adel verloren. Wer »von geringem Stande« galt, wurde genau aufgezählt: »Die Töchter und Wittiben der Bauern, Pächter, aller und jeder Krähmer, Künstler, Handwercker, Wein-, Bier-, Caffée-Schencken, Gastwirthe, Bierbrauer in großen oder kleinen Städten, Comoedianten und überhaupt aller derjenigen, welche mit diesen benannten Persohnen gleich conditioniret seynd, nicht weniger Dienst-Mägde.«[9]

Es war die Masse der Bevölkerung in Stadt und Land, für die auf diese Weise der Adel wieder der unerreichbare Stand werden sollte, so wie er es vordem angeblich gewesen war. Aber auch diese Personengruppen folgten bei der Verehelichung ständischen Regeln, hatten ihr Konnubium. Nur wurden diese Regeln nirgends schriftlich festgelegt oder gar vom Staat verordnet. Gleichwohl fiel es keinem Vollbauern ein, seine Tochter einem Knecht zur Frau zu geben, geschweige denn seinem Ältesten die Heirat mit der Tochter eines Tagelöhners zu gestatten. Die Konturen der dreifach geschichteten dörflichen Gesellschaft blieben auf diese Weise, namentlich in Anerbengebieten, über Jahrhunderte hinweg ausgesprochen scharf. Erst recht gilt das für die »höheren Stände«, die Gebildeten. Von der sorgfältigen Heiratsstrategie altwürttembergischer Honoratiorenfamilien, denen jeweils ein »caput supremum« vorstand, das die Ehen und Karrieren der heranwachsenden Jugend steuerte, legen Leichenpredigten und Stammtafeln ein beredtes Zeugnis ab. Albrecht Haller notierte 1729 in seinem Tagebuch, die Tübinger Professoren »heyrathen sich und ihre Kinder alle Tage in edle Häuser, welches bei Bürgern niemals geschiehet«.[10] Unter »edlen Häusern« verstand man die Angehörigen des Gelehrtenstandes, der zusammen mit der kaum weniger oligarchischen Schreiberkaste das Herzogtum praktisch regierte. Wie weit diese Schicht oberhalb der »Bürger« rangierte, zeigte das 1749 von ihr durchgesetzte Verbot, »gemeiner Handwercks-Leuthe, oder auch Bauern-Söhne nicht zu rezipieren«,[11] d. h. nicht zu den karrierefördernden zwei Klosterschulen zuzulassen.

Das überall gesetzlich erforderte Konsensrecht bot Eltern und Vormündern ausreichend Handhabe, um zu verhindern, daß ihre Kinder »durch Trieb irraisonabler und ungezeumter Brunst... sich zu den allerniederträchtigsten Ehen bewegen« ließen, um die im bereits herangezogenen preußischen Edikt beispielhaft ausgedrückte Einstellung der ständischen Gesellschaft zur Liebesehe zu gebrauchen. Noch 1818, als die Befreiungskriege das Prestige der Offiziere auch in bürgerlichen Kreisen deutlich hatten ansteigen lassen, schrieb der Tübinger Buchhändler Hauff, der zur exklusiven württembergischen Honoratiorenschicht zählte: »So würde ich auch niemahlen zugestehen, daß meine Tochter eine Partie machte, die, sey sie äußerlich auch noch so glänzend, doch in keinem Wege dem Werthe und dem Zuschnitt unseres Hauses angemessen oder uns in menschlicher Hinsicht auch nur genehm seyn möchte. Ein Offizier mag so gut oder schlecht seyn als er will, er ist als Stand doch immer unter uns und noch der beste davon ist ein Hungerleyder, von der Moral nicht zu reden.«[12]

Es existierte also ein unüberschaubares Neben- und Übereinander verschiedenster Heiratskreise. Sie dienten, was in einer Knappheitsgesellschaft nahelag, vornehmlich der Erhaltung des Bestehenden. Indem sie so dem sozialen Abstieg entgegenzuwirken suchten, bremsten sie zugleich den Aufstieg der Tüchtigen und Erfolgreichen. Aber das Individuum galt wenig in der Gesellschaft der Stände, es verstand sich vornehmlich als das Zwischenglied vergangener und künftiger Generationen, denen es zu dienen hatte. Erst Fichte sollte in seinem »System der Sittenlehre« von 1798 das Individuum mit den Prinzipien der Freiheit und Gleichheit in Beziehung setzen und so auch theoretisch emanzipieren, nachdem die Aufklärung dem gewissermaßen empirisch vorgearbeitet hatte. Für die Eheschließung bedeutete dies, daß sich die Stimmen mehrten, die in der Ehe eine »Gemütsverbindung« sahen, und es waren bezeichnenderweise Angehörige der Intelligenz, die als erste die herkömmliche Form der Ehe verurteilten, weil bei ihr die standesgemäße Versorgung allem anderen vorangehe. Indes, soviel auch Traktate der Sittenlehre, der Anthropologie und selbst des Rechts eine neue Heiratsmoral zu verbreiten suchten, deren Kern, um es mit Hegel zu sagen, darin bestehen sollte, daß die Familie »die Liebe zu ihrer Bestimmung« haben müsse und sonst nichts[13], die Vorstellungen von standesgemäßer Heirat haben das Ende der Ständegesellschaft bei weitem überdauert.

Trotzdem war und blieb diese Gesellschaft etwas Unnatürliches und bedurfte gerade deshalb der unablässigen Kontrolle und Steuerung. Die Fülle der Eingriffe, Gebote und Verbote belegt nichts anderes als die Künstlichkeit einer Ordnung, deren vornehmliche Aufgabe es war, Verteilungskonflikte auszuschalten. Daher bleibt überall dort, wo es nicht um Verteilung geht, das Bild der ständischen Ordnung eigentümlich blaß. Ein Beispiel mag das verdeutlichen. In der Mark Brandenburg waren im 17. Jahrhundert wie in den meisten Teilen Europas die aristokratisch-feudalen Lebensformen ungeschmälert erhalten, doch standen sie, auch dies kein Einzelfall, in eigentümlichem Kontrast zur sinkenden sozialen und politischen Kraft des Adels. Obgleich in den sechziger Jahren in Kleve-Mark und Ostpreußen wichtiger Rechte der Mitregierung beraubt, war und blieb der Geburtsadel der erste Stand, er allein hatte Zutritt bei Hofe und besetzte die hohen Staatsämter. In deutlicher Distanz zu ihm stand das Bürgertum, wenn auch einzelne seiner Mitglieder wirtschaftlich überaus erfolgreich waren und sich durch eine dem Adel abgeschaute Lebensweise gesteigertes Ansehen versprachen. Eindeutiger als anderswo mochten in Brandenburg die unteren Grenzen der Ständegesellschaft markiert sein durch die scharfe Trennung von Stadt und Land. Das Handwerk rechnete sich zur »Ehrbarkeit« und hatte Anspruch auf eine spezifische Titulatur, die ihm auch von Höherstehenden gewährt wurde. Die Bauern dagegen waren nicht nur allseits verachtet, ein Teil von ihnen verfiel sogar damals einer neuen Leibeigenschaft, wenn sie nicht überhaupt ihre Selbständigkeit ganz verloren und zu Tagelöhnern wurden. Eine klar geschichtete Gesellschaft mithin, in der Reichtum, Macht und Prestige sich widerspruchsfrei deckten.

Jedenfalls schien es so! Daß die Wirklichkeit ganz anders aussah, geht aus einem am 7. Januar 1679 vom Großen Kurfürsten erlassenen Gesetz hervor, das eine neue Kopfsteuer einführte und deren Erhebung regelte.[14] Laut Verordnung sollte jeder Einwohner, der mehr als zwölf Jahre zählte, eine einmalige, an seinem Vermögen orientierte Abgabe zahlen, von der nicht einmal die kurfürstliche Familie selbst ausgenommen war. In diesem Dokument, das die brandenburgische Bevölkerung nach Beruf und Einkommenslage, also nach modernen Kategorien veranlagte, ist die Ständegesellschaft bis auf allerdings wichtige Restmerkmale verschwunden – jedenfalls aus den Köpfen der kurfürstlichen Verwaltung, die die ausführliche Klassifikation vorgenommen hat. Wohl sollte ein Graf das Sechsfache und ein Baron das Dreifache dessen erlegen, was ein »wohlvermögender, reicher Edelmann« bezahlen mußte; Rang und Vermögenslage waren hier also noch sorgfältig aufeinander abgestimmt. Gleichzeitig aber hatte man diesen Eckpfeiler der preußischen Gesellschaftsverfassung, den adeligen Gutsbesitzer, mit zehn Talern Kopfsteuer ebensohoch eingeschätzt wie einen Bürgermeister der Hauptstädte, schlimmer noch, wie einen »geringen Kaufmann«, ja wie einen Hofschuster, der übrigens ebensoviel zu versteuern hatte wie die Sekretäre der Regierung, die Advokaten beim Kammergericht und die mittleren Hofchargen, nämlich Kammerjungfern und Hofjunker. Ein »Edelmann eines mittelmäßigen Vermögens« bezahlte nur noch sechs Taler und war damit in dieser Hinsicht Ballettmeistern, Postmeistern, Kastellanen und Hofmedici gleichgestellt; doch hatte er auf dem Lande, wo er unter diesen Umständen ausschließlich lebte, abgesehen von Beamten der Landschaft und Vorstehern von Hüttenbetrieben, noch keine Konkurrenten. Anders allerdings der »Edelmann eines schlechten Vermögens«, der mit zwei Talern ebensohoch veranlagt war wie ein reicher und nur doppelt so hoch wie ein gewöhnlicher Bauer; seine leibeigenen Kossäten zahlten mit 18 Groschen ungefähr ein Drittel so viel wie er.

Interessant ist auch die Einkommensschichtung in der Stadt. Christliche und jüdische Krämer waren gleichgestellt – das hatte Kurfürst Friedrich Wilhelm den Juden im Aufnahmeedikt vom 21. Mai 1671 zugesichert – sie bezahlten sechs oder vier, allenfalls zwei Taler; so auch die Handwerksmeister, deren Gesellen mit einem halben Taler aber ärmer als erwachsene Bauernknechte eingeschätzt wurden. Die Kaufleute überragten dagegen turmhoch die städtische Gesellschaft, ihre »vornehmsten« Vertreter kamen dicht an Barone heran. Bildung trug nicht viel ein, sofern mit ihr kein obrigkeitliches Amt verbunden war: ordentliche Professoren hatte die kurfürstliche Verwaltung mit vier Talern angesetzt, die anderen Universitätsmitglieder bezahlten so viel wie Freibauern oder arme Handwerksmeister. Ganz anders die Beamten. Sie waren nicht nur rechtlich als Diener des Landesherrn, sondern auch finanziell deutlich herausgehoben und hatten die mit Abstand größten Beträge zu entrichten, die höheren Ränge sogar erheblich mehr als adelige Grundherren oder die Angehörigen der städtischen Oberschichten. Aber deutliche Unterschiede zwischen bürgerlichen – »gelehrten« – und adeligen Chargen riefen die nach wie vor existierende Ständeordnung ins Gedächtnis, und auch die vergleichsweise hohe Veranlagung aller Mitglieder des Hofstaats und der übrigen kurfürstlichen Bedienten zeigte die Grenzen der Erwerbsgesellschaft einerseits, die beschränkten Ressourcen von Ackerbau, Viehzucht und Gewerbe andererseits. Denn die relativ geringe Besteuerung des Adels entsprang nicht einer Schonung der Privilegierten aus Standesgründen, vielmehr litten die Gutsherren noch an dem vom Dreißigjährigen Krieg herrührenden Menschenmangel und an der landwirtschaftlichen Depression. Kurz zuvor, im Jahre 1667, hatte die Brandenburgische Ritterschaft die tiefen Getreidepreise beklagt, denen ihre Standespflichten zum Opfer zu fallen drohten: »Kaum können wir uns selbst erhalten und unsere Kinder in adeligen Tugenden und guten Künsten aufziehen.«[15] Tatsächlich befanden sich zwischen 1660 und 1670 die Roggenerlöse auf einem säkularen Tiefpunkt, während gewerbliche Erzeugnisse verhältnismäßig teuer waren.

Das Steueredikt des Großen Kurfürsten ist in jeder Hinsicht eine hochinteressante Ausnahmeerscheinung. Prinzipiell, weil hier ein gleichsam klassengesellschaftliches Schlaglicht in eine scheinbar vollständig intakte Ständegesellschaft hineinleuchtet; aber auch konjunkturell, weil wegen der Kriegs- und Notzeiten die ständischen Merkmale besonders stark zurückgedrängt sind. Daß beides zusammentraf, war in doppelter Weise kein Zufall. Einmal hatte selbst ein Herrscher wie der Große Kurfürst nur unter Ausnahmebedingungen die Möglichkeit zu solch radikalen Eingriffen, zum andern gelang es den Privilegierten kurz nach diesem Steuergesetz wieder, die hergebrachten Verhältnisse zu festigen. Am Ende des 17. Jahrhunderts hatten rasches Bevölkerungswachstum im Westen, im Osten aber rigoroser Einsatz adeliger Macht, der zu verbreitetem Bauernlegen und zur sog. »zweiten« Leibeigenschaft führte, die ständische Gesellschaft noch einmal stabilisiert. Ungefähr zwei bis drei Menschenalter später stellte sich dann aber erneut die Existenzfrage, als die staatliche »Policey« die gerechte Verwaltung des Mangels immer weniger zu sichern vermochte. Angesichts steigender Not, verursacht durch eine das hergebrachte »Gleichgewicht überschreitende Vermehrung der Menschen«[16], mußte eine neuartige Antwort gefunden werden.

Sie bestand in der Anerkennung des individuellen Interesses, des Egoismus – mit ihm hatte sich die Philosophie schon seit längerem beschäftigt –, weil die Summe der privaten Vorteile jetzt mit dem Gemeinwohl gleichgesetzt wurde. In einer gegen die ständische Gesellschaftslehre gerichteten Schrift versicherte der mecklenburgische Hofrat und ordentliche Professor des Natur- und Völkerrechts, Samuel Simon Witte: »Jeder arbeitet hier… vor sich, sucht sein eigenes Interesse und soll es auch.« Diese Idee setzte nicht nur den freien Markt, sondern auch das Geld als frei verfügbare, durch Arbeit vermehrbare Ware voraus, wodurch es möglich werden sollte, daß über den moralisch gerechtfertigten Bedarf, die »Nahrung«, hinaus produziert wird; das Prinzip der ungebundenen Aneignung ersetzte die »moralische Ökonomie« des »Ganzen Hauses«. Witte definierte die »bürgerliche Gesellschaft« nunmehr frei von aller aristotelischen Tradition als eine »Vermögens-Gesellschaft« und unterschied sie daher vom Staat, den er als der »bürgerlichen Vereinigung untergeordnet« bezeichnete. Indem diese Vereinigung der »wechselseitigen Befriedigung der Bedürfnisse durch wechselseitigen freien Umsatz der Produkte der Kräfte oder des Vermögens und der Güter« diene, entwarf Witte eine soziale Ordnung, die nichts weniger als die moderne Eigentümergesellschaft darstellte.[17]

Bis zu ihrer Verwirklichung – ganz ist sie freilich niemals verwirklicht worden – sollte es noch einige Zeit dauern, aber aus theoretischer Sicht war der Ständegesellschaft damit das Todesurteil gesprochen. In praktischer Hinsicht wurde sie ohnedies täglich mehr ausgehöhlt. Auch die Obrigkeit entzog sich nicht länger dieser Einsicht und suchte auf dem Wege der Verwaltung und Gesetzgebung, aber auch mit Hilfe der neu entdeckten »Volksbildung« das Staatsschiff durch die Klippen der sich abzeichnenden Krise der Massenarmut zu steuern. Das gelang ihr auch. Ihr kam dabei zugute, daß hierzulande der Übergang von der altständischen zur Eigentümer- und Klassengesellschaft vergleichsweise langsam vor sich ging und nicht alle Teile gleichzeitig erfaßte. Die untersten Schichten wurden von ihm bereits in der Mitte des 18. Jahrhunderts betroffen, aber der Erosionsprozeß wurde immer wieder aufgehalten. Die letzten Reste geburtsständischer Privilegien, die zuletzt nur noch beim grundbesitzenden Adel und den aktuell oder ehemals regierenden Häusern zu finden waren, fielen erst mit der Revolution von 1918/19.

IV. Wirtschaft

1. Die Erwerbstätigkeit um 1800

Es ist eine durchaus moderne Frage, die im folgenden gestellt wird. Das Zeitalter der Statistik hatte um 1800 noch kaum begonnen, es war für die Obrigkeiten nur selten wichtig, genaue Daten über ihre Untertanen zu erheben. Freilich zeigen diese wenigen Daten gerade die Hauptursachen des Prozesses der inneren Staatsbildung auf; man wollte immer genauer die tatsächliche Steuerkraft seines Landes, die Zahl seiner Untertanen und namentlich der in Frage kommenden Soldaten kennen. Kontribution und Konskription stehen ja nicht nur faktisch, sondern auch geistesgeschichtlich in enger Nachbarschaft.

Die Kameralisten hatten als erste Tabellen und Formulare entworfen, ihre Lehrbücher sind voll von entsprechenden Mustern, und tatsächlich gingen in den letzten Jahrzehnten des 18. Jahrhunderts in immer dichterer Folge den Unterbehörden, den Bürgermeistern und Schultheißen und nicht zuletzt den Pfarrern Formblätter zu, deren Führung von oben überwacht wurde, so gut es eben ging.

Aus diesem Urmaterial haben um die Jahrhundertwende die ersten Statistiker – Bratring, Krug, Crome, Höck, Winkopp, Rudhart und viele andere – Zusammenstellungen angefertigt und publiziert. 1805 errichtete Preußen als erster deutscher Staat ein »Statistisches Bureau«, Bayern folgte 1808, andere Länder vollzogen diesen Schritt zum Teil erst sehr viel später. Wer die im Titel gestellte Frage beantworten möchte, muß auf diese Arbeiten zurückgreifen, einen anderen Weg gibt es nicht.

Zwei große Probleme liegen dabei auf der Hand. Erstens wurden viele Daten gar nicht erhoben, die uns heutzutage vorrangig interessieren. Das gilt besonders für die Sozialstruktur, die damals noch mehr unter Sollens- als unter Seinsgesichtspunkten betrachtet und deshalb nicht empirisch untersucht wurde. Zweitens sind die von den Statistikern vorgenommenen Zuordnungen strittig. Auch wenn diese Schwierigkeiten heute noch manches Kopfzerbrechen verursachen, erschweren zusätzliche Momente die Zuverlässigkeit und Interpretationsfähigkeit älterer Statistiken. Zu ihnen zählt einmal die Begrifflichkeit. »Fabrik« und »Werkstatt«, »Fabrikant« und »Arbeiter« waren noch keineswegs festgelegt, und was heute als scharfer Gegensatz aufscheint, war damals durchaus schwankend. Unscharf waren aber auch die Berufsabgrenzungen selbst. Greifen wir ein paar beliebige Beispiele heraus: der Bandweber, der noch zwei oder drei Morgen Land gepachtet hat und dafür beim Bauern arbeitet; der Dorfschuster, der Äcker und Wiesen besitzt und diese selbst bewirtschaftet; der Bauer, der im Winter hölzerne Uhren herstellt oder sie als Kolporteur vertreibt; der Maurer, der, ebenfalls im Winter, mit seinen Lehrjungen von Haus zu Haus zieht, um die Schornsteine zu fegen; der Soldat, der als Beurlaubter auf dem elterlichen Hof arbeitet oder sich seinen Unterhalt durch Strümpfestricken verdient. Solche Fälle waren nicht selten, sie gab es im Gegenteil millionenfach. In welche Rubrik gehören sie? Die Tabelle verlangt reinliche Scheidungen, der Berufsalltag der Frühen Neuzeit kennt sie noch wenig. Sich ausbreitende gesellschaftliche Differenzierung ist ja gerade das Merkmal jener Jahrhunderte. Alle Statistiken sind daher nur mehr oder minder genaue Annäherungen an die soziale Wirklichkeit vergangener Tage. Unter diesem Vorbehalt steht auch die folgende Tabelle. Sie ist ein Rekonstruktionsversuch, der teilweise an Daten anknüpft, die mittlerweile kanonisiert sind[1], sich in manchen Punkten jedoch bewußt von ihnen unterscheidet. Sie versucht nämlich, die Erkenntnisse der in den letzten zehn Jahren geführten Diskussion über das Hausgewerbe am Vorabend der Industrialisierung aufzugreifen. Diese Diskussion hat unseren Blick wieder einmal auf die ländlich-agrarischen Ursprünge des modernen Kapitalismus gelenkt. Man weiß heute sehr viel besser, daß sich um 1800 das dynamische Potential des Gewerbesektors noch keineswegs aus seiner landwirtschaftlichen Einbindung gelöst hatte. Die angesprochenen Zuordnungsfragen sind damit noch nicht beantwortet. Aber der vergleichsweise schmal gehaltene Gewerbesektor soll dartun, daß die Frühindustrialisierung in Deutschland nicht so sehr ihm Ursprung und Geschwindigkeit verdankt, sondern – jedenfalls in gesellschaftlicher Hinsicht – jener Gruppe, die aus der ständischen Ordnung herausgefallen war und sich zwischen Handwerk und Landwirtschaft etabliert hatte: den protoindustrialisierten Familien auf dem Lande.

Zum Verständnis der Zahlen, die sich auf das Gebiet des späteren Deutschen Reiches ohne Elsaß-Lothringen beziehen, sind zunächst folgende Erläuterungen angebracht:

Tabelle 4: *Erwerbstätigkeit nach Wirtschaftssektoren um 1800*

	Beschäftigte Mio. (1)	% (2)	Erwerbsquote % (3)	Bevölkerungsanteil Mio. (4)	% (5)	Haushalte Mio. (6)
I. Sektor Güter	0,080	0,6	–	0,180	0,8	0,015
Spannfähige Bauern	2,052	16,2	50,3	4,074	17,7	0,760
Kleinbauern	3,294	26,1	63,7	5,166	22,2	1,339
Landarme, Landlose	2,773	21,9	76,4	3,615	15,7	?
Häusliche Dienste	0,973	7,7	100,0	0,973	4,2	–
Summe	9,172	72,5	65,5	14,008	60,6	
II. Sektor Handwerk	1,260	10,0	33,2	3,800	16,4	0,820
Verlegtes Textilgewerbe	0,340	2,7	50,0	0,680	3,0	0,170.
Sonstige Verlage	0,020	0,2	50,0	0,040	0,2	0,010
Manufaktur, Bergbau	0,070	0,5	61,9	0,113	0,5	0,007
Summe	1,690	13,4	36,5	4,633	20,1	
III. Sektor Handel, Transport	0,940	7,5	35,3	2,665	11,7	0,566
(ev.) Kirche, Beamte, Schule	0,259	2,0	22,2	1,169	5,0	0,160
(kath.) Klerus	0,090	0,7	100,0	0,090	0,4	0,025
Militär	0,200	1,6	100,0	0,200	0,9	–
Häusliche Dienste	0,291	2,3	100,0	0,291	1,3	–
Summe	1,780	14,1	40,3	4,415	19,3	
Summe	12,642	100,0	54,9	23,056	100,0	3,867

1. Die Gesamtzahl der deutschen Bevölkerung wurde aus Tabelle 2 auf S. 44 übernommen. Sie ist nicht weiter umstritten, jedenfalls nicht größenordnungsmäßig. Ein Problem stellt jedoch die Erwerbsquote dar, d. h. derjenige Teil der Bevölkerung, der die Gesamtheit ernährt – wie die Definition für eine Zeit lauten muß, die keine Arbeitslosigkeit kennt (heutigentags ist die Definition etwas anders). Ihr gilt in dieser Tabelle besondere Aufmerksamkeit. In den meisten Darstellungen wird die von W. G. Hoffmann, der die maßgebliche Datensammlung zur deutschen Wirtschaft nach 1850 zusammengefaßt hat, festgesetzte Zahl von 45% übernommen. Angesichts der damals geringen Produktivität erscheint sie jedoch für 1800 unrealistisch, besonders in der Landwirtschaft. Eine Alternative muß den Altersaufbau der Bevölkerung und die Tatsache der Familienwirtschaft in Betracht ziehen. Hierzu gibt es ziemlich verläßliche Zahlen für Preußen im Jahre 1816. Übernimmt man diese und setzt ferner voraus, daß alle Männer zwischen 15 und 46 Jahren, die Hälfte der Frauen dieses Alters und ein Drittel der Kinder unter 14 Jahren gearbeitet haben – eine Gesellschaft, in der 35,4% der Menschen jünger als 14 Jahre alt waren, konnte einfach nicht auf die massive Mitarbeit der Kinder verzichten –, so ergibt sich eine Erwerbsquote von 54,96%. Bei 23 Millionen Einwohnern verfügte die deutsche Bevölkerung demnach über 12,64 Millionen Erwerbstätige.

2. Die Verteilung dieser Erwerbstätigen auf die drei Sektoren ist naturgemäß der strittigste Punkt des gesamten Verfahrens. Daher muß von vornherein unterstrichen werden, daß alle Schätzungen roh und alle Hochrechnungen mit erheblichen Fehlermöglichkeiten behaftet sind. Es kommt darum keinesfalls auf die einzelne Zahl an, sondern auf ihr Verhältnis zu anderen und damit auf die Plausibilität des Ganzen oder mindestens von Teileinheiten. Am einfachsten war die Lage im *Zweiten Sektor*, wo mittlerweile die anerkannten Schätzungen Kaufholds für das Handwerk vorliegen. Sie wurden hier übernommen und für die übrigen Berufsgruppen nach folgenden Überlegungen ergänzt:

– Textilgewerbe: Da es sich um schlechtbezahlte Verlagsarbeit handelt, ist eine hohe Erwerbsquote zwingend. Daher wurde angenommen, es handele sich um Vier-Personen-Haushalte (die seit Sombart »gültige« Kennziffer der damaligen Familiengröße beträgt 4,1 Personen), in denen zwei Personen mit Weben beschäftigt sind. Bezahlte Gehilfen sind unwahrscheinlich.

– Sonstige Verlage: Hier gilt dasselbe.

– Manufaktur, Bergbau: Um der vergleichsweise hohen Zahl dort beschäftigter »Ouvriers«, wie die Zeitgenossen anfänglich sagten, Rechnung zu tragen, wurde angenommen, daß nur jeder zehnte Beschäftigte Familienvater ist und Frau und Kind zu versorgen hat.

Im *Dritten Sektor* wurde die Gesamtzahl der Beschäftigten von Henning übernommen, im übrigen erfolgte die Verteilung rein nach Plausibilitätsüberlegungen, und zwar unter Berücksichtigung zeitgenössischer Zahlenangaben für Militär, Pfarreien usw. Für Handel und Transport wurden identische Beschäftigungsverhältnisse wie beim Handwerk angenommen.

Der *Erste Sektor* erfuhr, wie bereits bemerkt, eine gewollte zahlenmäßige Aufwertung. Im einzelnen wurden folgende Überlegungen angestellt.

– Die 15000 Güter sind eine Annahme aufgrund der bei Höck angegebenen Zahl von 30000 Rittersitzen im ganzen Reich im Jahre 1789 und der Krugschen Ziffern für Preußen in Höhe von ca. 5000 Einheiten, die auch Koselleck angenommen hat. Bei den dort beschäftigten 80000 Menschen handelt es sich um bezahltes Personal, weder um Gesinde noch um dienstpflichtige Bauern oder Tagelöhner.

– Die Vollbauern waren um 1800 in Deutschland fast überall in der Minderheit. Preußische Statistiken geben für 1816 ca. 350000 spannfähige Stellen im Osten an, sie wurden etwas mehr als verdoppelt, weil im Westen die Landausstattung pro Stelle kleiner sein konnte als im Osten.

– Dieselben Statistiken sprechen von ca. 170000 kleinbäuerlichen Stellen. Da die Masse dieser Betriebe damals unzweifelhaft außerhalb Preußens zu finden war, namentlich in den Realteilungsgebieten, mußte hier ein anderer Multiplikator angesetzt werden.

– Die Gruppe der Landarmen und Landlosen wurde gemäß den in der Literatur anzutreffenden Angaben (Rubner, Endres, Saalfeld) pauschal mit 25% der ländlichen Bevölkerung angesetzt. Der Versuch, hier zusätzlich noch Haushalte anzugeben, wäre reine Willkür.

– Die Zahl der Beschäftigten ergab sich aus den angenommenen, aber nicht unplausiblen, gestaffelten Erwerbsquoten. Bei ihnen war der hohe Anteil an Füllarbeit und Nebenerwerb zu berücksichtigen, der zur proto-industriellen Daseinsweise reichte.

3. Erläuterung verdient schließlich die Zeile »häusliche Dienste«, eine Kategorie, die so erst im späten 19. Jahrhundert in die Berufsstatistiken Eingang gefunden hat. Unter ihnen versteht man die im Haushalt lebenden, vorwiegend in Naturalien entlohnten Arbeitskräfte, das Gesinde, die Dienerschaft, bis zu einem gewissen Grade auch Knechte und Mägde. Von Henning ist sowohl der Gesamtumfang in Höhe von 10% der Beschäftigten als auch die Stadt-Land-Verteilung (23%/77%) übernommen worden. Der Einfachheit halber firmiert das städtische Gesinde ausschließlich im Dritten Sektor.

Wenn es um die Interpretation des in nüchterne Zahlen gegossenen Befundes geht (eines Konstrukts, um es zu wiederholen), muß eingangs noch einmal an das statistisch unlösbare Problem der Mehrfacheinkommen erinnert werden. Dies ist deshalb wichtig, weil sie ja gerade für die damalige Zeit typisch waren. Beispielsweise sind die ungefähr 1,5 Millionen Heimspinner – auf jeden Weber kamen je nach Rohstoff und Garnqualität drei bis fünf Spinner – vollständig verschwunden. Sie sind ausnahmslos in der landwirtschaftlichen Bevölkerung untergegangen, weil sie dieser entstammen und weil sie gegen 1800 noch in den allermeisten Fällen in der Landwirtschaft den anderen Teil ihres Einkommens erwirtschafteten, ja sogar unter Umständen selbst Parzellen ihr eigen nannten.

Auch das Handwerk ragte in den Agrarbereich hinein, ohne daß sich das genau beziffern ließe. Erstens waren zahlreiche Handwerker auf Landbesitz angewiesen, da ihr gewerbliches Einkommen nicht ausreichte, zweitens lebte ungefähr die Hälfte von ihnen sowieso auf dem Lande.

Schon daraus wird deutlich, daß die Landwirtschaft damals ein anderes soziales Gesicht besaß, als wir es gewohnt sind. Im Agrarsektor lebten um 1800 – 150 Jahre vorher war das ganz anders – wesentlich mehr Menschen als eigentlich benötigt wurden. Rein rechnerisch hätte Deutschland, optimale Bedingungen vorausgesetzt, nur 3,6 bis 4,2 Millionen Arbeitskräfte benötigt. Tatsächlich aber war mehr als die doppelte Zahl beschäftigt mit der Folge, daß hier enorme Kapazitätsreserven bestanden. Anders formuliert: Es herrschte eine erhebliche Unterbeschäftigung. Das war natürlich die entscheidende Voraussetzung für die starke Zunahme der verlegten Heimindustrie in der zweiten Hälfte des 18. Jahrhunderts, und diese hat ihrerseits dazu beigetragen, daß die Einkommenslage der ländlichen Massen nicht noch schlechter war als ohnedies. Schließlich haben auch die Fronverpflichtungen, die vor allem im Osten bestanden, für einen überhöhten Arbeitskräftebesatz gesorgt, denn in der Fron wurde schlecht gearbeitet und die Verpflichtungen waren so hoch, daß viele Betriebe eigens dafür Arbeitskräfte einstellen mußten. Niemand hatte damals aber eine Vorstellung davon, wie groß diese feudalen Verpflichtungen waren. Als preußische Statistiker 1880 das Werk der »Bauernbefreiung« bilanzierten, stellte sich heraus, daß – das landwirtschaftliche Arbeitsjahr zu 240 Tagen gerechnet –, 26 500 Knechte mit Gespann und 98 400 Personen mit Hacke und Spaten jahraus, jahrein von Nöten waren, um die Ansprüche der Rittergüter zu befriedigen. Da in Wahrheit jedoch nicht die hier angenommenen optimalen Bedingungen herrschten, war das Heer der Arbeiter, die von der bäuerlichen Bevölkerung zur Erfüllung ihrer Fronpflichten gestellt werden mußten, faktisch um einiges höher. Damit ist schließlich auch erklärt, warum in der Zeile »Güter« nur 80 000 Beschäftigte eingetragen sind. Wie vorn bereits bemerkt, deckten sie natürlich keinesfalls den Arbeitskräftebedarf dieser Betriebe und das war auch nicht nötig, weil die Masse der Arbeit noch immer von Dienstpflichtigen oder allenfalls im Nebenerwerb erbracht wurde.

Eine letzte Bemerkung gilt der Erwerbsquote. Sie ist eine sozialgeschichtlich äußerst wichtige Kennziffer. Ihre Aussagefähigkeit leidet naturgemäß unter dem hypothetischen Charakter der hier aufgeführten Zahlen. Man wird ihnen aber eine gewisse Wahrscheinlichkeit nicht von vornherein absprechen können. Erkennbar ist die soziale Stufung daran, daß die Eliten niedrige Werte aufweisen und daß diese Werte steigen, je tiefer der Rang der betreffenden Gruppe ist. Keine Erwerbsquote bei den »Gütern« will sagen, daß der Adel – als Gutsherr – sich nicht durch eigenhändigen Erwerb ernähren mußte. Bei den Gebildeten herrschten Bedingungen, wie sie auch in der Gegenwart noch in großer Zahl anzutreffen sind: In einer vierköpfigen Familie geht allein der Mann einem Beruf nach. Die Zahlen für die verlegten Weber sind mit Sicherheit zu niedrig, hier muß der allerdings nicht quantifizierbare landwirtschaftliche Nebenerwerb hinzugerechnet werden. Eine hundertprozentige Erwerbsquote besagt nichts anderes, als daß es sich um unverheiratete Beschäftigte handelt, die auch keinen eigenen Hausstand haben. Der katholische Klerus macht hiervon natürlich eine gewisse Ausnahme, da Klöster, Stifte, Kapitel und Pfarreien statistisch wie Haushalte zu behandeln sind.

Im ganzen betrachtet zeigt die Tabelle das Bild einer ständischen Gesellschaft in ihrer Spätphase. Runde zwei Drittel der Bevölkerung sind noch in der hergebrachten Ordnung zu Hause, und zwar buchstäblich; sie sind »behaust«, das heißt, sie unterstehen der Herrschaft des Hausvaters und sie gehen den nachgerade klassischen Beschäftigungen des Bauern, des Handwerkers, des Kaufmanns, des Geistlichen oder des Beamten nach, oder aber sie gehören zu den Privilegierten. Andererseits ist jedoch auch schon ein Drittel aus dieser Ordnung herausgewachsen, und zwar nicht nur, wie das Gesinde, für einen bestimmten Lebensabschnitt, sondern auf Dauer.

Daß ein Teil von ihnen dennoch Familien gründen konnte, ist das eigentlich Neue, ja sogar Zukunftsträchtige, denn die proletarische Familie wird im 19. Jahrhundert zur Massenerscheinung. Ohne sie wäre die wahrhaft revolutionäre Änderung von Wirtschaft und Gesellschaft unmöglich gewesen. Der Wandel erfaßte die Pyramide zunächst an ihrer Basis und fraß sich gewissermaßen von unten nach oben durch. Das verlieh der »Emanzipationskrise« wie die Zeitgenossen den Vorgang bezeichneten, ihren »subversiven« Charakter, ließ sie als Anschlag der »Vermögenslosen« auf die Besitzenden erscheinen. Bis der Prozeß auch die Pyramidenspitze den Bedingungen des Marktes unterworfen hatte, war reichlich mehr als ein Jahrhundert vergangen.

2. Landwirtschaft

Wer sich mit der Wirtschaftsgeschichte des 17. und 18. Jahrhunderts befaßt, blickt auf andere Dinge, als wenn er sein Augenmerk auf die wirtschaftliche Situation der Gegenwart richtet. Zunächst springt natürlich das ungleich größere Gewicht des Agrarsektors ins Auge, dann aber fällt auf, daß viele Fragen, die den heutigen Gegebenheiten Rechnung tragen, für frühere Zeiten ohne Antwort bleiben müssen. Volkswirtschaftliche Gesamtrechnungen existieren natürlich nicht, weil es keine »Volkswirtschaft« gab – deshalb fehlen auch die entsprechenden statistischen Belege und nicht etwa umgekehrt. Betriebswirtschaftliche Analysen sind zwar nicht unmöglich, müssen aber stets mit Fragezeichen versehen werden, denn viele Unternehmen, namentlich aber die bäuerlichen Höfe waren keine Betriebe im modernen Sinne, sondern eine Familienwirtschaft, die anderen Gesetzen zu gehorchen pflegt. Auch Konjunkturen lassen sich nicht mit letzter Sicherheit rekonstruieren, weil dafür bestenfalls lückenhafte Preisreihen zur Verfügung stehen, deren Aussagekraft überdies bislang nicht wirklich befriedigend geklärt worden ist.

Paradoxerweise sind wir statt dessen sehr viel besser über die Entwicklung der ländlichen Gesellschaft unterrichtet, paradoxerweise deshalb, weil die Agrarsoziologie in der Gegenwart fast ganz ausgestorben ist. Der Grund für unsere vergleichsweise guten Kenntnisse der dörflichen Sozialgeschichte liegt in der günstigen Quellenlage. Denn in der Frühen Neuzeit gehörten die Höfe nicht den Bauern allein. Folglich mußten zwischen ihnen und den Herren als ihren Miteigentümern Dinge wie Übergabe, Betriebsführung, Entgelte usw. in jedem Einzelfalle geregelt werden. Auch die Gemeinden durften ihre Angelegenheiten nicht selbständig entscheiden und erledigen, sondern waren hierbei von herrschaftlichen Rahmenordnungen abhängig. Wir verfügen daher über zwei große Quellengruppen aus einem unterschiedlichen Entstehungszusammenhang, die, wenn man sie insgesamt heranzieht, ein unerwartet lebendiges Bild der dörflichen Gesellschaft entstehen lassen.

Die erste dieser Quellengruppen sind die sog. »ländlichen Rechtsquellen«. Unter ihnen versteht man die spätmittelalterlichen Weistümer sowie die jüngeren, stärker herrschaftlich geprägten Dorfordnungen. Beide waren für Bauern gedacht, denen sie alljährlich vorgelesen wurden, und enthielten in durchaus unsystematischer Folge eine Vielzahl von Bestimmungen, mit deren Hilfe das dörfliche Zusammenleben geregelt wurde. 1786 bezeichnete es der an der Altdorfer Ritterakademie lehrende Jurist Johann Christian Siebenkees als Aufgabe solcher Dorfordnungen, Regelungen hinsichtlich der »Dorfshauptleute, Schulzen und Gemeindehirten« zu treffen, »in Polizeisachen zu disponieren, z. B. Kaminfeger, Nachtwächter zu bestellen, über Maß und Elle sowie Gewicht die Aufsicht zu haben und alle Verfälschungen zu verhindern, die Mühlen zu besichtigen, Verunreinigungen der Gemeindebrunnen zu verhüten, die Zusammenberufung der Gemeinde, die Abhör der Gemeinderechnungen, die Benutzung und Austeilung der Gemeindehölzer, das Eichellesen und andere Gemeindenutzungen zu regulieren und in streitigen Fällen zu entscheiden, die Unterhaltung der Gassen, Wege und Stege, Gemeindeumlagen zur Bestreitung der gemeinsamen Ausgaben und des Aufwandes zu machen, Gemeindefronen auszuschreiben« und vieles andere mehr.[2] Das Dorf als soziale, wirtschaftliche und herrschaftliche Lebenseinheit wird vermutlich durch kein anderes Material ebenso plastisch wiedergegeben wie in jener Quellengruppe.

Die zweite Gruppe verdankt ihre Entstehung der Notwendigkeit, daß die zweiseitigen Beziehungen zwischen Herr und Bauer zunahmen, d. h. vor allem seit dem 17. Jahrhundert der Schriftlichkeit bedurften, und daß die Herren für ihre Rechte und namentlich für deren materiellen Gegenwert Verzeichnisse anlegten. Diese letzteren sind als Textgattung übrigens längst vor den schriftlichen Abmachungen zwischen Herrschaft und Untertan entstanden und reichen weit ins Mittelalter zurück. Hierher gehören darum die Urbare, Zins-, Steuer- und Heberegister, die Gültbücher, Registraturen und Lehenbücher, in denen nicht nur die Einnahmen verzeichnet wurden, sondern die auch die Urkunden enthielten, in denen in sehr konkreter Form die zwischen Herrn und Bauern abgemachten Rechte und Pflichten festgehalten waren. Über soziale Rangordnungen und politische Befugnisse im Dorfe erfährt man in diesem Quellenbestand nur sehr wenig, um so mehr dagegen über die Art und Höhe der Abgaben, den Umfang der Höfe, die Rechtsqualität der Besitztitel. Wirtschaftsgeschichtliche Fragestellungen zielen folglich in erster Linie auf diesen Quellenbestand, der in Deutschland, das sei hier nur am Rande vermerkt, viel verbreiteter, ja allgegenwärtig war, während die Weistümer und Dorfordnungen eine genossenschaftlich verfaßte Dorfgemeinde voraussetzten, die es im Osten häufig gar nicht gab, jedenfalls nicht zu allen Zeiten.

Der Anschaulichkeit halber wollen wir uns nun zwei solcher Quellen näher betrachten. Um 1780 erhielt Joseph Eder im niederbayerischen Emming aus der Hand eines kurfürstlichen Hofkammerbeamten den Erbrechtsbrief für das Grubergut.[3] Er hatte es von seinem Vater geerbt, mußte aber nach dessen Tod um förmliche Übergabe bitten. Trotz dieser Formalität zählte dieses Besitzrecht damals zu den besten. Der Erbrechtsbrief beschreibt zunächst, wenn auch nur sehr summarisch, die Immobilien, bestehend aus Haus, Scheune, Stallung, Backofen und Gesindehaus sowie die eigentliche Landwirtschaft, nämlich knapp sechs Hektar Äcker, dreiviertel Hektar guter Wiesen und drei Hektar Wald. Viel war das nicht, und Eder galt daher als »Zweiviertel-Bauer«, das heißt als einer, der der dörflichen Mittelschicht angehörte. Die Belastungen waren trotzdem nicht eben gering. Aus der Urkunde geht hervor, daß Eder seine drei Geschwister abgefunden hatte, was ohne Kredit kaum möglich gewesen sein wird, ferner, daß er seine Mutter unterhalten mußte, und natürlich bestimmte der Erbrechtsbrief die Höhe der Abgaben an das kurfürstliche Kastenamt. Die Geldzahlungen wogen leicht, denn sie waren 1616 festgelegt und seither nicht mehr geändert worden: knapp zwei Gulden jährlich – ein Drittel Prozent bei einem zugrundegelegten Besitzwert von 600 Gulden. Bedeutsamer waren schon die Naturalabgaben: rund zweieinhalb Scheffel Getreide und ein bestimmtes Quantum Flachs. Auch sie waren seit alters unverändert, aber als Naturalien inflationsgesichert. Die Besitzwechselabgaben, die sog. Laudemien, werden in ihrer Höhe nicht genannt; üblicherweise betrugen sie in Bayern 7,5%, was Joseph Eder 45 Gulden kosten würde.

Die größte Abgabe taucht in der Urkunde gar nicht auf, da sie einen ganz anderen Rechtsgrund hatte: der sog. Große Zehnt; er pflegte 17% des Reinertrages auszumachen und lastete entsprechend schwer auf jedem Hof; Empfänger war ebenfalls der Kurfürst. Dienste freilich mußte Eder nicht leisten, jedenfalls nicht für seinen Herrn, allenfalls für die Gemeinde. Joseph Eder konnte insofern frei über sein Eigentum verfügen. Freilich unterlag er dem Flurzwang, der die Bestellung der Felder regelte, und die Naturalabgaben legten jeden Bauern auf bestimmte Produkte fest – eben die seit alters landesüblichen. Die Neuerungsfeindlichkeit dieses Sachverhalts trat gerade in jenen Zeiten zutage, weil damals die Kartoffel als Feldfrucht angebaut zu werden begann. In Niederbayern, der Kornkammer des Landes, war davon freilich noch nichts zu spüren. So wollen wir abschließend festhalten, daß sich Joseph Eder zwar seines Besitzes sicher sein konnte – seit Generationen gehörte seiner Familie das Grubergut –, daß aber die Belastungen ausgesprochen hoch waren, und zwar höher als in vielen anderen Gebieten Deutschlands. In guten Jahren warf der Hof einen schmalen Gewinn ab, die Rentabilitätsgrenze war jedoch schnell erreicht, vor allem in den Anfangsjahren, als wegen der Übergabe immer Schulden aufgenommen werden mußten. Da es aber weit und breit keine Möglichkeit zum Nebenerwerb gab, mußte Eder wohl oder übel Bauer bleiben und sich mit Mutter und Geschwistern, die im Gesindehaus lebten, von knapp vier Hektar

Landwirtschaft ernähren; die restlichen zwei Hektar lagen wegen der Dreifelderwirtschaft turnusweise brach.

Ob das alles gut oder schlecht war, ist hier nicht die Frage. Dies kann vor allem so lange nicht entschieden werden, als Vergleichsmaßstäbe fehlen. Betrachten wir daher eine andere Abmachung. Sie kam 1765 im niederlausitzischen Alt-Döbern zustande und wurde zwischen einem Vertreter des Gutsbesitzers, Ritter Karl Heinrich v. Heinecken, der das Gut 1749 gekauft hatte, und der Gemeinde Alt-Döbern nahe Kalau geschlossen.[4] Hier ist also ein ganzes Dorf beteiligt, das Dorf war jedoch klein. Genaues über die Zahl der Familien erfahren wir nicht, um so mehr dagegen über ihre soziale Stufung, denn der Rezeß unterscheidet zwischen dem Siegertsmüller, einem Vollbauern, den Kossäten, wie man im Osten die auf Nebenerwerb angewiesenen Kleinstellenbesitzer nannte, und den Büdnern, die nicht mehr zu den Bauern zählten. Der Siegertsmüller besaß rund fünfeinhalb Hektar Acker und eineinviertel Hektar Wiesen, jeder Kossät drei Hektar Acker und dreiviertel Hektar Wiesen, die Büdner endlich hatten dreiviertel Hektar Acker und einviertel Hektar Wiesen, dazu wie alle anderen auch einen Garten. Ferner gehört zur Gemeinde ein vergleichsweise großes Areal von mehr als vierzig Hektar Land, das nur zur »Hutung« taugte, das heißt als Gemeinweide, während die Herrschaft sich das Recht auf ausschließliche Hutung im Umfang von ca. vier Hektar, dazu auf einem von ihr trockengelegten Bruch und natürlich auf ihren eigenen Betriebsflächen vorbehielt. Offenbar hatte es in der Vergangenheit Streit gerade in dieser Sache gegeben, denn um den Bedarf der Untertanen an Weiden im Rahmen des verfügbaren Gemeindelandes zu halten, erinnerte die Herrschaft nicht nur den Gemeindchirten an seine eventuelle Schadensersatzpflicht, sondern sie setzte gleich noch die Obergrenze für Großvieh fest: 16 Kühe für den Bauern, je zehn Kühe für Kossäten und höchstens vier Kühe je Büdner plus einer gewissen Anzahl von Kälbern. Schweine- und Gänsehaltung waren frei. Die Abgaben waren ungleich höher als in Bayern: 100 Gulden mußte der Siegertsmüller jährlich entrichten, 50 Gulden jeder Kossät, 25 Gulden ein Büdner. Hinzu kamen fallweise oder regelmäßig Abgaben und Dienstleistungen für die Belange der Gemeinde.

Bis hierher sind die Pflichten der Landleute in beiden Dokumenten noch durchaus vergleichbar. Für die Bauern in Alt-Döbern war der Katalog damit jedoch noch keineswegs abgeschlossen. Vor allem hatten sie zusätzlich die Hofdienste, d. h. Fronen zu leisten: der Vollbauer täglich mit der Hand sowie je eine Woche im Frühjahr und im Herbst mit Gespann, die Kossäten ebenfalls täglich mit der Hand sowie einen Tag pro Woche mit Gespann, wobei es einen erheblichen Unterschied machte, ob einer Pferde oder Ochsen besaß, denn die Ochsenhalter hatten so, »wie es die Herrschaft erfordert«, das heißt unregelmäßig zu dienen, vor allem aber beim Dreschen zu helfen. Die Büdner endlich hatten 36 Tage fest zu dienen, im übrigen aber bei gewissen Arbeiten zu helfen, vor allem beim Dreschen. Da bei Fronen gewöhnlich schlecht gearbeitet wurde, war alles genau festgelegt, vor allem die Regelung des Arbeitstags. Hinzu kamen weitere Abgaben in Geld und in Naturalien, die hier nicht alle aufgezählt werden müssen, die aber recht erheblich waren (wie etwa die Abgabe jeder sechsten Gans oder von vier Hühnern zu bestimmten Terminen des Jahres). Nicht vergessen sei der sog. Kinderdienstzwang; ihm zufolge hatten alle Familien des Dorfes ihre Kinder, sobald sie aus der Schule waren, gegen geringes Entgelt bei der Herrschaft als Dienstboten arbeiten zu lassen, und zwar »solange es der Herrschaft gefällig«. Den Abschluß des Dokuments bildeten Strafbestimmungen, zu denen auch die Warnung gehörte, daß jedem, der nicht, wie der Mühlenbann es vorschreibt, sein Getreide in der herrschaftlichen Mühle mahlen ließ, das Mehl konfisziert werden würde.

Es wird deutlich geworden sein, daß die Unterschiede im Verhältnis zwischen Bauern und Herrschaft in der Lausitz und in Niederbayern ganz erheblich waren. Bei genauerem Hinsehen erkennt man sogar, daß es sich um zweierlei Formen der Agrarverfassung handelte. Seit alters hatte diese in Deutschland mehrere Typen herausgebildet. Sie umfaßten Großlandschaften, weil sie wie diese historisch geprägt waren, und haben für die deutsche Geschichte der Neuzeit grundlegende, auch politische Bedeutung gehabt.

Zum Verständnis dieser Typologie sind jedoch zunächst einige Hinweise auf die vormoderne Produktionsweise in der Landwirtschaft angebracht. Bauern im heutigen Sinn hat es nicht immer gegeben, auch nicht in Deutschland. Denn ein Bauer war damals nicht nur jemand, der in der Landwirtschaft tätig war, sondern der zugleich einem Betrieb vorstand, der mit dem Haushalt eine feste Produktions- und Konsumeinheit bildete, der Mitglied einer Dorfgemeinde war (vor allem im Südwesten gab es aber auch Bauern in kleinen Städten) und der – jedenfalls damals – in dauernder

Abhängigkeit von einem Herrenstand lebte. Mit anderen Worten: Bauer war Beruf und Lebensstil in einem. In diesem Sinne herrschte erst im Hochmittelalter in West- und Mitteleuropa sowie in Skandinavien die bäuerliche Wirtschaft vor, während in Ostmittel- und Osteuropa die Gutswirtschaft erhebliches Gewicht behielt bzw. wiedererlangte und die Bauern, wo sie sie nicht gänzlich beseitigt hatte, in so enge Abhängigkeit brachte, daß sie vielfach eher an schlechtgestellte Pächter gemahnten. Für die sog. feudale Produktionsweise war nun wesentlich, daß Produktion und Aneignung voneinander geschieden waren, d. h., daß der Bauer nicht über die gesamten Erträge seiner Arbeitskraft und Wirtschaft verfügte, weil er Teile davon an seinen Herrn, u. U. auch an mehrere Herren abgeben mußte. Der Bauer war also nicht frei und selbständig, sondern einer speziellen Herrschaft unterworfen, der sog. Grundherrschaft, die ihn auf vielfältige Weise kontrollierte. Sie war schon im Frühen Mittelalter entstanden, und zwar vielfach auf gewaltsame Weise! Diese Ursprünge wurden jedoch im Laufe der Zeit vergessen, und so entstand allmählich die Vorstellung, daß weniger ein herrschaftlicher Charakter das Wesen dieses Verhältnisses bestimmte, sondern vielmehr ein System des Gebens und Nehmens: die Herren gaben das Land und schützten die Rechtsordnung, die Bauern leisteten dafür Gehorsam und zahlten Abgaben oder verrichteten Dienste. Beide Seiten hatten demzufolge ein Recht auf dasselbe Stück Land, das sich, anders als in unserer heutigen Rechtsordnung, in geteiltem Eigentum befand: der Herr, weil er es verliehen hatte, der Bauer, weil er es bearbeitete.

Unter ökonomischen Aspekten sind in dieser Wirtschaftsverfassung zwei Dinge bedeutsam. Zum einen der bereits erwähnte Umstand, daß Transferzahlungen nicht aufgrund wirtschaftlicher Beziehungen, sondern durch außerökonomischen Zwang stattfanden. Die Belastung richtete sich also prinzipiell nach der Rechtslage und nach den Bedürfnissen der Herren und nicht nach den Grundsätzen betriebswirtschaftlicher Tragfähigkeit oder der Verzinsung eines eingesetzten Kapitals. Auch wenn die Abmachungen zwischen Herrn und Untertan faktisch, wie wir sahen, Vertragscharakter angenommen hatten, hinderte das asymmetrische Machtverhältnis zwischen beiden Parteien in den meisten Fällen ein echtes Verhandeln. Über lange Zeit, d. h. bis ins 18. Jahrhundert hinein, als die Landesherren mit Gesetzen und Verordnungen wirksam einzugreifen begannen, war für die Sicherung der bäuerlichen Existenzen das herrschaftliche Interesse am Erhalt ihrer Leistungsfähigkeit wichtiger als formale Rechtsgarantien. Im Endergebnis wurde das System der Grundherrschaft von beiden Seiten in der Regel als rechtswirksam betrachtet und entsprechend respektiert, jedenfalls solange tatsächlich die Herrenseite Gegenleistungen erbrachte und eine rücksichtslose Ökonomisierung ihrer überlegenen Position vermied. Aber die Grenze der Belastbarkeit bäuerlicher Wirtschaften blieb ein ungelöstes Problem, und deshalb ist die Geschichte der Grundherrschaft über weite Strecken eine Geschichte des Kampfes um die Rente, in dem Feudal- und Grundrente gegeneinander standen, jeweils vertreten durch Herrschaft bzw. Untertanen. Häufiger als lange Zeit angenommen nahm dieser Kampf gewaltsame Formen an.

Die Feststellung einer Grenze der Belastbarkeit war aber noch aus einem anderen Grunde schwierig, wenn nicht sogar unmöglich: Bäuerliche Einkommen waren damals noch ungleich schwieriger zu erfassen als heute, weil die Höfe, wie bereits notiert, eine Einheit von Produktion und Konsum darstellten und nach den Grundsätzen der Familienwirtschaft arbeiteten. In ihr spielte die Arbeitskraft der Familie, für die natürlich kein Lohn gezahlt wurde, das zentrale Element, nicht die Gewinnrechnung nach der Rentabilität der eingesetzten Produktionsfaktoren. Unproduktive Arbeit konnte es unter solchen Voraussetzungen nicht geben bzw. allenfalls dann, wenn mehr produziert wurde als eigentlich nötig oder angesichts der herrschaftlichen Zugriffsmöglichkeiten ratsam war. So erklären sich die Klagen über die »Faulheit« der Bauern durch rentabilitätsorientierte Zeitgenossen. Häufiger als solche »Faulheit«, die ja offensichtlich unter damaligen Bedingungen ihren Sinn hatte, war aber eine Art »Selbstausbeutung« zu beobachten, die ebenfalls zum System der Familienwirtschaft gehörte. Sie fand immer dann statt, wenn die Ansprüche der Herren so weit stiegen oder die Erlöse auf dem Markt so weit sanken, daß die zur Deckung des Eigenbedarfs erforderliche (Mehr-)Arbeit die Rentabilitätsgrenze unterschritt. Den Abnehmern fielen auf diese Weise Gratisprofite zu, da sich die von ihnen in Anspruch genommene Ware – Dienstleistung oder landwirtschaftliches Produkt – nicht entsprechend verteuerte.

Man rechnete also im Zeitalter von Grund- und Gutsherrschaft anders als heute, wo der Warenaustausch ausschließlich durch den

Preis reguliert wird. Das galt natürlich auch für die Adelswirtschaften, die Güter, zu deren Merkmalen ein mehr oder minder hoher Anteil an arbeitsfreien Einkünften gehörte. Frondienste und Naturalleistungen zählten nach damaliger Ansicht nicht zu den Gestehungskosten. Um so schwerer wogen Geldausgaben, denn das Geld galt in dieser Ökonomie lediglich als Tauschmittel. Daher wurden die Barausgaben so niedrig als möglich gehalten. Gespart wurde folglich eher am Geld als an der Arbeit, die eben nicht oder nur in geringem Umfang entlohnt werden mußte. Theoretisch hätte diese Einstellung zu einer unbegrenzten »Fremdausbeutung« der Untertanen führen müssen, die diese dementsprechend mit »Selbstausbeutung« hätten auffangen müssen, in Extremfällen auch mit Widerstand. Daß es dazu eben meist nicht kam, stellte das überlieferte Normensystem sicher. Diese Normen waren in *Ökonomiken* zusammengestellt, kompendienartigen Sittenlehren, die zwischen dem 16. und dem 18. Jahrhundert in großer Zahl erschienen und die dem Adel bzw. seinen Verwaltern ein Verhalten einzuschärfen suchten, das nicht die Steigerung der Erträge, sondern die Bewahrung des »Herkommens« zum Maßstab hatte. Herrschaft, die damals auch Fürsorge einschloß, nicht Wirtschaft, jedenfalls nicht im heutigen Wortsinne, lautete die Maxime dieser Lehrbücher.

Der Ausgleich zwischen bäuerlichen und herrschaftlichen Interessen war naturgemäß desto einfacher, je weniger die Herren selbst wirtschafteten. Im Bereich der Grundherrschaft hatte sich diese Tendenz im Laufe der Jahrhunderte zum kennzeichnenden Merkmal entwickelt, so daß es mitunter Herren gab, die über gar keine nennenswerten Eigenbetriebe mehr verfügten, sondern so gut wie ausschließlich vom Rentenbezug lebten. Meist aber handelte es sich um gemischte Systeme, in denen die Eigenwirtschaften durch bäuerliche Dienstleistungen, vor allem aber durch Abgaben ergänzt wurden. Von diesem System, der *Grundherrschaft*, soll zunächst die Rede sein.

Es gibt eine zweifache Typologie der Grundherrschaft. Die ältere und in der Forschung gebräuchlichere klassifiziert nach Regionen, die jüngere und erst unlängst in die Debatte eingeführte unterscheidet nach Herren, also nach Adel, Landesherr und Kirche, die sich wiederum landschaftlich und konfessionell unterschiedlich verhielten. Der Literaturlage wegen wollen wir an der regionalen Gliederung festhalten.

Die *Nordwestdeutsche Grundherrschaft* umfaßte das Gebiet des heutigen Niedersachsens und Westfalens. Da sie große herrschaftliche Eigenwirtschaften kannte, bestand für die Bauern stets die Gefahr, außer den Abgaben zu erheblichen Dienstleistungen herangezogen, ja geradezu »gelegt« zu werden. Entschiedener Schutz der Landesherren hat das verhindert. So kam es zu einem geregelten Nebeneinander von Gütern und großen Höfen, die den Bauern erblich gehörten, obwohl sie in den Urkunden als »Meier« bezeichnet zu werden pflegten, was ursprünglich so viel wie Pächter bedeutet hat. Die Masse der ländlichen Arbeitskräfte, die beide Wirtschaften in erheblicher Zahl benötigten, wurde zunächst von den Kleinstellenbesitzern, den Brinksitzern, Kossäten oder Kätnern gestellt, im 18. Jahrhundert infolge der Bevölkerungszunahme häufig von den Heuerlingen, die nur noch geringen oder gar keinen eigenen Grundbesitz hatten und für das von ihnen gepachtete Land arbeiten mußten. Scharfe soziale Gegensätze, hohe Abgabenlasten, zu denen nach dem Siebenjährigen Krieg noch stark gestiegene Steuern kamen, und sichere Rechte kennzeichneten insgesamt diesen grundherrschaftlichen Typus.

Die *Westdeutsche Grundherrschaft* hat im Laufe der Jahrhunderte ein eigentümliches Nebeneinander von grundherrlich gebundenem, traditionell wirtschaftendem bäuerlichem Sektor und frühkapitalistischem, marktorientiertem Ackerbau hervorgebracht. Ursache waren landschaftliche und verkehrstechnische Gunst bzw. Ungunst. Ganz außerhalb der Grundherrschaft stand die Pachtwirtschaft, die Ende des 18. Jahrhunderts in den fruchtbaren Börden und entlang der Flußläufe 20 bis 30% des Ackerlandes umfaßt haben dürfte. Die Zeitpacht brachte es mit sich, daß die Bedingungen stets den Wechsellagen des Agrarsektors angepaßt werden konnten, so daß diese Betriebe namentlich im späten 18. Jahrhundert – als die Getreidepreise erheblich stiegen – vergleichsweise hohe Renditen abwarfen. Ein ganz anderes Gesicht zeigten die grundherrschaftlich gebundenen Höfe, besonders in Realteilungsgebieten, deren Besitzer zwar persönlich frei, aber mit hohen Abgaben belastet waren; sie erreichten gerade bei kleinen Betrieben einen Anteil von mehr als der Hälfte des Reinertrags. Viele Bauern, ja ganze Gemeinden, die gesamtschuldnerisch hafteten, mußten sich darum im 18. Jahrhundert verschulden. Die Frondienste waren nicht völlig verschwunden, denn wenn auch von den Herren nur noch die Kirche über nennenswerte Eigengüter verfügte, konnten doch nicht wenige Pachtbetriebe für die saisonalen Spitzenbelastungen auf die Dienste solcher Bauern zurückgreifen, die zur selben Herrschaft wie der Pachthof gehörten. Im Weinbau war Teilpacht stark verbreitet, bei der die in der Regel erblichen Pächter ein Drittel der Ernte, und zwar in Naturalien abzugeben hatten. Insgesamt war gerade das Rheinland also durch eine außerordentliche Vielfalt besitzrechtlicher Erscheinungen gekennzeichnet: Anerbenrecht und Realteilung, Pacht- und Erbbestand, Geld- und Naturalverpflichtungen existierten nebeneinander und verliehen dem Ganzen ein besonderes Gepräge, das im Ergebnis auf Rentenkapitalismus hinauslief und insofern auf die Nachbargebiete im Westen, in Belgien und Nordostfrankreich verwies, mit denen es mehr Gemeinsamkeiten hatte als mit den Agrarverfassungen östlich des Rheins.

Viel altertümlichere Züge trug die *Südwestdeutsche Grundherrschaft*, die aber in sich so erhebliche regionale Verschiedenheiten aufwies, daß man kaum von einem einheitlichen Typus sprechen kann. Nur die persönliche Freiheit der Bauern war durchgehend vorhanden, doch zeigten schon die aus der Leibeigenschaft herrührenden Abgaben eine außerordentliche Vielfalt, die von der Bedeutungslosigkeit bis zu hohen Lasten bei Wegzug und Tod reichten, ja, die Leibeigenschaft konnte gerade in Gebieten mit »schwacher« Grundherrschaft zum Ersatz für herrschaftliche Zwangsmittel, zum »Hebel feudaler Offensive« werden.[5] In den kurpfälzischen Territorien zu beiden Seiten des Rheins ähnelte die Agrarverfassung stark dem elsässischen Typus, das heißt, der Landhunger der Klein- und Zwergbetriebe hatte ein umfangreiches Angebot an Parzellen entstehen lassen, die für teures Geld verpachtet wurden. Dienste waren überflüssig geworden, um so schwerer wogen die Abgaben. Die einzigen landwirtschaftlichen Vollerwerbsbetriebe waren die Hofgüter der Landesherren und der Kirchen, vereinzelt auch der adligen Familien, die ebenfalls pachtweise vergeben waren. Auch im benachbarten Baden war die Lage der Bauern unter rechtlichen Gesichtspunkten günstig, unter ökonomischen dagegen meist denkbar dürftig. In den markgräflichen Territorien herrschte Freiteilbarkeit und demzufolge Klein- und Kleinstbesitz vor; nur der Schwarzwald kannte geschlossene Hofgüter mit Anerbenrecht. Die Grundherrschaften des landsässigen Adels, der Kirche und der kleineren Reichsfürsten kannten neben dem Erb- noch das Schupflehen, das hohe Besitzwechselgebühren verlangte, doch war die mit Abstand wichtigste Abgabe der Zehnt, der strenggenommen nicht zur Grundherrschaft gehörte, aber längst in die Hände ihrer Inhaber gelangt war.

Vielgestaltige Erscheinungsformen kennzeichneten auch Württemberg, das in seinem heutigen Bestand eine größere Anzahl historisch gewachsener Territorien vereint, die vor dem 19. Jahrhundert eine jeweils ganz eigenständige Entwicklung durchlaufen hatten. Die wichtigste Gemeinsamkeit beschränkte sich auf den weitestgehenden Verzicht der Grundherren auf eigene Wirtschaftsbetriebe – wovon allenfalls die ehemaligen Klöster Altwürttembergs und die oberschwäbischen Reichsabteien eine gewisse Ausnahme machten –, dem auf der Gegenseite eine hohe Abhängigkeit der Herren von bäuerlichen Geld- und Naturalabgaben entsprach. Unter diesen ragten die Zehnten und die grundherrlichen Abgaben besonders hervor, während die Pflichten gegenüber Gerichts- und Landesherren in der Regel geringer waren und nur in den östlichen Landesteilen für Pflichtige und Berechtigte einen ausschlaggebenden Anteil im Etat ausmachten. Bei den Bauern ergaben sich aus den mannigfachen Besitzrechtsformen wichtige ökonomische und soziale Unterschiede. Zwar waren faktisch am Ende des 18. Jahrhunderts sämtliche Güter erblich, doch wirkte sich die Unterscheidung in Erbzinsgüter und Fallehen ganz erheblich auf die Abgabenbelastung und die wirtschaftliche Bewegungsfreiheit aus. Die absolute Vorherrschaft der günstigeren Erbzinsgüter in Altwürttemberg kontrastierte mit dem Übergewicht der Fall- und Schupflehen in Ostwürttemberg und Oberschwaben, wo das mit dem Tode des Inhabers erlöschende Besitzrecht dem (Ober-)Eigentümer die Anpassung an die Konjunkturentwicklung erlaubte. Wichtiger war aber, daß die Trennung der Besitzrechte sich auch auf das Erbrecht erstreckte, was die gesamte ländliche Gesellschaftsstruktur maßgeblich beeinflußt hat; dem altwürttembergischen Realteilungsgebiet mit seiner hohen Bevölkerungsdichte und starken gewerblichen Durchmischung standen die Landschaften mit Anerbenrecht gegenüber, das die Mobilität behindert und zur Ausprägung scharfer Unterschiede in der dörflichen Gesellschaft geführt hat.

In der *Südostdeutschen Grundherrschaft* finden wir weitaus einheitlichere Erscheinungsformen vor, deren Hauptmerkmal in der starken Position der sog. Zwischengewalten, des Adels und der Prälatenklöster, bestand. Ein Ergebnis dieser Machtfülle war in

Bayern die sog. Hofmark, ein geschlossener Herrschaftsbezirk, in dem Grund- und Gerichtsherrschaft stets zusammengefaßt waren und Vogtei, Leibherrschaft und Zehntrecht häufig noch hinzutraten. Im Unterschied zu Nord- und Ostdeutschland hatten die Herren jedoch nur verhältnismäßig kleine Eigenwirtschaften ausgebildet, die von Tagelöhnern, Dienstboten und fronpflichtigen Bauern bearbeitet wurden. Durch die ungeteilte Übergabe der Voll- und Halbhöfe hatte sich im Laufe der Zeit eine starke soziale Differenzierung auf dem Lande ergeben. Die eigentlichen Bauern bildeten trotz zunehmender wirtschaftlicher Schwierigkeiten eine standesbewußte Minderheit, die ihre Höfe bei unterschiedlichen Rechtsformen im einzelnen faktisch erblich besaß. Eine Stufe tiefer stand die im 18. Jahrhundert rasch anwachsende Schicht schwach begüteter Sölden, die auf Zuerwerb – etwa im Landhandwerk oder in der Waldwirtschaft – angewiesen waren. Umfangreiche Frondienste und namentlich die hohen, vielfach steigenden Besitzwechselabgaben und Steuern führten dazu, »daß die Belastungen der Bauern in Bayern höher sind als in allen sonstigen grundherrschaftlichen Bereichen West- und Süddeutschlands«.[6] Wenn man sich vergegenwärtigt, daß die adeligen Eigenbetriebe strenggenommen nicht Überbleibsel des Mittelalters waren, sondern in der Frühen Neuzeit entstanden sind, zeigte etwa Bayern im Vergleich zu Württemberg ein moderneres, jedenfalls wandlungsfähiges Gesicht. Noch modernere Züge trug die Südostdeutsche Grundherrschaft in den Alpenländern, wo sich im 15. und 16. Jahrhundert große Herrschaftskomplexe in weltlicher oder geistlicher Hand gebildet hatten, deren enorme Entstehungskosten möglichst rasch verzinst werden sollten. Folglich wurden diese Betriebe mehr und mehr nach kaufmännischen Rentabilitätsgesichtspunkten geführt, die Grundherrschaft wurde zur Wirtschaftsherrschaft, was nicht ohne Folgen für die Bauern blieb. Diese besaßen zwar ihre Höfe faktisch zu Erbrecht, und auch ihre Abgabenpflichten waren längst fixiert. Über die Gerichtsherrschaft, die nur in Salzburg und Tirol nicht in den Händen des Adels war, versuchten aber die Herren, die Frondienste zu vermehren und die Zwangs- und Bannrechte auszubauen. Auf diese Weise hofften sie, den Mangel an billigen Arbeitskräften zu umgehen und den Absatz ihrer Produkte oder die Auslastung ihrer Mühlen, Brenn- und Backöfen zu erhöhen. Die Bauern antworteten mit Aufständen. Die Habsburger suchten vermittelnd einzugreifen, so daß teils aus diesen Gründen, teils aber auch, weil sich die Handelsachsen verlagerten, was den Absatz agrarischer Produkte bremste, die herrschaftlichen Ansprüche sich auf einem, wenn auch hohen Niveau stabilisierten.

Im Norden des heutigen Bayern, in Franken, herrschten dagegen gänzlich andere Verhältnisse. Hier gab es keine Hofmarken, dafür spielte wie im Südwesten die Leibeigenschaft eine große Rolle und statt der Dienste, die meistenorts längst beseitigt waren, hatten die Abgaben das entscheidende Gewicht. Das gute Eigentumsrecht hatte den Bauern die Durchsetzung der Realteilung erlaubt, was die sozialen Unterschiede auf dem Dorfe auf Kosten einer tragfähigen Agrarstruktur minderte. So kontrastierten auch hier wie so oft Rechtsqualität mit Wohlstand.

Die *Mitteldeutsche Grundherrschaft* bildete in mancher Hinsicht das Bindeglied zwischen dem gutsherrlichen Osten und dem grundherrlichen Westen. Denn hier, im Harz, in Thüringen und Kursachsen, lagen grundherrschaftlich eingebundene Bauernhöfe und Gutsbetriebe dicht beieinander. Die Bauern unterstanden zwar einer erheblichen Kontrolle durch ihre Herren, die die Grund- und Gerichtshoheit meist auf sich vereinigten, den Boden besaßen sie jedoch erblich und die Abgaben waren fixiert. Die Güter, die in Kursachsen bereits den typisch ostdeutschen Namen »Rittergüter« trugen, befriedigten ihren Bedarf an Arbeitskräften häufig mit fronverpflichteten Bauern, was diesen Landstrichen bisweilen spannungsgeladene Verhältnisse bescherte. Die unterbäuerlichen Landbewohner, die in großer Zahl vom Harz und Erzgebirge in die Ebenen abwanderten, fanden immer öfter im protoindustriellen Sektor Arbeit und Lohn, so daß sie, obwohl formal noch der Grundherrschaft unterstehend, faktisch zu einem Bestandteil der gewerblichen Wirtschaft wurden.

In den herkömmlichen Darstellungen zur Agrarverfassung pflegt an diesem Punkt der Abschnitt zur Grundherrschaft abgebrochen zu werden, da der ganze Osten der Gutsherrschaft zugeschlagen wird. Neuere Forschungen, insbesondere in der DDR, haben jedoch Zweifel an der Berechtigung zu diesem scharfen Schnitt geweckt. In Wirklichkeit scheint es einen schrittweisen Übergang vom einen zum anderen System gegeben zu haben. Zwar ist nach wie vor die generelle Behauptung richtig, daß, je weiter man nach *Nordosten* vorstößt, der Anteil der Bauern mit schlechtem Besitzrecht, dem wichtigsten Kriterium gutsherrschaftlich bestimmter Regionen, desto höher wird. Aber neuere Forschungen haben diese generelle Aussage doch erheblich eingeschränkt. Die Altmark, Magdeburg, Halberstadt, Mansfeld, Gebiete also, die teils vor Jahrhunderten, teils erst 1680 an das Haus Hohenzollern gefallen waren, waren eindeutig von der Grundherrschaft geprägt. Zieht man eine Erhebung von 1816 heran – es ist die erste exakte, die wir haben –, verfügten hier neun von zehn Vollbauern über gutes Besitzrecht. Selbst in Brandenburg waren es zwei von drei, in Pommern war es immer noch die Hälfte. Kirchlicher und städtischer Grundbesitz blieb durchgehend grundherrschaftlich verfaßt. Weiter im Osten bildete das ehemalige Deutschordensland mit seinen Köllmern und Freien, den nur dem König unterstehenden Großbauern, eine letzte Exklave der Grundherrschaft. In allen diesen Gebieten mußten nur dem Landesherren Dienste geleistet werden, die Abgaben variierten von Fall zu Fall und lagen z. B. in Ostpreußen nur geringfügig über denen des Adels, was freilich eine große Ausnahme darstellte. Ohne diese gut ausgestatteten Wirtschaften, die dank ihrer doppelten Ausrichtung auf Ackerbau und Viehzucht auf sicherer Grundlage ruhten, wäre der agrarische Aufschwung des 19. Jahrhunderts, der vor allem hier stattfand, nicht zu erklären.

Trotzdem hat es natürlich seine Berechtigung, den Osten gesondert unter dem Stichwort *Gutsherrschaft* abzuhandeln, weil diese Institution den Verhältnisen jenseits der Elbe ohne Zweifel ihre besonderen Merkmale aufgeprägt hat. Sie war keineswegs von Anfang an diesen Gebieten vorbestimmt, die im Gegenteil im Zuge der Landnahme den Siedlern zunächst außerordentlich günstige Bedingungen geboten hatten. In den folgenden Jahrhunderten aber haben wirtschaftliche, demographische und politische Gründe die ursprüngliche Gunst in ihr Gegenteil verkehrt. Auf die historischen Eckdaten dieser Entwicklung wird weiter unten eingegangen. Hier sei nur auf die zwei Gegebenheiten hingewiesen, die die Macht im Osten von vornherein anders verteilt haben als im Altsiedelland. Zum ersten die durchgängige Verknüpfung von Grund- und Gerichtsherrschaft in einer Hand; später kamen noch die Zehntherrschaft und andere wichtige Rechte hinzu. Zum zweiten die Tatsache, daß der Adel niemals seine Eigenbetriebe aufgegeben, sein Einkommen also niemals nur aus Renten bestanden hat. Hält man sich überdies vor Augen, daß die Landesherren im Osten sich bis ins 17. Jahrhundert nirgendwo aus dem altertümlichen ständestaatlichen Dualismus haben befreien können und angesichts ihrer unentwegten Geldverlegenheit den Ständen immer neue Zugeständnisse gewähren mußten, wird man ermessen können, wie sehr sich das herrschaftlich-bäuerliche Verhältnis zum Vorteil der Herren ändern konnte, wenn dazu Anlaß gegeben war.

Je mächtiger der Adel, desto schlechter die Lage der Bauern – das ist die Faustregel der agrarischen Verfassungsverhältnisse, nicht nur im Osten. Dort können wir, ähnlich wie westlich der Elbe, aber nicht ganz so scharf voneinander geschieden, zwischen mehreren Typen der Gutsherrschaft differenzieren. Ihre schroffste Ausprägung fand sich in jenen Territorien, die gewissermaßen Adelsrepubliken darstellten (und tatsächlich war in der bekanntesten aller Adelsrepubliken, in Polen, das Los der Bauern besonders schlecht): In *Schleswig-Holstein, Mecklenburg, Vorpommern* und *Westpreußen* hatte der Herrenstand die Bauern nicht so sehr auf einen armseligen Status nahezu rechtloser Zeitpächter herabgedrückt, sondern die meisten von ihnen im Laufe der Jahrhunderte überhaupt gelegt, d. h. ihnen die wirtschaftliche Selbständigkeit genommen und sie bei minimaler Landausstattung als unfreie Arbeitskräfte den Vorwerken zugeschlagen. Mit ihnen waren vielfach auch die Dörfer verschwunden, jedenfalls im Sinne eines genossenschaftlich verfaßten, rechtsfähigen Personenverbandes mit mehr oder minder ausgedehnter Autonomie. Zur Schwäche der Landesherren, die in diesen Gebieten vielfach gar nicht residierten, sondern sich nur durch Statthalter aus dem einheimischen Adel vertreten ließen, kam als weitere Ursache rigoroser adeliger Interessendurchsetzung die Küstenlage. Die dadurch gegebene Verkehrsgunst hatte schon früh, nämlich bereits am Ende des Mittelalters, die Adelsgüter ebenso wie die landesherrlichen Domänen in die damalige Weltwirtschaft einbezogen und bei den Gutsbesitzern eine vergleichsweise moderne Wirtschaftsgesinnung erzeugt, die die Vorteile des Feudalsystems mit denjenigen der Marktbeziehungen erfolgreich kombiniert hatte.

Weit weniger kraß waren die gutsherrlichen Verhältnisse in *Brandenburg* und *Pommern* ausgeprägt, wo, wie erinnerlich, ein erheblicher Teil der Stellen grundherrschaftlich verfaßt blieb, in Brandenburg sogar noch 1816 ungefähr zwei Drittel. Die Gründe für die andersartige Beschaffenheit liegen auf der Hand. Namentlich in den hohenzollernschen Stammlanden war nicht nur der Arm des Kurfürsten stärker als in den Außenländern, hier bot auch der Fernhandel lange nicht so attraktive Möglichkeiten wie weiter seewärts, und überdies gewährten die auf den unentwegten Zustrom von Menschen angewiesenen Städte Potsdam und Berlin den flüchtigen Bauern jederzeit Unterschlupf.

Auch *Ostpreußen* nahm, was das Ausmaß bäuerlicher Unterwerfung betrifft, eine mittlere Position ein. Zwar konnten die Herren 1526 die Schollenbindung ihrer Untertanen durchsetzen und daraufhin die Fronen erhöhen, aber die Bauernstellen blieben ungeschmälert erhalten. Und neben diesen Scharwerksbauern gab es die sog. Hochzinser, die im 17. Jahrhundert hohe Abgabenpflichten gegen ihre Dienstbelastung eingetauscht hatten, und ferner die Köllmer und die Freien. Schließlich verhinderte der vergleichsweise umfangreiche landesherrliche und städtische Besitz ein Absinken der Adelsbauern auf das im benachbarten Westpreußen und Polen durchgesetzte Niveau.

Der von Deutschen besiedelte Teil *Schlesiens* zählt ebenfalls zum Mittelbereich der Gutsherrschaft. Das »schlesische Eigen«, ein günstiges Erbzinsrecht, erhielt die bäuerliche Existenz, nachdem die Bauern selbst auch hier erbuntertänig und teilweise hoch belastet worden waren. Die in diesem Land besonders zahlreichen Güter des Adels und der Kirche befriedigten ihren Arbeitskräftebedarf mit Hilfe des Gesindezwangsdienstes, besonders aber mit den Gärtnern, einer im 16. und 17. Jahrhundert entstandenen Schicht kleiner Stelleninhaber, so daß die Bauern in gewissem Sinne eher grund- als gutsherrlichen Bedingungen unterlagen.

Viel schlechter war dagegen ihre Lage in der *Lausitz*, deren Adelige eine ungleich schärfer verfaßte Gutsherrschaft durchgesetzt hatten, weil ihre staatsrechtliche Bindung zum sächsischen Kurfürsten im Vergleich zu dessen Stammlanden ausgesprochen locker war. Die Lausitz wies daher viele Gemeinsamkeiten mit den Küstengebieten auf, nur daß ihre Hauptabsatzgebiete nicht jenseits des Meeres lagen, sondern im städte- und volksreichen Sachsen und in der Mark Brandenburg. Aber kaum war die Bindung der Untertanen an die Scholle durchgesetzt, nämlich im Jahre 1652, tauchen schon die ersten Bestimmungen wegen entlaufener Bauern auf. Sie wiederholten sich in der Folgezeit in immer kürzeren Abständen: Auf die erste Verordnung von 1656 folgten neue Bestimmungen schon im Jahre 1663, 1667 und 1670, dann erst wieder 1732 und 1735 sowie 1746 und zeigten danach mit den Erlassen von 1765, 1766, 1767, 1772, 1773, 1778, 1779 und schließlich 1782 an, daß das Problem unlösbar geworden war.[7] Die Häufung der Mandate verweist vielleicht mehr als jedes andere Dokument auf die zunehmenden Widersprüche zwischen Agrarverfassung und gesellschaftlichem Wandel, die gegen Ende des 18. Jahrhunderts schließlich Reformen unaufschiebbar machten.

Besonders hart ausgeprägt war das gutsherrschaftliche System im nahen Böhmen. Die dadurch hervorgerufenen Mißstände waren derart, daß sie nur im Wege einer allgemeinen Staatsreform eingeschränkt oder ganz beseitigt werden konnten. Die *Länder der böhmischen Krone* machen darum, gerade weil sie einen Extremfall darstellten, in exemplarischer Weise die gegenseitige Bedingtheit von unbeschränkter Adelsherrschaft, Verfall des Bauerntums und Schwäche der Monarchie sichtbar. Die »Verneuerte Landesordnung« Ferdinands II. von 1627, im folgenden Jahr auf Mähren ausgedehnt, erklärte die Bauern faktisch, wenn auch nicht rechtlich zum Eigentum der neuen Großgrundbesitzer, jedenfalls aber zur wirtschaftlichen Verfügungsmasse, die je nach ökonomischer Opportunität zu selbständiger Betriebsführung mit allerdings hohen Fronpflichten, der »Robot«, angesetzt oder zu dauernden Dienstleistungen gegen Ausstattung mit etwas Deputatland verpflichtet werden konnten; die drei- bis sechsjährigen Pachtverträge boten die gewünschte Flexibilität. In diesen Ländern wurde nicht nur das Entweichen der Untertanen zum Problem – der Wiener Nuntius sprach 1775 von einer »epidemischen Emigration in die angrenzenden preußischen Gebiete«[8] –, so daß die Habsburger mit Sachsen, Brandenburg und Polen Auslieferungsverträge auf Gegenseitigkeit abschlossen, die aber wenig ausrichteten –, sondern hier mündete das Elend im Verein mit vagen Hoffnungen auf eine bessere Zukunft in regelrechte Bauernaufstände. 1680 brach bereits der erste aus. In der Folge beschränkten sich die Unruhen 100 Jahre lang auf lokale Rebellionen, die nicht mehr abrissen, so daß die habsburgischen Kronländer in der Geschichte des bäuerlichen Protests zu dieser Zeit eine besondere Rolle einnahmen. Die Erhebungen wurden samt und sonders niedergeschlagen. Auch die von Wien erlassenen Robotpatente von 1680 und 1717 brachten den Bauern keine Entlastung, weil der Adel politisch und wirtschaftlich viel zu mächtig war, um ernsthafte Einbußen seiner Herrschaft hinnehmen zu müssen. Erst die Niederlagen Maria-Theresias im Österreichischen Erbfolgekrieg und namentlich der bereitwillige Übergang der böhmischen Stände auf die Seite des Wittelsbacher

Herausforderers im Jahre 1741 öffneten den Wiener Behörden die Augen. Als 1748 der Friede wiederhergestellt war, suchte die Monarchin darum sogleich durch Reformen der Selbstherrlichkeit des böhmischen Adels die Spitze zu brechen und zog eine Kompetenz nach der anderen an den Hof.

Zentralisierung als Antwort auf den ständestaatlichen Dualismus war zwar der richtige Weg, verwies jedoch die bäuerlichen Beschwerden auf komplizierte Verfahren und eine ungewisse Zukunft. Aber nirgendwo sonst in Mitteleuropa war der Zusammenhang zwischen der Stärkung des Absolutismus und der Besserstellung der bäuerlichen Untertanen so offensichtlich, weshalb auch nirgendwo sonst vor 1800 radikalere Versuche stattgefunden haben, in die Verhältnisse auf dem Lande einzugreifen. Viele Edikte blieben tote Buchstaben, da sie selbst in der Wiener Zentralverwaltung, wo der böhmische Adel wichtige Ämter innehatte, umstritten waren, ja boykottiert wurden. Erst nach der katastrophalen Mißernte von 1770/71 kamen die Dinge in Fluß, aber zunächst führte das vierjährige Hin und Her der Projekte zwischen Wien und Prag, von denen die Landbevölkerung sich phantastische Vorstellungen einer völligen Freiheit machte, 1775 zum großen Bauernaufstand in Böhmen, der 1777 im östlichen Mähren seine Fortsetzung fand. Auch jetzt reagierte die Zentrale wieder wie stets mit einem Robotpatent, das freilich ohne Wirkung blieb.

Dann aber setzten ernsthafte Reformen ein. Nach einer Erprobungsphase, die der Hofrat Raab auf einigen staatlichen Gutsherrschaften durchführte, wo ab 1777 Erbuntertänigkeit und Robotpflicht abgeschafft und die Ländereien parzelliert und an die befreiten Bauern ausgegeben wurden, griff Joseph II., mittlerweile Alleinherrscher geworden, radikal durch. Die Patente vom Spätjahr 1781 führten die Toleranz ein, beseitigten die Leibeigenschaft und boten die Möglichkeit zu erblichem Besitzrecht. Damit war der Weg frei für die Rückverwandlung der Guts- in die Grundherrschaft, obligatorisch allerdings nach wie vor nur auf Staats- und Kirchenländereien. Aber der Verwaltungsaufwand war enorm, und so dauerte es Jahrzehnte, bis das Gesetz wirklich vollzogen war. Die ganze Schwierigkeit der anstehenden Probleme zeigte sich, als das 1789 in Kraft gesetzte Steuer- und Urbarialpatent, das die Feudalherrschaft in den Erbstaaten und in Ungarn beseitigen sollte, nichts weniger als eine Staatskrise auslöste und deshalb sogleich wieder ausgesetzt werden mußte; schließlich wurde es schon am 9. Mai 1790 von Josephs Nachfolger, Leopold II., kassiert. Die Besserung des gutsherrlich-bäuerlichen Verhältnisses auf den Adelsgütern blieb in den folgenden Jahrzehnten der freien Vereinbarung überlassen und hat verhindert, daß aus den Ländern der Wenzelskrone ein Bauernland geworden ist.

Die ausführliche Darlegung der Gutsherrschaft in Böhmen und Mähren hatte den Zweck, die vollkommen andere Dimension dieser Art der Agrarverfassung im Vergleich zur Grundherrschaft zu verdeutlichen. Das Problem war nicht, daß der Bauer dort besonders arm, man könnte auch sagen, ausgebeutet war. Das war auch anderswo der Fall. Vielmehr lag das Problem in der Arbeitsverfassung, die von der in der Grundherrschaft üblichen fundamental abwich. In der Gutsherrschaft war nämlich der Bauer Bestandteil des Gutsbetriebes, seine eigene Wirtschaft diente im allgemeinen lediglich der Sicherung seiner Existenz, damit der Herrschaft das Zahlen von Geldlöhnen erspart blieb. Christian Garve hatte vollkommen Recht, wenn er 1786 schrieb, es sei in diesem Falle »der Bauer nichts anderes als ein Tagelöhner; und der Herr ist derjenige, welcher ihm Arbeit gibt. Der einzige Unterschied zwischen dem Dienstbauer und dem Tagelöhner ist der, daß letzterer seinen Vertrag jedesmal von neuem schließt, so oft er eine neue Arbeit unternimmt, jener hingegen den seinigen schon von seinen entferntesten Vorfahren oder von uralten Besitzern seines Hofes gemacht findet und also . . ., ohne weiter um seine Einwilligung befragt zu werden, sich zu aller der einmal festgesetzten Arbeit für den von alters bestimmten Lohn verstehen muß.«⁹

Um diese Arbeitsverfassung sicherzustellen, war die Freiheit der Person und des Eigentums auf vierfache Weise beschränkt worden. Zum ersten sicherte die *Gutsuntertänigkeit* den Herren überhaupt erst die Fülle jener Rechte, mit deren Hilfe die Untertanen zu ihren vielfältigen Pflichten angehalten werden konnten. Diese Untertänigkeit vererbte sich von Generation zu Generation, doch konnte man auch durch Heirat oder durch Einweisung in eine entsprechend ausgewiesene Bauernstelle seine persönliche Freiheit verlieren. Daraus ergab sich, zweitens, die *Bindung an die Scholle,* und zwar zwingend. Die Untertanen »dürfen das Gut, zu welchem sie geschlagen sind, ohne Bewilligung ihrer Grundherrschaft nicht verlassen«, hieß es noch im preußischen *Allgemeinen Landrecht* des Jahres 1794 (II.7, § 150). Aus dieser Schollenbindung – manche Herren lasen aus ihr das Recht ab, ihre Untertanen zu verkaufen, was aber von den Regierungen, jedenfalls in der zweiten Hälfte des 18. Jahrhunderts, scharf geahndet wurde – folgten im Verein mit der Erbuntertänigkeit weitere Beschränkungen: Die Heirat bedurfte herrschaftlicher Zustimmung; die Kinder mußten den bäuerlichen Beruf ergreifen; als Minderjährige hatten sie auf bestimmte oder unbestimmte Dauer bei der Herrschaft gegen Lohn und Kost zu dienen (Gesindezwang); die Herrschaft hatte das Recht zu »mäßigen Züchtungen« gegenüber dem Gesinde, zur Verhängung von Freiheitsstrafen gegenüber den Bauern, falls diese sich »der Widersetzlichkeit, beharrlichen Faulheit, vorsätzlichen Vernachlässigung oder eines anderen dergleichen Vergehens schuldig machen«; wer aus der Erbuntertänigkeit entlassen werden wollte, hatte neben dem Losgeld den Nachweis zu erbringen, »womit er sich künftig im Lande nähren wolle«.

Zu diesem dichten Netz von Bevormundung und Kontrolle gehörte, drittens, die *Arbeits-* und *Dienstleistungspflicht*: »Faulheit« war, wie wir sahen, mit Strafe bedroht, also moralisch definiert, weil es wirtschaftliche Sanktionsmöglichkeiten kaum gab. Zwar konnte ein erbuntertäniger Bauer, wenn er seinen Betrieb »durch liederliche Wirtschaft ruiniert«, zum Verkauf seines Hofes angehalten werden, aber der im Osten herrschende Menschen- und Kapitalmangel machte solche Vorschriften weitgehend illusorisch. Dieselbe Bestimmung galt übrigens für persönlich freie Bauern, die, jedenfalls in Preußen, gesetzlich dazu angehalten wurden, ihre Wirtschaft »zur Unterstützung der gemeinen Notdurft wirtschaftlich zu betreiben«. Außer der »gemeinen Notdurft« hatte natürlich, selbst wenn das an dieser Stelle unausgesprochen blieb, der Obereigentümer ein fundamentales Interesse an der bäuerlichen Leistung, denn auf ihr ruhte das gesamte System von Grund- und Gutsherrschaft. Es gibt wenig Texte, die den von den Herren durchgesetzten außerökonomischen Zwang, der für Einkommensübertragungen im Feudalsystem unverzichtbar war, so verdeutlichen wie diese Passage aus dem *Allgemeinen Landrecht.*

Abgerundet und abgesichert wurde diese weitgehende Verfügungsgewalt durch ein *Eigentumsrecht,* das den Besitzer in mannigfacher Weise dem Willen der Gutsherrschaft unterwarf. Das sog. »Laßrecht«, zu dem die gutsuntertänigen Bauern angesetzt waren, gewährte diesen kein Untereigentums-, ja noch nicht einmal, wie bei der Pacht, ein dingliches, sondern lediglich ein persönliches Nutzungsrecht auf Zeit. Es war das schlechteste bäuerliche Recht überhaupt, da es alle negativen Merkmale in sich vereinte: zeitliche Befristung (was die faktische Vererbung der Stelle nicht ausschloß), hohe Belastung mit Abgaben und insbesondere mit Diensten und schließlich außerordentlich knappe Ausstattung mit Land, was um so schwerer wog, als die zu Spanndiensten verpflichteten Laßbauern in der Regel erheblich mehr Zugvieh halten mußten als ihrem eigenen Bedarf entsprochen hätte. Auch die Verteilung der Produktionsmittel war beim Laßrecht ganz auf die herrschaftlichen Interessen abgestellt: Grund und Boden waren Eigentum des Gutes, Inventar und Vieh gehörten dagegen den Bauern, die dadurch enger an Haus und Hof gebunden werden sollten, das Saatgut jedoch galt als herrschaftliche Leihgabe und wurde mit den Naturalabgaben nach der Ernte verrechnet. Auf diese Weise war für die Herren das Risiko gering, bei Bauernfluchten Vermögen einzubüßen.

Wie prekär auch immer ihre Existenz gewesen sein mochte, so gilt es doch festzustellen: Auch die Lassiten waren Bauern und hatten insofern einen festen Platz in der Ständegesellschaft. Soweit sie in Dörfern lebten, nahmen sie an der gemeindlichen Selbstverwaltung und damit am Herrschaftsprozeß teil, und auch ohne diese Mitwirkung hoben sie sich meistens deutlich von den Kleinstellenbesitzern, den Einliegern und Tagelöhnern ab. Die getrennten Heiratskreise sind hierfür ein sicherer Hinweis. Ein Gemeinschaftsbewußtsein aller Untertanen hat sich darum nicht eingestellt, was der politischen Stabilität sehr zugute kam. Widerstand gegen die Herrschaften in Gestalt von Prozessen, ja, selbst von Unruhen hat das freilich nicht verhindert. Die Geschichte des herrschaftlich-bäuerlichen Verhältnisses ist daher zugleich auch die Geschichte bäuerlichen Widerstandes.

Die Verhältnisse wurden von den Bauern also nicht unbedingt passiv hingenommen. Das war schon deshalb nicht der Fall, weil die Kommerzialisierung der Gutswirtschaft eine ständige Anpassung, d. h. Veränderung des gutsherrlich-bäuerlichen Verhältnisses erlaubte, wenn nicht geradezu erzwang, und nichts war Bauern verhaßter als Neuerungen, von denen sie erfahrungsgemäß nichts Gutes zu erwarten hatten. Die Gutsherrschaft war also kein ein für allemal fixierter Komplex, sie war nicht, wie vielerorts die Grundherrschaft, »versteinert«, sondern unterlag unentwegtem Wandel. Auf ihre Frühgeschichte kann hier nicht eingegangen werden. Die vom Dreißigjährigen Krieg ausgelösten Entwicklungsschübe sind aber für unsere Darstellung von großer Bedeutung.

Gegen 1660 stand der Adel nämlich vor einer dreifachen Herausforderung: Seine Betriebsflächen hatten sich ein weiteres Mal als Folge der kriegsbedingten Wüstungen vergrößert (für die Mittelmark gibt es Zahlen; man rechnet mit einer Zunahme von ca. 3,5 %[10]), die Zahl der Arbeitskräfte war dagegen dramatisch zurückgegangen, und schließlich bot die Hochkonjunktur Nordwesteuropas denkbar gute Absatzchancen für Getreide und Fleisch. Die Verhärtung der sozialen Kontrollmechanismen, genauer: die Verschärfung der Abhängigkeiten der Untertanen war die Antwort auf die genannten drei Herausforderungen. Gelegentlich fand jetzt überhaupt erst der Übergang von der Grund- zur Gutsherrschaft statt. Im Rückblick stellte Georg Dietloff v. Arnim-Boitzenburg 1736 fest, es seien in der Uckermark die »Bauernhöfe wie in dem benachbarten Mecklenburg und Pommern mit Leibeigenen von den Herrschaften besetzt gewesen. Nachdem aber im Jahre 1630 diese Gegend durch den allgemeinen Teutschen Krieg gänzlich verwüstet und die wenigen Menschen, welche der Krieg übrig gelassen, von der darauf gefolgten allgemeinen Pest aufgerieben worden, so hat es mit denen Einwohnern dieser Gegend ein anderes Aussehen gewonnen. Denn als Anno 1648 der Friede hergestellt worden, so haben die Eigentümer der Land-Güter ihre gleich einer Wildnis mit Bäumen bewachsene, von Untertanen entblößte öde Güter wieder anzubauen nur zwei Wege vor sich gesehen, nämlich: (a) den geringen hier und da zerstreuten Überrest ihrer alten Leibeigenen wieder zusammenzusuchen und mit kostbarer Bewehrung zum alten ehemaligen unbemessenen Dienst anzusetzen, (b) in so ferne diese nicht zureichend gewesen, successu temporis einige sich angefundene freie, etwan aus der Nachbarschaft echappirte und in der Mark für frey gehaltene Leute, auf den Höfen pachtweise anzusetzen.«[11]

Daß diese Schilderung den Tatsachen entsprach, und zwar in ganz Ostdeutschland, das belegen ungezählte Quellen. Die Herrschaften waren an dienstpflichtigen Bauern und Kossäten interessiert, nicht aber an Lohnarbeitskräften, über deren unstetes Leben noch Anfang des 18. Jahrhunderts geklagt wurde und die überdies zu den bevorzugten Opfern preußischer Soldatenwerber zählten.

Wie wichtig den Herren die verschärfte Abhängigkeit ihrer Untertanen war, zeigt sich daran, daß sie sich dieses neue Faktum allenthalben gesetzlich legitimieren und bestätigen ließen. 1627/28 machte, wie schon geschildert, die »Verneuerte Landesordnung«

in Böhmen und Mähren den Anfang; sie wurde 1652 auf Schlesien ausgedehnt, konnte dort aber den Bauern wenig anhaben. Ebenfalls 1652 erging die Oberlausitzer Untertanenordnung, die die Schollenbindung der Gutsangehörigen festlegte, »weil sie, wie man den Lassiten erklärte, wegen der Dienste, die sie den Gütern zu leisten schuldig, für ein zugehöriges Stück derselben zu achten« seien.[12] 1689 folgte die Gesindeordnung, die unter anderem den Zwangsdienst regelte, der 1722 auf zwei Jahre, später sogar auf drei Jahre ausgedehnt wurde. Die brandenburgischen Stände ließen sich im berühmten Landtagsrezeß von 1653 alle Rechte gegen ihre Untertanen bestätigen, darunter auch die bereits 1526 gesetzlich sanktionierte Schollenbindung, und setzten durch, daß von nun ab die Erbuntertänigkeit als Regel zu vermuten sei und die persönliche Freiheit nachgewiesen werden müsse. Den mecklenburgischen Rittern wurde zuletzt im »Landesgrundgesetzlichen Erbvergleich« von 1755 das Bauernlegen, die »ultima ratio« der Gutsherrschaft, noch einmal ausdrücklich erlaubt.

Als Fazit bleibt festzustellen, daß die Gutsherrschaft den wirtschaftlichen Interessen des Adels eine vergleichsweise flexible Handhabe bot. Dies erklärt die so unterschiedliche Geschichte der Gutswirtschaft im 17. und namentlich im 18. Jahrhundert bei mehr oder weniger vergleichbarer Rechtslage. In Schleswig und Holstein lösten die Besitzer seit 1730 ihre großen Betriebe immer häufiger auf, legten auf ihnen arrondierte Pachthöfe an und vergaben diese an Bauern, die aber persönlich unfrei blieben. In Mecklenburg setzte um eben diese Zeit eine zweite Welle des Bauernlegens ein, da die Herren so die einsetzende Konjunktur am besten zu nutzen glaubten. In den Territorien der Hohenzollern schließlich konnte der Bauernschutz, den Friedrich Wilhelm I. und Friedrich der Große aus militärischen Gründen für unabdingbar hielten, nur auf den staatlichen Domänen wirklich durchgesetzt werden, im Hinblick auf die Rittergüter blieb es beim Appell. Wenn sich trotzdem das Bauernlegen in Grenzen hielt, war dies nicht der weitsichtigen preußischen Monarchie zu danken, wie eine hartnäckige Legende wissen will, sondern dem Umstand, daß vielerorts das Bevölkerungswachstum die ländlichen Unterschichten so sehr hat anschwellen lassen, daß seit Mitte des 18. Jahrhunderts zum ersten Male eine ausreichende Zahl von Arbeitskräften zur Verfügung stand, um die Vorwerke als Eigenbetriebe führen zu können. Bis dahin und noch später, das ergibt die Durchsicht vieler Gutsge-

schichten, waren die Besitzer vor allem an der bäuerlichen Arbeits-
leistung interessiert. Untertänigkeit, Schollenbindung und Arbeitspflicht waren für sie wichtiger als der beim Legen anfallende
bescheidene Landanteil der Lassiten. Schließlich stellte sich aber
heraus, daß Lohnarbeit wirtschaftlich immer günstiger wurde. Die
vorzüglich erforschte Geschichte der Herrschaft Boitzenburg ergibt, daß am Ende des 18. Jahrhunderts zwar die selbstbewirt-
schafteten Vorwerke noch immer zu mehr als der Hälfte von
fronpflichtigen Bauern bestellt wurden, daß aber die an Pächter
vergebenen Betriebe bereits ganz auf Lohnarbeit umgestellt waren.
Der Übergang zur kapitalistischen Wirtschaftsform mußte vielen
ostelbischen Gutsherren dann im Wege der Bauernbefreiung
förmlich aufgezwungen werden. So fest eingefahren war die überlieferte Arbeitsverfassung, daß die Handdienste schließlich sogar
durchweg erst nach 1848 wegfielen. Im Falle der in Alt-Döbern
(das 1815 mit der gesamten Niederlausitz an Preußen gelangt ist)
ansässigen Familien, von denen vorn die Rede war, bedeutete das,
daß – falls es nicht in der Zwischenzeit zu einer freiwilligen Regelung gekommen war – in den zwanziger Jahren oder wenig später
der Siegertsmüller und die Kossäten zu freien Eigentümern wurden, freiwillig durch Hergabe der Hälfte ihres Grundbesitzes, wofür sie aus der Allmende einen schwachen Ersatz erhielten. Die
Büdner dagegen waren seit 1816 in ihrem Bestand nicht mehr gesichert; wenn sie trotzdem nicht gelegt wurden, konnten sie nach
1850 einen Antrag auf Regulierung stellen und so zu Kleinstbesit-
zern werden, die nach wie vor auf Taglohn angewiesen blieben.
Damit waren zwar nicht alle Reste des alten Systems beseitigt, immerhin aber seine rechtliche Seite.

Westlich der Elbe, im Bereich der Grundherrschaft, vollzog sich
der Ablösungsprozeß eher noch langsamer. In den meisten mittel-
und süddeutschen Ländern kamen die Adelsbauern oft erst nach
1848 wirklich frei. Sie waren allerdings in der Minderheit. Wer den
Landesherren direkt unterstand, konnte meist schon früher die
Grundentlastung beantragen, die in mehreren Schritten vollzogen
wurde. Der Besitzer des Grubergutes in Emming – der um 1780
eingesetzte Joseph Eder wird das nicht mehr erlebt haben – erhielt
in zwei Verordnungen von 1825 und 1826 das Recht, alle Abgaben
und Leistungen zu kapitalisieren und abzulösen. Wann er diesen
Schritt tatsächlich wagte, ist hier uninteressant. Wichtiger ist dagegen, daß bei der Beseitigung der Grundherrschaft zwar nicht die

Arbeitsverfassung, wohl aber die Einkommensstruktur der herrschaftlichen Haushalte von Grund auf geändert werden mußte. Das erwies sich als noch schwieriger, denn der seit Jahrhunderten praktizierte Rentenkapitalismus konnte nicht modernisiert, sondern nur abgeschafft werden. Die Widerstände dagegen wurden im wesentlichen erst 1848 überwunden.

Die Bauernbefreiung hatte im Bereich der Grundherrschaft keinen unmittelbaren landwirtschaftlichen Modernisierungseffekt, da die produktivitätshemmenden Faktoren – Gemengelage und folglich Flurzwang, Allmende und Triftrecht, Getreideanbauzwang – mit Ausnahme des letzteren, der im Zehntrecht wurzelte, von ihr gar nicht berührt wurden. Unabhängig vom Emanzipationsprozeß und ähnlich langwierig wie dieser schleppten sich Flurbereinigung und Allmendaufteilung im ganzen 19. Jahrhundert dahin, ja, letztere blieb im Süden und Westen Deutschlands sogar stecken. Lediglich im Osten gebot die Änderung der Arbeitsverfassung und die Abtretung von Bauernland als Entschädigung für die Herren, daß mit der Beseitigung der Gutsherrschaft die Neuverteilung des Landes einherging. Logischerweise waren die Gewinner die Gutsbesitzer, die Dorfarmen die großen Verlierer, aber auch die ehemaligen Laßbauern stellten sich schlechter, weil sie Ackerland gegen wertlose Gemeinweide eintauschten.

Diese Bemerkungen werden vielleicht besser verstanden, wenn man sich den *Stand der Bodennutzung* im 17. und 18. Jahrhundert vergegenwärtigt. Es herrschte damals die Dreifelderwirtschaft vor, die für ungefähr zwei Drittel der Ackerfluren in Deutschland bestimmend war. Im Mittelalter entwickelt, stellte sie einen enormen Fortschritt gegenüber den bis dahin üblichen Wechselwirtschaften dar, und angesichts des notorischen Düngermangels war sie beinahe so etwas wie der Stein der Weisen. Aber das bedeutete nicht, daß sie nicht hätte verbessert werden können oder, anders gesagt, daß nicht auch sie noch Hemmfaktoren enthielt. Der eine war sicherlich der Flurzwang als Folge der Gemengelage der Felder. Da nicht jedes Flurstück an einen Weg angeschlossen war, mußten die Nachbarn Überfahrt gewähren, und dies bedeutete, daß alle Gemeindemitglieder ihre im selben Schlag gelegenen Felder gleichzeitig bestellten und auf ihnen dasselbe anbauten. Daß es so wenig Wege gab, hing ebenfalls mit der Dreifelderwirtschaft zusammen. Ein Drittel des Ackerlandes mußte brachliegen, damit es regenerieren konnte. Das verringerte die Landreserve enorm, was um so kritischer sein mußte, als das Verhältnis zwischen Saat und Ernte vollkommen anders war als heute: Man erntete damals bei der Hauptgetreidesorte Roggen im Durchschnitt das Fünffache der Aussaat, bei Weizen war es etwas mehr, bei Gerste und Hafer aber weniger. In der Dreifelderwirtschaft lag daher die große Produktivitätsreserve, deren Ausnutzung allerdings voraussetzte, daß die Stickstofflücke überwunden werden konnte; wir werden darauf noch zurückkommen.

In den fruchtbarsten Teilen Deutschlands, in den Börden und an der Küste, gab es schon die modernere Form der Bodennutzung, die Mehrfelderwirtschaft. Hier war das Brachland auf ein Sechstel bis ein Siebtel der Ackerfläche reduziert, teilweise fehlte es sogar ganz, es herrschte also bereits die reine Fruchtwechselwirtschaft. Dort hatte man daher auch stellenweise die Felder verkoppelt, d. h. die Gemengelage im Wege der Flurbereinigung beseitigt und das Land zusammengelegt und anschließend eingehegt. Das Triftrecht war dabei verschwunden, manchmal sogar die Allmende und die Viehhaltung deshalb mehr und mehr in die Ställe verlegt.

Aber es gab auch noch primitive Nutzungsarten. So praktizierte man am Mittelrhein und an der Mosel noch die Zweifelderwirtschaft, bei der die Hälfte der Flur brachlag und allenfalls als Weide genutzt wurde. Der Grund dafür liegt in dem in dieser Gegend besonders intensiv betriebenen Weinbau, der so viel Dünger benötigte, daß für das Ackerland nicht mehr viel übrig blieb. In den Höhenlagen von Eifel, Hunsrück und Westerwald wurde die noch altertümlichere Plaggen- oder Schiffelwirtschaft betrieben, bei der das Busch- und Grasland alle sechs bis neun Jahre ein- oder zweimal gepflügt und besät wurde, nach der Ernte dann wieder sich selbst überlassen blieb. Hier hatte sich also noch nicht einmal die für die Neuzeit charakteristische scharfe Grenze zwischen Feld und Wald etabliert. Ähnliches existierte auch am Niederrhein und in Westfalen in Gestalt der sog. Feldgraswirtschaft.

Den Gegenpol zu solch rückständiger Landwirtschaft bildeten die Spezialkulturen. Ihre Standorte waren teils landschaftsabhängig – so die Anbaugebiete für Krapp und Waid, zwei wichtigen Färbepflanzen, oder für Hopfen und natürlich für Wein, der sich damals aus seinem nordost- und mitteldeutschen Verbreitungsgebiet zurückzog –, teils hingen sie auch von den Absatzmöglichkeiten ab. Hierzu gehört der Obst- und Gemüseanbau, sofern er gewerbemäßig betrieben wurde. Seine Anfänge liegen im 18. Jahrhundert und stehen in deutlichem Zusammenhang mit dem einsetzenden Städtewachstum und der zunehmenden sozialen Differenzierung. Zwar waren die heute geläufigen Gemüsesorten und Salate in Deutschland schon seit dem 15. und 16. Jahrhundert bekannt, doch hatten die Bevölkerungsverluste des Dreißigjährigen Krieges ihre Bedeutung stark gebremst. Ein Jahrhundert lang tauchten sie ausschließlich auf dem Speisezettel der Wohlhabenden auf. Seit den sechziger Jahren nehmen jedoch die Nachrichten über den Handel mit Obst und Gemüse auffallend zu. Hamburg versorgte sich aus dem Alten Land und aus den Vierlanden, teils aber auch von weiter her auf dem Wasserwege. Von Mainz aus fuhren Rheinschiffe mit Gurken, Bohnen und Aprikosen nach Frankfurt, gelegentlich aber auch bis nach Köln, das seinen Bedarf ansonsten im Vorgebirge zwischen Frechen und Bonn deckte. Berlin versorgte sich aus dem sprichwörtlichen Teltow.

Wo die Verknüpfung von Produktion und Absatz für diese leicht verderblichen Produkte nicht möglich war, entstanden in der zweiten Hälfte des 18. Jahrhunderts gelegentlich Spezialvertriebe für Samenherstellung und -handel. Erfurt ist dafür ein besonders frühes Beispiel; seine Blumenkohlsorten und seine Brunnenkresse waren in ganz Deutschland bekannt, und 1788 verschickte der erste Gärtner seinen Musterkatalog für Gemüsesamen. Der Zusammenhang mit der damals beginnenden Besömmerung der Brache, von der unten die Rede sein wird, ist nicht zu übersehen. Solange aber die epochemachenden Entdeckungen auf dem Gebiet der Düngung, Veredelung und Konservierung noch ausstanden – und diese fanden ausnahmslos im 19. Jahrhundert statt – spielten Obst und Gemüse für die deutsche Ernährung nur eine vergleichsweise geringe Rolle.

Der große Durchbruch stand der Landwirtschaft also erst noch bevor, und zwar als Folge der Anwendung wissenschaftlicher Erkenntnisse. Aber schon im 18. Jahrhundert nahm das Tempo der landwirtschaftlichen Entwicklung deutlich zu. Nur waren die Triebkräfte damals durchaus anderer Art. Nicht Chemie und Biologie bestimmten den Ablauf, sondern vor allem *Landesausbau* und *Intensivierung*. Unter ersterem Begriff versteht man die Erschließung neuen Ackerlandes durch Entwässerung, Meliorationen, Gemeinheitsteilungen, Flurbereinigung und Vereinödung, unter letzterem die Reduzierung der Brache und den Anbau neuer

Produkte – beides war weitgehend ein und derselbe Vorgang – sowie den Übergang zur Sommerstallfütterung.

Das elementare, ebenso selbstverständliche wie schwierige Problem der Landwirtschaft war, die Menschen zu ernähren. Ihre Zahl schwankte bekanntlich im Laufe der Geschichte, und zwar viel stärker als der Umfang der Ackerfläche, die über ein bestimmtes Maß nicht ausgedehnt werden konnte. Im 18. Jahrhundert, das ist das Entscheidende, kam der Bevölkerungszuwachs der von der Nutzfläche her gezogenen Grenze bedrohlich nahe, so daß der Landesausbau zwar immer mehr in den Blickpunkt nicht nur der Produzenten und vor allem der Konsumenten, sondern zunehmend auch der Obrigkeit geriet, aber er genügte keineswegs. Zu unterschiedlich verliefen demographische und agrarische Dynamik. Genaue Zahlen gibt es für die letztere nicht, ja, selbst über das Bevölkerungswachstum liegen ganz unterschiedliche Schätzungen vor, aber wenn man eine Zunahme der Menschen von 35 bis 50% zwischen 1700 und 1800 annimmt und wenn man sich darüber hinaus vor Augen hält, daß dieser Zuwachs ganz überwiegend in der zweiten Jahrhunderthälfte stattgefunden hat, wird offensichtlich, daß der Landesausbau mit diesem Tempo schlechterdings nicht Schritt halten konnte. Angenommen, er hätte ca. 300 000 ha bereitgestellt – was angesichts der Kosten und der technischen Möglichkeiten wohl zu hoch gegriffen ist – wäre dadurch die Nutzfläche in Deutschland nur um zwei bis drei Prozent angewachsen. Der Löwenanteil entfiel dabei auf Preußen, und hier konnte es angesichts des Zuwachses von ca. 15% in Schlesien und 10% in Pommern[13] zu einer regional wohl spürbaren Entlastung kommen. Man muß sich dabei aber vergegenwärtigen, daß sich in der ersten Hälfte des 19. Jahrhunderts die als Ackerland genutzte Fläche fast verdoppelte, und zwar vor allem durch die Kultivierung bisherigen Gemeindelandes und durch Anbau der Brache[14]; auch diesmal lag Preußen dank seiner großen Landreserven an der Spitze.

Da die rasch wachsende Bevölkerung trotz der bescheidenen Ergebnisse des Landesausbaus nicht verhungert ist, liegt die Vermutung nahe, daß der Intensivierung die größere Bedeutung zugekommen ist. Ihre drei wichtigsten Bestandteile betrafen die Verkürzung der Bodenruhe, den Übergang zu ertragreicheren Agrarprodukten und die Erhöhung des Arbeitsaufwandes. In diesen Faktoren verkörperte sich damals der Inbegriff landwirtschaftlichen Fortschritts.

Die Verkürzung der Bodenruhe meint nichts anderes als das Zurückdrängen der Brache durch deren »Besömmerung«, d. h. durch deren Bestellung mit Bodenfrüchten. Herkömmlicherweise diente die Brache als Gemeinweide, und so ruhte jedes dritte Jahr das Eigentumsrecht der Privaten zugunsten der Allgemeinheit oder zugunsten der Ortsherrschaft. Wollte man also nun, wie es die Fachleute empfahlen, die Brache bestellen, stand streng genommen, nicht einmal Recht gegen Recht, sondern, um im Bilde zu bleiben, Wunsch gegen Recht. Dies erklärt, warum die Besömmerung selbst dort, wo man ihren Nutzen erkannt hatte, so langsam vorankam. Ganz besonders gilt das für die Realteilungsgebiete, wo die Zahl der Berechtigten besonders hoch war. Im übrigen war die Besömmerung nicht eben billig; das hierzu nötige Saatgut, die eben erwähnten Gemüsesamen, waren teuer, aber noch viel größere Summen verschlangen die Ausgaben für Zäune und Hecken, mit denen man die aus dem Flurzwang herausgelösten Felder schützen mußte. Der langsame Fortschritt auf diesem Gebiet verwundert um so weniger, als selbst die Obrigkeit mit Hilfestellung zögerte. Nur wenige Staaten, z. B. die Kurpfalz 1771, Kurtrier 1778 und 1783, Preußen jedoch erst 1811, erließen gesetzliche Vorschriften, die das Triftrecht einschränkten oder sogar beseitigten. Aber selbst dieser legislative Schritt bedeutete noch keineswegs, daß von der eingeräumten Befugnis in der Praxis auch Gebrauch gemacht werden konnte. Was tatsächlich bis zum Jahre 1800 erreicht worden ist, läßt sich daher nur schätzen. Man nimmt an, daß zwischen 14 und 25% der Brache besömmert worden sind, und zwar mit sinkender Tendenz von West nach Ost, bei allerdings bemerkenswerten Ausnahmen, wenn die Marktlage dies nahelegte. So waren etwa in Brandenburg gegen 1800 bereits 25 bis 30% der Brache bebaut, was dort den Anteil des dauernd genützten Ackerlandes um 12 bis 15% erhöht hat. Im Reichsdurchschnitt sind damals nur zwischen 4 und 8% der Ackerfläche auf die verbesserte Dreifelderwirtschaft umgestellt gewesen. Wie unsicher die Zahlen im einzelnen auch sind[15], einen Sachverhalt zeigen sie jedoch mit aller Klarheit: Die hier buchstäblich brachliegenden, aber zunehmend genutzten Kapazitätsreserven betrugen das Vielfache dessen, was durch den Landesausbau zusätzlich bereitgestellt werden konnte. Es war darum nur folgerichtig, wenn die Fachleute vor allem die Besömmerung als Mittel zur Deckung der drohenden Nahrungslücke empfahlen.

Mit der Frage, was in der Brache angebaut wurde, kommen wir zum zweiten der drei Bestandteile agrarischer Intensivierung. Am wichtigsten waren ohne Zweifel Klee und Hackfrüchte, ferner Leguminosen. Vor allem der Kleebau wurde mit Nachdruck propagiert, weil er geradezu revolutionäre Folgen zeitigte. Zum einen schloß er die seit Urzeiten die volle Nutzung der Fruchtbarkeit blockierende Stickstofflücke, zum anderen erlaubte er die Stallfütterung, die eine effizientere Verteilung des Düngers erlaubte. Dadurch wurden viele Weiden überflüssig, das urbare Land vergrößerte sich, die Wälder konnten geschlossen und einer wissenschaftlich angeleiteten Forstkultur unterworfen werden. Da alles miteinander zusammenhing, verlagerte sich das gesamte Gleichgewicht der Wirtschaft gewissermaßen auf ein höheres Niveau.

Außer dem Klee leistete die Kartoffel den zweiten unverzichtbaren Entwicklungsbeitrag. Die Geschichte ihrer Verbreitung ist seit langem geradezu märchenhaft ausgeschmückt und insbesondere mit der Hohenzollernlegende verknüpft. In Wirklichkeit mußten mehrere Bedingungen zusammenkommen, damit die südamerikanische Knollenfrucht ihren Siegeszug zur Massennahrung antreten konnte. Diese Bedingungen betrafen: Erstens, die Züchtung klimatisch angepaßter Sorten; zweitens, die Verbreitung der erforderlichen Anbau- und Verzehrkenntnisse; drittens, die Aufweichung der hergebrachten Agrarverfassung mit ihrem »Körnerzwang«; und schließlich, viertens, die Lockerung des traditionellen Getreidestandards als Ernährungsgrundlage. Während die erste und die zweite Bedingung bereits am Ende des 17. Jahrhunderts erfüllt waren – Waldenser führten die Kartoffel nach dem Dreißigjährigen Krieg in Süddeutschland ein, von wo sie weiterwandernde Pfälzer bis nach Holstein und Brandenburg mitnahmen, während rückwandernde »Hollandgänger« das Nahrungsmittel in die Gärten der Mittelgebirge mitbrachten –, erfüllten sich die beiden anderen Voraussetzungen erst im 18. Jahrhundert. Damals verringerte der neue Wachstumsschub der Bevölkerung den Nahrungsmittelspielraum empfindlich und trieb die Getreidepreise entsprechend überproportional in die Höhe. Man wußte aber auch damals bereits, daß die Kartoffel ein Mehrfaches – nämlich das Dreifache – der Nährwerte des Getreides von der gleichen Fläche erbrachte. Für die ärmeren Konsumenten war dies das Entscheidende. So gingen die vom Südwesten nach Nordosten Deutschlands flutenden

Bevölkerungswellen mit der Verbreitung massenhaften Kartoffel- anbaus einher, und beide Vorgänge standen in einem ursächlichen Verhältnis zueinander. Die schwere Ernährungskrise von 1770/71 tat ein übriges, und seit den achtziger Jahren setzte sich die Obrig- keit vieler Territorien für den Kartoffelanbau ein. Der endgültige Durchbruch erfolgte in den ersten Jahrzehnten des 19. Jahrhun- derts, als der Zusammenbruch der Getreidepreise und das rapide Bevölkerungswachstum zusammentrafen und den Kartoffelstan- dard als neue Nahrungsgewohnheit etablierten.

Von keinem anderen landwirtschaftlichen Produkt ging damals eine ähnlich umwälzende Wirkung aus. Das gilt auch für die Vieh- zucht und für die Fleischproduktion, denen die Preisentwicklung im 18. Jahrhundert nicht günstig war. Von der Obrigkeit festge- setzte Taxen zeigen, daß Fleisch noch immer als zu den Grundnah- rungsmitteln gehörig betrachtet wurde. Das sollte sich jedoch gegen Jahrhundertende nachhaltig ändern: Der Fleischverzehr ließ nach, weil die Getreidepreissteigerungen den größten Teil der Kaufkraft abschöpften. Gegen 1800 wurde mit 14 kg pro Kopf und Jahr der Tiefpunkt erreicht. – Die Veredelung der Rassen hatte noch nicht begonnen, wenn man von der Schafzucht absieht; seit den sechziger Jahren wurden immer wieder spanische Merinos eingeführt, nicht um des Fleisches, sondern um der Wolle willen. Aber gerade die Schafhaltung war im immer dichter besiedelten Süden und Westen auf dem Rückzug; in den Gebieten fortge- schrittener Intensivierung hatte der Bauer seinen jahrtausende- alten Kampf mit dem Hirten endlich gewonnen.

Der dritte und letzte Faktor agrarischer Produktivitätssteige- rung war die Erhöhung der Arbeitskraft je Flächeneinheit. Auch hier vollzog sich der große Durchbruch erst im 19. Jahrhundert, und zwar mit einem deutlichen Schwerpunkt im Nordosten Deutschlands, aber die bislang vorgestellten Beispiele landwirt- schaftlicher Intensivierung wären ohne eine wachsende Zahl von Arbeitskräften zwangsläufig ausgeblieben. Und diese Arbeits- kräfte gab es mehr als je zuvor, denn das bereits mehrfach erwähnte Bevölkerungswachstum kam nicht allen Schichten gleichermaßen zugute, sondern ließ vor allem die klein- und unterbäuerlichen Gruppen anschwellen. Ihre Zahl vergrößerte sich buchstäblich je- den Tag, und entsprechend wuchs das Arbeitskräfteangebot, denn die Leerhäusler, Büdner, Kätner, Heuerlinge, Einlieger, Insten, Tagelöhner und wie Angehörige dieser Schichten sonst noch heißen mochten, waren überwiegend oder ausschließlich auf Lohnarbeit angewiesen. Um die Wende vom 18. zum 19. Jahrhundert machten die Besitzlosen ohne das Gesinde bereits mehr als 25% der ländlichen Bevölkerung Deutschlands aus. Ihre Streuung variierte zwischen 8% in Kursachsen und 33% in Ostpreußen. Das waren mehr, als die Landwirtschaft damals beschäftigen konnte oder wollte, wie das sinkende Realeinkommen aller auf Barlohn Angewiesenen belegt. Unter diesen Umständen wurden Dauerstellen zur begehrten Ausnahme, die Betriebe wirtschafteten zunehmend mit Saisonarbeitskräften; diese sollten das Gesicht des ländlichen Arbeitsbesatzes bis in die Anfänge des 20. Jahrhunderts prägen.

Wo wurden diese zusätzlichen Arbeitskräfte benötigt? Vom traditionellen Körnerbau ging kaum eine erweiterte Nachfrage aus. Meliorationen in Gestalt von Entwässerung und Kanalisierung beschäftigten zwar Tausende, aber immer nur für ein bis zwei Jahre. Einzig der Hackfrüchtebau und so gut wie alle Sonderkulturen schufen neue Arbeitsplätze, aber solange die Deutschen am Getreidestandard festhielten, war dieses Ventil recht wenig geöffnet. Auch der Rübenanbau mit seinem hohen Arbeitskräfteeinsatz nahm erst im 19. Jahrhundert große Bedeutung an. So spricht, ohne daß wir auch nur über mehr als vage Zahlenhinweise verfügten, alles für die Annahme, daß gegen Ende des 18. Jahrhunderts nur der kleinere Teil der angewachsenen Bevölkerung zusätzlich in der Landwirtschaft unterkam. Wenn die Arbeitsplätze linear zur vergrößerten Ackerfläche zugenommen haben, hätte der Mehrbedarf 5 bis 10% betragen, rechnet man einen Aufschlag für die arbeitsintensiven Kartoffeln und Leguminosen hinzu, so wird man den Mehrbedarf auf 8 bis 15% veranschlagen können. Das war nicht einmal die Hälfte der Bevölkerungszunahme seit 1750. Unter diesen Umständen mochte der geringe Produktivitätsgrad der deutschen Landwirtschaft geradezu ein Segen sein, denn er verschaffte weit mehr Menschen Beschäftigung als eigentlich nötig.

Wie immer im Falle versteckter Arbeitslosigkeit litten darunter natürlich die Einkommen, und das verwies die Menschen auf Nebenerwerb. Er wurde, wenn überhaupt, meist im Textilsektor gefunden. Auf diese Weise hielt das Massengewerbe in einem bislang unbekannten Ausmaß seinen Einzug in die Dörfer. Um 1800 haben zwar noch knapp 80% der Gesamtbevölkerung auf dem Lande gewohnt, aber die Landwirtschaft konnte nur noch gegen 70% ernähren. Man kann darin sowohl eine Krise des Herkommens sehen, und diese Sorge bewegte insbesondere die Zeitgenossen, man kann aber darin auch Vorzeichen für eine modernere Gesellschaftsordnung erblicken, der von einem Überangebot an Unterbeschäftigten, an proletaroiden Existenzen der Weg gebahnt wurde. In jedem Falle verweisen die Ziffern auf eine Umbruchsituation der gesellschaftlichen Ordnung.

Doch zurück zur agrarischen Intensivierung. Nachdem ihre drei hauptsächlichen Antriebskräfte erläutert sind, stellt sich abschließend die Frage, wer sie in Gang gesetzt, wer sie praktiziert hat und woher die neuen Ideen und Kenntnisse gekommen sind. Die Forschung hat bislang auf die Gleichzeitigkeit von »agrarischer Bewegung« und landwirtschaftlichem Fortschritt verwiesen und zwischen beiden einen Zusammenhang erblickt. Dieser Rückschluß ist jedoch mehr als zweifelhaft und bedarf zumindest der Differenzierung. So unstrittig es ist, daß um die Mitte des 18. Jahrhunderts die moderne Landwirtschaftswissenschaft entstanden und im Wissenschaftsbetrieb sogleich durch Lehrstühle für Kameralistik abgesichert worden ist und daß seit den sechziger Jahren eine Fülle »Ökonomischer Gesellschaften« mit dem Ziel der Verbreitung der neuen Kenntnisse ins Leben trat, so gewiß ist es auch, daß nichts von alledem die bäuerliche Bevölkerung und damit die Masse der landwirtschaftlichen Produzenten erreicht hat. Zorn und Resignation der sog. Volksaufklärer, die sich auf ihre moderne Pädagogik einiges zugute hielten, lassen daran keinen Zweifel und verdienen mehr Aufmerksamkeit als bisher.

Die Hausväterliteratur, eine vom Humanismus wiederbelebte antike Literaturgattung, wandte sich erst seit ca. 1760 an die Bauern. Vorher suchte sie bei Gebildeten und Gutsherren ihr Publikum. Da sie, traditionell wie sie war, sich am »Herkommen« orientierte und eher sittliche Normen als ökonomische Rezepte weitergab, schied sie als Träger von Innovationen von vornherein aus. An ihre Stelle traten seit 1740 zunehmend spezifisch landwirtschaftliche Schriften, die gerade auf Grund ihrer wissenschaftlichen Fundierung nicht nur neue Kenntnisse und Techniken verbreiten wollten, sondern mehr oder minder deutlich Fundamentalreformen propagierten. Das war eine vollkommen andere Perspektive. Ihre Urheber gerieten zwangsläufig in Konflikt mit den herrschenden Verhältnissen, was angesichts der Verfassungslage nicht unproblematisch war. Die Politisierung der Gebildeten machte sich auch auf diesem Felde bemerkbar, ja, sie trat hier vermutlich besonders früh zutage. Bereits 1760 schrieb Johann Heinrich Georg v. Justi, der zu den bedeutendsten deutschen Kameralisten zählte: »Wir müssen unsere ganze Landwirtschaft, die jetzige Gestalt des Eigentums und in gewissem Betracht die Staatsverfassung selbst, wenigstens die Überbleibsel derselben aus den barbarischen Zeiten umschmelzen.« Er fügte aber resignierend hinzu: »Und wer kann dieses mit einem Schatten der Wahrscheinlichkeit hoffen?«[16] Diese Literatur wandte sich an die aufgeklärte Öffentlichkeit und an die Pächter adliger Vorwerke oder staatlicher Domänen, in denen man tatsächlich die wichtigsten Träger landwirtschaftlichen Fortschritts sehen muß. Bauern wurden von ihr allenfalls auf dem Umweg über die Geistlichkeit erreicht, deren Predigten im späten 18. Jahrhundert vielfach mehr der agronomischen Belehrung als der religiösen Unterweisung und Erbauung dienten.

Die Verbreitung moderner landwirtschaftswissenschaftlicher Kenntnisse, die vornehmlich englischen Ursprungs waren und das deutsche Publikum über das Einfallstor Preußen erreichten, hat jedoch zur tatsächlich erfolgten Intensivierung wenig beigetragen. Zunächst einmal, weil die englischen Verhältnisse auf Deutschland nur sehr begrenzt übertragbar waren, am ehesten noch im Nordosten. Dann aber auch, weil die Eigentümlichkeiten der bäuerlichen Gesellschaft einer widerstandslosen Übernahme von Anweisungen entgegenstanden, die aus dem städtisch-bildungsbürgerlichen Milieu kamen und auf die vorgebliche »Unmündigkeit« und »Faulheit« des Landvolks zugeschnitten waren. In keinem bäuerlichen Nachlaßverzeichnis sind bislang agronomische Schriften aufgetaucht, statt dessen ungezählte religiöse Traktate und vor allem Trivialliteratur. Die wenigen gelehrten Bauern wie Isaak Maus, Johann Ludewig oder Jakob Guyer, der als »Kleinjogg« geradezu Weltruhm genoß, erfuhren von seiten der Gebildeten desto größere Verehrung, ja, teilweise wurden ihre Hofstätten Ziele aufgeklärter Wallfahrten. Was die Bauern effektvoller als alles andere erzog, war der Markt. Mittlerweile gibt es genügend Mikrostudien, die nachweisen können, wie sehr die steigenden Getreidepreise und die Nähe großer Städte gerade das bäuerliche Wirtschaftsverhalten radikal geändert haben. Im Einzugsbereich Berlins, der von der Uckermark bis in die Niederlausitz reichte, belegen steigende Aussaatmengen, relativ sinkende Belastungen durch Geldabgaben, ja auf Druck von unten zustande gekommene Ablösung von Frondiensten, wie sehr die bäuerliche Landwirtschaft in den letzten beiden Jahrzehnten des Ancien Régime stellenweise in Bewegung gekommen war. Dazu paßt die verschärfte bäuerliche Kritik an der herrschenden Agrarverfassung, die von den königlichen Beamten durch Reformprojekte aufzufangen versucht worden ist, und es drängt sich der Eindruck auf, daß die ersten Verordnungen zur preußischen Bauernbefreiung in den Jahren 1807 bis 1811 teilweise durch die wachsende bäuerliche Ungeduld, die sich in einer Vielzahl von Steuerstreiks, Dienstverweigerungen und lokalen Unruhen entlud, beschleunigt wurden. In einem solchen Klima der Unruhe und Umorientierung fanden neue Landwirtschaftstechniken, Anbauprodukte und Absatzstrategien besonders leicht Eingang in die Welt der Dörfer. Das meiste brauchte, jedenfalls im Osten mit seinem Neben-, ja Ineinander von Gutsbetrieb und Bauernwirtschaft, nur kopiert zu werden. Auch dafür gibt es Belege. Das uckermärkische Rittergut Stavenow marschierte im 18. Jahrhundert an der Spitze des landwirtschaftlichen Fortschritts: Allein zwischen 1763 und 1803 stiegen die Ernten um nicht weniger als 40%, aber die Untertanen wehrten sich mit Erfolg gegen ihre vermehrte Inanspruchnahme, imitierten dabei ihre progressive Herrschaft und waren an einer frühen Regulierung sehr interessiert; schon 1820 hatten die meisten von ihnen ihre Rezesse unterschrieben.

Aus der Vogelschau betrachtet wies Deutschland damals eine Reihe größerer oder kleinerer Inseln landwirtschaftlicher Progressivität auf. Ihre Existenz hing nicht so sehr von der Agrarverfassung ab, als vielmehr von der Zugänglichkeit zu Absatzmärkten. Diese war vor allem im stadtnahen Umland und beim Anschluß an Wasserstraßen gegeben. Wie später bei der Industrialisierung, verschärfte einige Jahrzehnte früher die landwirtschaftliche Intensivierung zunächst einmal die Ungleichgewichte und ließ Gefälle zwischen den Wirtschaftsräumen entstehen. Die von Johann Nepomuk v. Schwerz unternommenen sorgfältigen Untersuchungen der westfälischen und rheinischen Landwirtschaft zwischen 1815 und 1830 belegen das fast auf jeder Seite. Erst durch das Eisenbahnnetz wurden 30 bis 60 Jahre später die regionalen Unterschiede wieder etwas abgeschliffen. Leider besitzen wir keine Geschichte des Marktes und noch nicht einmal eine neuere Darstellung des Getreidehandels. Dabei gehörte dieses Thema im 18.

Jahrhundert zu den international am meisten diskutierten. Die wenigen Hinweise haben zudem nur den Fernhandel, die städtische oder staatliche Versorgungspolitik, aber noch nicht einmal die Absatzstrategien der Guts-, Grund- und Zehntherren zum Gegenstand, viel weniger den bäuerlichen Handel auf kurze oder allenfalls mittlere Distanz.

Aus einer Vielzahl von Einzelbelegen ergibt sich jedoch zweifelsfrei die große Spannweite landwirtschaftlicher Möglichkeiten und damit der ökonomischen Situation von Herren und Bauern in den letzten Jahrzehnten des 18. Jahrhunderts, so daß generelle Aussagen kaum möglich oder sinnvoll sind. So hat man auf der einen Seite errechnet, daß die Feudalquote, d. h. der Anteil, den bäuerliche Abgaben und Dienstleistungen am Rohertrag ausmachten, im Westen Deutschlands bei annähernd 40% lag, im Südwesten zwischen 34 bis 28% pendelte und im Osten auf 26% sank. Auch wenn dabei Einkünfte aus Gartenkultur, Viehzucht und Wald unberücksichtigt blieben, von denen geringe oder gar keine Abgaben erhoben wurden, war das bäuerliche Einkommen unter betriebswirtschaftlichen Gesichtspunkten nur noch eine Restgröße. Mit anderen Worten: Die Verpflichtungen waren zu hoch, die Erträge zu gering, Grund- und Gutsherrschaft verhinderten den Aufschwung. Auf der anderen Seite haben Untersuchungen für denselben Zeitraum ergeben, daß verkehrsgünstig gelegene Vollerwerbsbetriebe zwischen 1765 und dem Jahrhundertende dank Preis- und Ertragssteigerungen ganz erhebliche Einkommenszuwächse verzeichneten, während Kleinbauern und Tagelöhner sowie städtische Konsumenten die Leidtragenden der glänzenden Agrarkonjunktur waren.

Dieselbe Differenzierung fand auf der Herrenseite statt. Nicht wenige Reichsritter und Angehörige des landsässigen Niederadels mußten damals ihre Güter wegen Überschuldung verkaufen, und zwar im Westen ebenso wie im Osten; am Konjunkturaufschwung nahmen sie nicht teil. In Preußen war um 1800 bereits jedes achte Rittergut in bürgerliche Hände gekommen, was an sich gesetzlich verboten war. Von solcher Misere hob sich die vorhin erwähnte Herrschaft Stavenow deutlich ab, deren Verkaufswert zwischen 1763 und 1808 um nicht weniger als 120% stieg. Auch die viel weniger dynamische Grundherrschaft war nicht prinzipiell von der günstigen Entwicklung ausgeschlossen. Die Zehntberechtigten partizipierten sogar automatisch am Ertrags- und Preisauftrieb.

Die süddeutsche Barockkultur, genauer die ungezählten kirchlichen und weltlichen Bauten der Klöster und des Adels, wurde in erster Linie aus grund- und zehntherrlichen Abgaben finanziert, die überdies die nötige Bonität für Kredite zur Überbrückung der Belastungsspitzen garantierten. Es ist eine Legende, daß das Gros herrschaftlicher Bautätigkeit im Wege von Frondiensten errichtet worden sei.

Auf die Konjunktur der beiden Jahrhunderte wird noch zurückzukommen sein. Hier ist einstweilen nur festzuhalten, daß es ausreichende Hinweise gibt, um auch ohne genaues Zahlenmaterial einen landwirtschaftlichen Aufschwung in der zweiten Hälfte des 18. Jahrhunderts wahrscheinlich zu machen. Er schlug sich vor allem in den steigenden Preisen nieder. Das heißt indessen nicht, daß jedermann an ihm partizipiert hat. Je nach Betriebsgröße war die Wirkung sehr unterschiedlich. Festgehalten sei aber auch noch, daß die Agrarverfassungstypen in landwirtschaftlicher Hinsicht offenbar von minder großer Bedeutung gewesen sind als weithin angenommen. Daraus ergibt sich schließlich, drittens, daß das Feudalsystem nicht überall in ein und derselben Weise hemmend gewirkt hat. Wo sich kein Aufschwung abzeichnete, fehlte meist auch die Kritik am herrschaftlich-bäuerlichen Verhältnis, während umgekehrt seine Beseitigung dort geradezu ungestüm verlangt wurde, wo man es als Hemmschuh des landwirtschaftlichen Fortschritts erkennen konnte. Die Bauernbefreiung wurde am Ende des 18. Jahrhunderts keinesfalls in ganz Deutschland in gleicher Weise als dringlich betrachtet.

3. Handwerk

Herkömmlicherweise wird angenommen, zwischen Landwirtschaft und Handwerk lägen Welten. Das ist eine schlichte Rückprojizierung heute reinlich geschiedener Welten, aber auch eine Wirkung der vornehmlich rechtsgeschichtlichen Betrachtungsweise, die die Forschung in der Vergangenheit gekennzeichnet hat. Neuerdings weiß man, daß die Trennungslinien, nicht anders als bei der Landwirtschaft, auch im gewerblichen Bereich eher innerhalb des Wirtschaftssektors verlaufen sind. Die Grenzen nach außen konnten dagegen fließend sein. Zehntausende von Handwerkern betrieben Landwirtschaft im Nebenerwerb, Hunderttausende von Bauern, vor allem natürlich die kleineren, verdienten sich als Spinner und Weber ein Zubrot, manchmal auch mit anderen handwerklichen Arbeiten. Spinnen und Weben pflegen allerdings aus Gründen, auf die noch zurückzukommen ist, nicht dem Handwerk im eigentlichen Sinne zugerechnet zu werden.

Obwohl also die Grenzlinien namentlich in der Textilherstellung einigermaßen unübersichtlich sind, ist es neueren Untersuchungen gelungen, verläßliche Zahlen für die Zeit um 1800 zu schätzen bzw. hochzurechnen. Wir kennen nunmehr die absolute Größe des Handwerks und können auch sein Gewicht innerhalb der Gesamtwirtschaft relativ genau bestimmen. Nach den Berechnungen Kaufholds beschäftigte es im Stichjahr 1800 rund 1,26 Millionen Menschen, von denen rund zwei Drittel selbständig, das restliche Drittel Hilfskräfte waren.[17] Gemessen an der Gesamtzahl der Beschäftigten war also ungefähr jeder Zehnte im Handwerk tätig, zählt man die Familienangehörigen hinzu, lebte vermutlich ein Sechstel der Bevölkerung von handwerklicher Arbeit; der gewerbliche Sektor wurde zu drei Vierteln vom Handwerk beherrscht.

Das Handwerk nahm damit fraglos eine wichtige Position ein, war jedoch längst nicht mehr ohne Konkurrenz. Es versorgte Deutschland flächendeckend mit seinen Waren und Dienstleistungen, d. h., die uns heute geläufige Trennung zwischen Zonen hoher gewerblicher Verdichtung und gleichsam industriefreien Räumen hat sich erst während der Industrialisierung eingestellt.

Dementsprechend einheitlich war die *berufliche Gliederung*, denn nicht anders als bei der Landwirtschaft galt das meiste der handwerklichen Produktion dem Grundbedarf. Mit der Sicherstellung von Bekleidung, Nahrung und Wohnung waren zwei Drittel bis drei Viertel aller Handwerker beschäftigt. Alle Stichproben und Zusammenstellungen haben dasselbe Bild ergeben: rund 40% gehörten dem Bekleidungs-, Textil- und lederverarbeitenden Handwerk an, 15 bis 20% dem Nahrungsmittelhandwerk und 8 bis 15% dem Bauhandwerk. Die mit Abstand häufigsten Berufe waren folglich die Schuhmacher und die Schneider; jeder sechste bis siebte Handwerker ging einem dieser beiden Gewerbe nach. Darauf folgten die Schmiede; beinahe jeder zehnte Handwerker war mit der Herstellung metallener, meist eiserner Gebrauchsgegenstände beschäftigt. Daß die deutsche Roheisenproduktion entsprechend umfangreich und sehr stark disloziert gewesen sein muß, sei nur am Rande vermerkt. Als nächste in der

Reihenfolge, die nun schon nicht mehr ganz einheitlich ist, folgen Müller, Bäcker, Maurer, Tischler, Zimmerleute, Schreiner und Metzger.

Zehn Berufe also bestimmten das Erscheinungsbild des Handwerks und gaben ihm das angesprochene einheitliche Bild. Es sind die sog. Massengewerbe. Sie waren überall zu finden, auch in Kleinstädten und meist auf dem Lande. Berufe wie Barbiere und Glaser, Stellmacher und Böttcher, Seiler und Uhrmacher waren dagegen schon viel seltener. Kleinstädte, d. h. Gemeinden mit ca. 3000 Einwohnern, verfügten jedoch in der Regel über Angehörige dieser Gewerbezweige. Das machte ja einen Teil ihrer städtischen Zentralitätsfunktion aus. Metiers wie Goldschmiede und Perükkenmacher, Maler und Buchdrucker schließlich lebten dagegen nur in mittleren und größeren Städten. Die Luxusgewerbe endlich, Berufe also, die Porzellan, Seide, Edelhölzer und dergleichen verarbeiteten, waren natürlich auf Residenzorte beschränkt, von denen es in Deutschland bekanntlich mehr als anderswo gab. Im strengen Sinne zählten ihre Vertreter jedoch nicht mehr zum Handwerk, dem sie gleichwohl meist entstammten – hier waren atemberaubende Karrieren möglich –, ihre Absatzbedingungen und der sie umgebende rechtliche Rahmen waren völlig andere; die Grenzen zum Hofstaat waren fließend.

Einheitlich wie die Berufsgliederung war auch die *Rechtsordnung,* was so zu verstehen ist, daß die Vielfalt der konkreten geschriebenen wie ungeschriebenen Rechtslagen unter dem Begriff der *Zunft* idealtypisch zusammengefaßt werden können. Wolfram Fischer hat diese so definiert: »Eine Zunft im alten Deutschen Reich korporierte die Handwerker eines oder mehrer Gewerbezweige einer Stadt, einer Landschaft, eines Territoriums oder des ganzen Reiches zu einem Verband gleichberechtigter Genossen, die ihr Gewerbe nach allgemeinverbindlichen Richtlinien und Gewohnheiten betrieben, gegenseitig Rechte und Pflichten auf sich nahmen und als Gesamtheit gewerbliche, politische, kirchliche und jurisdiktionale Funktionen ausübten.«[18] Ein solcher Verband hatte mithin wesentlich mehr als nur ökonomische Aufgaben. Er regelte eine ganze Lebensordnung und war gewissermaßen ihr Inbegriff. Das war nur möglich, weil in der Vorstellung der Handwerker die Zünfte insgesamt eine große Korporation bildeten, die als die Quelle gemeinsamer Handwerkssitte und allgemeinverbindlicher Handwerkerehre galt. Die Gesamtheit dieser Normen, mochten sie auch im Einzelfall umstritten sein – und das war, je länger, desto mehr namentlich zwischen Meistern und Gesellen der Fall –, bestimmte nach außen wie nach innen die Einheitlichkeit des Handwerks. Nur wer sie anerkannte, durfte sich ihm zugehörig fühlen. Wer ihm aber zugehörig war, hatte damit Anspruch auf materielle Sicherung, in der Sprache der Zeit »Nahrung« genannt. *Nahrung* und *Ehrbarkeit* sind daher die beiden Schlüsselbegriffe des vorindustriellen Handwerks, in denen sich seine innere Gliederung, sein Platz in der städtischen Gesellschaft – denn nur das städtische Handwerk war zünftig – und seine Werteordnung wiederfand.

Der Anspruch, der von diesen normativen Begriffen ausging, traf auf eine Wirklichkeit, die oft ganz anders aussah. Sie hing mehr von Faktoren ab, auf die die Zünfte keinen Einfluß hatten: von der politischen Entwicklung im Reich und in den Territorien, von Krieg und Frieden, von Aufschwung und Stockung, von Menschenmangel und Übersetzung. Folglich standen Norm und Realität stets in einem spannungsreichen Verhältnis, und gelegentlich wurden die Spannungen so groß, daß es zu Aufbegehren, Protest und Unruhe kam. Das war in der Neuzeit besonders am Ende des 16. und in der zweiten Hälfte des 18. Jahrhunderts der Fall, dazwischen regelten der Dreißigjährige Krieg und seine Folgen die Schwierigkeiten auf ihre Weise. Schon diese grobschlächtige Chronologie zeigt, wie problematisch es sein kann, vom »Herbst des Alten Handwerks« zu sprechen. Die Krise nach 1750 – ob es sie gab, ist übrigens umstritten – war nämlich keineswegs die erste, sie war auch nicht neuartiger Natur. Menschenüberfluß und Konflikte mit der Obrigkeit lösten sie aus, zwei dem Handwerk durchaus altvertraute Problemlagen. Allerdings war der Zusammenprall dieses Mal stärker, ja übermächtig geworden und zwang das Handwerk zur Anpassung und schließlich zur Unterwerfung, das heißt zur Preisgabe der überlieferten Autonomie. Nahrung und Ehrbarkeit mußten einer neuen, zunehmend von Klassenmerkmalen unter liberalisiertem Gewerberecht bestimmten Ordnung weichen.

Zugangsvoraussetzung zum Handwerk war die eheliche Geburt. Unehelich Geborene und Abkömmlinge geächteter Berufe waren vom Handwerk ausgeschlossen. Dieses Verständnis von Ehrbarkeit bedeutete, daß auch alle Angehörigen der Handwerker diesem Sittenkodex unterworfen waren, und zwar von der Geburt bis zum Tode. Zu den Angehörigen zählten selbstverständlich nicht nur Ehefrau und minderjährige Kinder eines Meisters, sondern auch alle, die im Haushalt lebten, also neben den Mägden auch Lehrlinge und Gesellen. Der Haushalt war, wie beim Adel und bei den Bauern, eine durch spezifische Normen bestimmte Arbeits- und Lebenseinheit, über die der Hausvater herrschte.

In materieller Hinsicht hatten diese Normen den Sinn, die »Nahrung« sicherzustellen. Die Zünfte bzw. die Obrigkeit hatten daher im Laufe der Jahrhunderte ein detailliertes Regelsystem errichtet, das Binnen- und Außenwirkungen zeitigte. Die oft beanstandete Kleinlichkeit dieser Regelungen, die betonte Sorge vor der Konkurrenz erklärt sich dabei aus den von der »économie froide« gezogenen engen Grenzen wirtschaftlicher Entfaltungsmöglichkeiten. Solange der Mensch im Handwerk Energielieferant und Produzent in einem war und die Gewerbe überwiegend für den unmittelbaren Bedarf produzierten, waren die Produkte vergleichsweise teuer und schon deswegen knapp. An Wachstum war unter diesen Voraussetzungen kaum zu denken.

Nach innen hatten die Bestimmungen das Ziel, die Produktions- und Absatzbedingungen für alle Betriebe möglichst gleich zu gestalten. Deshalb begrenzten sie die Zahl der aufzunehmenden Gesellen und Lehrlinge und legten Aufnahmebedingungen und Ausbildung fest. Auch Art und Qualität der Produkte sowie deren Herstellungstechniken waren von der Zunft geregelt, die damit neben Verteilungsgesichtspunkten auch dem Verbraucherschutz, wie man heute sagen würde, Rechnung trug. Besonders streng waren die Vorschriften, die die Zulassung zur Meisterschaft betrafen, denn sie hatten nicht nur fachliche, mithin berufsspezifische Bedeutung, sondern griffen direkt in die Existenz der städtischen Gesellschaft ein. Meisterschaft, Familiengründung und Bürgerrecht fielen nämlich in den meisten Fällen zusammen. Viele Zünfte hatten daher einen »numerus clausus« festgesetzt, das heißt, sie hielten die Zahl der Meister konstant. Das war nicht nur ein Mittel, die Konkurrenz unter Kontrolle zu halten, sondern sicherte auch die Frauen und Töchter, die Witwen und Waisen ab, die auf diese Weise durch Einheirat versorgt werden konnten.

Außer dem Verbot des Vorkaufs und des Verkaufs fremder Produkte war der sog. Zunftkauf eine weitere Möglichkeit, gleichheitliche Bedingungen sicherzustellen. In diesem Falle übernahm die Zunft für sämtliche Mitglieder einen Großauftrag und legte ihn auf die einzelnen Betriebe um. Vielfach war damit der gemeinsame Einkauf der Rohstoffe verbunden. Die Alternative zum Zunftkauf bestand darin, daß ein Meister allein einen solchen Auftrag übernahm und ihn dann auf andere Meister verteilte, das Risiko aber alleine trug und dafür auch die Gewinnmöglichkeit monopolisierte. Diese entscheidende Bresche in die genossenschaftliche Gliederung der Zunft, die den Weg zum Verleger, später zum Fabrikanten eröffnete, war herkömmlicherweise verboten. Manche Territorien, vor allem Militärstaaten, bestanden jedoch auf der Zulässigkeit dieser Praxis und erließen im Anschluß an den Reichsabschied von 1731, der das Handwerksrecht einheitlich regeln sollte, entsprechende Gesetze, Preußen beispielsweise in seinen Generalprivilegien zwischen 1734 und 1736.

Mit dem Zunftkauf ist die Grenze zwischen Binnen- und Außenwirkung zünftiger Normen bereits überschritten. Die wichtigsten der nach außen gerichteten Regeln waren Preistaxen und Bann. Beide sollten die Ertragslage sichern, indem sie das Marktsegment möglichst breit hielten. Die Konkurrenz durch das Landhandwerk war dabei den Zünften ein besonderer Dorn im Auge. Der Idee nach sollte die Stadtwirtschaft den gesamten ländlichen Raum mit gewerblichen Produkten versorgen, doch ist es dazu in Deutschland niemals gekommen. Erfolgreicher war das Handwerk dagegen in seinem Kampf gegen die innerstädtische Konkurrenz durch Unzünftige, Pfuscher, Störer oder Bönhasen genannt, obwohl auch hier die Häufigkeit der Klagen erkennen läßt, daß an einen dauerhaften Sieg nicht zu denken war. Warum Landhandwerker und Unzünftige ihre Waren billiger anbieten konnten, ist übrigens leicht einzusehen: Es waren nicht die größeren Stückzahlen, sondern sie hatten außer dem Gewerbe meist noch andere Einkommensquellen und waren, da außerhalb der städtisch-ständischen Gesellschaft lebend, auch nicht an deren Lebensstandard und den unter Umständen vorgeschriebenen Prestigekonsum oder Aufwand gebunden.

Um ihre Normen, die hier alles andere als erschöpfend aufgezählt worden sind, durchzusetzen, bedurften die Zünfte einer eigenen Jurisdiktion. Auch das war der traditionell auf Autonomie ihrer Bürger setzenden ständischen Ordnung selbstverständlich. Bei den Morgenansprachen, wie die Versammlungen der Meister hießen, wurde über Zulassung zur Meisterschaft und Ausschluß aus dem Handwerk verhandelt und Recht gesprochen – ja, es wurden überhaupt die gemeinsamen Angelegenheiten geregelt. Soweit die Zünfte am Stadtregiment beteiligt waren, fielen hier selbst politische Entscheidungen, ansonsten wurden die Zunftstuben zum Ort, an dem sich der Widerstand gegen den Ausschluß von der städtischen Politik formierte, der namentlich in der zweiten Hälfte des 18. Jahrhunderts zu zahlreichen Verfassungskonflikten in Gestalt von Handwerkerunruhen geführt hat.

Spannungsreich waren nicht nur die Außenverhältnisse einer Zunft, spannungsreich war nach innen vor allem das Verhältnis zu den *Gesellen*. Schon im Spätmittelalter hatten es diese zu eigenen Zusammenschlüssen gebracht mit entsprechenden eigenen Normen und eigener Gerichtsbarkeit. Erklärlich wird dies aus ihrer gesellschaftlichen Sonderrolle: Sie waren erfahrene Arbeitskräfte, aber dabei abhängig, zum Zölibat gezwungen sowie schließlich ortsungebunden und deshalb Einwohner minderen Rechts. Wanderung, Herbergsleben und der Wunsch zum Aufstieg zu Meisterehren machten sie zu besonders rigiden Vertretern des zünftigen Ehrbegriffs, was ihnen die Anpassung an die sich namentlich seit 1750 immer deutlicher wandelnden Verhältnisse erschwerte. Gesellenaufstände waren daher zu gewissen Zeiten häufig und für die Betriebe immer lästig. Oft genügte schon die Drohung, eine Stadt oder ein Gewerbe in Verruf zu bringen, um die Zünfte oder Obrigkeiten zum Nachgeben zu zwingen, zumal die Gesellen durch das Wandern ein Quasi-Monopol für schnelle Nachrichtenübermittlung und überregionale Organisation besaßen. Streitgegenstand waren oft nicht Lohnfragen, sondern Fragen der Ehre.

Der dreimonatige Ausstand der Augsburger Schustergesellen von 1726 – die zwanziger Jahre waren erfüllt von Gesellenunruhen – veranlaßte die Landesherren dazu, 1731 vom Reichstag die bereits genannte Reichszunftordnung verabschieden zu lassen. Viel hat sie nicht bewirkt, da die Landesobrigkeiten ihre Vollmachten anschließend nicht ausnutzen konnten oder wollten und den Meistern die Jurisdiktion beließen. Nur daß die Wanderburschen von nun ab einen Arbeitsnachweis, die »Kundschaft«, mit sich führen mußten, was sie einer wirksameren Kontrolle unterwarf, hat sich durchgesetzt. Die übrigen »Mißstände«, wie es Zünfte und vor allem Obrigkeiten sahen, dauerten fort, und die Gesellen führten weiterhin ihr konfliktreiches Sonderleben. Es bedurfte des Endes des Reiches und aller von ihm garantierter Verfassungen, insbesondere des Endes der städtischen Autonomie, um die Gesellenbruderschaften in den Jahren zwischen 1806 und 1815 weitgehend zu zerschlagen. Das war freilich nur der erste Schritt. Der zweite, die Zerstörung der spezifischen Wertordnung und Lebensführung – Zölibat, Wandern, »blauer Montag« usw. –, war mühsamer und dauerte darum länger. Ihn hat erst die Fabrik und die ihr eigentümliche Arbeitswelt vollzogen.

Die Kontraste zwischen Meister und Gesellen waren nicht die einzigen Disparitäten, die das Handwerk kennzeichneten. Eine Reihe anderer kam hinzu, so daß unter dem Dach eines vergleichsweise einheitlichen Normengefüges eine erhebliche Vielfalt konkreter Erscheinungsformen existierte. Die wichtigsten Unterschiede betrafen die regionale Verteilung, die Zustände in Stadt- und Landhandwerk und die wirtschaftlichen und sozialen Verhältnisse der einzelnen Gewerbe. Auf sie, mithin auf die wirtschaftliche Seite des Handwerkslebens, soll nun näher eingegangen werden.

Betrachtet man die *Handwerkerdichte* in den verschiedenen Territorien, wiederholt sich in gewissem Sinne hier das bereits bei der Landwirtschaft beobachtete Bild einer Regionalspezifik. Die Gründe sind jedoch auf den ersten Blick zumeist ganz anderer Natur. War dort das unterschiedliche Bodenrecht die wichtigste Ursache, spielt in diesem Falle die Rechtsordnung nur eine vergleichsweise untergeordnete Rolle, während wirtschaftliche und soziale Zusammenhänge an erster Stelle stehen. Städtedichte und Bevölkerungsdichte, Gesetzgebung und Zunftorganisation waren die wichtigsten Bestimmungsfaktoren für das enorme Gefälle, das hinsichtlich der sog. Handwerkerdichte von Südwesten nach Nord- und Nordostdeutschland verlief. Trotzdem bleibt ein deutlicher Zusammenhang zwischen Agrarverfassung und Handwerkerdichte erkennbar. Realteilung und Grundherrschaft boten offenbar dem Handwerk, vor allem natürlich dem ländlichen, weit bessere Entfaltungsmöglichkeiten als Anerbenrecht und Gutsherrschaft. Denn gegen 1800 gab es die meisten Handwerker (im Verhältnis zur Gesamtbevölkerung) in Württemberg, Baden, Südhessen und der Pfalz, nämlich 66,1‰. Zwischen 61 und 59‰ betrug die Handwerkerdichte in Bayern, Nordhessen, im Rheinland, in Westfalen, Thüringen und Sachsen. Der deutsche Durchschnitt lag bei knapp 56‰. Er wurde in Nordwest- und Mitteldeutschland nur wenig, um so deutlicher dagegen im Osten unterschritten. Das Schlußlicht bildeten Pommern, Ost- und Westpreußen, in denen kaum halb soviel Handwerker pro Einwohner lebten wie an Rhein und Neckar.

Das war aber nicht der einzige Unterschied. Das Verhältnis zwischen Meistern und Gesellen wies ebenfalls deutliche regionalspezifische Differenzen auf, und zwar komplementär zur relativen Dichte. Offensichtlich bestand zwischen beiden Erscheinungen ein innerer Zusammenhang. Im Südwesten gab es nicht nur die meisten Handwerker, sondern hier überwogen auch die Meister bei weitem. Auf vier von ihnen kam nur ein Lehrling oder Geselle, in Ostdeutschland hatte nahezu jeder zweite Meister einen Gehilfen, in Schlesien sogar beinahe jeder. Die Betriebsgrößen variierten also erheblich, sie nahmen, wenn man Altbayern ausnimmt, nach Süden hin deutlich ab und tendierten dort zur Einmannwerkstatt. Die Betriebe waren im allgemeinen sehr klein, ja, wenn man berücksichtigt, daß es immer eine Reihe von Meistern gab, bzw. aus technischen Gründen geben mußte, die mit zwei oder mehr Hilfskräften arbeiteten, scheint der Schluß berechtigt, »daß mit hoher Wahrscheinlichkeit mehr als die Hälfte aller selbständigen Handwerker« Alleinmeister waren.[19] In Augsburg, einem Gewerbezentrum, waren es 1806 sogar zwei Drittel aller Betriebe.[20]

Die Allein- oder Kleinmeister waren aber in einigen Berufen überproportional häufig anzutreffen, bei Schuhmachern und Schneidern etwa, und ganz besonders auf dem Lande. Das *Landhandwerk*, ein noch immer wenig erforschter Bestandteil der deutschen Handwerksgeschichte, unterschied sich nämlich in mehrfacher Weise vom städtischen. Es war, wie bereits angedeutet, nicht zünftig verfaßt, bei ihm überwogen die Einmannbetriebe und die Palette seiner Berufe war schmäler. Die letztere Feststellung gilt freilich in strengem Sinne nur für die preußischen Territorien, wo wegen der zwischen 1734 und 1736 erlassenen Generalprivilegien für 61 Gewerbe wegen des hohen Arbeitskräftebedarfs der Gutsherrschaft, vermutlich aber auch infolge des geringeren Lebensstandards und der deshalb noch unentfalteten Nachfragestruktur, nur wenige Handwerker in den Dörfern lebten, allen voran natürlich die in engem Zusammenhang mit der Landwirtschaft stehenden Berufe der Schmiede und Müller. Die geringe Städtedichte hat im Osten also nicht etwa zu einer verstärkten Ansiedelung von Gewerben auf dem Lande geführt, sondern die Abgrenzung noch verschärft.

Waren im Osten Stadt und Land hinsichtlich ihrer jeweiligen

Gewerbestruktur deutlich voneinander geschieden, gilt das westlich der Elbe gerade nicht. Hier herrschte, mit Ausnahme des Nahrungsmittelhandwerks und der seltenen Spezialberufe, das Landhandwerk vor, jedenfalls zahlenmäßig. Im Südwesten bezeichneten sich gegen 1780 ungefähr 30% der dörflichen Haushaltungen als Handwerker.[21] Beruflich waren sie aber wenig differenziert, sie arbeiteten weitgehend ohne Hilfskräfte und zählten in ihren Reihen eine erhebliche Menge an Armutsexistenzen. Landwirtschaftlicher Nebenerwerb war wohl die Regel, wenn man von den bereits genannten Sonderfällen der Schmiede und namentlich der Müller absieht. Vor allem für letztere belegt eine Fülle unterschiedlichster Quellen mehr oder minder großen Wohlstand.

Die Bedeutung einer großen Zahl von Dorfbewohnern mit mehr oder minder guter handwerklicher Ausbildung kann nicht hoch genug eingeschätzt werden. In der »Territorialisierung« des Gewerbes, wie dieser Vorgang bezeichnet worden ist[22], unterscheidet sich die frühneuzeitliche Sozialverfassung auf dem Lande nicht nur grundlegend von derjenigen des Mittelalters, sondern auch von derjenigen der erst später oder bislang gar nicht industrialisierten Gesellschaften. Offenbar zählt eine hohe Gewerbedichte zu den wichtigeren Voraussetzungen für die Industrialisierung einer Region, weil diese, wie man heute weiß, in ihren Frühformen meist auf dem Lande, nicht in der Stadt stattgefunden hat. Andere Bedingungen, von denen noch die Rede ist, mußten freilich hinzukommen.

Die Expansion des Landhandwerks vollzog sich in zwei großen Schüben, nämlich im 16. und im 18. Jahrhundert. Das waren zugleich Phasen starken Bevölkerungswachstums und rückläufiger Landreserven, was die Annahme nahelegt, daß alle drei Phänomene zusammengehören. Die Entwicklung stand folglich unter keinem guten Stern, denn starkes Bevölkerungswachstum führte in damaligen Zeiten zwangsläufig zu höheren Nahrungsmittelpreisen, was seinerseits die Nachfrage nach gewerblichen Erzeugnissen dämpfte. So verwundert es nicht, daß Landhandwerk und Landarmut gewissermaßen stets Arm in Arm vor dem Auge des Betrachters erscheinen. Der Amtmann in Steinburg berichtete 1783: »Sie heißen Handwerker, insofern sie im Notfall armen Leuten die Stellen gelernter Professionisten ersetzen, gehören aber selbst zu den dürftigsten Einwohnern der Marsch und leben nicht von ihrem Handwerke allein.«[23] Der Bericht enthüllt aber nicht nur die Dürftigkeit, sondern auch die Dauerhaftigkeit solcher Existenzen. Denn gerade das Anwachsen klein- und unterbäuerlicher Schichten weitete den inneren Markt für handwerkliche Produkte und für Lebensmittel erheblich aus. Es entstand daher lange vor dem 19. Jahrhundert eine Massennachfrage, die zwar nicht den einzelnen »Professionisten« auslastete und ernährte, aber Handwerker oder Kaufleute aus der Stadt zu Verlegern werden ließ, indem sie die gewerbliche Produktion auf dem Lande in ihre Abhängigkeit brachten und planmäßig weiter ausbauten. Diese gesellschaftliche und wirtschaftliche Entfaltung war hochbedeutsam. Von hier aus konnte, wie vorn schon angedeutet, ein direkter Weg in die Industrialisierung führen. Nähme man die hier ausgeblendeten Leineweber und Tuchmacher hinzu, würde der Zusammenhang noch ungleich offenkundiger.

Das *Stadthandwerk* wies demgegenüber andere Züge auf. Höhere Spezialisierung und im Durchschnitt auch größere Betriebe zählten ebenso zu seinen Merkmalen wie auch erhebliche Disparitäten in der Einkommens- und Vermögenslage. Letztere ergaben sich schon aus der unterschiedlichen Kapitalausstattung, die zur Einrichtung einer Werkstatt nötig war. Sie betrug z. B. bei Metallhandwerkern das Zehnfache dessen, was Schneider und Schuster benötigten. Entsprechend ungleich verteilt war natürlich auch die Bedrohung durch unzünftige Konkurrenz. Kapitalintensiven Spezialgewerben blieben solche Sorgen ebenso unbekannt wie auch, jedenfalls bei gutgehender Konjunktur, die Sorge ums tägliche Brot. Diese quälte hingegen die Angehörigen der Massengewerbe zu allen Zeiten. Die wenigen Angaben, die wir für die Einkommenslage besitzen – meist betreffen sie das späte 18. Jahrhundert mit seiner für die Mehrzahl der Handwerker ohnedies schlechten Wirtschaftslage –, berichten übereinstimmend, daß mittlere und niedrige Einkommen überwogen. Alleinmeister stellten sich, falls sie keinen Nebenverdienst hatten, in aller Regel kaum besser als Tagelöhner, während es Gesellen oftmals besser ging. Diese Annahme scheint paradox, aber nur gutgehende Betriebe waren überhaupt in der Lage, Gehilfen zu beschäftigen, und hier war angesichts der hohen Lehrgelder, die die Eltern zu zahlen hatten, und der langen Lehrzeit das Angebot an Arbeitskräften beschränkt. Dafür war der Schritt in die Selbständigkeit mit größeren Hürden versehen.

Wirtschaftliche Situation, Rekrutierung der Meister, Verhalten

der Gesellen und manche anderen Daten erlauben trotz ihrer Lük-
kenhaftigkeit die Aussage, daß die Realität den Normen und Idea-
len der Zünfte in vieler Hinsicht widersprach. Daß sie als städtische Genossenschaften das Landhandwerk schlechterdings ignorierten, in dem stellenweise die Hälfte aller Gewerbetreibenden
arbeitete, wurde bereits festgestellt. Aber auch in der Stadt selbst
klafften Anspruch und Wirklichkeit auseinander. Ihr oligarchi-
scher Charakter verhinderte, daß das der Ungleichheit widerspre-
chende Prinzip der »Nahrung« tatsächlich zum Zuge kam, während umgekehrt die vielfach normierte Bevorzugung der Meister-
söhne nicht durchgehalten werden konnte. Schließlich wohnte ein
wachsender Teil der Gesellen nicht mehr beim Meister, ja, viele
gründeten einen eigenen Hausstand – Vorbote der sich abzeichnenden Übersetzungskrise in den Massenhandwerken. Eigener
Hausstand kam herkömmlich nur im Baugewerbe vor, das in
mehrfacher Hinsicht ein Sonderfall war. Mit Recht wurde daher
jüngst betont, »daß der ausschließliche Rückgriff auf die Zunftbe-
stimmungen . . . zu einem verzeichneten Bild führt«.[24]

Vermutlich gilt das nicht erst für das späte 18. Jahrhundert. Der
gewerbliche Sektor war viel zu abhängig von Konjunkturen im eigenen und vor allem im agrarischen Bereich, zunehmend auch von
Moden, jedenfalls in Kleidern und im Wohnen, als daß er sich
gänzlich in das starre Korsett der im Kern spätmittelalterlichen
Zunftordnungen hätte pressen lassen können. Schließlich setzte
das Handwerk eine arbeitsteilige Wirtschaft voraus, und in dieser
ließen sich nur bis zu einem gewissen Grade die Gesetze des Marktes zurückdrängen oder mißachten. Am ehesten war das in den
Stadtrepubliken der Fall, die einerseits frei vom Modernisierungs-
druck einer dem Staatsganzen verpflichteten Obrigkeit waren und
andererseits durch eine rigide Getreidepolitik zu Lasten der unter-
worfenen Landgemeinden der eigenen Bevölkerung eine wohlfeile
Versorgung ermöglichten. Vielfach waren aber gerade die Meister
die treibenden Kräfte des Wandels, was für Lehrlinge und namentlich für Gesellen freilich keine Verbesserung bedeuten mußte.
Eher war das Gegenteil der Fall, wofür die wachsende Zahl von
Gesellenunruhen ein Hinweis ist. Am Wunsch der Gesellen, die
alte Ordnung unvermindert zu erhalten, kann dagegen kaum ein
Zweifel bestehen. Vermutlich teilten die ärmeren Meister dieses
Ziel, mithin die Mehrheit der Handwerker. Das könnte sowohl die
zögernde Abschaffung der Zunftordnungen als auch die immer

unzureichender werdende Versorgung der Bevölkerung mit handwerklich gefertigten Produkten bestimmter Art erklären. Aber die Scheu vieler Obrigkeiten vor radikalen Eingriffen war nicht unbegründet – neben den Kleinbauern zählten die Alleinmeister zum unruhigsten Teil der Bevölkerung. Der Kameralist Justi sprach sich 1758 gegen die gänzliche Abschaffung der Zünfte aus, weil diese »viele schädliche Bewegungen und Unruhen ohnedem nach sich ziehen würde«.[25] Selbst die mächtige preußische Monarchie riskierte 1734/36 beim Erlaß der Generalprivilegien nur »eine mittlere Linie zwischen radikaler Verzünftung und Gewerbefreiheit«[26] – das war übrigens ein Begriff, der explizit als Kampfmittel gegen die starren Zunftverfassungen geprägt worden ist. Erst ein Menschenalter später, 1810, verordnete Hardenberg vollkommene Gewerbefreiheit. Die anderen deutschen Staaten folgten sehr viel später. Geändert hat die rechtliche Liberalisierung freilich wenig, hierzu bedurfte es der Fundamentalverwandlung der Wirtschaftsordnung im Verlauf des 19. Jahrhunderts.

Die Reform war überfällig, denn schon um 1800 stellte das Handwerk, wenn man ausnahmsweise alle verlegten Heimarbeiter hinzurechnet, nicht einmal mehr die Hälfte der im sekundären Sektor Beschäftigten. Sein Anteil an Produktion, Export und Wertschöpfung war mit Sicherheit geringer, auch wenn hierzu nicht einmal Schätzungen vorliegen. In der Herstellung standardisierter Massenprodukte konnten die Handwerker schon seit langem nicht mehr mithalten, hier hatte der Verlag das Rennen zu seinen Gunsten entschieden, und zwar lange bevor die erste Maschine aufgestellt worden ist. Die längst begonnene Spaltung des Handwerks in Gewerbe mit stabiler und konjunkturabhängiger Nachfrage, mit hoher und geringer Kapitalausstattung und schließlich in Betriebe mit vielen Beschäftigten und in Alleinmeister hatte sich am Ende des 18. Jahrhunderts erheblich beschleunigt. Während die einen in bürgerlicher Wohlhabenheit lebten oder sich gar auf dem Weg zum Unternehmer befanden, bewegte sich ein namhafter Teil auf die Armutsgrenze zu. Für beide, den angehenden Fabrikanten wie für den proletaroiden Meister, hatten in wirtschaftlicher Hinsicht die Zunftregeln ihre Aussagekraft verloren. Es ist nicht ausgeschlossen, daß sie gerade deshalb um so zäher verteidigt wurden, jedenfalls von der ärmeren Mehrheit, da es eine sie überzeugende andere Sinnstiftung damals nicht gab und noch lange fehlen sollte.

4. Verlag und Manufaktur

Den dynamischeren, wenn auch nicht in jeder Hinsicht zukunfts-
trächtigeren Teil der gewerblichen Wirtschaft Deutschlands stellten das Verlagswesen, die Manufakturen und die Großbetriebe wie
Hütten- oder Bergwerke dar. Hier kam gegen 1800 zwar nur ungefähr ein Drittel der im sekundären Sektor Beschäftigten unter –
rechnet man die heimgewerblichen Spinner hinzu, steigt der Anteil
jedoch auf mehr als das Doppelte –, aber es herrschten, jedenfalls
in dieser späten Zeit, deutlich andere Verhältnisse als im Handwerk. Eine Reihe wichtiger Unterschiede fällt sofort ins Auge. Der
erste betrifft die Rohstoffe. Während das Handwerk sich schon
aufgrund zünftiger Vorgaben an die traditionellen Rohstoffe halten mußte – Leinwand, Wolle, Leder, Ton, Eisen, Bunt- und Edelmetalle, um nur die wichtigsten zu nennen, die nicht der menschlichen Ernährung dienten –, war die Materialgrundlage bei Verlegern und Manufakturbesitzern prinzipiell unbegrenzt, obwohl im
Einzelfall Beschränkungen stattfinden konnten. Insbesondere
Baumwolle, der im 18. Jahrhundert seinen Siegeszug antretende
Rohstoff, war bei ihnen zu finden, daneben Seide, was die Verwendung herkömmlicher Materialien natürlich nicht ausschloß. Auch
hinsichtlich der Produkte und Absatzweisen sind die Unterschiede
klar. Das Handwerk belieferte den lokalen Markt und stellte daher
Endprodukte her, das heißt, die Verbraucher versorgten sich sehr
viel mehr als heute direkt beim Hersteller; der Handel war naturgemäß von entsprechend geringerer Bedeutung.

Die Manufakturen produzierten dagegen vielfach, die Verlage
sogar durchweg Halbfabrikate, die noch der Weiterverarbeitung
und Versendung bedurften: Tuche, Bänder, Roheisen sind die ty
pischen Erzeugnisse dieser Produktionsstufe. Ohne Zwischen-
handel, freilich auch nicht ohne Handwerk, das aus den Tuchen
Kleider, aus dem Eisen Nägel, Scheren, Beschläge usw. machte,
hätte dieses System nicht funktionieren können. Kapital spielte
demgemäß eine entsprechend große Rolle, und Kaufleute begegnen deshalb hier in vielfältiger Funktion. Schließlich gab es auch
noch bei den Produktionsweisen Unterschiede. Zwar waren die
Fertigungstechniken hier wie dort dieselben, Handarbeit domi-
nierte bei weitem, aber während das Handwerk keine Arbeitsteilung kannte, bzw. sie notfalls durch Gründung neuer Gewerbe be-
wältigte, zeichneten sich die Manufakturen gerade dadurch aus,

daß sie mehrere Produktionsstufen und Arbeitsgänge unter einem Dach vereinten, zum Beispiel das Walken, Bleichen, Färben, Rauhen, Scheren, Bedrucken und Appretieren von Tuchen oder das Schmelzen, Blasen, Schneiden und Schleifen von Glas.

So viel dürfte bereits deutlich geworden sein: die wesentlichen Abgrenzungen zum Handwerk bilden Arbeitsorganisation und Kapitaleinsatz. Kein Wunder, daß die Forschung seit langem hier die Genese des modernen Kapitalismus sieht oder jedenfalls einen wesentlichen Beitrag; dazu unten noch mehr.

Das *Verlagswesen* ist eine Betriebsform, die Europa schon im 13. Jahrhundert, also noch im Spätmittelalter entwickelt hat. Seine größte Blüte, jedenfalls seine größte Ausdehnung erreichte es aber erst 500 Jahre später. Zu seinen Voraussetzungen zählten auf der Abnehmerseite ein Markt, der standardisierte Massenware aufnehmen konnte, auf der Produzentenseite eine Bevölkerung, die über handwerkliche Grundkenntnisse verfügte, aber nicht in das Normensystem der Zünfte eingebunden war. Diese Bevölkerung gab es sowohl in den Städten als auch auf dem Lande, und dementsprechend finden sich Verlage hier wie dort. Die Regel war aber der ländliche Verlag und dies aus drei Gründen. Erstens gelang es in den Städten den Zünften immer wieder, die unliebsame Konkurrenz auszuschalten und verbieten zu lassen. Zweitens war das große Bevölkerungsreservoir in damaligen Zeiten auf dem Lande zu finden, und die Verlage hatten gerade für die sog. Überschußbevölkerung Verwendung, d. h. für alle, die nicht über bäuerliche Vollnahrungen verfügten und dementsprechend auf Zuerwerb angewiesen waren. Daraus ergibt sich, drittens, daß auf dem Land die Löhne tiefer lagen als in der Stadt, was für die Verleger ein zusätzlicher wichtiger Anreiz war, ihre Betriebe dort anzusiedeln.

»Betrieb« ist freilich ein irreführender Begriff, denn der Verlag bestand im strengen Sinne aus einer besonderen Organisation und bedurfte keiner Betriebsstätte. Der Verleger, meist ein Kaufmann oder eine Gesellschaft von Kaufleuten oder anderen Berufen, nahm eine Reihe von Personen unter Vertrag, die sich zur Lieferung ihrer Produkte an die Verlagsherren verpflichteten. Diese Urform des Verlags beließ beiden Teilen nominell und weitgehend auch faktisch die Selbständigkeit, das Geschäft des Verlegers beschränkte sich aufs Kaufmännische, d. h. auf Qualitätskontrolle, Abnahme und Weiterverkauf. Im 17. und 18. Jahrhundert ging diese rudimentäre Verlagsorganisation allmählich zurück. Wirtschaftliche Verflechtung und konjunkturelle Schwankungen, aber auch die durch die Bevölkerungszunahme bedingte Verkleinerung der bäuerlichen Stellen hatten die Verlegten in wachsende Abhängigkeit vom Verleger gebracht. Er stellte ihnen nunmehr die Rohstoffe, was bei ausländischen Produkten wie Baumwolle und Seide geradezu unumgänglich war, und zuletzt auch noch die Werkzeuge. Aus einem zumindest nominell gleichberechtigten Vertrags- war ein vollkommen asymmetrisches Schuldner-Gläubigerverhältnis geworden, die Verlegten arbeiteten mehr und mehr ihre Kredite ab.

Spätestens in diesem Stadium lag das Gros der Vorteile auf seiten des Verlegers. Denn sein »Betrieb« verlangte vergleichsweise wenig fixes Kapital, so daß er beweglich genug blieb, auf Konjunkturen und vor allem auf Krisen rasch zu reagieren. Die Risiken trugen dagegen vornehmlich die Verlegten, die in ihre häusliche Produktionsstätte – man spricht daher von Haus- oder Heimindustrie – Kapital investiert hatten, meist verschuldet waren und daher völlig vom Verleger abhingen. Dieser konnte dagegen rein nach Rentabilitätsgesichtspunkten wirtschaften, d. h., die Zahl der Verlegten ausdehnen oder einschränken, ganz wie die Marktlage es verlangte. Es bedurfte daher keines besonderen unternehmerischen Wagemutes, um einen Verlag zu gründen, vielmehr genügten Kapital und kaufmännische Grundkenntnisse, ja oft nicht einmal letztere. Denn große Verlage verfügten über kaufmännisches und technisches Personal in Fülle: Administratoren, Werkmeister, Aufseher, Zwischenmeister und Faktoren, wobei letztere nicht selten sogar die Rolle von Subunternehmern einnahmen. Dieses System erklärt das massenhafte Auftreten aristokratischer Verleger namentlich in den böhmischen und österreichischen Ländern, ja, selbst etliche Landesherren, allen voran Franz Stephan, der geschäftstüchtige Gemahl Maria Theresias, versuchten sich als Unternehmer. Die überwiegende Mehrzahl der Verleger waren selbstverständlich Kaufleute bürgerlicher Herkunft.

Der Übergangscharakter dieses Unternehmenstyps brachte es mit sich, daß ältere und jüngere Organisationsformen, merkantilistische und rein kapitalistische nebeneinander existierten. Ein gutes Beispiel für die ältere Form ist die Calwer Zeughandlungskompagnie, das größte gewerbliche Unternehmen Altwürttembergs.[27] Sie wurde 1622 ein erstes Mal mit einem Startkapital von

100000 bis 200000 Gulden gegründet, ging dann in den Wirren des Dreißigjährigen Krieges unter und erlebte 1648 mit erheblicher Förderung durch den Herzog die Wiederaufrichtung. Die von der Stuttgarter Regierung erlassene Ordnung von 1650 schloß 23 Färber und Händler in einer »Zunft«, die in Wirklichkeit eine offene Handelsgesellschaft war, zusammen und verlieh ihr einen »Moderationsbezirk«, der sich vom württembergischen Schwarzwald bis in die Gäuböden westlich der Landeshauptstadt erstreckte und insgesamt 60 Städte und Dörfer umfaßte. Innerhalb dieses Gebietes waren alle ansässigen Zeugmacher, wie die Wollweber hießen, »gebannt«, d. h. zum Verkauf ihrer Produkte an die Kompagnie gezwungen. Diese war ihrerseits jedoch nicht zur Abnahme verpflichtet. Sie hatte ferner Hunderte von Lohnspinnerinnen unter Vertrag, die in Heimarbeit die zur Verfügung gestellte Rohwolle zu Garn verarbeiteten. Um 1670 waren auf diese Weise etwa 2000 bis 2500 Personen von der Kompagnie abhängig, 100 Jahre später war diese Zahl auf das Doppelte bis Dreifache gestiegen. Wie hart die Firma die Verlegten im Griff hatte, erhellt unter anderem der Aufstandsversuch der Zeugmacher im Jahre 1768; sie wehrten sich gegen zu geringe Bezahlung, freilich vergebens.

Die monopolartige Stellung hat dem Unternehmen nie geschadet, es blieb beweglich genug, über 70% seiner Produktion zu exportieren, vor allem nach Italien, aber auch nach Frankreich, Österreich, Böhmen und Polen – bemerkenswerterweise ausnahmslos katholische Territorien. Ein wichtiger Abnehmer war nämlich wegen des kirchlichen Gebots, keine Leinwandstoffe zu tragen, der Klerus. Obgleich der Geschmackswandel hin zur Baumwolle der Kompagnie manche Einbuße brachte, waren es Kriege und in der Folge Unterbrechungen der alten Handelswege, die das Ende herbeiführten. 1797, ein Jahr nach der Besetzung Oberitaliens durch Napoleon, wurde sie aufgelöst.

Eine Firma ganz anderer Art waren die Scheiblerschen Betriebe, deren Stammhaus in Monschau im Herzogtum Jülich stand.[28] Seit altersher wurden in Monschau grobe Wolltuche hergestellt, die in der Umgebung Absatz fanden. Das Gewerbe bot den Webern ein Auskommen, aber keiner von ihnen hat sich jemals über handwerkliches Niveau erhoben, obgleich keine Zunft existierte, die dies hätte verhindern können und obgleich die kurpfälzische Regierung in Düsseldorf eine merkantilistische Handelspolitik ausdrücklich ablehnte. Johann Heinrich Scheibler, ein Pfarrersohn, erlernte Anfang des 18. Jahrhunderts die Feintuchherstellung im nahen Imgenbroich und trat 1724 in eine Monschauer Färberei ein, deren verwitwete Inhaberin er geheiratet hatte. Scheibler erkannte bald die Absatzchancen, die in der Kombination von komplizierter, neuartiger Färbetechnik und Feintuchherstellung aus spanischer Wolle lagen. Hierfür reichten die Monschauer Kapazitäten qualitativ und quantitativ bei weitem nicht aus. Er baute daher ein umfangreiches Verlagssystem auf, das sich vom südniederländischen Limburg bis ins Bergische erstreckte und um die Jahrhundertmitte ungefähr 4000 Spinner und Weber beschäftigte. Weitere 2000 standen im Dienst seiner beiden Söhne, die mittlerweile eigene Firmen gegründet hatten.

Das Scheiblersche Imperium, neben dem von der Leyenschen im nahen Krefeld das größte im Rheinland, bestand also einerseits aus einer über mehrere hundert Quadratkilometer dislozierten Heimindustrie, andererseits aus Manufakturen in Monschau, Eupen, Iserlohn, Hagen und Herdecke, die sämtlich durch eine Art intensiven Veredelungsverkehrs miteinander verbunden waren. Denn in den zentralen Werkstätten, deren Krönung der 1794 fertiggestellte viergeschossige Fabrikbau in Monschau war, der damals größte weit und breit, vollzogen sich im wesentlichen nur die für den Ruf des Unternehmens entscheidenden Arbeitsgänge des Garnfärbens, des Scherens und des Appretierens der Tuche. Dieses Geschäft besorgten unzünftige Gesellen. Die Manufakturen waren mit den Heimarbeitern durch ein Heer von Zwischenmeistern verbunden, den sogenannten »Baasen«, die auf eigene Rechnung wirtschafteten und die Stücklöhne der Spinner und Weber so gering als möglich hielten. Das geschah vornehmlich durch die Indienstnahme immer weiterer Heimarbeiter, die sich zwangsläufig gegenseitig unterboten.

An der Hochkonjunktur nach dem Siebenjährigen Krieg, die von einem allgemeinen Preisanstieg begleitet war, partizipierten Spinner und Weber daher nicht. Sie wehrten sich 1769, besonders aber 1774, als es unter Anführung unterbeschäftigter Monschauer Weber zu lokalen Unruhen kam. Der Zorn richtete sich bemerkenswerterweise gegen die »Baasen«, nicht gegen die Unternehmer selbst, was ein Licht auf die hierarchischen Verhältnisse innerhalb eines Verlags bzw. auf deren Wahrnehmung von unten wirft. Die dem Marktdenken verpflichtete Düsseldorfer Regierung wies die Beschwerden ab und stellte die Ruhe wieder her. Die Firma expandierte weiter, und als Zeichen der gesellschaftlichen Anerkennung erhob Kurfürst Karl Theodor Bernhard Scheibler, den ältesten Sohn des Gründers, 1781 in den kurpfälzischen Adelsstand; 1783 folgte die Erhebung in den Reichsadel.

Die Scheiblerschen Unternehmen wiesen gegenüber der Calwer Zeughandlungskompagnie mehrere wichtige Unterschiede auf. Erstens stand an ihrer Spitze eine Einzelpersönlichkeit, die zwar eine handwerkliche Ausbildung genossen hatte, im wesentlichen aber kaufmännisch tätig war. Damit war einer der wichtigsten Wege ins moderne Unternehmertum eröffnet. Zweitens hatte Scheibler Verlagssystem und Manufakturfertigung technisch miteinander verkoppelt, die Stufe des bloßen Verlagswesens, das sich in Beschaffung und Verteilung des Rohstoffs und Abnahme und Vermarktung des Endproduktes erschöpfte, war bereits verlassen. Im 18. Jahrhundert breitete sich dieser Unternehmenstyp rasch aus. Immer mehr Werkstätten legten sich einen Verlag zu. Das war die risikoärmste und billigste Methode betrieblicher Expansion und erklärt die auffallende Zunahme des Verlagssystems am Vorabend der Industrialisierung. Das in die Manufakturen investierte Kapital blieb dementsprechend gering, es machte bei den Scheiblers laut Bilanz für 1789 gerade 5,1 % der Aktiva aus, bei den von der Leyen in Krefeld 1794 gar nur 3,4 %.[29] Drittens und letztens unterschieden sich die wirtschaftspolitischen Rahmenbedingungen in Monschau grundsätzlich von denjenigen in Calw. Während Württemberg wie damals die allermeisten Territorien eine merkantilistische Politik betrieb und dementsprechend Firmen mit Monopolrechten versah – im Falle der Zeughandlungskompagnie sogar mit dem besonders altertümlichen Bannrecht –, vertrat die Düsseldorfer Regierung den Grundsatz unternehmerischer Freiheit. Nur so konnte sie hoffen, der mächtigen Konkurrenz in den westlichen Nachbarstaaten standhalten zu können.

Die jedermann eingeräumte »Kommerzfreiheit«, wie es ein zeitgenössischer Beobachter nannte, zwang die Unternehmen zu größerer Beweglichkeit und Anstrengung, ohne daß es etwa deshalb der Heimindustrie schlechter gegangen wäre. Weberunruhen kamen damals allenthalben vor, sie hatten andere Ursachen als den Wirtschaftsliberalismus. Der deutliche Modernitätsvorsprung, der die Scheiblerschen Firmen kennzeichnete, ging ebensosehr auf unternehmerisches wie auf staatliches Handeln zurück. Es war hier ein Weg eingeschlagen, der in manchem auf die kommende Industrialisierung vorauswies, freilich ohne irgendeine Absicht. Daß weder Calw noch Monschau zu Keimzellen dieser »Revolution« wurden, lag nicht an den Betrieben selbst, sondern war eine Folge des politischen Umbruchs, der Deutschland am Ende des Jahrhunderts erfaßte und für viele Firmen die Standortfrage neu stellte.

Der Umbau der Wirtschaft beschränkte sich nicht auf die Änderung und Anpassung der betrieblichen Organisation, er griff auch tief in die herkömmlichen Formen der Arbeitswelt ein. Gemeint ist der Wandel vom selbständigen Produzenten zum Lohnarbeiter, ein Thema, das in diesem Kapitel schon mehrfach angeklungen ist und nun genauer beleuchtet werden soll. Viele Historiker sprechen neuerdings von *Protoindustrialisierung*, wenn sie diesen Prozeß meinen, und verbinden damit die These einer eigenständigen Phase wirtschaftlicher und sozialer Entwicklung unmittelbar vor dem Durchbruch der Industrialisierung. Die Mehrzahl der Forscher ist ihnen hierin jedoch nicht gefolgt, da keines der Phänomene für sich genommen neu war und weil der Prozeß auch keineswegs, wie der Begriff suggeriert, mit Notwendigkeit in das Fabrikzeitalter überleitete. Gerade die oben skizzierten beiden Firmengeschichten belegen das Gegenteil. Das Aufkommen der Maschine hat, zunächst jedenfalls, etliche der alten Verlagsregionen eher deindustrialisiert als in die Industrialisierung gedrängt.

Was war dann das Neue, worin lag das Modernisierungspotential? Zunächst und vor allem in der Tendenz, daß die gewerbliche Heimarbeit für immer mehr Menschen zum Hauptberuf wurde, daß die Familie als Ganzes und nicht mehr nur einzelne ihrer Mitglieder einem Lernprozeß unterworfen wurden, der in der Ein-, ja Unterordnung unter die Disziplin des Marktes bestand. Die Triebkräfte dieses Prozesses sind allesamt bereits bekannt. An erster Stelle steht wie immer die demographische Entwicklung. Das Wachstum der Bevölkerung hat zunächst den Anteil der Vollstellen innerhalb der Landwirtschaft erheblich zurückgehen und dementsprechend die Bedeutung des nichtlandwirtschaftlichen Nebenerwerbs ansteigen lassen und später dann diesen Nebenerwerb vielerorts zum Haupterwerb gemacht. An zweiter Stelle steht die Ausbildung einer Massennachfrage nach gewerblichen Gütern, und zwar nicht nur in der Nachbarschaft der Heimproduzenten, sondern weitab, sogar in Übersee. Es waren also Vorgänge innerhalb von Landwirtschaft und Bevölkerung, die dem Gewerbe den nötigen Spielraum eröffnet haben, um gerade auf dem Lande zu einem so wichtigen Arbeitgeber werden zu können, daß Zeitgenossen geradezu von »Landesfabriken« zu sprechen begannen. Ja, so allgemein war damals in Europa der Ruf nach Mitarbeit der ganzen Bevölkerung an der Herstellung von Gespinst für die Textilindustrie, daß in England noch heute die unverheiratete Frau eine »Spinnerin« – spinster – heißt.

Die Perspektive der Heimarbeiter war die umgekehrte. Für sie bot die Expansion der Verlagsindustrie die Möglichkeit zur Emanzipation aus der Enge der ländlichen, von der Minderheit der Vollbauern bestimmten Gesellschaft und den Eintritt in eine neue, noch weithin unbekannte Welt mit anderen Chancen und anderen Risiken. Die hiervon ausgehende Faszination hat Ulrich Bräker wie wohl kein zweiter damals in Worte gefaßt. Bräker, 1735 im sanktgallischen Toggenburg, einem Zentrum der verlegten Textilindustrie, als armer Leute Kind zur Welt gekommen, von preußischen Werbern zum Soldatendienst gepreßt, aber 1756 desertiert und zurückgekehrt, berichtet in Briefen und in seiner *Lebensgeschichte* anschaulich von den Höhen und Tiefen des Daseins als »selbständiger« Heimweber. Er versuchte sich außerdem zeitweise sogar als Garnhändler: »Nun mußt' ich wieder als Taglöhner mein Brodt suchen; das kam mich freylich sauer genug an. In meinem sechs und zwanzigsten heurathete ich ein Mädchen mit hundert Thalern. Damit glaubt' ich schon ein reicher Mann zu seyn, dachte itzt an leichtere Arbeit mit aufrechtem Rücken, und fieng, auf Anrathen meiner Braut, ein Baumwollen- und Garngewerb an, ohne daß ich das geringste von diesem Handwerk verstuhnd. Anfangs fand ich Credit, baute ein eigenes Häuschen, und vertiefte mich unvermerkt in Schulden. Indessen verschaffte mir doch mein kleines Händelchen einen etwelchen Unterhalt. Aber bösartige Leuthe betrogen mich immer um Waare und Geld, und die Haushaltung mehrte sich von Jahr zu Jahr, so daß Einnahm' und Ausgabe sich immer wettauf frassen. Dann dacht' ich: Wenn einst meine Jungen größer sind, wird 's schon besser kommen! Aber ich betrog mich in dieser Hoffnung. Mittlerweile überfielen mich die hungrigen Siebenziger-Jahre, als ich ohnedem schon in Schulden steckte.«[30]

Vier Merkmale der Lebens- und Arbeitsbedingungen verlegter Heimarbeiter begegnen uns in diesen wenigen Zeilen Bräkers. Da war zunächst seine Heirat. Bemerkenswert an ihr ist freilich nicht so sehr das Alter des Bräutigams – dieses hielt sich innerhalb der damals üblichen Grenzen –, als vielmehr die Tatsache, daß er als Mittelloser eine Familiengründung wagte. Hier tritt die bereits angesprochene Emanzipation der Heimgewerbetreibenden vom Normengefüge der bäuerlichen Welt, der Schwund der sozialen Wachstumskontrollen zutage, die bisher vor allem über Heiratshindernisse beziehungsweise -verbote durchgesetzt worden waren. Die Heimindustrie bot die Möglichkeit, den von den landwirtschaftlichen Verhältnissen diktierten Postulaten zu entkommen, eben weil mit ihrer Hilfe die agrarischen Spielräume weitgehend verlassen waren.

Die Logik der protoindustriellen Familie war sogar eine im Verhältnis zur bäuerlichen umgekehrte. Auch dafür lieferte Bräker den Hinweis: »Wenn einst meine Jungen größer sind, wird's schon besser kommen« – das meint nichts anderes, als daß die Kinder schon in sehr frühem Alter (vor den »hungrigen Siebenziger Jahren« zählte das älteste der Kinder Bräkers acht Jahre, es starb 1771 als Folge dieser Hungersnot) zur Arbeit herangezogen wurden, entweder als Helfer beim Weben, vor allem aber als Spinner, denn ihre schmalen Hände waren dafür besonders geeignet. Kein Wunder, daß Heimarbeiterfamilien im 18. Jahrhundert und noch später vielerorts deutlich höhere Geburtenziffern aufwiesen. Hier bedeuteten Kinder eine geringere Last als in anderen Haushalten, sie trugen ja früher zum Unterhalt bei und wurden auch früher »flügge«, denn sie erhielten von ihren Eltern oft Geldlöhne.

Die Heimarbeiter praktizierten damit – nicht anders als die Bauern und in gewisser Hinsicht auch als die Handwerker – die sog. Familienwirtschaft. In ihr befanden sich Produktion, Konsum und demographische Reproduktion in enger gegenseitiger Abhängigkeit. Das Ziel war eine Gleichgewichtslage, und diese galt als hergestellt, wenn sich Arbeitsaufwand und Arbeitseinkommen der Familie deckten. Die dabei anfallenden Kosten wurden nicht berechnet, die Rentabilität der Arbeit blieb unberücksichtigt. Daher tendierte die Familienwirtschaft, namentlich diejenige der Unterschichten, zum Phänomen der sogenannten »Selbstausbeutung«, d. h. zur marktwirtschaftlich »irrationalen« Mehrarbeit im Falle sinkender Einkommen.

Ihr stand der »Gratisprofit« etwa des Verlegers gegenüber, der z. B. dann anfiel, wenn infolge von Mehrarbeit mehr Garn produziert wurde und deshalb der Preis für Rohfasern stieg, derjenige für Garn jedoch fiel und mit ihm der Erlös der Spinner. Mit anderen Worten: Gerade die zunehmende Einbindung in die Marktwirtschaft zwang die Heimgewerbetreibenden zu immer größerer »Selbstausbeutung« und brachte eine außerordentlich ungleiche Verteilung der wirtschaftlichen Risiken zustande. Bräker hat sie am eigenen Leibe gespürt, führte sein Unglück aber auf »bösartige Leuthe« zurück, was damals die gängige Erklärung war. Wie hätte er auch die komplizierte Wirklichkeit der Marktwirtschaft erkennen sollen?

Was die protoindustrielle Familie daran hinderte, sich »rational« im Sinne der Ökonomie des Marktes zu verhalten und sie statt dessen trotz wachsender Not am Hergebrachten festhalten ließ, war die Wertordnung der vormodernen Gesellschaft. In ihr konnte nur derjenige Respektabilität beanspruchen, der in häuslicher Selbständigkeit lebte und seine Arbeit eigenmächtig kontrollierte. Nicht Armut galt als unehrenhaft, sondern Abhängigkeit. Um diese Moral seinen Kindern weiterzugeben, hat Bräker seine »Lebensgeschichte« überhaupt niedergeschrieben: »Ich weiß, daß mein Großvater und desselben Vater arme Leute waren, die sich kümmerlich nähren mußten.« Aber »ihrer Armuth ungeachtet« sei keiner unter den Vorfahren, »den man nicht als einen braven Biedermann mußte gelten lassen; der sich nicht ehrlich und redlich in der Welt nährte« und er wisse »von keinem, der betteln gieng«.[31] Unter diesen Umständen konnte »Selbstausbeutung« auch Selbstbehauptung sein, ein Stück Emanzipation – letztere nicht im Hinblick auf den Einzelfall, sondern gesamtgesellschaftlich betrachtet. Denn ebendies war das Neue, daß die massenhafte Verlagsarbeit eine Existenzform freigab, die es vorher so nicht gab: die proletarische Familie. Bis dahin waren, jedenfalls in der Regel, arme Familien eigentliche verarmte Familien, während die dauerhaft Armen, der »Pöbel«, in der ständischen Gesellschaftsordnung zwar ihren festen Platz hatten, aber von ihr zur Ehelosigkeit gezwungen waren. In dem Maße jedoch, wie einerseits die landwirtschaftlichen Kümmerexistenzen zunahmen und andererseits Spinnen und Weben, die mit Abstand am meisten verbreiteten Heimgewerbe – sie waren leicht zu erlernen und billig auszuüben –, aus der »Füllarbeit« zur Hauptarbeit wurden, wuchs aus der Ständegesellschaft eine neue Formation, deren Bewußtsein noch den alten Normen verpflichtet war, die objektiv jedoch den Bedingungen des sich herausbildenden kapitalistischen Arbeitsmarktes und seinen neuartigen Konjunkturen unterlag. Der Sockel der sozialen Pyramide verbreiterte sich, aber die ständische Ordnung vermochte das Neue nicht mehr zu integrieren. Die Vorboten der Klassengesellschaft kündigten sich an.

Indessen war der Verlag nicht die einzige Form gewerblicher Massenproduktion. Seit jeher gab es neben ihm die *Manufaktur.* Mit ihr bezeichnet man einen Großbetrieb, in dem mit handwerklichen Methoden und einem gewissen Grad von Arbeitsteilung Erzeugnisse des täglichen Bedarfs, seltener auch – obgleich diese Spielart wesentlich bekannter ist – für gehobene Ansprüche, ja Luxusartikel hergestellt wurden. Die Manufakturen waren meist konzessioniert, d. h. genehmigungspflichtig, vielfach hatten sich ihre Inhaber auch Monopole erteilen lassen, denn die Risiken eines solchen Unternehmens waren ungleich größer als beim Verlag. Manufakturen verlangten nicht nur wie dieser bewegliches Kapital, sie banden es auch und zwangen damit zu andersartiger Kalkulation; dazu gleich noch mehr.

Die verbreitete Vorstellung einer historischen Stufenfolge vom Verlag über die Manufaktur zur Fabrik ist falsch. Während letztere in der Tat einer späteren Zeit angehört und jedenfalls im Textilgewerbe nichts weniger als eine Substitution des Verlagsgewerbes bedeutete, befanden sich Verlag und Manufaktur durchweg in einer »Gemengelage«[32] und dies nicht nur in chronologischer, sondern auch in technischer Hinsicht. Das Beispiel des Scheiblerschen Imperiums hat ja bereits deutlich gemacht, daß beide Betriebsformen kombiniert sein konnten, daß die einfachen Produktionsstufen in die Häuschen und Kotten der verlegten »Fabrikanten« ausgelagert waren, während die komplizierteren Arbeitsgänge im Zentralbetrieb vorgenommen wurden.

Die Manufaktur war freilich nicht nur der Logik technischer Sachzwänge entsprungen. Auch ökonomisch bot sie gegenüber Verlag und Handwerk gewisse Vorteile. Rekapitulieren wir noch einmal die wirtschaftlichen Grundgegebenheiten jener beiden altertümlichen Organisationsformen. »Die Hausweber und Handwerker waren Herren ihrer Zeit; sie konnten mit ihrer Arbeit beginnen und aufhören, wann es ihnen beliebte. Wenn der Arbeitgeber versuchte, durch Erhöhung des Stücklohnes seine Beschäftigten zu größerem Fleiß anzuspornen, erlebte er bald, daß die Produktion zurückging.«[33] Höherer Lohn wurde von den Heimarbeitern mit Vorliebe in mehr Freizeit umgesetzt oder diente zum Ankauf von Land, mit dessen Hilfe man die Risiken des ungeliebten Marktes zu mindern gedachte. Senkung der Löhne durch den Unternehmer dagegen durfte die gesamtwirtschaftlichen Rahmenbedingungen nicht vernachlässigen, ansonsten drohten Arbeitsniederlegung oder gar Aufstände. Der Verleger befand sich also in einer Art von protoindustrieller Falle. Er besaß vergleichsweise wenig Möglichkeiten, die Produktivität zu steigern, er konnte bei steigender Nachfrage lediglich mehr Heimarbeiter beschäftigen, blieb aber von deren Weltbild, von ihrer Arbeitshaltung abhängig.

Anders der Manufakturbesitzer. Sein Betrieb bot eine Reihe von Instrumenten, mit denen die Arbeitskräfte so weit »diszipliniert« werden konnten, daß sie nicht länger so kraß den Gesetzen der kapitalistischen Ökonomie widersprachen wie das Verhalten der Selbständigen. Arbeitszeit und -intensität waren durch direkte Aufsicht, Zerlegung der Arbeitsschritte und namentlich durch die Tatsache reiner Geldlöhne wesentlich besser zu überwachen und gegebenenfalls zu steigern. Außerdem gab es die Möglichkeit von Geldstrafen. Das »Entlaufen« von Arbeitern suchte man durch Absprache zwischen den Unternehmern und mit Hilfe der Gerichte zu verhindern.

Trotz alledem sprachen nach wie vor viele Gründe in den Augen der Kaufleute gegen die Errichtung einer Manufaktur. Die beiden wichtigsten waren die Kapitalbindung und das Arbeitskräfteproblem. Selbst kleine Manufakturen verlangten anfangs Investitionen, die erheblich über denjenigen selbst aufwendiger Werkstätten lagen, nämlich mehr als 5000 Gulden. Bei großen Unternehmen konnten Anlage- und Betriebskapital die Grenze von einer Million Gulden überschreiten. Das Wiener Kommerzdirektorium schätzte 1761, für den Start einer mittelgroßen »Zitz- und Kottonmanufaktur« benötige man mehrere 100000 Gulden. Diese Summen aufzubringen war nicht das Problem. Kritisch war vielmehr die Verzinsung in Konkurrenz zu anderen Anlagemöglichkeiten, d. h. vor allem im Kreditgeschäft.

Betrachten wir ein wenig die Kostenseite. Um wettbewerbsfähig sein zu können, mußten insbesondere die kapitalintensiven Großunternehmen, die es in Verlag und Zentralbetrieben zuweilen auf 20000, ja 40000 Beschäftigte bringen konnten (das war vornehmlich in Böhmen und Österreich der Fall) ihre Kapazitäten so auslasten, daß möglichst regelmäßig, Tag für Tag, von früh bis spät in die Nacht im einheitlichen Arbeitsrhythmus produziert wurde. Und eben das war keineswegs die Regel. Die Konjunktur schwankte ungleich sprunghafter als in der Gegenwart, oft stockten Nachschub oder Absatz unverhofft und die Arbeitskräfte waren teuer, rar und konnten sich entsprechende Freiheiten leisten. Staatliche Hilfestellung in Gestalt von Privilegien, Monopolen, Beihilfen, ja Zwangsinstrumenten – die Maschinenfabrik St. Blasien, trotz ihres Namens eigentlich eine Manufaktur, erhielt 1811 von der badischen Regierung das Recht zugesprochen, ihre »Kunstarbeiter« zehn Jahre lang an die Fabrik zu binden, die dafür freilich keine Militärdienste zu leisten hatten – milderten diese Schwierigkeiten nur unwesentlich. In den Manufakturen arbeiteten nämlich vorzugsweise Spezialisten, Handwerker also, denn nur sie beherrschten die komplizierten Arbeitsgänge der Produktion oder Veredelung. In Österreich schwankte der Anteil von Meistern und Gesellen in diesen Betrieben zwischen 25 und 60%, und diese Arbeitskräfte mußten besser entlohnt werden als in den herkömmlichen Werkstätten, damit sie überhaupt bereit waren, in diesen prestigearmen Unternehmen zu arbeiten. Kein Wunder, daß die Lohnkosten mindestens die Hälfte des Umsatzes ausmachten, oft noch mehr.

Buchstäblich abenteuerliche Versuche mußten unternommen werden, um Arbeitskräfte anzuwerben. Oft sah man sich deshalb in fortgeschritteneren Nachbarländern um, selbst in der Schweiz, in Belgien und in England. Anton Schwarzleithner, Inhaber zweier Fabriken für leonische und Blechwaren in Niederösterreich, reiste 1786 nach Fürth, Nürnberg und Ansbach. Dank seiner List, seiner Handgelder und Versprechungen konnte er unter anderem drei Spiegelmacher nebst ihren Gesellen, vier Spitzenklöpplerinnen samt ihren »Maschinen«, eine Plattnerin, zwei Scharbacher Nadlermeister, einen Dosenlackierer und einen Messingnagelfachmann anwerben. In Fürth gewann er einen Brillenmacher, der einen Betrieb mit 80 Personen geleitet hatte. In Nürnberg gelang es Schwarzleithner, »ungeachtet der Wachsamkeit der Regierung, eine beträchtliche Anzahl nützlicher Fabrikanten zur Übersiedlung zu bereden«. Alles in allem engagierte er 66 Facharbeiter. Die Wiener Hofkammer, daran lebhaft interessiert, erstattete ihm deshalb 1500 Gulden für seine Auslagen.[34]

Alle diese Umstände erklären die mehrfach gebrochene Karriere des Manufakturwesens, den »Schlummer«, wie sich 1792 ein Wiener Kaufmann rückblickend erinnerte[35] (dieser Schlummer habe, jedenfalls in Österreich, gegen 1752 geendet als »man beschloß, gleichsam mit Gewalt den Ausfluß des Geldes zu steuern [und] die innere Waren-Erzeugnis zu gründen und zu beleben«). Obwohl seit Jahrhunderten als Institution bekannt, erlebte es erst spät einen Aufschwung. Ohne die internationale Konjunkturbelebung nach dem Siebenjährigen Krieg wären die Zahlen so niedrig geblieben wie in der Zeit davor. Nun also erlebte die Manufaktur ihre eigentlichen »Gründerjahre«, so daß 1800, als der Höhepunkt erreicht war, ungefähr tausend solcher Betriebe in Deutschland bestanden haben. Gegen 40% von ihnen erzeugten Textilien, hier war wohl die Hälfte aller Arbeiter beschäftigt, weitere 40% produzierten Glas- und Metallwaren bzw. verarbeiteten Tabak, der Rest verteilte sich auf eine Palette unterschiedlichster Produkte. Der späte Gründungsboom und die Dominanz der Textilfabrikation erklären auch das abrupte Ende der Manufaktur. Denn sie erreichte in Deutschland just dann den Gipfel, als in England die ersten Spinnmaschinen erfunden wurden, die das Wirtschaftsleben rasch revolutionierten.

Die Vorteile des Fabrikwesens, vor allem seine sehr viel günstigere Kostenstruktur, wurden natürlich auch hierzulande rasch bekannt. 1783/84 gründete der Elberfelder Kaufmann Gottfried Brügelmann in Ratingen bei Düsseldorf die erste Spinnerei des Kontinents, in der wassergetriebene »Jennies« liefen; er nannte sie Cromford, nach jenem Ort in Derbyshire, in dem Arkwright und Strutt 1771 ihre erste Fabrik gegründet hatten. Bald entstanden weitere Fabriken in Berlin und vor allem in Sachsen. Dort arbeiteten gegen 1810 nicht weniger als neuntausend Exemplare dieser ersten Maschine, und das Königreich erlebte dank der Kontinentalsperre einen förmlichen Entwicklungssprung. Nunmehr waren die Tage der Manufaktur gezählt, nur wenige Firmen erlebten die Umwandlung in die Fabrik. In manchen Zweigen, etwa in der Porzellanherstellung, überdauerte aber die Manufaktur bis in unsere Tage.

Diese Betriebsform war daher für den Übergang zum Fabriksystem nur von geringer Bedeutung, und zwar ganz besonders dann, wenn es sich um isolierte Werkstätten handelte. Obwohl sie mit der nachmaligen Fabrik etliches gemeinsam hatten – den städtischen Standort, die freie Lohnarbeit und Massenproduktion für den überörtlichen Bedarf –, gingen von hier keine entscheidenden

Impulse zur Überwindung derjenigen Schranken aus, die den wirtschaftlichen Fortgang am meisten hemmten: die altertümliche mentale Disposition der Arbeitskräfte und die prekäre Verzinsung des eingesetzten Kapitals.

Für die Entstehung des modernen Kapitalismus war dagegen der Verlag viel wichtiger, so paradox das namentlich im Hinblick auf seine ländlich-agrarische Herkunft, an die er bis zum Schluß gebunden blieb, auch scheinen mag. Was war daran kapitalistisch? Es gibt bekanntlich verschiedene Formen von Kapitalismus. Wenn man seine modernste Form, den Industriekapitalismus meint, versteht sich von selbst, daß zu seiner Entstehung noch nicht die Verlagstätigkeit als solche, d. h. der Geldvorschuß des Kaufmanns, und auch nicht die Produktion für den Markt genügt hat. Entscheidend war vielmehr die Verwandlung von Handels- in Industriekapital. Sie fand statt, sobald der Verleger direkt auf die Produktion Einfluß nahm und die Arbeit ebenso zur Ware machte, wie es Rohstoffe und Werkzeuge seit jeher waren. Die Folgen sind kaum zu überschätzen. Eine Produktionssteigerung trat durchweg ein, meist auch eine Leistungs- und Qualitätssteigerung, vor allem aber wurden die Warenproduzenten vergesellschaftet – was bis in die Sprache hineinreichte: der »Arbeiter«, anfangs noch »ouvrier« genannt, tauchte in den siebziger Jahren auf und wurde dem Kapitaleigner gegenübergestellt. Wenn man dann noch in Rechnung stellt, daß um 1800 in Deutschland ungefähr fünfmal so viele Menschen im Verlag arbeiteten wie in der Manufaktur – nimmt man die Spinner hinzu, wird der Abstand noch wesentlich größer –, wird die Bedeutung dieser Betriebsform für den Kapitalismus vollends klar.

In der Verbindung mit der angegliederten Zentralwerkstatt, der »fabrique«, lieferte sie dazu ein Modell, das seine Zukunftsoffenheit vollends unter Beweis stellte, als der weitere Ausbau des Verlags die vom Agrarsektor gezogenen Grenzen erreichte. Schon seit jeher beschäftigte ein Weber gegen fünf bis sieben weitere Arbeitskräfte, davon vier bis fünf Spinner, war also das Weben in technischer Hinsicht gleichsam der neuralgische Punkt. Als sich der Schnellschütz zu verbreiten begann – er war in England 1733 erfunden worden –, verdoppelte sich die Zahl der benötigten Spinner. Obgleich die sonstigen Hilfskräfte überflüssig wurden, genügte deren Zahl keineswegs, auch wenn sie alle als Weber eingestellt worden wären. Aber mehr Arbeitskräfte konnte die Landwirtschaft nicht freisetzen, jedenfalls nicht in England. Dort entstand darum ein Mechanisierungsdruck, der gegen 1780 das nötige Maß erreicht hatte: »Jenny«, »Mule« und schließlich »Selfactor« wurden in rascher Folge entwickelt und leiteten wahrhaft revolutionäre Prozesse ein. Die bislang verlegte (Baumwoll-)Spinnerei verschwand und tauchte in völlig veränderter Form in der Fabrik wieder auf.

In Deutschland reichten damals die Engpässe zwar noch nicht für einen selbstverursachten Durchbruch der Maschine, diese setzte sich jedoch, wie gezeigt, auch hier alsbald durch. Sachsen und der Niederrhein lagen nur knapp hinter England und gleichauf mit den anderen fortgeschrittenen Regionen Europas.

Seither änderte sich die Rolle des Verlags dramatisch. Obgleich mancherorts, in Schlesien und Westfalen z. B., die Zahl der Beschäftigten noch jahrzehntelang kräftig stieg und die »Selbstausbeutung« immer größere Ausmaße erreichte, verlor er jegliche Vorreiterfunktion und wurde statt dessen zum Rückzugsgebiet noch nicht industrialisierter Herstellungsverfahren. So verkörperte sich fortab in ihm ganz besonders das »Elend der Handarbeit«. In dieser Gestalt hat der Verlag bis heute überdauert.

5. Handel und Verkehr

Die Geschichte von Handel und Verkehr ist von allen hier behandelten Sektoren und Branchen die mit Abstand am schlechtesten erforschte, jedenfalls wenn man sein Augenmerk auf Überblicke und Zusammenfassungen richtet. In der lokalgeschichtlichen Forschung gibt es dagegen reichlich Material, nur sind hier Interessenlagen und Fragestellungen ganz anderer Natur. Wie die Versorgung des Binnenmarktes im einzelnen funktioniert hat und wie umfangreich, d. h. wie bedeutsam er war, ist jedenfalls weithin unbekannt. Soviel jedoch ist klar: die Bedarfsdeckung spielte sich auf fünf verschiedenen, neben- oder übereinandergelagerten Ebenen ab und unterschied sich damit grundlegend von dem uns heute geläufigen System.

An erster Stelle stand ohne Zweifel die Selbstversorgung. Auf dem Lande und in den Kleinstädten, aber mit einem deutlichen Gefälle von Ost nach West, deckte die Bevölkerung ihren täglichen Bedarf, vor allem den an Nahrungsmitteln, aus eigener Kraft, so daß ein erheblicher, aber nicht einmal halbwegs exakt zu schätzender Anteil des Sozialprodukts gar nicht erst in den Wirtschaftskreislauf eintrat und dadurch auch der steuerlichen Erfassung entging, sehr zum Leidwesen der gerade im 17. Jahrhundert den Konsum als Steuerquelle verstärkt heranziehenden Staaten. Auf der nächsten Ebene des Güteraustausches vollzog sich dann zwar bereits der Verkauf von Ware gegen Geld, aber der Kaufmann war dabei immer noch nicht beteiligt. Denn alle vom Handwerk hergestellten Endprodukte verkaufte dieses an die Verbraucher selbst, und zwar nicht nur in seinen Werkstätten, sondern gegebenenfalls durch Kolporteure, oft Familienmitglieder, die ihre Ware auf festen Routen bis in große Entfernungen trugen: Schwarzwälder Uhren bis nach Niederdeutschland, Eifeler Mausefallen bis zum Bodensee, metallene Präzisionswaren aus den Ardennen bis nach Oberitalien.

»Cum grano salis« läßt sich behaupten, daß für die am Ort produzierten Artikel die Kaufleute in jenen Zeiten unzuständig waren. Sie versorgten statt dessen – und das ist die dritte Ebene – die Bevölkerung mit jenen Dingen, die von auswärts beschafft werden mußten, z. B. mit Stoffen und Weißwaren, Papier und Schreibwaren, Zucker und Salz, Tee und Kaffee, Heringen und Käse, Honig und Rosinen, Spezereien und Öl, »Tand«, Leuchtmitteln und dergleichen mehr. Auch wenn alle diese Waren mehr oder weniger unverzichtbarer Bestandteil der Nachfrage im 17. und mehr noch im 18. Jahrhundert waren, wirkte das nicht auf das Prestige der damit Handelnden zurück. Die Krämer, wie man die Einzelhändler bezeichnete, zählten überall zum unteren Spektrum der Gesellschaft: die Frankfurter Kleiderordnung von 1731 verwies sie in die vierte der fünf Stände zusammen mit den Handwerkern, die preußische Ehegesetzgebung von 1739 reihte sie zusammen mit den Wirten, Bauern und Komödianten in die »niederen Stände« ein. Dennoch zählten sie zur städtischen Ehrbarkeit und waren im Rat vertreten, jedenfalls nominell, denn faktisch besorgten dies juristisch gebildete Fachleute, die sich in ihre Zünfte bzw. Ämter eingekauft hatten.

Das widersprüchliche Bild des Krämers war die Folge davon, daß er in sozialer Hinsicht flankiert war von zwei Figuren, die am jeweils entgegengesetzten Ende der gesellschaftlichen Pyramide angesiedelt waren. Die Bandbreite kaufmännischer Tätigkeiten, aber auch die Chancen und Risiken waren größer als in irgendeinem anderen Berufsstand, und die Grenzen waren fließend, konnten es jedenfalls sein: nach oben bei persönlicher Tüchtigkeit, nach unten im Falle von Krisen. Insofern verwies der Kaufmann seit jeher in die Zukunft und wurde mehr noch als der Gelehrte zum Repräsentanten der Moderne. Gerade deshalb verachtete ihn der Adel. Deshalb hat aber auch im nachhinein der den Frühkapitalismus schaffende und damit den Abschied von der bisherigen Geschichte erzwingende Unternehmer-Kaufmann Männer wie Max Weber und Werner Sombart ein Leben lang fasziniert.

Doch kehren wir zum Krämer-Kaufmann zurück. Solange die Ständegesellschaft intakt war, rangierten – scheinbar – unendlich tiefer und entsprechend scharf geschieden die Trödler, die mit Gebrauchtwaren handelten, und zwar meist ambulant, weil sie keine Läden eröffnen durften. Die Grenzen zur Landstreicherei waren fließend, jedenfalls in den Augen der Obrigkeiten.

Am anderen Ende der Skala stand der Kaufmann, der nicht in seinem Laden stand und im Detail nach Elle, Maß und Gewicht verkaufte, sondern der in den frühen Urkunden als »mercator« begegnet, weil er den Fernhandel betrieb und diesen oft mit der Unternehmertätigkeit eines Verlegers oder mit Geldgeschäften verknüpfte. Gesellschaftlich und politisch nahm er dort, wo es ein Patriziat gab, hinter diesem den zweiten Rang ein, in den Hanse- und namentlich den Residenzstädten aber meist sogar den ersten. Diese fünfte und letzte Ebene der Bedarfsdeckung band die entferntesten Märkte zusammen, sie verknüpfte Regionen und ganze Erdteile miteinander und hatte auf diese Weise im 16. Jahrhundert eine Form der internationalen Arbeitsteilung herbeigeführt, die man als »modernes Weltsystem« bezeichnet hat: die Gewerbelandschaften Nordwesteuropas bezogen von »außen« billige Lebensmittel, vor allem Getreide sowie Rohstoffe, und belieferten diese Gebiete mit Halbfabrikaten und Fertigprodukten.

Die Interpretationsfigur des »Weltsystems« ist weder neu noch unumstritten. Sie übersieht oder unterschätzt die vielgestaltige Verflechtung kleinräumiger Wirtschaftsgebiete, die sich gegenseitig mit ihren Produkten ergänzen, eine Besonderheit, die Europa seit langem ausgezeichnet hat. Zwischen ihnen und nicht zwischen entfernten Gebieten fand das Gros des Warenaustauschs statt, und dieser veränderte im Laufe der Zeiten das Wirtschaftsleben nicht weniger nachhaltig als jener. Über seine Intensität, über die Dichte der Marktbeziehungen herrschen seit langem ebenso irrige Vorstellungen wie über Maß, Geschwindigkeit und Zuverlässigkeit der Kommunikation. Beides stand natürlich in engstem Zusammenhang.

Die Gliederung Deutschlands in Wirtschaftsräume und die Dimension seiner binnenwirtschaftlichen Verflechtung wird oft verkannt, weil das heute üblicherweise für solche Fälle herangezogene Datenmaterial in früheren Zeiten fehlt. Wenn man jedoch die Transportverhältnisse zugrunde legt, werden wenigstens die von den damaligen Verkehrsleistungen bestimmten Möglichkeiten und Grenzen des Austauschs von Gütern und Nachrichten sichtbar. Die unter diesem Gesichtspunkt vorgenommene Auswertung der zeitgenössischen Kaufmannsliteratur und der kameralistischen Autoren, d. h. der wirtschaftspolitischen Fachleute, steckt noch immer in den Anfängen, obgleich schon Sombart vor vielen Jahrzehnten versucht hat, auf der Grundlage der Verkehrsverhältnisse das Maß der kapitalistischen Entfaltung zu erkennen. Es ist reizvoll, dem von ihm eingeschlagenen Weg zu folgen und mit Hilfe der verschiedensten Angaben die Rahmenbedingungen des Binnenhandels zu rekonstruieren.

Die Zeitgenossen beklagten den Zustand der Straßen im Deutschen Reich, er war in der Tat erbärmlich. Aber im 18. Jahrhundert wuchs das Bewußtsein für diesen Mangel, und man versuchte Abhilfe. Viele Territorien begannen mit der Klassifikation der Verkehrswege und erließen für die wichtigsten, die »Hauptland- und Commercialstraßen«, eigene Bauvorschriften, so Baden schon 1733; es folgten Württemberg 1737, die Landgrafschaft Hessen 1746, Trier 1753, das Herzogtum Westfalen 1769, Weimar 1779, Kursachsen 1781 und Bayern 1790. Die Aufzählung beansprucht keine Vollständigkeit, aber das Fehlen Preußens ist kein Zufall. In diesen Ordnungen wurden Breite, Beschaffenheit und Unterhaltspflicht festgelegt, in Bayern sogar das Schneeräumen, das jeweils »auf das Schleunigste« zu geschehen hatte.[36] Damals erschienen auch die ersten Wegzeiger mit Entfernungsangaben. Freilich gab es nur wenige Kunststraßen. Sie konzentrierten sich auf den Süden Deutschlands, wenn man von den Strecken Aachen-Köln und Mühlheim–Düsseldorf absieht. Gut ausgestattet war die Umgebung von Frankfurt, gelobt wurde in Reiseberichten auch der Zustand der Straße von Bruchsal über Augsburg nach Salzburg bzw. Innsbruck. Mit großem Aufwand hatten Karl VI. und Maria Theresia von Wien aus vier Chausseen nach Prag, Linz, Triest und

Preßburg bauen lassen.

Wenn auch die Qualität zu wünschen ließ, war doch ein großer Vorzug, daß sich das Netz der Straßen über ganz Deutschland erstreckte. Die Linienführung war so ausgereift, daß Friedrich List Anfang der dreißiger Jahre des 19. Jahrhunderts seinen Plan eines deutschen Eisenbahnnetzes weitgehend an ihm hat ausrichten können. Nirgendwo auf dem Kontinent waren die Verhältnisse besser. Im Gegenteil: Erst Turgots Reform von 1774 brachte das Tempo der französischen Post auf die in Deutschland seit längerem üblichen Formen. Freilich dauerten die Landtransporte mit Frachtwagen lange und sie waren teuer. Massengüter ließen sich auf diese Weise kaum rentabel bewegen.

Für sie waren die Wasserstraßen – man befuhr damals Gewässer, die man heute kaum noch für schiffbar halten würde, aber die vielen Sümpfe in den Niederungen sorgten ständig für reichliche Wasserzufuhr, und außerdem waren die Kähne sehr flach – der geeignete Verkehrsweg, auch wenn zahlreiche Zölle und Stapelrechte den Transport erheblich verteuerten. Denn die Binnenschiffahrt besaß deutliche Preisvorteile gegenüber dem Landweg, so daß es zu ihr oftmals keine Alternative gab. Von einer bestimmten Einwohnerzahl an waren die Städte jedenfalls auf die Zufuhr von Lebensmitteln und gewerblichen Rohstoffen zu Wasser zwingend angewiesen, die großen lagen daher fast ausnahmslos an Flüssen. Entsprechend bedeutsam waren die hier erbrachten Transportleistungen. 1798 waren auf der Elbe ca. 460 Schiffe »bloß zwischen Magdeburg und Hamburg« eingesetzt[37], auf dem Rhein werden es 200 bis 300 gewesen sein, da 1785, die Flöße abgerechnet, ca. 100000 Tonnen Fracht befördert worden sind[38] und die Schiffe durchschnittlich 100 Tonnen geladen hatten, was ungefähr 80 Wagenladungen entsprach. Sie befuhren die Strecke 3 bis 4 Mal jährlich zu Berg und 2 bis 3 Mal zu Tal. Für eine solche Bergfahrt waren auf dem rasch fließenden Rhein 55 bis 65 Mann als Vorspann nötig, ihre Löhne verschlangen daher den Löwenanteil der Frachtkosten; auf der Donau genügten meist halb soviele Treidelknechte.

Die Binnenschiffahrt blieb daher in den meisten Staaten das wichtigste Verkehrsmittel im Landesinnern und sie hatte nicht nur im Frieden, sondern auch gerade für Feldzüge eine entsprechend große Bedeutung. Daß es in Deutschland trotzdem so vergleichsweise wenig künstliche Wasserstraßen gab, lag in erster Linie an den ungünstigen topographischen Gegebenheiten und in zweiter an der Kleinstaaterei. Ein anschauliches Beispiel dafür, wie kleine Territorien wegen ihrer innenpolitischen Schwäche lokalen Widerständen nachgeben mußten und dadurch übergeordnete Verkehrs- und Handelsinteressen schädigten, ist der sog. Maiwaldkanal. Dieses im Badischen, unweit von Kehl unternommene Vorhaben eines Verbindungskanals vom Rhein zur Acher, der der Schiffahrt und vor allem dem Flößen dienen sollte, mußte nach massiven bäuerlichen Unruhen 1750 aufgegeben werden, nachdem schon Zehntausende von Gulden investiert worden waren.[39] Erfolgreicher Kanalbau beschränkte sich darum auf den Bereich der Tiefebene mit ihren großräumigen politischen Einheiten. In Brandenburg-Preußen wuchs von 1666 bis 1786 das Kanalnetz einschließlich der mit Schleusen versehenen Flußstrecken auf 714 km an.[40] Die Kurmark und insbesondere Berlin verfügte über ausgezeichnete Verbindungen in alle vier Himmelsrichtungen, weshalb Fachleute schon im 18. Jahrhundert beiden einen sicheren wirtschaftlichen Aufschwung voraussagten. Von ganz anderer Bedeutung war der von 1777 bis 1784 erbaute 34 Kilometer lange Eiderkanal, der Nord- und Ostsee miteinander verband und den Schiffen mehr als 200 Seemeilen oft recht gefährlicher Fahrt ersparte. Wirtschaftliche Impulse für die unmittelbare Umgebung gingen von der insgesamt 180 Kilometer langen und äußerst großzügig dimensionierten Wasserstraße jedoch nicht aus.

Massenfracht, und das war in erster Linie Getreide, in zweiter betraf sie die voluminösen Rohstoffe wie Holz, Wolle und Baumwolle, Flachs und Hanf, konnte in Deutschland nur in den eigentlichen Flußlandschaften günstig transportiert werden. Für diese Güter gab es deshalb eher unzusammenhängende Märkte, ja, im Hinblick auf die Versorgung mit Getreide kann man sogar von einer Zweiteilung Deutschlands mit den Mittelgebirgen als Wegscheide sprechen. Sie reichte bis in die Speisezettel hinein: Der norddeutschen Fleisch-Gemüse-Kost stand, jedenfalls seit dem 16. oder 17. Jahrhundert, im Süden die Milch-Mehl-Kost gegenüber. Weder konnte der Norden seinen Fleischüberschuß nach Süden verfrachten noch jener sein Getreide nach Norden, denn im Süden war das Preisniveau für Grundnahrungsmittel höher als im Einzugsbereich der Küste; zum Kauf von Fleisch fehlte daher den meisten Konsumenten das Geld.

Trotzdem gab es für Frachtwagen viel zu befördern, ja, ihre Blütezeit fiel überhaupt ins 18. Jahrhundert und stand natürlich in ursächlichem Zusammenhang mit dem konjunkturellen Aufschwung in dessen zweiter Hälfte. Das interlokale Fuhrgewerbe stellte zusammen mit den Speditionsfirmen, die damals keine Transport-, sondern nur die komplizierten Serviceleistungen erbrachten, die schon mehrfach angesprochene binnenwirtschaftliche Verflechtung überhaupt erst her. Wichtig war, daß ein Verbund befreundeter Unternehmen existierte, denn nur so ließ sich vergleichsweise mühelos der Transport mailändischer Rohseide nach Wien oder Krefeld, bergischer Eisenwaren nach Süddeutschland, von Wolltuchen der Calwer Zeughandlungskompagnie nach Oberitalien, westfälischer Segeltuche nach Amsterdam und schlesischer Leinwand nach Berlin und Hamburg organisieren – um nur einige willkürlich herausgegriffene Beispiele zu nennen. Auch das im 18. Jahrhundert in Deutschland florierende Messewesen ist ohne die Leistungsfähigkeit der Lohnkutscher undenkbar. Erschienen doch auf der Leipziger Messe, die praktisch ganz Osteuropa versorgte, 1754 immerhin 6736 Fremde, 1799 schon 9220 und schließlich 1815 nicht weniger als 25 882. Nach Frankfurt, wo in den ca. 500 Messebuden die Rheingebiete und Oberdeutschland ihren Bedarf zu erheblichen Teilen deckten, wurden in den achtziger Jahren Waren in einem Gesamtwert von durchschnittlich vier Millionen Talern geliefert, von denen die Hälfte auf Woll- und Baumwollstoffe sowie auf Leinwand entfiel, mithin auf Güter, die schwer waren und viel Platz benötigten.[41]

Während die Fuhrleute zwar festen Routen folgten und amtlich vorgeschriebene Taxen erhoben, aber sich nur bei Bedarf auf den Weg machten, bot die Post zusätzliche Dienste von großer Bedeutung an. »Die Posten sind eine Policeyanstalt zur Bequemlichkeit des Publici und Beförderung der Commercien und Gewerbe«, definierte Justi das staatlich organisierte Transportgewerbe im Jahre 1760, »wodurch Briefe, Waren und Persohnen gegen ein gewisses Postgeld mit abgewechselten Pferden schleunig und sicher fortgeschafft werden«.[42] Es bestand ein Netz von Postlinien, dicht geknüpft und mit abgestimmten Anschlüssen, auf dem Reiter und Kutschen fahrplanmäßig unterwegs waren. Viel wichtiger war jedoch, daß die Beförderung bei Tag und Nacht erfolgte und daß die Boten und Pferde auf jeder Station gewechselt wurden. Das war die wesentliche Neuerung der Taxisschen Post, die nach dem Dreißigjährigen Krieg Transport und Kommunikation auf eine neue

Stufe hob: das Netz wurde dichter, das Tempo schneller. Um die Mitte des 17. Jahrhunderts erreichte die Briefpost Tagesleistungen von 130 bis 150 km und daran sollte sich bis zur Umstellung auf die Eisenbahn nichts mehr ändern; die Fahrpost erreichte unter günstigen Bedingungen immerhin 90 bis 100 km. In beiden Fällen bedeutete dies eine Verdoppelung der Geschwindigkeit gegenüber der vorangehenden Zeit. Die wichtigsten Postorte der Taxisschen Post waren Nürnberg, Augsburg, Rheinhausen (zwischen Bruchsal und Speyer), Frankfurt und Hamburg, die preußische Post hatte natürlich ihr Zentrum in Berlin, dem 760, die kursächsische in Leipzig, dem 140 Postanstalten unterstanden, die habsburgische in Wien. Zwischen benachbarten Zentren richtete man in der zweiten Hälfte des 18. Jahrhunderts sog. »Journalièren«, d. h. tägliche Verbindungen ein, während der inner- und außerörtliche Nahverkehr wie seit alters von Botendiensten und Läufern versehen wurde. Schon 1622 erschien in Frankfurt das erste Kursbuch, genannt *Verzeichnuss auff was Tag und Stunden die Ordinari-Posten in dieser Kayserlichen Reichs-Wahl- und Handelsstatt Franckfurt am Mayn abgefertiget werden;* eine spätere Ausgabe des Jahres 1800 enthielt mehr als 60 abgehende Verbindungen, davon täglich eine nach Utrecht und Wien.

Schnelligkeit und Zuverlässigkeit der Post hatten die alten, in städtischer Hand befindlichen Botendienste überflüssig gemacht, die Kaufleute bedienten sich mehr und mehr der vom Staat angebotenen Dienste. So erklärt sich die enorme Frequenz auf allen Linien. 1793 kamen durch Lüneburg, wo sich, von Hamburg kommend, die Handelsstraßen nach Nürnberg und Leipzig gabelten, täglich 35 bis 45 Wagen, deren Pferde gewechselt werden mußten. Im kleinen Hattersheim, das »für die beste der Reichspoststationen auf dem Lande gehalten wurde«, waren es sogar 500 Wagen.[43] Außer ihrer Regelmäßigkeit war Berechenbarkeit der Kommunikation wichtig für den Handel. Kein Wunder, daß die Kursbücher schon früh auf diese Tatsache hinwiesen. 1703 hieß es beispielsweise, »daß wer bey dieser Post des Dienstags zu Leipzig nach Venedig schreibet, dessen Brief den 9ten als am Donnerstag über 8 Tage Mittags daselbst anlanget, und man allda zur Beantwortung bis den Freytag Abends, und fast auf die 30 Stunden Zeit übrig hat, welche Antwort so denn den 10ten Tag als des anderen Montags darauf in Leipzig einlauffet, und man also innerhalb 20 Tagen Briefe hin und selbe beantwortet wiederum zurückhaben kan«.[44]

Ohne daß ein quantitativer Beweis geführt werden könnte, sollen die angeführten Beispiele und Hinweise – denn mehr war es nicht – den Eindruck bekräftigen, daß die binnenwirtschaftlichen Verflechtungen namentlich im 18. Jahrhundert enorm zunahmen. Sie werden meist unterschätzt, weil die Vielzahl der Territorien, Zoll- und Mautstationen als schwere Hindernisse für den Warenaustausch gelten und überhaupt vor Eintritt in die Ära des Wirtschaftsliberalismus intensive Handelsbeziehungen für undenkbar gehalten werden. Das ist indessen nur zum Teil richtig. Einerseits hatten die Zölle und Mauten wohl kaum das Gewicht, das ihnen allgemein beigemessen wird, jedenfalls nicht im Vergleich zu den Frachtraten – für eine Sendung mit dem Frachtwagen von Frankfurt nach Basel zahlte man 1775 an Zöllen und Wegegeldern 60 Gulden, die eigentlichen Transportkosten betrugen aber 71 Gulden[45] –, andererseits war es gerade der Merkantilismus, der erstmals den Blick für eine gesamtstaatlich orientierte Wirtschaftspolitik geöffnet hat. Einzelne Herrscher haben darum nach dem Vorbild Frankreichs, dieses jedoch an Reformwillen und Durchsetzungskraft überholend, ihre Länder zu einheitlichen Zollgebieten zusammengefaßt, nach Ein-, Aus- und Durchfuhr unterschiedene Tarife erlassen und die Zollstationen an die Grenzen verlegt: 1765 Bayern (mit Anschluß der Oberpfalz 1769 und der Kurpfalz 1777; das Reich setzte sich dagegen jedoch zur Wehr und verwikkelte Bayern in einen langwierigen Rechtsstreit) und 1775, nach etlichen Vorstufen, die deutschen Erbländer der Habsburger (ohne Tirol, Oberschwaben und ohne den Breisgau); die Hohenzollernstaaten wurden dagegen erst 1818 einheitliches Zollgebiet.

Die Zunahme von Phänomenen, die nicht anders als kapitalistisch bezeichnet werden können, ist kaum zu übersehen, schon gar nicht im 18. Jahrhundert mit seinem markanten Aufschwung der Konjunktur. Das Wachstum der Bevölkerung, deren Kehrseite die relative Abnahme der Familienwirtschaft war, und die Diversifikation der Güter verlangten gebieterisch nach dem Markt, da sich nur so noch Angebot und Nachfrage ausgleichen ließen. Immer mehr Regionen verloren ihre Fähigkeit zur Selbstversorgung. Hier konnte nur der Handel helfen. In Frankreich soll die Post im 18. Jahrhundert ihr Transportvolumen nahezu verachtfacht haben.[46] Möser meinte, im selben Zeitraum habe sich die Zahl der Krämer in Deutschland verdreifacht.[47] Wenn sich in Südwestdeutschland bis zum späten 18. Jahrhundert das Netz der Reichspost verdoppelt hat und wenn während der Regierungszeit Friedrichs des Großen die preußischen Posteinnahmen um dasselbe Maß zugenommen haben, sind diese rohen Daten ebenso Hinweise für die rasch zunehmende wirtschaftliche Verflechtung Deutschlands wie die Halbierung der Frachtraten vom 15. bis zum 18. Jahrhundert für die gestiegenen Transportleistungen. Was Möser mit Sorgen erfüllte, rechtfertigten andere und suchten den Gang der Dinge noch zu beschleunigen. Immer mehr Philosophen, Juristen und Wirtschaftsfachleute sahen im »Commerz ... das eigentliche wahre Band der Gesellschaft«, verlangten »Handelsfreiheit« und priesen den Segen der Konkurrenz.[48] Der »Markt« war ins öffentliche Bewußtsein getreten.

Das Zusammenwachsen der Märkte und die Erschließung bislang marktferner Gebiete glich einer »friedlichen Revolution«. Es ignorierte, wie schon berichtet, die politischen Grenzen und schärfte doch zugleich das Bewußtsein für das Reich als zusammenwachsende wirtschaftliche Einheit. Neben die von den Gebildeten repräsentierte Kulturnation trat die Handelsnation der Kaufleute. Ablesbar ist dies auch an den Nachschlagewerken, die dem Handel neuerdings zu Gebote standen und ihm die Orientierung erleichterten. Sie konzentrierten sich zunehmend auf Deutschland, das als Markt immer wichtiger wurde. 1756 erschien ein *Topographisches Reise-, Post- und Zeitungslexikon von ganz Deutschland*, 1798 der *Versuch eines allgemeinen Handlungs- und Fabriken-Adreßbuches von Deutschland*.[49]

Überhaupt zeigen die Druckerzeugnisse den Wandel im Güterverkehr recht präzise an. Die traditionellen Kaufmannslehrbücher verloren von den sechziger Jahren ab ihre Bedeutung ebenso wie die Korrespondenzen befreundeter Handelshäuser, die der gegenseitigen Unterrichtung über die allgemeine wirtschaftliche Lage dienten, weil die Entwicklung über sie hinwegging. Periodika traten zunehmend an ihre Stelle und sicherten mit ihrer kontinuierlichen und flächendeckenden Berichterstattung, die ihrerseits natürlich ein funktionierendes Kommunikationsnetz voraussetzte, die Versorgung der Kaufleute mit den nötigen Nachrichten. Aus der Masse der kurzlebigen Journale heben sich drei Zeitschriften mit längerem Atem ab: die *Hamburgischen Adress-Comtoir-Nachrichten,* eine Handelszeitung, die von 1767 bis 1824 erschien; die in Gotha, das an der Postroute von Leipzig nach Frankfurt und nahe der alten Kaufmannsstraße Nürnberg–Lübeck lag, von dem

Kaufmann und Senator Johann Adolph Hildt besorgte und von 1784 bis 1801 wöchentlich erscheinende *Handlungs-Zeitung* und schließlich das ebenfalls wöchentlich in Leipzig von 1791 bis 1810 gedruckte *Journal für Fabrik, Manufaktur, Handlung, Kunst und Mode.*

Titel und Herausgeber deuten bereits an, daß hier Praktiker für Praktiker schrieben. Tatsächlich war von der Wirtschaftswissenschaft kaum Hilfestellung zu erwarten, denn sie dachte in ganz anderen Kategorien. Der Kameralismus, seit 1727 durch Lehrstühle im akademischen Unterricht institutionell verankert, widmete sich vornehmlich der »Staatswirtschaft«, dachte deshalb in politischen, ja noch immer in ethischen Kategorien und verfügte darum noch nicht einmal über die Begrifflichkeit, mit der Handel und Gewerbe zutreffend erfaßt und beschrieben werden konnten. Zwar interessierten sich die Ökonomen seit Johann Joachim Bechers 1668 erschienener Schrift *Politischer Diskurs* in besonderer Weise für die innere Zirkulation – deshalb werden sie auch »Merkantilisten« genannt –, suchten diese aber durch eine Vielzahl von Vorschriften zu lenken, weil nur so den Interessen des Staates gedient sei und weil sie an einem Gesellschaftsbild hafteten, demzufolge jeder Stand mit der ihm zukommenden »Nahrung« versorgt werden mußte. Das glaubte man so lange nicht dem freien Spiel der Kräfte überlassen zu können, als wirtschaftliches Wachstum unvorstellbar blieb. Nur sehr langsam verlor die »moralische Ökonomie«, der die Masse der Bevölkerung ohnedies anhing, und zwar Gebildete nicht weniger als Ungebildete, ihre Anhänger im akademischen Milieu. Deswegen wurde Adam Smith, der eine von staatlicher Einmischung freie Wirtschaftsordnung verlangte, in Deutschland in sehr eigentümlicher Weise rezipiert, nämlich so, daß die Belange des Staatsganzen nach wie vor das Übergewicht gegenüber den Privatinteressen behielten.

Das Interesse des Merkantilismus am Handel führte schon früh zu Versuchen, den grenzüberschreitenden Warenverkehr nach dem Vorbild kaufmännischer Buchführung zu erfassen und zu bilanzieren. Damit sollte der Nutzen oder Schaden festgestellt werden, der sich für das eigene Land aus dem bilateralen Handelsaustausch ergab. Genauen Bilanzen stand nicht nur mangelhafte Datenerhebung im vorstatistischen Zeitalter, sondern auch der unabgeschlossene Charakter der Wirtschaftsräume entgegen. So sind nicht mehr als grobe Orientierungen möglich, die gleichwohl Zielrichtung und Inhalt der Warenströme hinreichend aufzeigen und vor allem die langsame, aber unaufhaltsame Erholung Deutschlands nach dem Dreißigjährigen Krieg erkennen lassen.

In der zweiten Hälfte des 17. Jahrhunderts waren die größten Handelspartner Deutschlands die italienischen Staaten, Frankreich und die Niederlande. Während letztere erst seit vergleichsweise kurzer Zeit in eine führende Stellung gerückt waren – sie hatten sich ja ganz allgemein zum Kaufhaus Europas entwickelt –, besaßen die beiden anderen schon immer besonderes Gewicht. Die Zeitgenossen waren sich über den Passivsaldo des Handels mit Frankreich ebenso wie mit den Niederlanden einig. Sie erfüllte das mit großer Sorge. Aus heutiger Sicht aber war weit bedenklicher die Kombination der Produktionsfaktoren, denn das Reich exportierte im wesentlichen Rohstoffe – Holz und Garne sowie Getreide – und importierte dafür gewerbliche Erzeugnisse. Solche des gehobenen Bedarfs aus Frankreich: Brokate, Schmuck, Seidenbänder, Duftwässer, Teppiche, Geschirr, Gobelins, Tapeten und Möbel; die Niederlande lieferten statt dessen neben Kolonialwaren ihre eigenen Produkte: Textilerzeugnisse, Waffen und sonstiges Kriegsmaterial sowie Eisenwaren.

Namentlich die französischen Importe waren den frühen Merkantilisten ein Dorn im Auge, denn sie, durchweg Berater des Kaisers, vertraten den Gedanken vom Reich als eines einheitlichen Wirtschaftsgebietes und hofften, durch Verbote der aggressiven Politik Frankreichs das Rückgrat brechen und Deutschlands Rückstand aufholen zu können. Seinen Höhepunkt erlebte dieser sog. Reichsmerkantilismus am Ende des 17. Jahrhunderts, zur Zeit der verschiedenen Kriege des Reichs mit Ludwig XIV. Die Wiener Behörden erließen 1676 ein Sperredikt mit dem Ziel des totalen »Protektionismus«, 1689 einigten sich Kaiser und Reichsstände auf ein Gesetz, das den Handel mit Frankreich gänzlich verbot, also auch die Ausfuhr, und dieses Gesetz wurde 1702 wiederholt. Keine dieser Anordnungen erzielte die erhoffte Wirkung, teils weil wichtige Handelszentren wie z. B. Hamburg von vornherein Ausnahmebestimmungen durchgesetzt haben, teils weil die Verbote stillschweigend umgangen wurden, da sie gegen wichtige Interessen einzelner Territorien verstießen. Der Reichsmerkantilismus blieb daher Theorie.

Wichtig aber war, daß die damals geführten handelspolitischen Diskussionen die mittlerweile geänderten Warenströme und Handelsbilanzen aufdeckten. Der Nürnbergische Gesandte in Wien, Heinrich Christoph Hochmann von Hohenau, legte Anfang 1703 in seiner *Gründlichen Vorstellung* dar, wie sich seit ungefähr 1690 durch Etablierung neuer Betriebe die deutsch-französische Handelsbilanz grundlegend verändert habe: Es sei bekannt, »daß anstatt ehedem Frankreich viele Millionen ausländisches Geld durch seine Manufakturen an sich gebracht, man hingegen anitzo aus Frankreich für die hineingehenden Waren eine weit größere Summe Geldes in die benachbarten Königreiche und in Sonderheit nach Deutschland herauszieht, als für französische Waren hinein gebracht werden«.[50] Fügt man hinzu, daß der Handel mit Spanien, Amerika und Afrika ohnedies aktiv war und daß auch mit Italien intensive Handelsbeziehungen, aber meist in der Form des Transits existierten, ergibt sich hieraus unzweideutig die wirtschaftliche Erholung wenigstens Oberdeutschlands, denn dieses vor allem wehrte sich gegen die reichsmerkantilistische Politik.

Im übrigen aber war die Sorge der Merkantilisten vor der Negativbilanz des Handels ohnedies übertrieben. Die Salden zeigten zwar wirtschaftliche Entwicklungsgefälle an, führten aber nicht zur befürchteten Zahlungsunfähigkeit. Denn gerade damals, im 17. Jahrhundert, machte der internationale Zahlungsverkehr den entscheidenden Schritt. Der Zahlungsvorgang wurde jetzt, sofern er, was aber die Regel war, mit Hilfe von indossierten Wechseln vorgenommen wurde, von den Warenströmen getrennt; das machte die Verrechnung von Fremd- gegen Landeswährung in großem Stil möglich. Dem internationalen Güter- und Edelmetallaustausch hat diese »finanzielle Revolution«[51] außerordentlich geholfen, sie beseitigte ein für alle Mal den bisher periodisch auftretenden »Geldmangel«. Unbestrittenes Weltzentrum dieses Verfahrens war dank seiner allgegenwärtigen Kaufleute von 1660 bis mindestens 1710 Amsterdams 1609 eröffnete »Wisselbank«, die dann im 18. Jahrhundert ihren Führungsplatz an die wesentlich jüngere Bank von England abgeben mußte. In Deutschland arbeiteten die mit öffentlicher Garantie versehenen Girobanken von Hamburg und Nürnberg (in dieser Stadt hieß sie »Banco Publico«) eng mit dem Amsterdamer Institut zusammen und bildeten so regionale Clearingstellen des internationalen Zahlungsverkehrs. Die Diskontierung von Wechseln, die in Deutschland nach 1750 üblich wurde, verweist ebenfalls auf die Zunahme und gewachsene Sicherheit von Handels- und Zahlungsverkehr in jener Zeit.

Einigermaßen verläßliche Zahlen zur Handels- und Zahlungsbilanz dessen, was damals als »Deutschland« bezeichnet worden ist, liegen erst für die Wende vom 18. zum 19. Jahrhundert vor. Sie vermelden zwei bemerkenswerte Dinge: Wachstum und Strukturwandel. Für 1800 wird neuerdings der deutsche Außenhandel mit 34 Mark pro Kopf der Bevölkerung veranschlagt, das Doppelte dessen, was Sombart seinerzeit schätzte[52], auf den die meisten Autoren zurückzugreifen pflegen. Die so errechneten 809 Millionen Mark hält Kellenbenz immer noch für zu niedrig.[53] Sie stellen zudem nur eine Momentaufnahme dar. In den folgenden Jahren wuchsen Volumen und Wert nahezu ununterbrochen weiter an, möglicherweise aber auf Kosten der südlichen Nachbarländer. War auch die Handelsbilanz nach wie vor negativ – die Zahlungsbilanz bleibt völlig im ungewissen, doch deutet hier manches auf einen erheblichen Aktivsaldo hin –, hat sich doch die Warenstruktur gegenüber früher wesentlich verändert. Mit großem Abstand rangierten gewerbliche Erzeugnisse an der Spitze der Ausfuhrgüter, während Rohstoffe und Nahrungsmittel die nächsten beiden Plätze einnahmen. In den einzelnen Territorien konnte naturgemäß die Reihenfolge ganz anders aussehen. In Kurbayern etwa machte 1790 der Export von Getreide, Vieh und Salz ungefähr zwei Drittel des Gesamtwertes aus. Bei der Einfuhr nach Mitteleuropa dominierten Rohstoffe, dicht gefolgt von Fertigwaren, während Kolonialwaren auf dem dritten Platz lagen. Beides, Export- und Importstruktur machen deutlich, wie sehr Deutschland damals wirtschaftlich entwickelt war, wie weit es sich, mit anderen Worten, bereits auf dem Wege in die Industrialisierung befand. Die 20 Jahre Krieg und Wirtschaftskrieg haben das Land dann paradoxerweise noch weit schneller auf diesem Wege vorangebracht und seine handelspolitische Abhängigkeit von England und namentlich von Frankreich stark verringert. Das alles waren günstige Vorzeichen für die weitere Entwicklung.

Die Haupthandelswege verliefen im 18. Jahrhundert überwiegend in Nord-Süd-Richtung, d. h. entlang den natürlichen Wasserstraßen. Abgesehen von den Alpenpässen gab es nur eine wirklich wichtige Landverbindung, die Straße von Frankfurt nach Leipzig, den beiden mit Abstand wichtigsten Messeplätzen. Die Orientierung an den Flußläufen begünstigte naturgemäß die Seestädte, neben Amsterdam die alten Hansestädte. Von ihnen war Hamburg die bei weitem bedeutendste. Es hatte im Dreißigjährigen Krieg, von dem es nicht berührt worden war, den Grundstein zu seiner späteren Führungsrolle gelegt und wurde im Laufe des 18. Jahrhunderts »der große Transitplatz, das Warenlager für den deutschen Markt«.[54] So groß war seine und die Überlegenheit der anderen Seehäfen, daß die meisten deutschen Kaufleute auf eigene Auslandsverbindungen verzichteten und statt dessen lieber die erfahrenen hansestädtischen Kommissionäre bemühten. Nur Oberdeutschland, das die Natur vom großen Flußsystem des Nordens abgeschnitten hatte, hielt an den traditionellen Fernhandelswegen fest, die entweder über den Rhein nach Westen oder über die Paßstraßen nach Süden führten. Auch die Donau öffnete als Wasserweg wichtige Verbindungen und Linz erfüllte als Messestadt von regionaler Bedeutung hier eine ebenso unverzichtbare Mittlerfunktion, wie sie Naumburg, Braunschweig und Frankfurt an der Oder, bezeichnenderweise alle im Norden gelegen, und seit 1748 auch Mainz besaßen.

Ganz am Ende unseres Zeitabschnittes traten Ereignisse ein, die die binnenwirtschaftliche Verflechtung weiter beschleunigten: das Ende des »atlantischen Systems« im Zusammenhang mit den Revolutionskriegen und die territoriale Flurbereinigung Deutschlands im Jahre 1806. Die verringerten Exportchancen Mitteleuropas nach Übersee im Gefolge des englischen Welthandelsmonopols und der Kontinentalsperre wurden mehr als kompensiert durch die Verlagerung der festländischen Wirtschaftsachse vom Atlantik an den Rhein, durch den sogleich in großem Stil aufgezogenen Schleichhandel und nicht zuletzt durch die zoll- und tarifpolitischen Maßnahmen der Rheinbundstaaten. Zwar zerschnitten die neuen Grenzen alte Wirtschaftsgebiete, ja, sie trennten überhaupt das linke Rheinufer von vielen seiner bisherigen Märkte ab, aber diese Nachteile verloren an Gewicht durch den Modernisierungsschub der nunmehr aller überkommen Bindungen ledigen Staaten. Monopolisierung der Zölle, Grundsatz der Zollgleichheit, Beseitigung der Binnenzölle und Einführung des Grenzzollsystems führten wenigstens im Innern der Länder zu uneingeschränkter Handelsfreiheit. Auch wenn die dem Rheinbund bemessene Zeit zu kurz war, um die administrativen Errungenschaften in allen Bereichen des Wirtschaftslebens sichtbar werden zu lassen, sollte ihre Bedeutung nicht unterschätzt werden. Denn moderne Zollpolitik wirkt zwangsläufig über die Grenzen des eigenen Staates hinaus und zwingt die Nachbarn und Handelspartner zur

Antwort. Tatsächlich blieb es ja nicht bei den zwischen 1807 und 1811 beschlossenen Zollgesetzen, sondern in Gestalt einer »Kettenreaktion«[55] schlossen sich bald nach 1815 die ersten Staaten zollpolitisch zusammen. Der Weg zum Zollverein und damit zu einem ganz Deutschland umfassenden Handelsgebiet war damit betreten. Die weitere Entwicklung, die hier nicht geschildert zu werden braucht, wäre undenkbar geblieben, hätten nicht jene 20 Kriegsjahre die Wirtschaft auf eine zukunftsorientierte Grundlage gestellt: die endgültige Durchsetzung der modernen Verkehrs- und Marktwirtschaft in Mitteleuropa.

6. Umrisse einer Konjunktur

Konjunkturgeschichte, lange Zeit ein Lieblingskind der Wirtschaftshistoriker, ist im außergewöhnlich langen Boom der Nachkriegszeit nicht mehr in Mode, denn Konjunktur verweist auf zyklische Wirtschaftsabläufe, mithin nicht nur auf Hausse. Nach 1948 aber schien es, als habe der Trend, das anhaltende Wachstum, das vordem übliche Auf und Ab der Konjunktur dementiert. Seit kurzem hat sich jedoch das Blatt gewendet. Zyklen finden wieder die gebührende Aufmerksamkeit von Ökonomen und Historikern.

Die Erforschung der Zyklen der vorindustriellen Zeit hat ihre besonderen Schwierigkeiten und Tücken. Lange hielt man es überhaupt nicht für möglich, in jenen Jahrhunderten so etwas wie eine Konjunktur auszumachen, die mehr war als der im Jahrestakt ablaufende Erntezyklus. Das hat sich mittlerweile jedoch geändert, und insbesondere die Forschungen Wilhelm Abels und seiner Schüler haben für die deutsche Konjunkturgeschichte Bahnbrechendes geleistet. Abels Konjunkturbegriff ist allerdings etwas anders als der für unsere Gegenwart gebräuchliche, da für jene frühe Zeit weder die heute herangezogenen Konjunkturbarometer existieren, noch – und dies ist ungleich bedeutsamer – die wirtschaftliche Entwicklung denselben Gesetzen gehorchte wie heute. Abels Interesse gilt der Zu- bzw. Abnahme der Bevölkerung und der in ihrem Schlepptau befindlichen Preise. Hohe Preise sind für ihn gleichbedeutend mit guter Konjunktur, tiefe Preise entsprechend mit schlechter. Daß damit den Produzenteninteressen der Vorzug gegenüber denen der Konsumenten gegeben wird, ist nicht ohne

Belang, kann hier aber unberücksichtigt bleiben.

Welche Preise sollen als Maßstab genommen werden? Am aussagekräftigsten sind natürlich diejenigen, welche für die damalige Wirtschaftsordnung von zentraler Bedeutung waren und die darüber hinaus auch noch in langen Zeitreihen zur Verfügung stehen. Der Getreidepreis erfüllt beide Forderungen voll und ganz, denn wegen der unelastischen Nachfrage nach Getreide, dem Grundnahrungsmittel in ganz Europa, kommt ihm unbestrittene Leitfunktion zu, und dies nicht nur auf dem Lande. Das Getreide stellte, weil es jedermann benötigte, jene Harmonie von Land und Stadt, von Agrarsektor, Handel und Gewerbe her, die für die vorindustrielle Epoche von grundlegender Bedeutung war.

Preise verändern sich. Das macht gerade ihre allseits geschätzte Eigenschaft als Anzeigeinstrument aus. Aber was zeigen ihre Veränderungen wirklich an? Preise können ja nicht nur steigen, weil die Ernte knapp ausfiel und es nun an Brot mangelt, sondern auch, weil der Feingehalt der Münzen, d. h. ihr innerer Wert abnimmt, oder sogar, weil es, etwa durch Horten, plötzlich weniger Edelmetall gibt, das in Münzen ausgeprägt wird und dem keine entsprechende Zunahme an Gütern gegenübersteht. Geld ist daher nicht nur Anzeigeinstrument für den Wirtschaftsablauf, sondern selbst eine Ware, die ihren, und zwar natürlich wechselnden Preis hat. Benötigt man mehr Geld als bisher, um ein und dasselbe Gut zu erwerben, sagt man, daß die Preise steigen; steigen sie über ein durch Gewohnheit toleriertes Maß hinaus, spricht man von Inflation. Dieses Phänomen ist keineswegs auf unser Jahrhundert und sein Papiergeld ohne Golddeckung beschränkt. Die Frühe Neuzeit kennt ausgeprägte Inflationen, d. h. Wertverfall bzw. Nominalpreisanstieg, und nur ganz wenige Währungen, allen voran die englische, blieben über große Zeiträume wertbeständig. Über die Ursachen gehen die Meinungen auseinander. Die Mehrheit der Forscher erblickt sie in monetären Faktoren, neuere und sehr diffizile Berechnung lassen eher vermuten, daß allgemeine wirtschaftliche Vorgänge den Hauptbeitrag geleistet haben. Eine Entscheidung zwischen beiden Ansichten steht hier jedoch nicht zur Debatte.[56]

Halten wir also fest, daß Konjunkturgeschichte möglich ist, daß es dafür aber keinen unveränderlichen Maßstab gibt, wie ihn beispielsweise die Naturwissenschaften kennen. Das liegt in der Natur der Dinge, und an ihr hat auch die ungeheure Mathematisierung der Wirtschaftswissenschaften in den vergangenen Jahrzehnten nichts ändern können. Immerhin aber haben die verbesserten Untersuchungsmethoden ältere Preisreihenzusammenstellungen wie vor allem diejenigen von Fritz Elsas und seinen Mitarbeitern als unzuverlässig erkannt.

Der Trend oder, wie Abel es nennt, die »säkularen Wellen« geben die durchgehende Tendenz einer Zeitreihe an. Sie können linear oder langwellig sein, aber sie abstrahieren in jedem Fall von der Wirklichkeit. Für die Zeit zwischen Hochmittelalter und Industrialisierung, für »Alteuropa«, wie manche diese Epoche bezeichnen, hat Abel[57] drei säkulare Wellen entdeckt: Die erste reichte von 1200 bis 1500 und hatte ihren Höhepunkt 1350, die zweite reichte von 1500 bis 1750 und kulminierte 1615, die dritte gipfelte 1810 und lief gegen 1840 aus. Braudel und Spooner[58] kamen für ganz Europa zu ähnlichen Erkenntnissen; sie untersuchten die Zeit zwischen 1450 und 1750 und zerlegten diese dreihundert Jahre in drei Perioden: Stagnation im 15. Jahrhundert, gefolgt vom »langen 16. Jahrhundert«, das bis 1620/30 reichte und von inflationärem Preisauftrieb gekennzeichnet war, dann ein Jahrhundert erneuter Depression bis gegen 1720/30. Alle Fachleute sind sich einig, daß im frühen 19. Jahrhundert etwas zu Ende gegangen bzw. von andersartigen wirtschaftlichen Zusammenhängen abgelöst worden ist, das auch den Agrarsektor betrifft. Dieser »Entwicklungsbruch«[59] vollzog sich jedoch nicht schlagartig, sondern dauerte mehrere Jahrzehnte. Seit 1850 herrschen dann eindeutig Wechsellagen eines »neuen Typs« vor, die nicht mehr vom Ernteausfall, sondern von der gewerblichen Entwicklung abhängig sind.

Die Wechsellagen »alten Typs« wichen also in manchen Punkten von denen des Industriezeitalters ab. Dasselbe gilt naturgemäß auch für die Krisen. Abgesehen von der zentralen Bedeutung der Landwirtschaft für die Gesamtwirtschaft war das wichtigste Merkmal, worauf schon verschiedentlich hingewiesen wurde, die Bindung der Preisentwicklung an diejenige der Bevölkerung: Wuchs die Bevölkerung, stiegen die Preise und umgekehrt. Die Veränderungen der wirtschaftlichen Gesamtentwicklung kamen also von außen, sie entstammten einem Bereich, den die Ökonomen »Zufall« oder »Irregularität« nennen. Witterung, politische Lage, medizinische Versorgung bestimmten den Gang der Dinge oder, anders gewendet, Mißernten, Kriege und Seuchen bedrohten das Verhältnis von Angebot und Nachfrage ungleich stärker als genuin wirtschaftliche Größen wie Produktion, Kredit, technischer Fortschritt usw.

Wenn der Trend, wie oben definiert, die durchgehende Tendenz einer Zeitreihe ist, folgt daraus, daß noch andere Bewegungen existieren müssen, die zusammengenommen den Trend erst ergeben, und daß beide notwendigerweise aufeinander bezogen sind. Diese Bewegungen, die nichts anderes sind als die Schwankungen aller Wirtschaftstätigkeit, verlaufen nicht beliebig, sondern pendeln phasenartig um den Trend. Man nennt sie daher Zyklen. Die Summe dieser Schwankungen ist die Konjunktur, die darum zyklisch verläuft. Es ist nicht einfach, die Konjunktur auszumachen, denn erstens vollziehen sich nicht alle wirtschaftlichen Phänomene synchron, zweitens sind Zyklen alles andere als eine schlicht gegebene und jedermann einleuchtende Tatsache, und drittens ist nicht von vornherein sicher, ob diese Zyklen, die zuerst in der Industriewirtschaft des 19. und 20. Jahrhunderts entdeckt worden sind, in vorindustriellen Zeiten überhaupt existiert haben bzw. wie sie beschaffen waren.

Das wichtigste Konjunkturbarometer sind ebenfalls die Getreidepreise. Wie bei den säkularen Wellen gilt auch hier, daß sie nicht ausschließlich, ja oft sogar nicht einmal vorrangig, von eigentlich wirtschaftlichen Faktoren beeinflußt wurden. Krisen und Katastrophen haben den Gang der Wirtschaft immer wieder durchkreuzt und überlagert. Das macht neben der geringen Verläßlichkeit der überlieferten Daten den Hauptgrund für unsere noch immer mehr oder minder mangelhaften Kenntnisse der vorindustriellen Konjunkturen aus.

Die gegenwärtig brauchbarste Preisreihe für Getreide gilt für Köln, einen großen, mit weitreichenden Beziehungen ausgestatteten und darum wichtigen Markt. Die nachfolgende Graphik bildet, leicht erkennbar, drei unterschiedliche, aber aufeinander bezogene wirtschaftliche Erscheinungen ab. Der Trend zeigt schon auf den ersten Blick den enormen Preisanstieg im 16. Jahrhundert, die sog. »Preisrevolution«, dann den oberen Wendepunkt dieser Entwicklung gegen 1630, die anschließend bis gegen 1760 reichende Depression und schließlich erneut einen Wendepunkt. Um die Trendkurve pulsiert ein Zyklus, der als »lange Welle« bezeichnet wird und nicht mit Abels »säkularen Wellen« verwechselt werden darf. Von oberem zu oberem bzw. von unterem zu unterem Wendepunkt dauert es ungefähr 70 Jahre. Diese Wellen gliedern den

Trend und Trendphasen der inflationsbereinigten Weizen-/ Roggenpreise in Köln 1450-1790

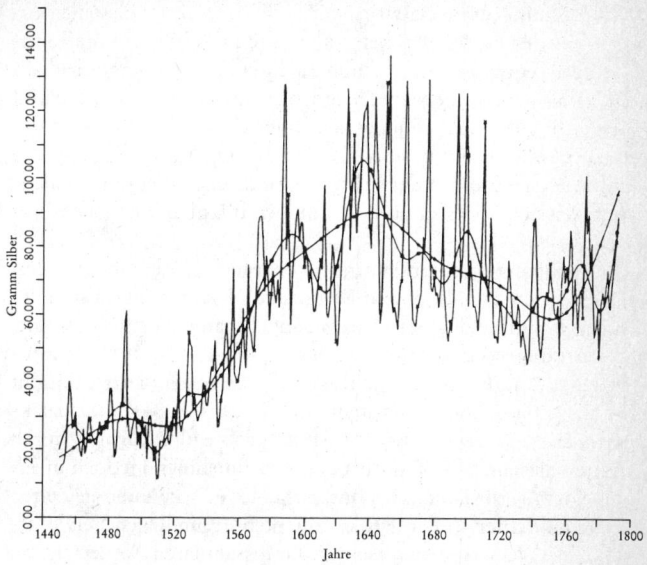

aus: Franz Irsigler/Rainer Metz: *The statistical evidence of »long waves« in pre-in-dustrial and industrial times*, in: *Social science informations*, Bd. 23, Heft 2, London 1984, Abb. 11 auf S. 408.

Gesamtablauf der Zeit in wirtschaftliche Einheiten, deren Merk-male das Wesentliche der Epoche erkennen lassen sollen. Man kann daher sagen, daß die abwärts schwingende »lange Welle« von 1630 bis 1700 der »Verarbeitung« des Dreißigjährigen Krieges galt und daß die folgende, bis 1770 reichende den Durchbruch der Heimindustrie als Massenerscheinung brachte; an sie schloß sich ein Zyklus an, der sehr allmählich, wie das wachsende Massen-elend zeigen sollte, über die Vor- in die Frühindustrialisierung führte.

Schließlich zeigt die Abbildung noch eine Fülle von Pendelaus-schlägen unterschiedlicher Intensität, die beim erstmaligen Hinse-hen keinen rechten Sinn zu ergeben scheinen. Dies ist indessen ein großer Irrtum, denn das Auf und Ab läßt eine gewisse Regelmäßig-keit erkennen, die von großer Bedeutung ist. Nach der säkularen

Trendwende der dreißiger Jahre stellt sich ein zyklischer Rhythmus ein, der im Durchschnitt sieben bis neun Jahre umfaßt. Das ist die Konjunktur im eigentlichen Sinne, der wahre Pulsschlag der Wirtschaft! Auch wenn es keine plausible Erklärung für die Tatsache einer Frequenz von plus/minus acht Jahren gibt, kann sie doch kein Zufall sein. Sie begegnet nämlich ebenso in französischen und italienischen Preisreihen jener Zeit[60] wie in den Datenmassen des 19. Jahrhunderts und unserer Gegenwart. Die sog. »Juglars«, wie man sie nach ihrem Entdecker nennt, sind gegenüber unterschiedlichen Wirtschaftsstilen und -ordnungen offenbar weitgehend resistent.

Was bedeutet diese Erkenntnis? Nicht mehr und nicht weniger, als daß es sich damals, soweit Markt und Geld beteiligt waren, im Grunde um dieselbe Wirtschaft gehandelt hat wie heute. Die Entgegensetzung von Feudalismus und Kapitalismus, von vorindustrieller und industrieller Welt, so hilfreich sie in vieler Hinsicht ist, läßt oft das Neben-, ja Miteinander beider viel zu stark zurücktreten. Seit dem Spätmittelalter ist der größte Teil Europas durch Märkte wirtschaftlich zunächst in loser, zunehmend jedoch in engerer Form verbunden. Das unterscheidet es von anderen Zeiten und Kontinenten (oder Subkontinenten) grundlegend. Die arbeitsteilige Verkehrswirtschaft, in ihren säkularen Wellen bis an die Schwelle der Industrialisierung von der Spannung zwischen Bevölkerung und Nahrungsmittelspielraum abhängig, zeigt aus konjunkturgeschichtlicher Perspektive einen überraschend gleichmäßigen Rhythmus. Er ist das einheitsstiftende Merkmal einer mehr als sechshundertjährigen Periode, das Grundmuster des wirtschaftlichen Gesamtzusammenhangs.

7. Erziehung zum Gewerbefleiß

Auf die Dynamisierung der Wirtschaft und die Entfaltung der Gesellschaft antworteten Theologen und Philosophen mit Versuchen, die neuen Phänomene zu verarbeiten und das Verhalten der arbeitenden Menschen anzupassen. Sie benutzten dazu die Moralphilosophie, deren Zweck es insbesondere war, die großen Systeme für alle anwendbar zu machen, die nicht zu den sog. Selbstdenkern zählten, sondern zum »großen Haufen«. Die Stunde der »Volksaufklärung« hatte geschlagen. Später kamen ihr die Ökonomen zu Hilfe und entwarfen eine Wirtschaftsordnung, die zu den neuen Verhaltensleitbildern passen sollte.

Das gemeinsame Ziel aller dieser Versuche war die Erziehung zum »Gewerbefleiß«, d. h. zu einer neuartigen Arbeitsmoral. Die bisherige genügte den Ansprüchen nicht mehr. In Hamburg etwa dauerte der Arbeitstag gegen 1750 bei Handwerkern 14 bis 17 Stunden, bei Kaufleuten 11 bis 14 Stunden. In diese Zeit, die praktisch von Sonnenauf- bis Sonnenuntergang dauerte, fielen aber nicht nur die Essenspausen, die etwa drei Stunden ausmachten, sondern noch viele andere Unterbrechungen. Die Meister und Kaufherren versammelten sich in den Kirchen zur Morgenpredigt, anschließend teilten sich ihre Wege. Die einen eilten zur »Morgensprache«, der Zunftversammlung, die anderen begaben sich zur Börse, Angelegenheiten, die mehrere Stunden in Anspruch nahmen. Die Gesellen waren seltener in den Gottesdiensten zu finden, statt dessen spielten sie gemeinsam oder hielten ganze Krugtage ab, vor allem montags. Die Arbeitszeit war demnach keineswegs eine Zeit ausschließlicher Arbeit, sie reichte mehr oder minder vom Aufstehen bis zum Zubettgehen. Dementsprechend fehlte eine eigentliche Freizeit, vor allem für Gehilfen war sie unbekannt, sie fiel mitten in den Arbeitstag, war einer seiner Bestandteile, der damit aus einem ganzen Bündel verschiedenartiger Zeiten und ihnen zugeordneter Tätigkeiten bestand. Die tatsächliche Zeit der Arbeit dauerte demnach zwischen sieben bis neun Stunden und dies an rund 260 bis 290 Tagen des Jahres.

Diese Verhältnisse und die in ihnen ausgedrückte Einstellung zur Arbeit umschrieb später das 19. Jahrhundert nachsichtig mit »gemütlichem Schlendrian«, die aufgeklärten Zeitgenossen urteilten schärfer und nannten sie kurz »Faulheit«. Beide Bezeichnungen sagen mehr über diejenigen aus, die sie sich zu eigen machten, als über die so Gebrandmarkten. Denn die Zustände waren im 17. und 18. Jahrhundert alles andere als paradiesisch, so daß sich »Faulheit« in dem uns geläufigen Sinne gewissermaßen schon von selbst verbot. Die Unterschiede lagen denn auch ganz woanders. Bei näherem Zusehen bemerkt man, daß in jener Zeit die uns geläufige scharfe Trennung zwischen Arbeit und Freizeit noch unbekannt war. Zwar unterschied man natürlich zwischen »schändlichem« und »ehrlichem Müßiggang«, d. h. zwischen wirklicher Faulheit und Einhaltung der Sonntagsruhe, aber das war nicht das Problem, um das es den aufgeklärten Volkserziehern ging. Sie kritisierten vielmehr, wie wenig die Arbeit von ökonomischen Grundsätzen bestimmt war.

Das war sie in der Tat nicht, und zwar aus guten Gründen. Wenn sie mit religiösen Verrichtungen, traditionellem Brauchtum und anderen Dingen eine feste Verbindung eingegangen war, wenn Gottesdienste, Wallfahrten, Andachten, Umzüge, Zechen, Versammlungen, Rituale usw. kurz: Tätigkeiten, die religiöser oder zünftiger Herkunft waren oder einfach Sitte und Gewohnheit entsprachen, einen integralen Bestandteil des Alltags und damit der Arbeitswelt bildeten, so deshalb, weil Daseinsvorsorge und kollektive Interessenverteidigung – Dinge, die die Existenz ebenso sicherten wie die Arbeit – von denselben Organisationen wahrgenommen wurden wie die Geselligkeit, nämlich von Zünften, Bruderschaften, Nachbarschaften und nicht zuletzt von den weitläufigen Verwandtschaften. Es konnte darum gar nicht ausbleiben, ja, es war unter den gegebenen Umständen sinnvoll, daß die Sphären der Arbeit und der Freizeit, um es in der heutigen Begrifflichkeit auszudrücken, »vermischt« wurden.

Der zweite Grund ist die Ökonomie des »ganzen Hauses«. Das Leben und Arbeiten unter einem Dach und in einer Gemeinschaft hatte zur Folge, daß individuelle Arbeitsleistungen nicht individuell zugerechnet werden konnten, am Mehrertrag partizipierten alle in derselben Weise wie an der Not. Und das nicht allein auf der Ebene der »Häuser«, sondern der ganzen Gesellschaft. Jedem Stand war seine spezifische »Nahrung« zugemessen, aus der sich das Maß der Erträge ebenso ableitete wie das Maß der Arbeit und damit die Lebensführung überhaupt. Es war weder einfach noch lohnend, die zugewiesenen Quantitäten zu überschreiten, am wenigsten in der Landwirtschaft. Wichtig war darum der Erhalt des Bestehenden, das Gleichgewicht der Verteilung.

Die ökonomische Theorie jener Zeit trug dem Rechnung. Das gilt besonders für die sog. Wiener Schule der deutschen Kameralistik, die Johann Joachim Becher in der zweiten Hälfte des 17. Jahrhunderts begründet hatte. Sie setzte einen konstanten Güter- und Geldvorrat voraus, eine grundsätzlich begrenzte Menge von Produktionsfaktoren, vor allem, was Land und Menschen betraf. Wichtig war demnach die Verteilung, und folgerichtig wandte sich die Theorie in erster Linie den Problemen der inneren Zirkulation zu. Ihre wichtigste Erkenntnis war es, daß nur dann, wenn die Gelder und Waren störungsfrei zirkulieren, viele Menschen voneinander leben können. Daß diese Anschauung den tatsächlichen Verhältnissen auf dieser wirtschaftlichen Entwicklungsstufe entsprach, steht außer Zweifel.

Seit Bechers 1668 erschienenem *Politischen Discurs*[61] war, als die Erziehung zum Gewerbefleiß mit Macht einsetzte, rund ein Jahrhundert vergangen. Die Erschließung überseeischer Märkte und die ungestüme Zunahme der Bevölkerung in Europa hatte einerseits den Gedanken wirtschaftlichen Wachstums, andererseits die Sorge einer sich ankündigenden Katastrophe entstehen lassen. Beide Überlegungen setzten ein neuartiges Zeitverständnis voraus, denn nur die Beobachtung eines längeren, gerichteten Zeitraumes machte sie möglich. Auf einmal wurde alles knapp: die Nahrung, weil die Bevölkerung wuchs, die Arbeit, weil die Produktion gesteigert werden konnte und mußte, die Zeit, weil Arbeit und Produktion nicht mit der Nachfrage Schritt hielten.

Die Antwort auf dieses Fundamentalproblem versprach der schon angesprochene »Gewerbefleiß«. Um die Produktion zu steigern, waren Erziehung und Disziplinierung der Arbeitskräfte unerläßlich und dieses wiederum setzte die Individualisierung der Verantwortlichkeit voraus. Nicht mehr der Stand, nicht mehr das »Haus« trug die ausschließliche Sorge für den »gemeinen Nutzen«, sondern jeder einzelne hatte daran mitzuwirken und wurde von nun an entsprechend in die Pflicht genommen.

Die Disziplinierung setzte bei der Zeit selbst ein. Im technischen Sinne war die objektivierte und genaue Zeitmessung mit der Einteilung der Stunde in Minuten und Sekunden bereits im 14. Jahrhundert erfunden worden. Praktische Bedeutung erlangte sie erst im 18. Jahrhundert, als die Verbreitung der Kirchen-, Wand- und Taschenuhren jenes Ausmaß erreicht hat, daß man von mehr oder minder allgemeiner Geltung und Anwendung des neuen Zeitsystems sprechen kann.[62] Natürlich gab es daneben noch immer die naturale Zeit, etwa in der Landwirtschaft, die Tag und Nacht respektieren mußte, oder in der Seeschiffahrt, die von den Gezeiten abhing. Auch die Jahreszeiten spielten hier eine beherrschende Rolle. Daneben aber verlangten gesteigerte Arbeitsteilung und wachsender Austausch Verläßlichkeit und Pünktlichkeit aller Beteiligten, ganz besonders aber Synchronisation. Gegen 1760/70 waren aufeinander abgestimmte Fahrpläne der Postkutschen keine Ausnahmen mehr, ebensowenig Nachtfahrten. Hier war die Abhängigkeit von der naturalen Zeit weitgehend entfallen. Ein anderes Beispiel sind die arbeitsteilig verfaßten Manufakturen. Sie bedurften fester Arbeitszeiten und zahlten Geldlöhne. Das setzte voraus, daß die Beschäftigten an die Einhaltung zeitlicher Vorgaben gewöhnt waren oder, was häufiger der Fall war, daran gewöhnt werden mußten. Lohnabzug für Versäumnisse war die übliche Strafe, und so erfuhren die Betroffenen am eigenen Leibe, was Benjamin Franklin damals als Merkmal der neuen Ökonomie überhaupt festgestellt hatte: Zeit ist Geld.

Sparsamer Umgang mit der Zeit hatte nicht länger nur sittlichen Wert, sondern sollte den Wert der Arbeitszeit und damit der Arbeit selbst steigern. Das Christentum hatte der Aufwertung der Arbeit seit langem vorgearbeitet. Entscheidendes war dazu vom Protestantismus, in Deutschland namentlich vom Pietismus und von den Erweckungsbewegungen beigetragen worden, aber im späten 18. Jahrhundert hatten die Verhaltensleitbilder ihren konfessionellen Charakter verloren. Außerdem hatten sie Konkurrenz bekommen, und so liefen transzendente und innerweltlich-rationale Begründungsmuster nebeneinander her. Das war nicht weiter verwunderlich in einem Land, dessen Theologen sich als Diener einer vernünftigen Gottesgelehrtheit empfanden und zunehmend ein rationalistisch verflachtes Christentum lehrten. Im Extremfall konnte christlicher Lebenswandel gleichbedeutend sein mit der Anwendung physiokratischer Rezepte oder der Umsetzung kameralistischer Lehrbücher.

In diesem Sinn veränderte sich der Arbeitsbegriff, er verlor seinen Mühsal-Charakter und seine ständische Fixierung und wurde mit »Bildung« und »Erziehung« assoziiert, schließlich sogar mit der Würde des Menschen. Pestalozzi verkündete 1781, »Arbeit ist ohne menschenbildenden Zweck nicht Menschenbestimmung«.[63] Er meinte das zweifellos eher in metaphysischer Hinsicht, sah in der Arbeit mithin einen Weg zur »Glückseligkeit«, zur »Veredelung«, zur sittlichen Lebensführung. Die Ökonomen begnügten sich damit jedoch nicht und bewerteten Arbeit nur noch als produktive Leistung. Während Kameralisten wie Justi aber nur das altchristliche Arbeitsgebot auf alle Menschen, also auch auf die vornehmen Stände anwandten und in den Dienst der Allgemeinheit stellten – es sei Pflicht aller Menschen, »dem Staate durch ihren Fleiß und Arbeit nützlich zu werden«[64] –, gingen die Physiokraten einen Schritt weiter. Johann August Schlettwein machte wirtschaftliches Wachstum, »die unaufhörliche Vermehrung der Productionen«, wie er es nannte, von Arbeit und Verteilung abhängig. »Die Menge der genießbaren Sachen ... muß unaufhörlich vervielfältigt werden ...; desto glücklicher wird die ganze Gesellschaft ... Diese Materien zum Glück der Menschen herbeischaffen und vervielfältigen, ... verteilen, umformen und verarbeiten und auch verarbeitet wieder verteilen: dieses sind die zwei großen Geschäfte, welche der menschlichen Gesellschaft ihre Glückseligkeit zubereiten.«[65]

Die Umsetzung dieser Erkenntnis in die Tat rief jenen ungeheuren Erziehungs- und Disziplinierungsprozeß hervor, auf den eingangs schon hingewiesen wurde. Seine Träger waren die Gebildeten, die städtischen Eliten, seine Adressaten die körperlich arbeitenden Klassen, das »Volk«. Dabei gab es zwei Stoßrichtungen. Die Bauern bedurften weniger der Erziehung zum Arbeiten als der Einsicht in die Dringlichkeit von Reformen zur Steigerung der Ernten; die Tagelöhner, Dienstboten und das Gesinde dagegen mußten zu Fleiß und Pünktlichkeit angehalten werden, denn ihre Entlohnung bestimmte sich ja nicht nach Maß und Qualität der Arbeit. Was bei den Selbständigen der Markt zuwege brachte, sollte bei den »Arbeitern« die Erziehung bewirken.

Gemäß dieser doppelten Stoßrichtung entwickelte die Volksaufklärung – sie war viel aktiver als die Obrigkeiten und reflektierte mit ihren gemeinnützigen Reformen, die aus der Mitte der Gesellschaft kamen, den Wandel von der »alteuropäischen« zur bürgerlichen Sozialordnung – zwei unterschiedliche Verfahren. Mit Belehrung und Belohnung, mit Preisfragen und der Gründung von Musterbetrieben sollte der Landbevölkerung das Neue nähergebracht werden. Ökonomische Sozietäten verteilten Preise, Schriftsteller verfaßten wohlfeile Publikationen wie Rudolf Zacharias Beckers *Noth- und Hülfsbüchlein* von 1788, das insgesamt 500 000 Mal gedruckt wurde, oder wie die Dorfutopien von Pestalozzi und Schlez, in denen der Leser aufgeklärte Bauern und arbeitsame Unterschichten am Werk sah, die es nachzuahmen galt. Vor allem aber wurde die Kanzel zu einem Ort der Volksbelehrung. Es gab spezielle Predigten für jeden »Stand« und für jeden erdenklichen Fall, die sog. »Policeypredigten«. Ein besonders eindrucksvolles Beispiel lieferte der Thüringer Pfarrer Johann Ferdinand Schlez mit seinen 1788 veröffentlichten *Landwirthschafts-Predigten*.[66] Das Thema am ersten Weihnachtsfeiertag war die Abhärtung der Hirten und Warnung vor dem Gebrauch der Pelzmützen. An Lätare schärfte er aus Anlaß der Speisung der Fünftausend Ordnung und Reinlichkeit im Haushalt ein, am zweiten Ostertag predigte Schlez über das Spazierengehen. Daß über Kleebau und Stallfütterung in den Kirchen gesprochen wurde, verstand sich ohnedies von selbst, vielfach hatte die Obrigkeit das ausdrücklich vorgeschrieben.

Um die städtischen Unterschichten zu »Ordnung, Fleiß und Sparsamkeit« zu erziehen – wie die Trias bürgerlicher Kardinaltugenden seit langem lautete –, bedurfte es anderer Mittel. Vermutlich waren die Tagelöhner und die Armen nicht mehr unter den Kirchgängern zu finden, jedenfalls spielten die Kirchen und ihre Organisationen keine hervorstechende Rolle in diesem Erziehungs- und Disziplinierungsprozeß, wie überhaupt von ihnen die »soziale Frage«, deren Vorboten sich damals gerade abzeichneten, vor 1848 nicht wirklich wahrgenommen worden ist. Statt dessen bemühten sich aufgeklärte Sozietäten, mit Hilfe vielfältiger Institutionen den städtischen Unterschichten helfend und lenkend zur Seite zu stehen. Hamburg und Altona sind zwei gut erforschte Beispiele. In der Hafenstadt mit ihrer vergleichsweise modernen Gesellschaftsverfassung hatten sich 1765 Geschäftsleute und Gebildete zur »Patriotischen Gesellschaft« zusammengeschlossen, die zahlreiche Aktivitäten entfaltete. So entstand 1778 eine »Allgemeine Versorgungsanstalt« mit einer »Ersparungskasse«, der ersten allgemeinen Sparkasse Deutschlands, und 1788 die vorbildlich organisierte »Allgemeine Armenanstalt«, die unter anderem eine Reihe von Elementarschulen unterhielt. Das benachbarte Altona folgte diesem Beispiel und übernahm schon wenig später die hamburgische Armenreform und die Sonntagsschulen. 1799 folgte das »Altonaische Unterstützungs-Institut«, und 1812 schließlich verlangte Johann Daniel Lawätz, ein bekannter Unternehmer, die Gründung einer »Patriotischen Gesellschaft«, die sich besonders der »Landesindüstrie« annehmen sollte. »Der Zweck ist allgemeine Veredelung und Beglückung, Belebung der Verstandeskräfte, Verbreitung ächter Moralität, und Aufmunterung des Erwerbsfleißes.«[67] Schon die Namen der ins Leben gerufenen Anstalten verwiesen auf die hohe Bedeutung, die man dem Doppelziel der Erziehung zur Arbeit und durch Arbeit beimaß. Lawätz beispielsweise nannte seine Armenkolonien »Tempel der Tätigkeit«.[68]

In ihrem Menschenbild und in der davon abhängenden Wahl der Mittel unterschieden sich die Volksaufklärer, Philanthropen und Pädagogen deutlich von den wirtschaftlichen Fachleuten. Nur erstere hatten persönlichen Kontakt zum »Volk« und wußten daher um den Widerwillen und Widerstand, der diesen Erziehungs- und Disziplinierungsversuchen in aller Regel entgegengebracht wurde – nicht aus »Faulheit«, wie die meisten glaubten, sondern weil die Rezepte unrealistisch waren. Daß »die Armuth mancher Menschen . . . unstreitig von fehlerhaften gesellschaftlichen Einrichtungen selbst« herrühre, wie der Altonaer Pastor Nicolaus Funk 1803 feststellte[69], war eine ganz seltene, wenn nicht singuläre Einsicht damals. Ebensowenig waren sich die meisten Fürsprecher der »Bauernaufklärung« darüber im klaren, daß ihre den Agrarindividualismus favorisierenden Vorschläge die Interessen der Mehrheit auf dem Lande meist unberücksichtigt ließen; gerade dieser Mehrheit wollten sie jedoch in erster Linie helfen, nicht den Vollbauern. Widerstand und Fehlschläge haben aber nur die wenigsten Volksaufklärer entmutigt. Denn sie waren überzeugt, daß die Vernunft ihren Erziehungsauftrag gegenüber den »Unmündigen«, denn als solche galten Tagelöhner, Gesellen, Dienstboten und Arme, hinreichend legitimiere. Die Zustimmung der Betroffenen war daher nicht erforderlich, sie wurde gleichsam ersetzt durch die Maxime des größten Glücks der größten Zahl. Man stritt zwar heftig darüber, ob Zwang ein legitimes Mittel der Aufklärung sei, doch endeten in der Praxis nicht wenige Maßnahmen und Experimente im »benevolenten Polizei- und Erziehungsstaat«.[70] Ihm fehlten aber in der Regel die nötigen Instrumente, wenn nicht überhaupt der Wille bzw. die Vorstellungskraft, grundlegende Reformen anzuvisieren und durchzusetzen. Der Versuch, die Unterschichten mit den Mitteln des Zwangs zu disziplinieren und damit von überlieferten Lebensformen abzubringen, endete daher mit einem Fehlschlag. Wirtschaftliche Depression und neue Herausforderungen, beides eine Folge der Revolutionskriege, haben die Volksaufklärung dann endgültig zum Verstummen gebracht.

Anders sah es im Fall der Fachleute, der Kameralisten und Physiokraten, aus. Wie sich bei genauerem Hinsehen zeigt, hatten sie aber auch andere Personengruppen im Auge: nicht die kleinen Leute, sondern die Selbständigen. Was sie als neue, der Wirtschaft, ja dem Ganzen förderliche Mentalität vorschlugen, war nichts weniger als Eigennutz und Freiheit. Das Selbstinteresse sollte stimuliert werden, man hoffte, daß dadurch auch die nötige Selbstdisziplin entstehe, von der man sich den Durchbruch erwartete. Man nahm an, daß die vernunftgeleitete Eigenliebe zur Harmonie strebe und damit auch dem Wohl der anderen, der Allgemeinheit diene. Diese neue Moral, ein radikaler Bruch mit der überlieferten christlichen Ethik, wurde im 18. Jahrhundert mit ungeheurem Eifer verkündet. Auf wirtschaftliche Gegenstände angewandt, klang sie wohl noch am plausibelsten, denn ungezählte Hemmnisse verhinderten in der Tat die freie Entfaltung, den freien Markt, dessen Vorteile von den Ökonomen klar erkannt worden waren. Die Einwände von Konservativen wie Justus Möser, der sogleich auf die sozialen Kosten und die rechtlichen Probleme hinwies, die jener Egoismus hervorrief, wurden als Ansichten eines Außenseiters abgetan. Justi jedenfalls hatte keine Zweifel und verkündete 1767: »Ein jeder weiß, daß nur das eigene Interesse die Triebfeder des Fleißes ist, und wenn das fehlt, so kann man nur verdrossene und schlechte Arbeit erwarten.«[71]

Eine solche Wirtschaftsmentalität erkannte keine der traditionellen Beschränkungen mehr an. Die jahrhundertealte Debatte um den Luxus war mit einem Schlage beendet, die das freie Eigentum beschränkenden genossenschaftlichen Organisationsformen waren hinfällig, ja, das uralte Recht der Stände zu autonomer Steuerung wirtschaftlicher und gesellschaftlicher Prozesse hatte seine Legitimation verloren. Die ungehinderte Entfaltung, der freie Wille waren das Wesentliche, Fleiß und Arbeit wichtiger als Kapital. Es war dieser neuartige Gedanke, der damals zur Aufnahme des Fremdwortes »Indüstrie« in die deutsche Sprache geführt hat. Die Krünitzsche Encyclopädie begründete das 1792 so: »In der gemeinen Sprache übersetzt man dieses Wort bald durch Geschicklichkeit, bald durch Arbeitsamkeit, Kunstfleiß, und dergleichen. In der Finanzsprache aber erschöpft keines dieser deutschen Wörter völlig den Begriff, den der Franzose mit dem Worte Industrie verbindet, nämlich den Begriff eines erfinderischen Fleißes, wobey man alle Vortheile seiner Kunst oder seines freyen Gewerbes zu der Absicht anwendet, sich vermittelst seiner Arbeit ein solches Aequivalent zu verschaffen, wodurch sich alle Bedürfnisse befriedigen lassen. Man behält daher, wenn vom Finanzwesen und der Staatswirthschaft die Rede ist, gemeiniglich auch im Deutschen das kräftigere Wort Indüstrie bey, und versteht darunter den betriebsamen Fleiß der freyen Arbeiter und der Kaufleute, nebst dem sogenannten savoirfaire, oder der Geschicklichkeit, aus allen sich darbiethenden günstigen Umständen den möglichsten Vortheil zu ziehen. Und in diesem Sinne setzt man die Indüstrie dem wirklich vorhandenen Vermögens-Bestande an Capitalien und liegenden Gründen entgegen.«[72]

Der Gedanke, Arbeit sei wichtiger als Kapital, war richtig. Vor allem in der Grundrente steckten damals riesige, und zwar, wie die Konjunkturentwicklung anzeigte, unermüdlich steigende Werte, aber diese Werte waren institutionell gebunden. Die rechtliche und gesellschaftliche Verfassung verhinderte vielfach jene Nutzung, die angesichts der dringenden Bedürfnisse, der Knappheit und Not, geboten gewesen wäre. Der Grundsatz des freien Gebrauchs der eigenen Kräfte, vom Physiokraten Schlettwein emphatisch als »ein natürliches, unveränderliches Eigentumsrecht der Menschheit« bezeichnet[73], hatte daher »auflösende Konsequenzen für die Wirtschafts- und Sozialordnung: Bauernbefreiung stand gegen Grunduntertänigkeit, Freizügigkeit gegen Ortsgebundenheit, Entfesselung der Konkurrenzwirtschaft gegen jegliche Bindung, d. h.: überall sollte Arbeit befreit und damit die Leistung zur Gewinnsteigerung freigesetzt werden.«[74]

Diese Ordnung wurde erst im 19. Jahrhundert Wirklichkeit, sie braucht daher hier nicht weiter ausgeführt zu werden. Wichtiger ist, daß von den Ökonomen zwar ebenfalls wie von den Philanthropen und Volksaufklärern die Arbeit zur sittlichen Pflicht erklärt wurde, daß sie dabei aber auf Zwangsmittel, etwa in Gestalt von »Spinn-Anstalten« oder »Zucht- und Arbeitshäusern« verzichteten. Auch hier sollten die individuelle Freiheit und der Markt den Vorrang haben. Es war aus dieser Perspektive naheliegend, wenn auch die Armut in neuer Weise, nämlich gemäß den Grundsätzen des ökonomisch begründeten Gesellschaftsbegriffs gesehen wurde. Die Physiokraten erkannten, daß die Armut sehr verschiedene Ursachen haben konnte und unterschieden deshalb als erste zwischen Armen und Arbeitslosen. Auch den neuen Begriff haben sie geprägt. Während sie die Armut mangels ausreichender Unterstützungsmöglichkeiten nach wie vor als schicksalhaft hinnahmen, verbot der Überfluß an Arbeit die Duldung von Arbeitslosigkeit. In der *Deutschen Encyclopädie* hieß es darum schon 1780 lapidar: »Eine weise Staatsverwaltung und Polizei kann keine arbeitslosen Menschen dulden.«[75] Praktische

Konsequenzen hat diese Feststellung damals freilich nicht gehabt.

Fassen wir zusammen, gilt es zunächst festzuhalten, daß im späten 18. Jahrhundert erhebliche Anstrengungen unternommen worden sind, das Verhalten der Menschen den gewandelten Erfordernissen anzupassen. Erforderlich schienen Leistungssteigerung, »Indüstrie«, ein Mehr an Arbeit. Zwei Schulen konkurrierten miteinander, wie dieses Mehr erreicht werden könne: durch Volksdisziplinierung und -erziehung oder durch freien Markt für die Arbeit und ihre Produkte.

Was die vielen Versuche tatsächlich erreicht haben, ist schwer zu sagen. Wo materielle Interessen direkt im Spiel waren, wo die Abkehr vom Überlieferten sogleich erkennbare Verbesserungen versprach, fiel die Umstellung natürlich nicht schwer. Wie im Abschnitt über die Landwirtschaft gezeigt, haben Bauern die Vorteile des Marktes durchaus erkannt und zu nutzen gewußt. Der Markt erzog mit einiger Sicherheit die Menschen, ob aber von Büchern und Predigten dieselbe Wirkung ausgegangen ist, mag man bezweifeln. Selbst bei den Eliten blieb der Grundsatz der angemessenen Lebensführung bis zum Ende des Jahrhunderts verbindlich, wie nicht zuletzt das preußische *Allgemeine Landrecht* zeigt. Unzweifelhaft ist aber die Sensibilisierung gegenüber wirtschaftlichen Dingen. Sie war so umfassend, daß sich selbst die Kirchen von ihr haben anstecken lassen. Zum letzten Mal für lange Zeit haben diese sich aktiv in den Dienst wirtschaftlichen Fortschritts gestellt und im Kampf gegen populäre, nun aber als schädlich betrachtete Frömmigkeitsformen eine Verhaltensänderung der Gläubigen versucht.

Die Anpassung der Religiosität war freilich nur ein, wenngleich wesentlicher Aspekt. Der Wandel der Anschauungen betraf daneben auch Dinge wie Muße, Bettelei, Zeiteinteilung, Geld usw. und zielte auf die Rationalisierung des Alltags im Dienste der »Indüstrie«. Damit war ein Prozeß ausgelöst, der, einmal in Gang gekommen, keinen Abschluß finden kann, solange die ihm entsprechende Wirtschaftsordnung herrscht und der folglich bis in die Gegenwart andauert, heute aber in eine Krise geraten ist, weil sich die Bedeutung der Arbeit erneut zu ändern begonnen hat. Der Bogen, der sich vom späten 18. Jahrhundert bis heute spannt, wird von zwei Schlüsselbegriffen zusammengehalten, die gerade damals, gleich am Anfang der Entwicklung, umgeprägt bzw. überhaupt erst geschaffen worden sind und die das neue Zeitverständnis, die Ökonomisierung der Zeit, verdeutlichen: »Arbeit« und »Freizeit« traten damals auseinander und erhielten ihren uns geläufigen Gegensatzcharakter. Beide konnten fortab je nach Bedarf intensiviert und ausgedehnt werden; die Maschine besorgte dies im einen, das Vereinswesen im anderen Falle.

V. Die Natur der Herrschaft

1. Der Hof

Im Staatsbildungsprozeß der Frühen Neuzeit spielten die Höfe eine wichtige Rolle. Die Historiker haben diesen Zusammenhang bis vor kurzem so gut wie regelmäßig übersehen, weil der bürgerlichen Wertordnung, der sie verpflichtet sind, wohl kaum etwas ferner steht als das höfische Leben. Es galt als das Laster schlechthin. Hat im späten 18. Jahrhundert das bürgerliche Schauspiel, hat Schillers *Luise Millerin* mit dieser kalten und perfiden Welt grimmige Abrechnung gehalten, erblickte 100 Jahre später der Kulturhistoriker im höfischen Leben nichts als »bacchantischen Wirbeltanz«, »aristokratischen Übermuth« und »leichtfertige Nachahmung des Auslands«.[1]

Tatsächlich dienten die Höfe nicht so sehr der Einübung von Tugenden, und schon gar nicht der Unterweisung in den sog. bürgerlichen Tugenden, sondern sie hatten eminent politische Aufgaben. Diese änderten sich im Laufe der Jahrhunderte auf natürliche Weise. Waren die Höfe im Mittelalter die Gravitationszentren der Politik wie des kulturellen Lebens, mußten sie in der Frühen Neuzeit die eine Funktion, das sich etablierende Regiment der Räte, an den Behördenstaat, die andere an die Universitäten und sonstigen Bildungsinstitutionen abtreten. Lediglich in Musik und Kunst behielten sie ihre unbestrittene kulturelle Führungsrolle. Dem Funktionsverlust auf der einen Seite entsprach ein Zugewinn an Bedeutung auf der anderen, die vorläufig mit dem Stichwort »Adel« angedeutet sei. Im 19. Jahrhundert schließlich spielten einige Höfe in Deutschland, allen voran der Berliner, die problematische Rolle einer konstitutionell nicht abgesicherten, ja nicht einmal vorgesehenen Art von Nebenregierung; das fürstliche Kabinett sowie die Reglementierung von Hofzutritt und Hofrang waren die Instrumente, mit deren Hilfe die politische Entwicklung gesteuert, richtiger vielleicht: gebremst werden sollte.

Es ist nicht einfach, nahezu unzulässig, von den »deutschen« Höfen zu sprechen, denn bei genauerem Zusehen wiesen sie außerordentliche Unterschiede auf. Nicht nur das politische Gewicht des jeweiligen Territoriums bestimmte ihre Bedeutung – die freilich in kultureller Hinsicht, man denke nur an den Jenaer »Musenhof« oder an den Hof des Landgrafen Friedrich Ludwig von Hessen-Homburg, in umgekehrter Proportion dazu stehen konnte –, auch der jeweilige Fürst übte bei aller Bedeutung, die dem feststehenden Zeremoniell zukam, entscheidenden Einfluß auf das Hofleben aus, das somit je nach der Persönlichkeit des Herrschers ganz unterschiedliche Züge aufwies. Und schließlich sah natürlich der Hof eines geistlichen Staates erheblich anders aus als derjenige eines weltlichen.

Insgesamt aber überwogen die Gemeinsamkeiten. Sämtliche Höfe besaßen die nämlichen Strukturen, sie gehorchten den nämlichen Gesetzen und erzielten vergleichbare Wirkungen. Zu den Gemeinsamkeiten gehört schließlich auch, daß die deutschen im europäischen Vergleich durchweg einen bescheidenen Platz einnahmen, sogar der Hof der österreichischen Habsburger, daß sie dafür aber um so stärker ihre unmittelbare Umgebung prägten. Der Typus der »Haupt- und Residenzstadt« unterschied sich deutlich von anderen Städteformen, er repräsentierte in der Frühen Neuzeit in wirtschaftlicher und demographischer Hinsicht meist die dynamischste Entwicklung. Wie künstlich jedoch diese Konjunktur war, zeigte sich regelmäßig dann, wenn ein Fürst seine Residenz verlegte. Ob Eberhard Ludwig von Württemberg 1709 zur Strafe für die renitenten Landstände und die mit ihnen sympathisierende Stuttgarter Bürgerschaft den Hof ins neugegründete Ludwigsburg verlegte, ob Karl Theodor als Thronerbe 1778 von Mannheim nach München zog oder ob schließlich Clemens Wenzeslaus 1784 endgültig Koblenz mit dem abgelegenen Trier vertauschte – stets waren die Folgen dieselben. In den verlassenen Residenzen sanken nicht nur schlagartig die Einwohnerzahlen, auch die wirtschaftliche Bedeutung nahm so sehr ab, daß es unter der zurückgebliebenen Bevölkerung zu Protest, ja Unruhen kommen konnte. Die Verluste fielen um so höher aus, je kleiner die betroffene Stadt war. Die lebendigen und prächtigen Mini-Residenzen, von denen es namentlich in Süddeutschland Dutzende gab, fielen daher zu Anfang des 19. Jahrhunderts, als die territoriale »Flurbereinigung« der Selbständigkeit vieler Gebiete ein Ende bereitete, auf die Stufe schlichter Landstädte zurück.

Der Ausgang des Dreißigjährigen Krieges wertete die Höfe gewaltig auf. Das hing zum einen mit den Kriegsereignissen selbst zusammen, aus denen die Fürsten gestärkt hervorgingen, während der Adel, und namentlich der Niederadel in Not geraten war und um bezahlte Ämter nachsuchen mußte. Die bayerische Ritter-schaft etwa klagte, »daß thails selbige sich von aignen mitlen nit woll mehr hinbringen vnd in vorigen flor erhalten künden, vnd derentwegen nothwendig vmb anderwertige accommodation vnd Underhalt sich bewerben miessen«. Sie bat daher den Kurfürsten, »bey konfftig sich erzeigendten Vacaturn des Standts der Ritter-schaft mit denen Hoff- Kriegs- Pfleg- Casten- vnd anderen Landt-diensten, wie auch denen Rathstöllen« zu gedenken.[2] Für die Fürsten war es außerdem ein Vorteil, daß gerade damals Ludwig XIV. ein in ganz Europa beachtetes und vielfach nachgeahmtes Beispiel dafür gab, welche Rolle der Regent und sein Hof nach dem Ende der ständischen Konflikte zu spielen hatte. Die Herrscher nutzten die geradezu einmalig günstige Konstellation und organi-sierten ihre Höfe neu. Sie boten dem in die Krise geratenen Adel Ehrenstellen und das Prestige der fürstlichen Nähe, vergrößerten so den Hofstaat enorm, ja, gründeten vielerorts sozusagen auf der grünen Wiese ganz neue Residenzen und erhöhten mit diesen Mit-teln ihre eigene Person, die nunmehr unbestritten an der Spitze der ständischen Pyramide figurierte. Auf andere Weise als vorher war der Hof jetzt ein Instrument der Herrschaft. Hier fielen nicht län-ger allein die wesentlichen politischen Entscheidungen, sondern durch ihn sollte der Adel diszipliniert und damit einer neuen Rolle zugeführt werden, derjenigen einer entpolitisierten gesellschaftli-chen Elite.

»Disziplinierung« ist ein klassisches Thema der historisch orien-tierten Soziologie; seit kurzem stößt es auch bei den Historikern auf Interesse. Sie gilt heute als eines der wichtigsten Mittel gesell-schaftlicher Ausdifferenzierung, was nichts anderes heißt, als daß die moderne Gesellschaft ohne die Existenz einer Reihe von Dis-ziplinierungstechniken nicht gedacht werden kann. Das erklärt ihre fundamentale Bedeutung für die Neuzeit.

Bis ins 17. Jahrhundert war der Adel weniger »diszipliniert« als andere Stände, namentlich als die ihm am nächsten stehenden Teile des Bürgertums, ja, er las gerade an diesem Mindermaß seinen her-ausragenden gesellschaftlichen Rang ab. Instanzen, die – wie Reli-gion oder weltliche Moraltheorien – auf Selbstdisziplinierung zielten, erreichten trotz aller Appelle und Erziehungsmaßnahmen nicht das, was sich die »Seelenführer« sämtlicher Konfessionen von ihnen versprachen. Der politische Raum blieb dabei ohnedies aus-gespart. Erst die Höfe vermochten beides zu bewirken: Disziplinierung der moralischen und der politischen Person. Dies geschah durch ein rigoroses und bis ins Detail ausgefeiltes Zeremoniell, bei dessen Befolgung nicht nur immaterielle, sondern auch materielle Vorteile winkten. Sie wogen die Verluste an Autonomie offenbar hinreichend auf, jedenfalls bei der großen Masse des Adels, die ihre geringen grund- oder gutsherrschaftlichen Einnahmen durch Staatsdienst aufbessern mußte. Dagegen blieben zunächst die alten und über große Güter verfügenden Familien, die sich ein unabhängiges Leben erlauben konnten, den Höfen vielfach noch fern. Aus schierer Not tat es ihnen die Minderheit der ärmsten Landadeligen gleich, denn das Leben in der Residenz war, wie etwa Wolf Dietrich v. Törring Mitte des 17. Jahrhunderts ausrechnete, mehr als doppelt so teuer wie zu Hause. Die Armen kompensierten ihr verachtetes Dasein als »Mistjunker«, indem sie ihrerseits das Gebaren des »politen Hofadels« herabwürdigten – und in ihrem Abscheu auch gleich noch das Stadtleben und die Städter einschlossen.[3]

Auf diese unbemittelten, sich gelegentlich kaum über ihre bäuerlichen Hintersassen erhebenden Familien kam es den Fürsten freilich auch gar nicht an. Die politische Gefahr ging von den Großen des Landes aus, die ebenbürtig waren und sich als gleichberechtigt empfanden. Ihre Unabhängigkeit sollte gebrochen werden, damit die Zeiten der Fehde und Fronde ein für alle Mal zu Ende waren. Diese Absicht erleichterte auch jenen Gruppen die Zustimmung zum höfischen Leben, die ansonsten eine Existenz in Übereinstimmung mit den Geboten der Tugend verlangten. Ein Moralphilosoph wie Christian Wolff konnte sich, entgegen seinen sonstigen Maximen, mit der dem Absolutismus wesenseigenen Trennung von Politik und Moral versöhnen, weil er erkannte, »daß, wenn die hohe Landes-Obrigkeit die vornehmsten und mächtigsten Familien im Lande nach Hofe ziehet, dieses zugleich ein Mittel ist, ihre Macht und Gewalt zu befestigen, indem sich niemand eher mit Nachdruck als diese wiedersetzen können, sonderlich in einer Regierungs-Forme, wo nicht alle Macht bey ihr allein stehet.[4]«

Dem Zeremoniell – zu ihm zählte auch eine besondere Sprache, das Französische, dessen sich der Adel bis weit ins 19. Jahrhundert hinein bedienen sollte – kam entscheidende Bedeutung zu. Indem es jedem Höfling einen festen Rang zuwies und damit zugleich die diffizile Frage der Präzedenz klären half, wies es dem Herrscher einen herausragenden Platz an. Mehr noch: durch seine Befugnis, die festgelegten Hierarchien zugunsten bzw. zuungunsten einzelner zu durchbrechen, entrückte es ihn vollends in unerreichbare Distanz und demonstrierte so der Hofgesellschaft, daß letztlich alles von seiner Gunst abhing. Das Protokoll war im Grunde nichts anderes als die Versinnbildlichung der Lehre vom Gottesgnadentum. Beide sollten den Regenten dem adelig-ständischen Zugriff entziehen und die gegebene oder vielleicht auch erst angestrebte Herrschaftsordnung absichern.

Gegen Ende des 17. Jahrhunderts befand sich die Entfaltung der höfischen Gesellschaft in Deutschland auf ihrem Höhepunkt. Die Verspätung gegenüber Westeuropa erklärt sich nicht so sehr aus den geringeren Ressourcen, sondern aus der ungleich größeren Rolle, die die Stände im Verfassungssystem der Territorien bis dahin innehatten. Auch nach 1648 war deren Macht keineswegs überall und vollständig gebrochen. Finanzielle Rücksichten nahm dagegen kein einziger Monarch, es war im Gegenteil gerade der Sinn des, wie viele meinen, übertriebenen Aufwands, den Konflikt mit den Ständen, die ja in den meisten Ländern die Einkünfte bewilligten, erhoben und verwalteten, auf die Spitze zu treiben und so eine Entscheidung herbeizuführen. Und schließlich: wie riesig die Summen auch immer waren, sie kamen die Untertanen immer noch billiger als jeder bewaffnete Konflikt um die Macht in einem Staat; die Niederwerfung der Fronde hat Frankreich erheblich mehr gekostet und politisch weniger eingebracht als die in Versailles entfaltete Pracht.

Die Erhöhung des Regenten und die Disziplinierung des Adels hatte trotzdem ihren Preis. In absoluter Höhe betrachtet, war er in Deutschland zwar deutlich geringer als in Frankreich, im Vergleich zu den Gesamteinnahmen überstiegen die Kosten jedoch das französische Vorbild vor allem in den kleineren Territorien des Reiches um ein Vielfaches. Die zeitgenössische Kritik hatte darum auch vornehmlich den Duodezfürsten im Visier, dessen Hofhaltung oft die Hälfte aller Staatsausgaben erreichte oder gar überschritt. Das ist indessen leicht erklärbar, da das Hofleben wegen seiner Zeremonialfunktion nun einmal größtenteils Fixkosten verursachte. Sparsamkeit wäre unter diesen Umständen fehl am Platz gewesen.

Die sehr unvollständigen und vielfach auch unsicheren Zahlen verdeutlichen die Konjunktur der Höfe.[5] Der kaiserliche Hofstaat, der sich 1576 auf 531 Personen beschränkte, zählte 1672 bereits

1966, gegen 1730 waren es dann 2100 Angehörige; hierunter waren aber stets die Beamten der Zentralbehörden einbegriffen. Maria Theresia mußte schon der vielen Kriege wegen ihren Hofstaat reduzieren, er belief sich 1745 (ohne die Beamten) nurmehr auf 440 Angehörige. Mit den Kosten verhielt es sich ähnlich: Sie verfünfzehnfachten sich zwischen 1574 und 1672 und nahmen in den folgenden 50 Jahren nochmals um das Fünffache zu; unter Maria Theresia fielen sie wieder auf den Stand von 1672, nämlich auf etwas mehr als eine Million Gulden, stiegen gegen Ende ihrer Regierung aber wieder leicht an. Ihr Anteil an den gesamten Staatsausgaben schwankte zwischen 5 und 8%. In Bayern war das ganz anders. Die ehrgeizige, außenpolitisch überspannte und letztlich glücklose Politik Max Emanuels hatte zur Folge, daß der Hofstaat nur unwesentlich kleiner war als der Wiener und demgemäß im Jahre 1701 75% der Gesamtstaatsausgaben verschlang. Auch Johann Wilhelm von Kurpfalz erlaubte sich damals solche Pracht und nicht anders Ernst August von Hannover oder Fürstbischof Friedrich Karl von Schönborn. In allen diesen Ländern überstiegen zu Anfang des 18. Jahrhunderts die Kosten für Schloßbau und Hofhaltung mehr als die Hälfte der regulären Einnahmen. Es war nur eine Frage der Zeit, wie lange die Herrscher sich diesen Luxus leisten konnten.

Der Umbruch, der sich in den meisten Staaten gleich darauf vollzog, hatte jedoch nicht nur finanzielle Gründe. Eine Reihe von Thronwechseln brachte Fürsten an die Regierung, die persönlich einen bescheideneren Lebensstil bevorzugten – allen voran Friedrich Wilhelm I. von Preußen (1713), aber auch Georg Ludwig von Hannover (1714) oder Karl Philipp von Kurpfalz (1716). Die privaten Neigungen hätten sich aber nicht so ohne weiteres gegen das strenge Protokoll durchsetzen können. In allen diesen Fällen kam hinzu, daß ihre Vorfahren die wesentlichen politisch-verfassungsrechtlichen Ziele des Absolutismus durchgefochten bzw. wie im Falle der Kurpfalz ihrem Land die internationale Anerkennung gebracht hatten. Damit entfiel eine wichtige Aufgabe höfischer Prachtentfaltung. Die freiwerdenden Geldmittel wurden nun aber nicht etwa eingespart, sondern solchen Institutionen zugewiesen, die ähnliche innenpolitische Funktionen wie die Höfe besaßen. In Preußen war das ohne Zweifel die Armee, deren Etat und Mannschaftsstärke vom »Soldatenkönig« enorm aufgestockt wurde und die dem einheimischen Adel noch weit mehr Einkünfte und Prestige verschaffte als ehedem der Berliner Hof. Die Habsburger Monarchie beschritt diesen Weg ein halbes Jahrhundert später. Auch zeremoniell löste das Militär in großem Stil die Höfe ab.

Angesichts solch einer Funktionsentlastung wuchs allmählich der Spielraum für individuelle Vorlieben und Abneigungen, jedenfalls auf der Ebene der Herrscher; die Höflinge blieben bis zum Schluß nur die Objekte jenes Kultus, den sie selbst veranstalteten. Franz Stephan konnte es sich schon in den vierziger Jahren erlauben, am Kaiserhof das französische Zeremoniell anstelle des viel strengeren spanischen einzuführen, sein Sohn Joseph schaffte 1766 kurzerhand auch das spanische Mantelkleid ab, das für alle Staatshandlungen nach wie vor vorgeschrieben war. Der Einwand seines Obersthofmeisters, des Grafen Ulfeld, daß bei der Belehnung mit Reichslehen der Kuß des Mantels eine rechtskräftige Handlung sei, zeigt, wie wenig das höfische Zeremoniell privaten Launen entsprungen war. Als solche aber empfand ein Herrscher, der sich als oberster Amtsträger des Staates fühlte, die barocken Repräsentationsformen. Fürst Khevenhüller, Obersthofmeister Maria Theresias, notierte tatsächlich in seinem Tagebuch, daß der Kaiser »alles, so einem Cérémonial gleichet, für eine Gêne ansiht«.[6] Was aber sollte nun, »privat« wie offiziell, getragen werden? Vor dieser Frage hatten vorher schon die preußischen Monarchen gestanden, und ihre Antwort sollte stilbildend wirken. Die Uniform ersetzte die Hoftracht, ein äußeres, aber hochgradig signifikantes Zeichen der beginnenden Militarisierung der Höfe, ja der Monarchien überhaupt. Die Porträts liefern hierzu wertvolle Belege. Kaum noch ein Fürst, von geistlichen Herren abgesehen, der sich nach 1770 in Herrscherpose mit Zeremonialkleidung, in Hoftracht oder gar in stilisierter Rüstung hat abbilden lassen. Und noch ein zweites war neu. Diese Bildnisse entstammten zwar dem höfischen Leben, richteten sich jedoch neuerdings immer mehr an die Untertanen, respektierten darum deren Werte und Geschmack und fanden großen Absatz. Maria Theresia erscheint auf ihnen mit Vorliebe als Ehefrau oder Mutter, der »alte Fritz« als allgegenwärtiger und treusorgender Landesvater oder aber als der einsame »Philosoph von Sanssouci«. Die Hofgesellschaft ihrerseits benutzte das Volksleben allenfalls als Staffage bei Schäferspielen oder ähnlichem Zeitvertreib, erschien dann in Bauern- oder Handwerkerkleidung und sprach ausnahmsweise deutsch. Volkstümlicher wurde sie dadurch natürlich nicht, populär wurden nur die Monarchen, je mehr sie der künstlichen Welt des Hofes den Rücken kehrten.

Nur ein gutes halbes Jahrhundert hatte es gebraucht, um die politische Bedeutung der Höfe von ihrem Gipfelpunkt fast bis auf die Talsohle hinabzudrücken – jedenfalls in einigen der wichtigsten deutschen Staaten. Brandenburg-Preußen hatte bereits 1713, beim Tode seines ersten Königs, einen scharfen Kurswechsel vollzogen, die pietistische Grundhaltung seines Nachfolgers erlaubte keine Alternative. In Hannover war 1714 mit dem Weggang der Dynastie nach London der Hof so gut wie verwaist. Wien schwenkte erst viel später auf diese Linie ein. Hier mußte sich der Monarch gewissermaßen von seinem Hofe emanzipieren, indem er sich zum Führen der Regierungsgeschäfte in seine Privatgemächer zurückzog und die Hofgesellschaft, die sich dergleichen nicht erlauben konnte, vor den Kopf stieß.

Andere Fürsten folgten diesen Beispielen nicht. An vielen der mittleren und kleinen Residenzen verlief das Leben weiterhin in den hergebrachten Formen. Besonderen Glanz besaß neben dem kursächsischen bis zuletzt der Mainzer Hof. Kurerzbischof Friedrich Karl von Erthal ließ mit Hilfe preußischer Subsidiengelder Schlösser und Parks erweitern und gab prächtige Feste. Das »goldene Mainz« galt damals als das Eldorado des rheinischen Stiftsadels, der sich dort prächtige Palais errichtet hatte. Die Ständegrenzen verliefen in Mainz, wie etwa Georg Forster berichtete, besonders scharf ausgeprägt, es kam zu einem spannungsreichen Nebeneinander von altadeliger Hof- und aufgeklärter Universitätsgesellschaft, das sich 1792/93 in der kurzlebigen Republik entladen sollte. Zuvor war die Stadt allerdings noch Schauplatz besonderer Prunkentfaltung gewesen, als im nahen Frankfurt Leopold II. 1790 und zwei Jahre später Franz II. zum Kaiser gekrönt wurden. Ein letztes Mal hatte das Reich sein altes Zeremoniell entfaltet, dessen »alttestamentliche Judenpracht« einem kritischen Beobachter aber nur noch als bloßes »Fastnachtsspiel« erschien[7] – zu weit hatten sich die politischen Verhältnisse von dem entfernt, was das Ritual zu versinnbildlichen vorgab. Erthal, der in Frankfurt mit einem Gefolge von 230 Menschen erschien, worunter die Mannschaften der Schweizer- und der Leibgarde noch nicht begriffen waren, ließ sich die Festlichkeiten dort und in seiner Residenz mehr als 400000 Gulden kosten, 1792 sogar noch mehr. Damals fanden im kurfürstlichen Schloß die Verhandlungen wegen des bevorstehenden Reichskrieges gegen Frankreich statt, der bekanntlich so ganz anders endete als geplant.

Der Untergang des Ancien Régime hat die klassische Hofgesell-schaft beseitigt, nicht jedoch den Hof als Institution und seine po-litische Rolle. Zunächst machte die territoriale Neuordnung Deutschlands eine neuerliche Unterwerfung von Teilen des Adels unter die obsiegenden Monarchen nötig, eine Aufgabe, die typi-scherweise nunmehr die Reformbürokratie übernahm. Die Höfe versuchten dagegen, den Absturz des Herrenstandes in die bürger-liche Gesellschaft nach Kräften zu bremsen und zu mildern. So än-derte sich im 19. Jahrhundert die Zielrichtung und verkehrten sich die Fronten. Hof und Beamtenschaft waren vollends auseinander-getreten und zwischen ihnen, die beide den Anspruch erhoben, die »wahren« Interessen der Monarchie zu vertreten, stand der Fürst. Je nach Naturell und politischem Kalkül gab dieser dem Hof oder dessen Gegenspieler den Vorzug.

2. Die Beamtenschaft

»Beamte« gibt es in jedem Staat, aber das moderne Berufsbeamten-tum reicht in seinen Anfängen kaum hinter das frühe 19. Jahrhun-dert zurück. Seine Existenz setzt den Zerfall der geburtsständi-schen Gesellschaft voraus, die mit ihrem Familiendenken, ihrem Klientelwesen und mit ihrer autonomen Herrschaft – oder mit dem, was davon im Laufe der Zeit übriggeblieben war – den fach-geschulten, an Instanzen gebundenen und bürokratischen Verwal-tungsnormen gehorchenden »Staatsdiener« noch nicht wirklich kannte. Bis dahin, bis zu diesem hochbedeutsamen Entwicklungs-schub, der, wie Max Weber nicht ohne Beklemmung feststellte, die Bürokratisierung der Welt zum nahezu unaufhaltsamen Schicksal gemacht hat, gab es statt dessen den »Fürstendiener«. Er war sei-nem institutionellen Erben natürlich in vielem verwandt. Seit lan-gem schon bestimmten Schriftlichkeit, Fachschulung, verfahrens-mäßige Gewissenhaftigkeit und hierarchische Unterstellungsver-hältnisse Leben und Arbeit der Beamten. Auf ihr Konto ging nicht zuletzt die neuerdings wieder so stark betonte Tendenz zur Ver-rechtlichung, das heißt die Durchsetzung rechtlicher Regeln zur Lösung sozialer Spannungen und Konflikte, die ihrerseits mit dem Übergang zum modernen Finanz-, Militär- und Wirtschaftsstaat eine neue Stufe der Herrschaft herbeigeführt hat.

Der »Fürstendiener« verkörpert mithin eine eigenständige Epoche, die in Deutschland vom späten 16. bis zum 18. Jahrhundert reicht. Vorher genügte für die Erledigung der alltäglichen Fragen im allgemeinen die autonome Regelungsbefugnis der Stände, während die anfallenden Regierungsgeschäfte vom Fürsten gemeinsam mit dem »Hofgesinde« besorgt wurden. Eine noch wenig institutionalisierte, eher fallweise zusammentretende Schar von Vertrauten, in der Regel gebildete Kleriker und welterfahrene Adelige, berieten den Monarchen. Dazu war weder eine besondere Behörde nötig noch eine spezielle Ausbildung und Rechtsstellung. Das Vertrauen des Regenten war die wichtigste Voraussetzung eines fürstlichen Rates, der ansonsten den unterschiedlichsten Tätigkeiten nachging. Eine Schreibstube erledigte die Formalitäten.

Im 16. Jahrhundert wuchs die Fülle dessen, was man heute als innen- und außenpolitische Aufgaben bezeichnen würde, rapide an. Auf internationaler Ebene etablierte sich ein kompliziertes und darum labiles Machtsystem, im Reich beschleunigten Reformation und Bauernkrieg die im Gange befindliche Rezeption des römischen Rechts, und die bedrohte Ordnung der Ständegesellschaft zwang die Obrigkeiten zum Handeln. Das überstieg die Möglichkeiten des hergebrachten Personenverbandsstaates bei weitem. Fachleute wurden nötig, die den Herrschern die zahlreicher gewordenen Verwaltungsaufgaben abnahmen und alles einförmig, nämlich gemäß der »guten Policey«, den neuentwickelten Normen obrigkeitlichen Handelns, zu ordnen und zu lenken suchten. Nun erst etablierten sich feste fachliche Zuständigkeiten, der Herrschaftsapparat erlebte einen Differenzierungsschub und die in ihm Tätigen fanden sich unversehens auf einem Wege wieder, der sie in Berufe führte, die es so bislang nicht gegeben hatte. Dieser hier nur sehr knapp geschilderte Vorgang wies naturgemäß ein deutliches hierarchisches Gefälle auf. Die Komplexität der Aufgaben an der Spitze bewirkte, daß dort die Spezialisierung und damit die Trennung von Zuständigkeiten am frühesten einsetzte, beginnend bei der Einrichtung eigenständiger Obergerichte. Es sollte Jahrhunderte dauern, bis diese Entwicklung auch auf der untersten Behördenebene vollzogen war. In Gestalt der Patrimonialgerichte trat der Staat unter Umständen noch bis in die Mitte des 19. Jahrhunderts seinen auf dem Lande lebenden Untertanen, jedenfalls scheinbar, in der altertümlichen und mittlerweile längst obsolet gewordenen Gestalt ständischer Selbstherrschaft gegenüber.

Für die Ausbildung des frühneuzeitlichen Beamtenwesens war die Trennung von politischer Beratung des Fürsten und kontinuierlicher Verwaltung eine unerläßliche Vorbedingung. In der Mitte des 17. Jahrhunderts war dieser Vorgang überall, auf Reichs- wie auf Territorialebene abgeschlossen. Fortab gab es nur noch wenige Spitzenämter, die beide Bereiche vereinten, und auch dies oft mehr in formalem Sinne als faktisch.

In dem Maße, wie die Beamten aus der Hofhaltung ausschieden – und zwar institutionell, denn die räumliche Einheit blieb oft schon deshalb erhalten, weil Schlösser und Adelspaläste damals meist die einzigen Bauten waren, die den noch sehr kleinen Behörden Raum boten –, erhöhten sich die schon vorher bestehenden besonderen Erfordernisse fachlicher Qualifikation. Das Studium der Rechte war seit jeher das Mittel, mit dessen Hilfe bürgerliche Aspiranten und Beamte ihre Gleichwertigkeit mit den adeligen Räten nachwiesen. Seit dem 17. Jahrhundert genügte jedoch nicht mehr der bloße Universitätsbesuch, sondern es mußte auch der Studienabschluß nachgewiesen werden. Wer weder Lizentiat noch Doktor war, hatte wenig Chancen, innerhalb der sich ausbreitenden Hierarchie aufzusteigen. Noch war ja die Trennung zwischen mittlerem und höherem Dienst unbekannt, so daß sich das Kanzleipersonal aus Beamten verschiedenster Herkunft und Vorbildung zusammensetzte.

Die führende Rolle der Juristen stand in engem Zusammenhang mit der Rezeption des römischen Rechts. Das *corpus iuris* lieferte die wichtigsten Argumente im Kampf der Fürsten mit ihren Ständen; so wurde aus dem Privatrecht der Spätantike das öffentliche Recht des frühneuzeitlichen Fürstenstaates. Die Rechtswissenschaft litt jedoch gerade deshalb in den Augen der absoluten Herrscher an einem doppelten Nachteil. Zum einen hatten alle Juristen dieselbe Ausbildung hinter sich und konnten daher zwei Herren dienen, dem Monarchen ebenso wie den sich auf das alte Recht und das Herkommen berufenden Ständen, deren Vertreter vornehmlich in den Provinzialbehörden zu finden waren. Zum anderen bot das Studium der Rechte keine Hilfe für andere Staatsziele als die Wahrnehmung hoheitlicher Befugnisse. Hatte aber schon der Wiederaufbau nach dem Dreißigjährigen Krieg der Obrigkeit eine Vielzahl bislang unbekannter Aufgaben zukommen lassen, legte eine ambitionierte Außenpolitik mit ihrer außerordentlichen finanziellen Beanspruchung der Untertanen um so mehr den Fürsten die Suche nach Dienern nahe, die in solchen Fragen besser bewandert waren. Es ist daher kein Zufall, daß gerade ein Militärstaat wie der preußische zunehmend Praktiker in seinen Dienst zu ziehen suchte und einen neuen Beamtentyp, den »Commissarius«, schuf. In das neu zu errichtende General-Direktorium sollten auf Anweisung König Friedrich Wilhelms I. nur solche Bewerber eintreten dürfen, »die offene Köpfe haben, welche die Wirthschaft verstehen und sie selber getrieben, die von Commercien-, Manufactur- und anderen dahin gehörigen Sachen gute Information besitzen, dabei auch der Feder mächtig« sein sollten.[8]

Nach dem Ausgleich mit den Ständen hatte in Preußen die Verwaltungstätigkeit eine enorme Ausweitung erfahren: innere Kolonisation, Bevölkerungs- und Gewerbepolitik sowie die vermehrte Inanspruchnahme der Domänen und Forsten hatten Priorität, sie sollten vor allem die Einnahmen des Staates deutlich erhöhen. Der Mangel an geeigneten Bewerbern veranlaßte den König bald darauf, das sogenannte Kameralwesen, wie man diese Gegenstandsbereiche zusammenfassend nannte, in den Rang einer akademischen Disziplin zu erheben und die »studirende Jugend zu Zeiten und ehe sie zu Bedienungen employirt werden«, auf dieses Studium zu verweisen.[9] So entstanden die Kamerallehrstühle und kameralistischen Hochschulen bzw. Fakultäten als akademisches Gegenstück der erweiterten Staatsaufgaben. Für ungefähr 100 Jahre war damit das Juristenprivileg des öffentlichen Dienstes durchbrochen. Daß daraus keine dauerhafte Einstellungsvoraussetzung wurde, lag teils an der weiteren Entwicklung der Kameralwissenschaft, teils an der beharrlichen Weigerung des Adels, sich diesem weniger angesehenen Studium zu widmen. Die Rearistokratisierung der höheren Beamtenschaft, die gerade im Preußen Friedrichs II. am raschesten voranschritt, bremste darum die Ausweitung der Staatsaufgaben und begrenzte die Reichweite aufgeklärter Reformpolitik.

Der Professionalisierung der Beamtenschaft tat dieser Vorgang jedoch keinen Abbruch. Preußen wurde im Gegenteil nach der Mitte des 18. Jahrhunderts jenes Territorium, in dem die fachliche Qualifikation der künftigen Fürstendiener sich am weitesten von den hergebrachten Selektionsmechanismen der ständischen Gesellschaft gelöst hatte. Herkömmlicherweise genügte der Nachweis eines akademischen Studiums und eventuell Erfahrungen in einer Advokatur. Entscheidend für eine Einstellung waren jedoch andere Voraussetzungen, nämlich guter Leumund, das richtige Bekenntnis – in Preußen wurden keine Katholiken eingestellt, in Wien erlangte beim Reichshofrat, obgleich das Reich seit 1648 offiziell paritätisch war, niemand einen Posten, »der mit der lutherischen Erbsünde behafftet wäre«[10], – und insbesondere Protektion. Das hing mit dem weitverzweigten Klientelwesen zusammen, das alle Schichten vom Fürstbischof oder Staatskanzler bis zum Leibdiener miteinander verband und nach Möglichkeit von Generation zu Generation weitervererbt wurde. Zweifel aufgeklärter Zeitgenossen änderten daran nichts, denn das System wog die allgemeine Chancenungleichheit wenigstens innerhalb gewisser Grenzen auf. Auch ein Justus Möser, Sohn eines Osnabrückischen Kanzleidirektors und selbst als geheimer Referent Leiter der gesamten Landesverwaltung, sah zwar die Mängel dieses Systems ein, praktizierte es aber trotzdem: »Der zuletzt verstorbene Secretarius Meyer«, berichtete er, »ward nicht um seiner eigenen Verdienste willen, sondern um seines Vaters Schulden zu bezahlen und eine arme familie zu souteniren, zum Cantzley Secretario ernannt, und kein Mensch wird ihm einige besondere Verdienste zuschreiben. Dessen College, der Secretarius Utermarck, welcher noch lebt und wahnsinnig ist, erhielt die Bedienung durch seinen Schwiegervater, den Churfürstlichen Leib-medicum Feltrup.«[11] Qualifikation als ausschlaggebendes Kriterium setzte große persönliche Distanz voraus – die Zentralbehörden waren darum ihr wichtigster Fürsprecher –, und diese gab es in den überschaubaren Verhältnissen damals nur selten. Waren die genannten Erfordernisse gegeben, wurde der Bewerber zur Proberelation zugelassen, d. h., er mußte seine praktischen Kenntnisse durch die Bearbeitung eines Verwaltungsvorgangs nachweisen. Dieser Schritt zur Versachlichung des Einstellungsverfahrens war spätestens in der ersten Hälfte des 18. Jahrhunderts in den meisten Staaten eingeführt. Adelige Bewerber blieben davon jedoch mancherorts einstweilen noch ausgenommen, vor allem wenn sie ein Praktikum absolviert hatten. Das war so lange zu rechtfertigen, als die eigentlich arbeitenden Beamten bürgerliche Sekretäre oder Räte waren, die adeligen Amtsinhaber aber andere Aufgaben innehatten und sich darum dem Professionalisierungstrend entzogen. Vor allem bei den Reichsbehörden blieb dies bis 1806 die herrschende Praxis, hier entwickelte sich daher kein homogener Beamtenapparat.

Der Fürstenstaat steigerte jedoch im eigenen Interesse die Anforderungen an seine Diener. Das wichtigste Mittel war die Einführung echter Zulassungsprüfungen. Sie ersetzten zwar keinesfalls fehlende Bekenntnisgleichheit oder Protektion, denn nicht die Gewährleistung eines überparteilichen Verfahrens war damals ihre Aufgabe, doch sollten sie dort, wo Sachverstand und Vertrautheit mit Verfahrensfragen besonders wichtig waren, die ungeeigneten Bewerber von vornherein aussondern. Das Justizwesen führte daher als erstes diese Prüfungen ein, freilich mit dem für den abgestuften Grad moderner Staatlichkeit typischen Gefälle: nach dem Vorbild des Reichskammergerichts begann Preußen 1693 mit der Einführung von Eignungsprüfungen für das Obertribunal in Berlin. Zu den Schlußlichtern zählte das Hochstift Osnabrück, wo 1756 zum letzten Mal ein Unstudierter zum Richteramt zugelassen worden ist, allerdings nach vorangegangener Prüfung.

Am weitesten in die Zukunft wiesen, wie bereits angedeutet, die Selektionsmechanismen in Preußen. 1737 ordnete König Friedrich Wilhelm I. an, daß künftig kein Bewerber um ein Richteramt »ohne vorhergehendes scharffes Examen«[12] zugelassen werden sollte. Den entscheidenden Schritt tat dann aber Großkanzler v. Coccej 1755 mit der Einsetzung der zentralen Justizprüfungskommission, wodurch das Gerichtswesen endgültig dem provinzialständischen, d. h. dem adeligen Einfluß entzogen wurde. Indem er Laufbahnvorschriften einführte und Referendariats- sowie Assessorenprüfungen in die Hand der Justiz legte, schweißte er die Richter zu einer berufsständischen Gemeinschaft zusammen, die alsbald einen spezifischen Korpsgeist entwickelte und sich selbst königlichen Eingriffsversuchen wie im legendären Müller-Arnold-Prozeß von 1779/80 zu widersetzen suchte. Nach dem Beispiel der Justiz errichtete Minister v. Hagen 1770 die Oberexaminationskommission, die alle Anwärter für den höheren Verwaltungsdienst zu prüfen hatte. Mit dem Erlaß war ein sehr ins einzelne gehender Studienplan verbunden, der – wovon bereits die Rede war – die Kameralwissenschaft obligatorisch machte. Beides war von weitreichender Bedeutung. Die formale und inhaltliche Fixierung des Zugangs zu allen Zweigen des Staatsdienstes vereinheitlichte nicht nur die Beamtenschaft, sondern beschnitt auch dem Monarchen fortan das Recht der Auswahl. Mit Hilfe des Prüfungswesens verbanden sich so Professionalisierung und Selbstergänzung zu einer festen Einheit, die die Emanzipation der Bürokratie nicht nur von der ständischen, sondern auch von der fürstlichen Einflußnahme einen entscheidenden Schritt näher brachte.

Verfahrensregeln waren der dritte Pfeiler, der das im Entstehen begriffene Gebäude bürokratischer Herrschaft stützte. Anders als heute, wo eine solche Prozedur nur noch bei der Justiz üblich ist, arbeiteten in der Frühen Neuzeit auch die Verwaltungen nach dem Kollegialprinzip. In diesem traten die Räte regelmäßig zusammen und berieten unter dem Vorsitz des Fürsten die anstehenden Probleme. Die Voten banden den Herrscher aber nicht. Das Verfahren hatte lediglich den Sinn, daß er sich, ohne auf seine Prärogative verzichten zu müssen, den Sachverstand seiner Beamten zunutze machen konnte. Diese waren ihrerseits dank der Abstimmung von der persönlichen Haftung befreit. Anfang des 18. Jahrhunderts war die Komplexität der Materie bereits so angewachsen, daß die Zentralbehörden in Ressorts gegliedert werden mußten. Am Kollegialprinzip hielt man jedoch fest, nur daß jetzt jeder Rat die in sein Fachgebiet fallenden Vorgänge referierte. »Des Montags ist des General-Lieutenants auch Wirklichen Etats-Ministri, Finanz-, Krieges- und Domainen-Raths von Grumbkow Departementstag, und werden alsdann die preußischen, vor- und hinterpommerschen und neumärkischen Affairen, imgleichen die Grenzsachen, und was die Ausradung und Räumung der Brücher betrifft, vorgetragen und ausgemachet, aber keine anderen Affairen, wenn es gleich pressante Sachen wären, weil es in Commissariats- und Kammersachen auf drei, vier bis acht Tage nicht ankommt«, hieß es in der Instruktion für das Generaldirektorium vom 20. Dezember 1723.[13]

Der Keim zur bürokratischen Herrschaft lag in der Natur der Sache selbst. Die verfahrensmäßige Gewissenhaftigkeit ihrer hohen Beamten war vielen Barockherrschern lästig, ja ein Dorn im Auge. Die meisten zogen sich nach und nach aus dem Geheimen Rat zurück und versuchten ihr »persönliches Regiment« durch die Installierung eines Kabinetts zu sichern, in das sie ihre Vertrauten beriefen. Fortab verkehrten sie nur noch schriftlich mit den Kollegien, die auf diese Art zu weisungsgebundenen Mittelinstanzen herabsanken. Aber auch die Kabinettssekretäre, die im Laufe der Zeit ihrer Bedeutung halber Rang und Titel eines Ministers erhielten, konnten nicht anders als nach bürokratischen Grundsätzen arbeiten: persönliche Qualifikation, Spezialisierung, Instanzenzug, Aktenkenntnis – alles das gehörte auch hier zum notwendigen Arbeitsstil und erhöhte zwangsläufig die Kompetenz dieser Fürsten-

diener, während ihre Herren, protokollarisch an das Hofleben gebunden und gesinnungsmäßig vielfach noch einem zunehmend
unzeitgemäßen Herrscherideal, nämlich demjenigen des Helden,
verpflichtet, kaum die Zeit und oft auch nicht die Neigung hatten,
sich der Routine ihrer Beamten anzupassen. Denn der Tagesablauf
in den Kollegien war streng geregelt: »Ich ware Sommers um sieben, Winters um acht Uhr nebst dem Herrn Präsidenten«, schreibt
Johann Jakob Moser über seine Zeit als Regierungsrat in Stuttgart,
»einer von den ersten, der in dem Regierungs-Collegium erschienen: So bald unserer drey, fiengen wir an zu referiren, und nahmen
lauter kleine Sachen vor, da wir bald viel expedieren konnten:
Wann hernach sich mehrere Räthe einfanden, holte ich die weit-
läufftigen Sachen in dem mich betreffenden Turno nach.«[14]

In administrativ-politischer Hinsicht gerieten also die Fürsten
unaufhaltsam in die Abhängigkeit ihrer Beamten. Dienstrechtlich
jedoch verhielt es sich genau umgekehrt. Durch ihre Treuepflicht
waren die Beamten unmittelbar und persönlich ihren Herren verbunden. Sie konnten daher auch jederzeit entlassen werden. Ausgenommen davon waren allenfalls die Richter, die schon vergleichsweise früh neben ihrer Treueerklärung gegenüber dem
Landesherrn einen Eid auf Landesverfassung und Landesrechte
ablegten. In Konfliktfällen wirkte sich das jedoch höchstens ver-
schärfend aus. Karl Eugen sperrte nämlich 1759 den auf die Verfassung pochenden Moser auf dem Hohentwiel ein, von wo ihn der
Reichshofrat erst nach fünf Jahren herunterholen konnte, und
Friedrich II. enthob im Müller-Arnold-Prozeß 1780 die – korrekt
urteilenden – Richter ihrer Ämter, zwang sie zu Schadenersatz und
schickte sie ein Jahr auf die Festung – um nur die beiden damals
legendärsten Fälle rechtswidriger Übergriffe zu nennen. Sie wirkten nicht zuletzt deshalb so skandalös, weil sie sich in einer Zeit
ereigneten, in der die Beamten schon seit längerem den Landesherren sogar das normale Kündigungsrecht abzusprechen suchten.
Die Richter am Reichskammergericht in Wetzlar und am Reichshofrat in Wien sekundierten ihnen nach Kräften, denn der altertümliche Charakter des Reichs knüpfte ihre Amtsdauer noch
immer an die Lebenszeit eines Kaisers.

Das Ziel der Bürokratie mußte es darum sein, sich von der unbe-
quemen, ja allmählich als demütigend empfundenen Stellung eines
»Fürstendieners« zu emanzipieren und zum »Diener des Staats«
zu werden. Dieser Durchbruch gelang ihr nicht zufälligerweise in

Preußen, dessen hohe Beamtenschaft eine damals singuläre Rolle einnahm, war sie doch, vor allem seit dem Tode Friedrichs II. im Jahre 1786, zur entscheidenden politischen Macht aufgerückt. Im 1794 verabschiedeten *Allgemeinen Landrecht* legte sich daher die Beamtenschaft nicht nur diese richtungsweisende Bezeichnung zu[15], sondern sie sicherte sich gleichzeitig gegen Entlassungen, indem sie diese von der Zustimmung des Staatsrats abhängig machte. Bei Richtern wurde die Hürde noch höher gesetzt, am höchsten bemerkenswerterweise im Falle der in den Diensten der Rittergutsbesitzer stehenden Patrimonialrichter; diese galten künftig für unabsetzbar. Die Staatsdiener demonstrierten damit dem Adel, wie sehr sie ihn bereits für eine »Partei« hielten, während sie sich selbst mit dieser unterschiedlichen Regelung Uneigennützigkeit bescheinigten.

Der Vorgang wirft ein deutliches Licht auf die latente Spannung zwischen Adel und Beamtenschaft. Stände und Staatsdiener waren geradezu zwangsläufige Gegner, sie verkörperten zweierlei Verfassungsentwicklungen. Vielfach wird daraus geschlossen, der Gegensatz habe sich innerhalb der Verwaltung fortgesetzt, Adel und Bürgertum hätten als gesellschaftliche Gruppen miteinander konkurriert, ja rivalisiert. Dieses Urteil ist jedoch problematisch. Denn das wechselnde Zahlenverhältnis zwischen adeligen und bürgerlichen »Zivilbeamten« und die Tatsache, daß der Adel die einflußreicheren und einträglicheren Positionen für sich reklamierte, muß in einer Ständegesellschaft keineswegs von vornherein anstößig wirken. Bezeichnender ist vielleicht, wie die Bürokratie die wiederholten Vorstöße etwa Friedrichs II. aufgefangen hat, der ein altertümliches Bild der gesellschaftlichen Verhältnisse seines Landes hatte und darum verlangte, das Wohl des Staates vorzüglich auf den Schultern des Adels ruhen zu lassen. Der zuständige Minister, Ludwig v. Hagen, machte zwar Zugeständnisse bei der Praktikantenzeit, erhob jedoch, wie erinnerlich, die Kameralwissenschaften zur allgemeinverbindlichen Ausbildungsgrundlage und errichtete schließlich 1770 die bereits erwähnte Oberexaminationskommission, so daß zuletzt die Qualifikation gegenüber der Herkunft von noch größerem Gewicht war als vor der Intervention des Königs.

Preußen ist kein Sonderfall. Überall bewirkten administrative Sachzwänge und Professionalisierungstrends, daß die hohen Beamten schon in der ersten Hälfte des 18. Jahrhunderts zu einem weitgehend einheitlichen Selbstverständnis gelangten. Die Mitglieder des württembergischen Geheimrates z. B. kamen zwar zu einem guten Teil aus dem alten Adel, hatten sich aber dennoch fast ausnahmslos hochdienen müssen und unterschieden sich als Karrierebeamte viel schärfer von den Adeligen am Hof als von ihren bürgerlichen Kollegen. Wie diese führten sie ein zurückgezogenes, berufsorientiertes Leben. Die politische Kaltstellung dieses Gremiums unter Herzog Karl Alexander traf daher beide Gruppen in derselben Weise, wie überhaupt der sich über Jahrzehnte hinziehende scharfe Konflikt zwischen Landesherr auf der einen, Geheimem Rat und Landschaft auf der anderen Seite nicht ein Konflikt zwischen Adel und Bürgertum, sondern zwischen Absolutismus und Ständestaat war.

Im allgemeinen läßt sich sagen, daß der in der zweiten Hälfte des 17. Jahrhunderts wieder ansteigende Adelsanteil, der in der folgenden Zeit bis zu der großen Stellenvermehrung nach dem Siebenjährigen Krieg mehr oder weniger konstant blieb, weder eine Zurücksetzung des Bürgertums noch eine Senkung des intellektuellen Niveaus bedeuten mußte. Der Kleinadel, der viel stärker in den Fürstendienst drängte als die großen grundbesitzenden Familien, hatte den Dreißigjährigen Krieg eben ungleich besser überstanden als die Stadtbevölkerung und konnte daher nach wie vor seinen Söhnen die geforderte Qualifikation ermöglichen. Daß andererseits die Fürsten vielfach den landfremden Adel bevorzugten, zeigt zugleich, daß an bloße Sinekuren nicht gedacht war. Solche Sinekuren waren zunehmend auf die Geistlichen Fürstentümer beschränkt, in denen der Adel mehr Privilegien und Einfluß besaß als anderswo. Hier blieb bis zuletzt die herkömmliche Zweiteilung zwischen adeligem Amtsinhaber und bürgerlichem Amtsverwalter geläufig, im Geheimen Rat ebenso wie bei den Ämtern – und natürlich bei den Domkapiteln selbst, den personalpolitischen Schaltstellen dieser Territorien.

Typischerweise kam jedoch die Kritik an der zuletzt geschilderten Praxis in der Regel von außen, nicht aus der Mitte der Beamtenschaft selbst. Das ist ein weiteres deutliches Zeichen für die Geschlossenheit, ja auch Homogenität der »Fürstendiener«. Anders als heute war die Bürokratie scharf von der übrigen Gesellschaft abgegrenzt, ein eigener Stand, in den die Mehrzahl der Angehörigen trotz aller formalen Qualifikationserfordernisse regelrecht hineingeboren wurde.

Auf fünffache Weise wird der vormoderne, ständische Charakter der Beamtenschaft faßbar. Die Besoldung ist das erste. Was sie von den heutigen Verhältnissen unterscheidet, ist ihre Uneinheitlichkeit und außerordentliche Spannweite. Gleiches Amt bedeutete keineswegs gleiches Gehalt, es kam dabei auch nicht nur auf die zurückgelegten Dienstjahre an, sondern auf den Stand. Adelige erhielten mehr als Bürgerliche, Beamte der Zentralbehörden erheblich mehr als Beamte in der Provinz. Geld- und Naturalzahlung waren gemischt und wenn auch letztere allmählich zurückging, so war es doch noch im späten 18. Jahrhundert z. B. in der Kurpfalz üblich, daß der Kurfürst seinen Beamten sog. Besoldungsgüter zuwies. Gebühren und Sporteln gehörten regelmäßig zu den Einkünften von Beamten mit Publikumsverkehr. Hier waren Willkür und Parteilichkeit naturgemäß an der Tagesordnung. Korruption verstand die Frühe Neuzeit denn auch in eingeschränkterem Sinne als heute, der Begriff bezog sich in der Regel nur aufs Prozeßrecht. Bestechung von Richtern, Notaren, Gerichtsschreibern, Zeugen usw. war natürlich seit jeher verboten. Hingegen galt die Zahlung von »Handsalben« an die Verwaltung als vollkommen normales Mittel zur Durchsetzung der eigenen Interessen. In großen Residenzen gab es eigene Hofagenten, die Bittsteller, Deputationen und Gesandte in dieser Hinsicht berieten. In Schwierigkeiten gerieten vor allem solche Behörden, die Gericht und Verwaltung in einem waren. Als Kaiser Joseph II., von einer neuen Konzeption des Staatsdienstes beseelt, 1767 von seinen Reichshofräten vierteljährliche Listen über Zuwendungen und »Geschenke« verlangte, wies die Behörde dieses Ansinnen unter Hinweis auf die Unbestechlichkeit ihrer Mitglieder nicht nur indigniert zurück, sondern konterte zugleich mit dem Hinweis, daß Verzicht auf derlei Einnahmen ohne bedeutende Erhöhung der regulären Besoldung unmöglich sei. Die letztere Feststellung galt nicht nur für den Reichshofrat, sondern mehr oder weniger für alle Beamten, denn im wesentlichen blieben die Grundgehälter im 17. und 18. Jahrhundert unverändert.

Eine Möglichkeit, der realen Besoldungskürzung zu entgehen, bot die Ämterhäufung. Auf lokaler Ebene, wo die verschiedensten Zuständigkeiten aufeinandertrafen, war sie sogar die Regel: Gerichtshalter und Steuereinnehmer waren fast überall identisch, und die damit verbundenen Befugnisse erleichterten Übergriffe. Namentlich auf dem Lande trat der Staat daher nur in Gestalt seiner nimmersatten und erbarmungslosen Unterbeamten der Bevölkerung gegenüber, die ihnen mit Verachtung, Furcht und Haß, bisweilen auch mit tätlichem Widerstand begegnete. Selten erreichten Beschwerden das Ohr der Oberen, seltener vermochten sich noch die Vorgesetzten ein klares Bild von den Zuständen vor Ort zu machen und den Klagen abzuhelfen. – Ämterhäufung gab es natürlich auch anderswo und als Regel kann gelten, daß sie desto häufiger vorkam, je weniger spezifiziert die mit den einzelnen Posten verbundenen Aufgaben waren. Rückständige Territorien wie etwa das Fürstbistum Osnabrück wiesen sehr hohe Akkumulationsziffern auf, hier konnte es – aber nurmehr im 17. Jahrhundert – sogar vorkommen, daß ein und derselbe Beamte in zwei verschiedenen Ländern Funktionen wahrnahm. Auch Hofämter waren sehr oft mit anderen »Bedienungen« verbunden. Die Identität von Amt und Person setzte also geregelte Zuständigkeit, Kontrolle und ausreichende Besoldung voraus, alles Dinge, die erst seit der Mitte des 18. Jahrhunderts häufiger wurden, als die Professionalisierung des Beamtenapparates rasche Fortschritte machte.

Wo das Amt als persönlicher Besitz galt, lag seine Erblichkeit nahe. Um 1700 wurde sie in Bayern gar legalisiert, anderswo praktizierte man sie ohne gesetzliche Grundlage, aber mit stillschweigender Duldung des Fürsten. Auch das setzte natürlich einen geringen Professionalisierungsgrad voraus, mindestens jedoch Auswahlkriterien, die nicht nur auf Fachgelehrsamkeit zielten. Ämterkauf blieb trotzdem in Deutschland die Ausnahme. Wo vom Bewerber eine Kaution gestellt werden mußte, wie vor allem bei den Steuereinnehmern, sorgte schon diese Bedingung für die Erblichkeit, in anderen Fällen bewirkten Protektion und zielstrebige Heiratspolitik dasselbe. So sicherte sich etwa die Familie v. Boeselager in Osnabrück über volle 150 Jahre das Amt eines Drosten, das eine reine Sinekure darstellte; es paßt dazu, daß dasselbe Geschlecht im Wettbewerb um kirchliche Pfründen ebenfalls am erfolgreichsten war.

Das vierte und alle Studierten oder ihnen gleichgestellten Beamten betreffende Kriterium ist die Privilegierung. Solange sie als persönliche Diener des Fürsten galten, war ihre Sonderstellung nur konsequent, denn der Hof besaß seit jeher eine eigene Rechtssphäre. Der Übergang zum »Staatsdiener« bereitete den Exemtionen jedoch nicht ein Ende, sondern befestigte sie statt dessen. Die Bürokratie betrieb nunmehr handfeste Interessenpolitik mit dem

Ziel, dem Adel gleichgestellt zu werden, und sie erreichte das, weil der Anteil des Adels in ihr allenthalben hoch war und weil dieser dort auf ein Bürgertum traf, das wegen seiner Universitätsabschlüsse nur in den Dienst des Staates treten konnte, sich also als abgesonderte Schicht empfand. Staatsunmittelbarkeit kennzeichnete daher nicht nur den Adel, sondern auch die »gebildeten Stände«, und das Beamtenrecht tat im Grunde nichts weiter, als diesen Tatbestand anzuerkennen und zu kodifizieren. In allen Territorien genossen darum die Beamten, einschließlich ihres Haushalts, privilegierten Gerichtsstand und besonderen Ehrenschutz; mit ihm waren wie bei den Offizieren besondere Kriminalstrafen verbunden. Sie waren auch von den »gemeinen bürgerlichen Lasten« befreit, d. h., sie zahlten weder Steuern, noch konnten sie zum Militär gezogen oder in ihre Häuser Soldaten einquartiert werden. In einigen Ländern kamen besondere Eheprivilegien hinzu, die Adel und Gebildete inner- wie außerhalb der Beamtenschaft mindestens virtuell zu einer einheitlichen Oberschicht zusammenwachsen lassen sollten. In Hessen-Kassel erging 1762 ein Gesetz, das adeligen Frauen, die bürgerliche Geheimräte heirateten, auch fernerhin alle Adelsrechte, insbesondere natürlich Erbansprüche, zusicherte; ein gleiches galt für die Kinder solcher »Mischehen«. Das war, wie so vieles in diesem Staat, nach preußischem Vorbild geschehen. Dort war 1739 auf die ganze Monarchie die Bestimmung der Magdeburger Polizeiordnung von 1688 ausgedehnt worden, die dem Adel einerseits die standesungleiche Ehe verbot, ihm andererseits aber Heiraten mit Töchtern aus dem höheren Bürgerstande, also vor allem Beamtentöchtern gestattete. Wo solche Bestimmungen fehlten, konnten sie durch die Nobilitierung ersetzt werden. Nur im katholischen Deutschland, wo die Erhaltung der Stiftsfähigkeit oberste Maxime adeliger Heiratspolitik sein mußte, blieb das Konnubium des Adels auf wenige standesgleiche Familien beschränkt; die übrigen Privilegien der Beamtenschaft galten jedoch auch hier.

Die genannten Kriterien haben zusammengenommen bewirkt, daß die »Fürstendiener« zu einem eigenen Stand wurden, der in typologischer Hinsicht zwischen Geburts- und Berufsstand angesiedelt war. Hierin liegt das wichtigste Merkmal frühneuzeitlichen Beamtentums. In Bayern setzte gegen 1650 ein Prozeß ein, der alsbald einen eigenständigen Beamtenadel entstehen ließ. Obgleich nach unten hin offen, verschmolzen die höchsten Chargen dank regelmäßiger Nobilitierung nach wenigen Generationen mit den verstärkt wieder in den Behörden vertretenen alten Adelsfamilien durch Heirat zu einer einheitlichen Schicht. Das benachbarte Württemberg wurde von einer noch ungleich fester geschlossenen Gruppe, der sog. Ehrbarkeit, beherrscht, deren höhere Ränge die Landeskirche, den Landtag bzw. dessen Kleinen Ausschuß und nach 1770 sogar den Geheimen Rat kontrollierten und die sich mit den unteren Magistraten, den ihrerseits ebenfalls hochgradig miteinander versippten Schreibern, die Macht teilte. Die meisten übrigen Territorien wiesen ähnliche Verhältnisse auf. Auch wo der Adel sich gesellschaftlich scharf abgrenzte, hatte sich seit der Mitte des 17. Jahrhunderts ein Amtsbürgertum gebildet, das mittels Patronage und Heiratspolitik, aber auch, und das ist für die Verwaltungsgeschichte Deutschlands kennzeichnend, mittels Fachwissen allmählich alle Positionen besetzte, die nicht dem Adel vorbehalten waren. Es läßt sich gut vorstellen, wie schwer sich unter solchen Umständen die leitenden Minister taten, zumal wenn sie, was nicht selten vorkam, aus dem Ausland geholt worden waren. Friedrich Karl v. Moser, der 1772 als Kanzler und Präsident sämtlicher Landeskollegien nach Darmstadt berufen wurde und sich dort einer eng verfilzten Beamtensippe gegenübersah, ließ von einem Kenner der Verhältnisse die Verwandtschaft seines Hauptrivalen, des Geheimen Rats v. Hesse untersuchen. Die Studie nannte beinahe hundert Namen und bemerkte dazu: »Alle vorherbemeldte Personen machen insgesamt Eine Familie aus, ohne diejenigen, so mir etwa als dazu gehörig annoch beyfällig werden könnten.«[16] Drei Viertel davon waren Beamte. Im Geheimen Rat selbst saßen sich überhaupt nur zwei Parteien gegenüber: drei Angehörige der v. Hesseschen »Familie« und Präsident Moser samt seinem Bruder. Es überrascht nicht, wenn Moser sich mit solchen Methoden in Darmstadt zahlreiche Feinde zuzog und schon nach zwei Jahren gestürzt wurde.

Die Urteile über die frühneuzeitliche Beamtenschaft schwanken enorm. Während die einen die Geschlossenheit dieses Standes, sein starkes Interesse am Ausbau seiner eigenen Stellung im Staat und seine Schwerfälligkeit betonen, unterstreichen die anderen seine hohe Qualifikation, die Fülle seiner Aktivitäten und – als Ergebnis – das Ausbleiben der Revolution in Deutschland. Die widersprüchlichen Aussagen gehen auf die Widersprüche in der Sache selbst zurück, auf den Grundwiderspruch zwischen den Zielen und Mitteln der damaligen Politik. Der »deutsche Fürstenstaat«, wie er nach 1648 entstand, sah seine Hauptaufgabe darin, die produktive Energie seiner Untertanen zu ermutigen. Dazu bedurfte es einer bislang unbekannten Fülle von Eingriffen. Als Träger dieser Interventionen kamen aber nur die Stände und die Beamten in Frage, beides Einrichtungen, die zu ganz anderen Zwecken geschaffen waren und die sich mit diesen neuartigen Zielen und dem sie tragenden Ideengerüst entsprechend schwertaten. So stand Emanzipation der Untertanen gegen Sozialdisziplinierung, Verrechtlichung gegen Rechtsüberwindung, kameralistische Behutsamkeit gegen naturrechtliches Radikalrezept, Reformabsolutismus gegen das Konzept der bürgerlichen Gesellschaft.

Für die Verwaltung bedeutete das, daß sie – um die unvermeidlichen Interessenkonflikte unter Kontrolle halten zu können – ihre Apparate ausbauen und zugleich den Reformansprüchen nachkommen mußte. Die Konflikte führten auch, und zwar vermutlich zwangsläufig, dazu, daß die Beamtenschaft sich zunehmend als die einzige kompetente Kraft, als »Zwischengewalt«, ja als Repräsentantin des Ganzen und somit auch als Erbin der Stände begriff. Diese Selbsteinschätzung führte zu erheblichen Spannungen, ja, gelegentlich wie etwa in Württemberg, zu Konflikten mit den Fürsten, denen sie »Despotismus« vorwarf[17], was indessen nicht ausschloß, daß die Beamtenschaft nicht ihrerseits ebenfalls solcher Kritik unterzogen wurde. In der zweiten Hälfte des 18. Jahrhunderts war die Bürokratie endgültig sowohl Herrschaftsinstrument als auch Herrschaftsträger geworden, und so dauerte es nicht mehr lange, bis auch die Bürokratiekritik aufkam. Der Adel machte den Anfang, Fürsten stimmten alsbald in diesen Chor ein, und ganz zuletzt erhoben sich auch Stimmen aus dem Bürgertum, die dem bürokratisch geprägten Gemeinwesen den Verfassungsstaat liberaler oder demokratischer Prägung entgegenhielten.

Der frühneuzeitliche Verwaltungsstaat hat wohl ebensoviele Probleme gelöst wie neue verursacht. Diese ambivalente Bilanz erklärt, warum es mancherorts, vor allem natürlich in England, auch ohne ihn gegangen ist. Dort hat eine erneuerte, gewissermaßen nationalisierte Aristokratie das Land aus der Krise des Bürgerkrieges herausgeführt und eine blühende Vielfalt von Freikirchen hat jene Aktivitäten betrieben und jene Werthaltungen verkündet, die auf dem Kontinent meist den Verwaltungsapparaten vorbehalten blieb. Dieser Vergleich zeigt noch einmal das Spezifische jener

Epoche im Hinblick auf die Beamtenschaft: Für knappe 200 Jahre, zwischen dem Westfälischen Frieden und dem Zeitalter der Restauration, hat sie nicht so sehr die hergebrachte Ordnung bewahren wollen (das war ihre Aufgabe in der vorangegangenen Zeit), noch war es schon ihr Ziel, die Gesellschaft mit Hilfe eines vielfältigen Leistungsangebotes in den Staat zu integrieren (dieser Auftrag erwartete sie mit dem Beginn des modernen Wohlfahrtsstaates), sondern sie war das Instrument, das neues Denken verbreiten und den gesellschaftlichen Wandel vorantreiben sollte. Daß dieser Wandel nicht so weit gehen sollte, daß dadurch die Herrschaft der Beamten selbst bedroht war, versteht sich. Ähnlich wie im Falle der politischen Parteien im 19. und namentlich im 20. Jahrhundert lagen auch bei der frühneuzeitlichen Beamtenschaft Vorwärtsstreben und Beharren, »Entwicklungshilfe« und Eigennutz, Erneuerung und Selbsterhaltung nahe beieinander.

3. Der deutsche Fürstenstaat

Bücher, Kapitel oder Abschnitte zu diesem Thema pflegen mit einem Abriß der politischen Ideen- oder Verfassungsgeschichte zu beginnen und den Theoretikern des Absolutismus breiten Raum einzuräumen. Der reineren Form bzw. der besseren Anschaulichkeit halber greifen sie dabei gerne auf ausländische Beispiele zurück, auf Bodin und Hobbes, was die Theorie betrifft, auf Versailles zur Demonstration der Praxis.

Wenn immer wieder vor allem Frankreich als Inbegriff eines absolutistischen Staates herangezogen wird, entspricht das zwar einer alten Tradition, die sogar bis in jene Zeit selbst zurückreicht, doch wird die historische Stichhaltigkeit dieses Exempels darum nicht überzeugender. Einmal im Hinblick auf die französische Geschichte selbst, denn im Vorfeld von 1789 zeigte sich, daß das Königtum sich nicht gegen die ständischen Sonderinteressen durchzusetzen vermocht hat, vor allem aber im Hinblick auf die deutsche Geschichte. Diese kennt offenbar nicht umsonst weder einen Bodin noch ein Versailles, auch wenn beide noch so oft nachzuahmen versucht wurden. Seit ungefähr zwei Jahrzehnten bemüht sich die Geschichtsschreibung, dieser Erkenntnis verstärkt Rechnung zu tragen, und betont daher besonders die Grenzen des absolutistischen Durchsetzungsanspruchs. Das reicht jedoch nicht aus, denn diese Perspektive neigt dazu, die traditionellen Aspekte politischer Herrschaft im Absolutismus herauszustreichen, die zukunftsweisenden Erscheinungen dagegen unterzubewerten. Faßt man jedoch die politischen Strukturen insgesamt ins Auge, tritt das spezifisch Neue der absolutistischen Regierungsweise deutlich hervor. Es ist dies weder die vollständige Unabhängigkeit vom Gesetz, denn auch im Absolutismus blieb der Herrscher, wollte er nicht zum »Despoten« werden, ans Recht gebunden, noch die Lösung von den Ständen, die nirgends so weit vorangekommen ist wie von Theoretikern gefordert. Das spezifisch Neue lag vielmehr in der Regierungsweise und im Staatszweck, die beide darum hier im Mittelpunkt stehen sollen.

Das Regierungssystem der europäischen Monarchie in der Frühen Neuzeit gleicht einem mehrstufigen Rückzug aus kollegialer Beratung, bzw. einer immer wieder versuchten Emanzipation der Herrscher vom übermächtigen Einfluß ihrer Berater. Die treibende Kraft dieses Vorgangs war der Anspruch der Fürsten auf unumschränkte Herrschaft, wobei darunter zunehmend weniger die Wahrung von Frieden, Recht und Ordnung als vielmehr die Mehrung von Einkünften zum Zwecke der Machtsteigerung verstanden wurde. In dem Maße also, wie sich der Politikbegriff wandelte, nahm der Wille zum »persönlichen Regiment« zu. Die Herrscher entzogen sich darum zuerst der Kanzlei, der frühesten Form behördlicher Organisation, und bildeten für die »geheimen Angelegenheiten«, d. h. für Finanz- und Außenpolitik, den Geheimen Rat. In einem zweiten Schritt zogen sie sich dann auch aus diesem zurück, der daraufhin zur weisungsgebundenen Mittelbehörde herabsank, und regierten fortab aus dem Kabinett.

Daß das Regierungssystem nicht hier stehengeblieben ist, obgleich formell auch heute noch allenthalben Kabinette regieren, kann in diesem Zusammenhang außer Betracht bleiben. Für unsere Fragestellung ist vielmehr wichtig, daß die Regierung aus dem Kabinett zur klassischen Herrschaftsmethode zwischen dem Dreißigjährigen Krieg und der Französischen Revolution wurde, weil sie den zeitgenössischen Ansprüchen an die herrscherliche Machtfülle am besten entsprochen hat. Der Westfälische Friede hat, mit seiner Bestätigung und Umschreibung dessen, was zu den Regierungsrechten der Reichsstände zählt, wie weit, mit anderen Worten, das »ius territoriale« bzw. die »Landeshoheit« reichte, die politischen Befugnisse der Fürsten zwar kaum erweitert, dafür

aber international garantiert (IPO Art. 8, § 1). Zusätzliche Schubkraft verlieh die 1654 im Jüngsten Reichsabschied beschlossene
Entmachtung der Landstände in der wichtigen Frage der Besteuerung (§ 180).

Wichtiger noch als diese verfassungsrechtlichen Bestimmungen
war das geänderte Tempo der Politik überhaupt, ihre Beschleunigung und daher ihre geringer werdende Kalkulierbarkeit. Erfahrung und Erwartung traten auseinander, Zeitverkürzung deutete
nicht mehr, wie noch im 16. Jahrhundert, auf das bevorstehende
Weltende, sondern die in der Friedensordnung von Münster und
Osnabrück besiegelte Erkenntnis, daß nur der Grundsatz religiöser Indifferenz den Bürgerkrieg der Stände beenden kann, steigerte
die Anforderungen an die Politik. Der moderne Mensch, sagte
Lessing, gleiche dem Schwärmer. »Er tut oft sehr richtige Blicke
in die Zukunft, aber er kann diese Zukunft nur nicht erwarten. Er
wünscht diese Zukunft beschleunigt, und wünscht, daß sie durch
ihn beschleuniget werde . . . Denn was hat er davon, wenn das, was
er für das Bessere erkennt, nicht auch bei seinen Lebzeiten das Bessere wird?«[20] Die Kollegien mit ihrer schwerfälligen Umständlich-
keit konnten diesen Erwartungen nicht gerecht werden, konnten
mit der beschleunigten Zeit nicht Schritt halten. Allenthalben ver-
nahm man daher die Klagen energischer, auf politischen Wandel
dringender Herrscher. Kurfürst Friedrich Wilhelm von Brandenburg kritisierte 1651, »daß unsere geheimen und landesgeschäfte
seither nur schwer und langwierig gemacht«[21], Herzog Karl Alexander von Württemberg warf 1736 seinen Räten vor, daß sie »nur
beständig auf die alte observanz, und daß alles in dem alten gewöhnlichen tramite [d. h. Trott] möchte gelassen werden, sich beziehen«.[22] Deshalb änderten beide Fürsten das Regierungssystem
und errichteten ein Kabinett. Ganz besonders stark machten sich
die Mängel der Regierung aus dem Rat bei der Außenpolitik bemerkbar. Auf deren gesteigerte Bedeutung hatten die Kollegien
keine Antwort, Botschafter zu entsenden, war allein Sache des
Fürsten. Die Außenpolitik war daher von vornherein im Arkanbe-
reich fürstlicher Kabinette angesiedelt.

Die Kabinettsregierung reinen Stils war nicht sehr häufig, stellte
sie doch große Anforderungen an Intellekt und Selbstdisziplin des
Herrschers. Nur wo sich dieser als »der erste Diener des Staates«[23]
begriff, konnte es sie geben. Ob sie funktioniert hat, wird später
untersucht. Auf die in seinem *Politischen Testament* von 1752

selbstgestellte Frage, ob »ein Fürst selber regieren« soll, antwortete Friedrich II. uneingeschränkt mit Ja.[23] Er begründete es mit den gefährlichen »Nebenabsichten« der Minister und mit »dem engen Zusammenhang zwischen Finanzen, innerer Verwaltung, äußerer Politik und Heerwesen«, der eine Ressorttrennung untunlich mache. Das friedrizianische Regierungssystem beschrieb der König zutreffend: Er erhielt täglich die schriftlichen Berichte der Oberbehörden und erteilte ebenfalls schriftlich seine Befehle. Der Verbindungsmann zwischen Monarch und Behörden war der Kabinettssekretär, der neben dem königlichen Schreibtisch stand und mit flüchtigen Bleistiftnotizen die »allerhöchste Resolution« auf den behandelten Schriftstücken festhielt und sie anschließend zur Kabinettsordre umformulierte, deren Briefstil und Briefformat so viel trefflicher den Erfordernissen einer persönlichen Regierungsweise entsprach als der feierlich-umständliche Ton des Kanzleischreibens. »Ich verschließe mein Geheimnis in mir selbst. Nur einen Sekretär, von dessen Treue ich überzeugt bin, ziehe ich heran. Sofern man mich also nicht selbst besticht, ist es unmöglich, meine Absichten zu erraten.«

Die enorme Bedeutung dieser Kabinettssekretäre liegt auf der Hand. Gleichwohl sind sie wie alle Grauen Eminenzen weitgehend anonym geblieben, so daß ihr Gruppenporträt undeutlich ausfallen muß. Eine Laufbahn gab es natürlich nicht, Empfehlungen und zufällige Begegnungen entschieden in der Regel über ihre Anstellung. Einer von ihnen, der nachmalige Ritter v. Lang, berichtet in seinen Memoiren über das Regierungssystem des Fürsten Kraft Ernst von Öttingen-Wallerstein. Dieser Herrscher befand sich gewissermaßen auf einer »institutionalisierten Flucht« vor seinen Räten und etablierte ein wahres »Küchenkabinett« – es amtierte tatsächlich in »einem Gewölbe neben der Hofküche, Kabinet genannt«[24] –, in dem er mit Vorliebe während der Nacht zu arbeiten pflegte, um nicht von der Kanzlei gestört, d. h. eigentlich kontrolliert oder gegängelt werden zu können. Die vier Sekretäre waren auf höchst unterschiedliche Art und Weise zu ihrem Amt gekommen und hatten damals – die Passagen der Memoiren beziehen sich auf das Jahr 1790 – auch noch durchaus verschiedene Karrieren vor sich: Der eine war »ein alter angeerbter Diener, französisch gebildet«, ein anderer war »durch eine unabwendbare höhere Empfehlung aufgedrungen worden« und wurde später wegen Untätigkeit entlassen, ein dritter sollte es bis zum Oberamtmann bringen, und endlich war Lang selber durch sein Studium besonders des Reichsrechts und seine archivalischen Fähigkeiten dem Fürsten aufgefallen und von diesem zur Führung der staatsrechtlichen und reichsgerichtlichen Angelegenheiten engagiert worden; Lang wurde später Mitarbeiter Hardenbergs und machte anschließend im bayerischen Dienst noch eine beachtliche Karriere, geriet jedoch immer wieder wegen seiner satirischen Feder in Konflikt mit seinem fürstlichen Vorgesetzten.

Weniger zur Satire eignete sich das preußische Kabinettsystem. Einerseits war Friedrichs II. Kabinettsekretär Eichel bis zu seinem Tode 1768 nach dem König der einflußreichste Mann im Staate – und seine Kollegen standen ihm hierin nicht viel nach –, andererseits hatten diese engsten Mitarbeiter allen Grund, ihre Berufung als Strafe aufzufassen wegen der demütigenden Behandlung und wegen des Endes jeglicher privaten Existenz. »Sie referierten und notierten durchweg stehend, der Rat Stellter, bis er tot umfiel.«[25] Die Spitzengehälter, die diese oft aus der kameralistischen Subalternkarriere kommenden »Bedienten« erhielten, brüskierten die gesamte Beamtenschaft und sollten das auch. Kompetenz blieb in diesem System gleichwohl Glücksfall. Das Regierungssystem hing damals folglich mehr als zu anderen Zeiten von den persönlichen Neigungen der Regenten ab. Daher existierten mehrere Erscheinungsformen der Kabinettsregierung nebeneinander bzw. lösten sich nacheinander ab. Jeder Thronwechsel stellte die gesamte politische Verfassung aufs neue zur Disposition.

Maria Theresia etwa beantwortete die Frage nach dem »persönlichen Regiment« anders als ihr Gegenspieler. Von ihrem zum Freiherrn erhobenen Kabinettssekretär – in Preußen wurde kaum ein Beamter zu Friedrichs Zeiten nobilitiert –, dem Hofkriegsrat v. Koch, schrieb sie, er sei »der Einzige . . ., mit welchem ich mein Herz ausschütten kann« und verlangte darum, daß er von allen politischen Vorgängen unterrichtet wurde; sonst »kann er öfter, wenn er nicht ganz informiert ist, unschuldiger Weise mir einige Unruhe und Zweifel erwecken«.[26] Dieses Urteil hinderte die Kaiserin jedoch nicht, sich ausführlich von Ministern und anderen hohen Beamten, insbesondere von Staatskanzler Kaunitz beraten, ja, letzterem auch häufig die Initiative zu lassen. 1760 schlug dieser mit Erfolg einen Staatsrat vor, der, unter nominellem Vorsitz der Kaiserin stehend, die Befugnisse des leitenden Ministers sogar noch erweiterte. Das Verhältnis der beiden litt darunter nicht, Maria Theresia blieb im Gegenteil zeitlebens davon überzeugt, auf den Rat von Kaunitz nicht verzichten zu können. Kaunitz war allerdings ein ebenso kompetenter wie schwieriger Mensch. Seine beiden Entlassungsgesuche lehnte sie rundweg ab. Selbst ihre Söhne hielten an ihm fest, auch wenn Joseph eher einem friederizianischen Regierungsstil huldigte und in der Innenpolitik zunehmend seine eigenen Grundsätze verwirklichte, während Leopold eher in der Außenpolitik eigenen Vorstellungen folgte. Monarchische Selbstregierung und ministerieller Einfluß wurden in Österreich stets in einer erfolgversprechenden Balance gehalten.

Anderswo mündete die Regierung aus dem Kabinett jedoch in ein echtes ministerielles System. In den Gestalten Richelieus und Mazarins erlangte es schon im frühen 17. Jahrhundert europaweite Beachtung, nach 1688 bot vor allem England das Beispiel einer sich zunehmend von königlichem Einfluß freimachenden Ministerregierung. In Deutschland waren es nicht die unbedeutendsten Monarchen, die die Last der gouvernementalen Routine auf leitende Minister übertrugen. Kurfürst Friedrich III., der nachmalige König Friedrich I. von Preußen, verließ sich auf Danckelmann, August III. auf den Grafen Brühl, ganz am Ende unseres Zeitraumes führten Montgelas in Bayern und Thugut sowie Cobenzl in Österreich die Regierungsgeschäfte weitgehend selbständig.

Die meisten dieser Premiers erfreuten sich keines guten Rufs, weder damals noch später, und etliche endeten tatsächlich in Ungnade. Die Geschichtsschreibung hat darum nur allzu gerne diese Regierungsform mit der »schwächlicheren Natur« des jeweiligen Monarchen in Zusammenhang gebracht und ihr die »kraftvolle« Selbstherrschaft namentlich eines Friedrich II. entgegengestellt. Hier ist aber Vorsicht geboten. Kam schon ein Duodezfürst wie Kraft Ernst von Öttingen-Wallerstein, der über nicht mehr als 40000 Untertanen herrschte, mit dem Regieren aus dem Kabinett nicht zurecht[27], muß das erst recht für große Staaten gelten. Maßgeblich für den Entschluß zum »persönlichen Regiment« war ja weniger die tatsächliche Unfähigkeit des Beamtenapparates als vielmehr die Verachtung, die solche Regenten für die »Essels« und »Wintbeutel« empfanden, wie der preußische König sogar seine hochrangigen Mitarbeiter gelegentlich nannte.

In solchen Fällen stellte der vom Absolutismus nahegelegte Wunsch, wirklich unumschränkter Herrscher zu sein, eine mächtige Versuchung dar. Aber zweckmäßig war dieses System kaum, mochte der Arbeitseifer noch so groß sein. Es bot einfach keine Möglichkeit, langfristige Perspektiven unter Rückgriff auf den Sachverstand anderer zu entwickeln, die Anordnungen kontinuierlich zu überprüfen und die gewonnenen Erfahrungen zu verarbeiten. Reduziert sich Politik auf die Erteilung von Kabinettsordres – von ihnen sollen zwischen 1728 und 1795 in Preußen 300 000 bis 400 000 ausgefertigt worden sein[28] –, läßt sich dabei vieles anordnen und tatsächlich auch manches bewirken, darunter wirkliche Reformen wie etwa die Beseitigung der Folter oder die Aufhebung der Leibeigenschaft auf den Domänen, aber auf Dauer angelegte, das Ganze der Gesellschaft anvisierende Zielsetzungen sind mit diesen Mitteln unmöglich. Joseph II. hat darum vollständig Schiffbruch erlitten[29], Friedrich II. erging es besser, weil er solche Reformen gar nicht erst in Angriff genommen hat. Ihm lag der Befehlston, und daher hielt er sich im Zweifelsfall an Offiziere, zumal die Armee dem Ziel aller preußischen Monarchen des 17. und 18. Jahrhunderts am nächsten gekommen war und die einzige wirklich gesamtstaatliche Institution darstellte.

Längst hatten die gesellschaftlichen Verhältnisse einen Grad von Komplexität erreicht, der autokratische Regenten überforderte. Auf vielen Gebieten blieben sie zwangsläufig Dilettanten, und da das System kein Verfahren entwickeln konnte, wie Fehlentscheidungen zu korrigieren seien, endete die im Stile einer Haushaltsführung betriebene Staatsführung auf vielen Gebieten mit einem Fiasko, auf anderen rettete der Sachverstand der Bürokratie oder die Beherztheit einzelner Minister, was durch königliche Intervention schiefzugehen drohte. Ein Regierungssystem dagegen, das Kabinettspolitik mit der Einholung von Gutachten und mit ihrer ausführlichen Diskussion verband, in dem Denkschriften zwischen einzelnen Instanzen hin- und hergingen und das sicherstellte, daß genaue Kenntnis der lokalen Verhältnisse und Grundsätze der Zentrale aufeinander Rücksicht nahmen, verzeichnete in der Regel schrittweise, aber dauerhafte Erfolge. Die Politik des Großen Kurfürsten und auch seines Enkels, des Königs Friedrich Wilhelm I., liefert dafür Beispiele, desgleichen die Regierungszeit Maria Theresias und vor allem ihres Sohnes Leopold. In erster Linie aber kamen die mittleren und kleinen Staaten hierfür in Frage, deren Staatsraison weniger in der Machtentfaltung als in der Beglückung ihrer Untertanen bestand, mochten diese auch die damit verbundene Bevormundung als lästig empfinden. Die verschiedenen Wege des Wiederaufbaus nach den Kriegen im 17. und die Varianten des Reformabsolutismus im 18. Jahrhundert liefern zahlreiche Beispiele dafür, wie die zeitübliche Technik der Regierung aus dem Kabinett mit den ebenfalls neuen Staatszwecken zu einer gelegentlich recht effektvollen Politik verbunden worden ist.

Der Absolutismus deutscher Spielart, das wurde bereits eingangs angesprochen, beruhte weder in der Theorie noch in der Praxis, weder in seinem Selbstverständnis noch aus der Sicht der neueren Forschung auf jenen schroffen, ja amoralischen Positionen eines Machiavelli, Bodin oder Hobbes. Die Literaturproduktion zu Souveränität und Staatsraison, den Paradethemen westeuropäischen Staatsdenkens, blieb hierzulande auffallend schwach und ohne besondere politische Wirkung. Das heißt natürlich nicht, daß man von solchen Dingen keinen Begriff gehabt hätte. Aber die Geschichte der politischen Entwicklung hat es mit sich gebracht, daß in Deutschland andere Fragen wichtiger waren. Der »moderne« Staat war hier wohl noch weniger als anderswo Ergebnis einer besonders dynamischen, durchsetzungsfähigen Herrschernatur, sondern das Produkt »jahrhundertelangen Wachstums institutioneller, politischer, rechtlicher und ideologischer Faktoren in Richtung auf ein territorial definiertes ›Gewaltmonopol‹ legitimer Herrschaftsträger«.[30] Konkret heißt das, daß es darauf ankam, ob es ein Fürst schaffte, seine verschiedenen Herrschaftsrechte zusammenzufassen, eigenständige Rechtsordnungen und Justizapparate, Verwaltungsverfahren und Beamtenschaften aufzubauen, gegebenenfalls das Kirchenregiment zu übernehmen und schließlich ein stehendes Heer samt dazugehörigem Finanzwesen durchzusetzen sowie eigene Diplomatie zu betreiben. Das gelang naturgemäß nur den größeren Territorien in ganzem Umfang, während die kleineren im Verteilungskampf um hoheitliche Rechte oftmals den kürzeren zogen.

Da sich dieser Prozeß in Ab- bzw. Ausgrenzung von kaiserlichen Rechten vollzog, spezialisierte sich die Literatur in Deutschland auf Kataloge hoheitlicher Befugnisse, deren Summe die »superioritas territorialis« oder »Landeshoheit« – ein nach 1648 sich einbürgernder Begriff – ausmachte. Das frühneuzeitliche Staatsrecht dachte eher territorial als systematisch, denn jede bedeutsame Verschiebung der politischen Gewichte im Reich konnte Erweiterungen der »superioritas territorialis« mit sich bringen. Mit allzu frühzeitigen inhaltlichen Festlegungen hätte man sich nur den Zugang zu weiteren Hoheitsrechten verbaut. Die Dinge waren nämlich im Fluß. Man denkt hierbei zunächst an den Westfälischen Frieden, der vorletzten Station dieser Entwicklung. Damals setzten die Reichsstände das seit langem erstrebte und publizistisch unterstützte »ius territoriale« mit internationaler Assistenz überhaupt erst durch. 1805 erklärten sich dann diejenigen Länder, die der napoleonischen »Flurbereinigung« entgangen waren, kurzerhand für »souverän« und forderten konsequenterweise 1806 vom bislang einzigen Souverän, dem Kaiser, die Niederlegung der Krone.

Die Tradition der Katalogisierung hoheitlicher Rechte zur Umschreibung frühneuzeitlicher Herrschaftsgewalt wurde darum 1648 beibehalten. Die Aufzählung deckte die drei Bereiche ab, die zur Wahrung der Quasi-Souveränität nötig waren: Nach außen sicherten sich die Reichsstände ihre Handlungsfähigkeit durch das Bündnisrecht (IPO Art. VIII, § 2), die Mitsprache im Reich leitete sich aus ihrem Stimmrecht auf dem Reichstag ab (ebd.), innenpolitisch umfaßte die »Landeshoheit« Justiz, Policey und Religion (ebd., § 1) und damit sämtliche Felder, auf denen der Staat damals tätig sein sollte und konnte.

Mit »Policey« ist ein Schlüsselbegriff der frühneuzeitlichen Politik gefallen. Sein Verständnis ist unabdingbar für die hier vertretene Position, Absolutismus nicht in geistes- oder verfassungsgeschichtlichem Sinne, sondern als Regierungssystem zu deuten. Die Ausdehnung der Staatstätigkeit nicht als Folge theoretischer Konstrukte – »Souveränität« –, sondern als Ausfluß eines namentlich im 16. und 17. Jahrhundert sich schrittweise verändernden, d. h. erweiternden Staatszwecks – das ist der Hintergrund, vor dem die Karriere der Policey verständlich wird. Ursprünglich hatte die Obrigkeit lediglich das Recht zu wahren und den Frieden zu sichern; damit war dem »gemeinen Besten« Genüge getan. Im 16. Jahrhundert erfuhr der Staatszweck jedoch eine hochbedeutsame Ausweitung. Zusätzlich zu ihren bisherigen Aufgaben wurde der Obrigkeit die Sorge für das ewige und zeitliche Wohl ihrer Untertanen aufgetragen. Dadurch entstand die für Deutschland typische Mischung von traditionellem Aristotelismus und Lenkungsanspruch des frühneuzeitlichen Staates. Sie schlug sich in einer Steigerung des Polizeibegriffs nieder. »Gute Policey« war nun nicht mehr schon gegeben, wo »rechte Ordnung« herrschte, weil seit der Glaubensspaltung »rechte Ordnung« ihre bislang selbstverständliche Existenz verloren hatte. Sie rückte notgedrungen zum Perspektivbegriff auf, dem man nachzujagen hatte, den man aber nicht mehr einholen konnte. »Gute Policey« bedeutete daher seither Auftrag und Vollmacht der Herrschaft, sie wurde ein Appell zum Handeln, sie wurde »Politik«, und diese hatte sich an dem um die Wohlfahrt erweiterten Begriff des »gemeinen Besten« zu orientieren. »Policey« sei, wurde definiert, »eine einrichtung, damit die untertanen gute nahrung und bequemlichkeit haben mögen. Und insofern ist sie von dem Justiz-, staats- und kriegswesen unterschieden, denn dieses hat die sicherheit, die policey aber die bequemlichkeit zum zweck.«[31]

Es war unvermeidlich, daß nach dem Dreißigjährigen Krieg die Aufgaben einer so verstandenen Politik, der Verwaltung im heutigen Sprachgebrauch, enorm zunahmen. Mit Veit Ludwig v. Sekkendorffs 1656 erstmals erschienenem und noch elf weitere Male aufgelegten *Teutschen Fürstenstaat* wird dies unmittelbar einsichtig, denn das Buch gewährt authentische Einsichten in das Selbstverständnis, die Gestalt und Praxis des älteren Territorialstaates. »Das zur Zeit des Großen Kurfürsten beliebteste Handbuch der deutschen Politik«[32] bietet zwar in Diktion und Mentalität noch das Bild der alten Ständegesellschaft, aber im Bereich des Polizeilichen führt der Weg gleichsam unwillkürlich in den Verwaltungsstaat der Zukunft. Denn nicht aus Gründen der Staatsraison, die Seckendorff ausdrücklich ablehnte, erweitere er radikal die Aufgaben der Obrigkeit, »sondern eine rechtliche und wohlbestellte herrschafft« ist eingesetzt »zu erhaltung und behauptung des gemeinen nutzens und wohlwesens«. Der Staat erhält jetzt geradezu seine Legitimation aus seiner Pflicht zu »heilsamer erhaltung der policey«, die bei aller Diesseitigkeit im Detail letztlich religiös begründet ist: »das letzte ziel ist die ehre Gottes«. Entsprechend weitgefaßt ist das Feld administrativer Aufgaben und Befugnisse: Es reicht von der Sorge für die Kirchenzucht über Maßnahmen der Daseinsvorsorge bis zur Regelung von Produktion und Konsumtion. Daß der Katalog neben kleinlicher Reglementierung des täglichen Lebens freiheitliche Vorschläge für die Wirtschaftspolitik enthält – hier verlangte Seckendorff »Freyheit und gelindes tractament« –, ist für diese Literaturgattung kennzeichnend und begegnet auch in der Wirklichkeit.

Noch verfügte man ja über kein den Staat und sein Handeln rigoros strukturierendes und typisierendes Normensystem, wie es das Jüngere Naturrecht ein gutes Jahrhundert später erstmals anbot – doch auch dieses vermochte keine widerspruchsfreie Praxis durchzusetzen. Zukunftweisend war noch etwas anderes. Die ausführlichen Darlegungen zur »Kameralpolicey« lassen nicht nur Seckendorffs tiefe Einsicht in wirtschaftliche und finanztechnische Zusammenhänge erkennen – er war von Haus aus hoher Beamter, der mehrere Territorien aus seinem langen Berufsleben genau kannte –, sondern er erweiterte auch wenigstens ansatzweise die hergebrachte Ökonomik, indem er zwischen fürstlichem Haushalt und öffentlichem Etat, zwischen »ganzem Haus« und Staat unterschied. Er stand damit nicht nur am Beginn der Verwaltungswissenschaft, sondern auch am Beginn der Kameralistik, die in der aristotelischen Ethik ihre gemeinsame Grundlage hatten.

Policey bildete also das Bindeglied zwischen Gemeinwohlgedanken und absolutem Herrschaftsanspruch, und diese Dreiheit prägte den deutschen Fürstenstaat in besonderem Maße. Sie verknüpfte die vom Herrscher beanspruchte Unabhängigkeit mit seiner Bindung an Recht und Moral, wies dem Staatshandeln die Richtung und bereitete den Boden für eine Beamtenschaft, die sich dank ihrer kameralistischen Ausbildung auch in ihrer Existenz als Dienerin des Fürsten dem Wohl der Untertanen verpflichtet wußte. Faßt man dann noch die reichsverfassungsrechtlich vorgegebenen Grenzen der Landeshoheit ins Auge – nur Brandenburg-Preußen und die habsburgischen Territorien hatten sich ihrer weitgehend entledigt –, insbesondere die Reichsgerichtsbarkeit und die vom Kaiser garantierte Existenz der Stände, erhält man das Bild eines politischen Gemeinwesens, das so in Europa außerhalb der Reichsgrenzen kaum anzutreffen war. Ein lebendiger Kompromiß von Tradition und Modernität, dessen Entwicklungspotential allerdings fast ausschließlich von der Fähigkeit des Fürsten abhing, seine Ziele mit Hilfe der Policey durchzusetzen. Weder die Stände, die sich zunehmend in die Rolle von Repräsentanten der Sonderinteressen versetzt sahen, noch eine besondere gesellschaftliche Gruppe, sei sie professionell, religiös oder kulturell definiert, konnten ihm diese Rolle streitig machen oder gar abnehmen.

Überall, wo nach 1648 der Herrscher endgültig zum Zentrum der politischen Energien geworden war, nahm die Intensität der »Politik« langsam, aber unaufhaltsam zu. An verschiedenen Indizien läßt sich dies klar ablesen. Als erstes erhöhte sich die Arbeitszeit der Räte. Ihre Tätigkeit, anfangs auf wenige Stunden in der

Woche beschränkt, beanspruchte in der zweiten Hälfte des 17. Jahrhunderts mindestens alle Vormittage, im 18. Jahrhundert wurde daraus ein Ganztagsberuf. Doch das genügte noch nicht und so nahm die Beamtenschaft an Zahl zu. Das geschah, wie es den Anschein hat, in zwei Schüben: Im Zuge der Errichtung eines neuzeitlichen Behördensystems mit Instanzenzug nahmen die Stellen der qualifizierten und gutbezahlten »höheren« Beamten anfangs sehr rasch zu, stagnierten dann aber teilweise bis ins 19. Jahrhundert. Dagegen hing die Einstellung von Subalternen sehr viel mehr vom Anstieg der administrativen Intensität in der Breite und Tiefe des Apparates ab; die Kanzleibedienten und Kopisten, Zöllner und Akzisebeamten, Aktuare und Landreiter waren darum an Zahl anfangs sehr gering, doch nahmen diese Berufe im 18. Jahrhundert kontinuierlich zu und übertrafen die höhere Beamtenschaft zuletzt um das Doppelte bis Dreifache. Schließlich ließ die angesprochene Reform und Expansion des Ämterwesens ganz neuartige Behörden entstehen. Die drei bzw. vier traditionellen Institutionen, nämlich Hofrat, Hofgericht, Kammer und gegebenenfalls Konsistorium, wurden zu Zentralbehörden, legten sich Unterbehörden zu und gliederten Spezialbereiche aus. Weitere Entstehungsgründe kamen hinzu. So entsprangen die preußischen Kriegs- und Domänenkammern dem politischen Willen des Großen Kurfürsten, die Berg-, Kommerzien- und Manufakturräte waren dagegen eine Antwort auf die Vermehrung ökonomischen und technischen Wissens. Der sich steigernde »Ausstoß« an Policeyordnungen, die von der Festkultur über das Schulwesen und Gewerbe bis zum Hausbau und der Anlage von Friedhöfen alles zu regeln suchten, ist ein Ergebnis dieser Expansion.

Es wurde schon darauf hingewiesen, daß der dadurch in Gang kommenden »Verstaatung der Gesellschaft« die »Verfürstlichung der Regierung«[33] entsprochen hat, d. h. die Regierung aus dem Kabinett. Auch hier läßt sich neben qualitativem ein quantitativer Wandel erkennen. Die Zahl der Kabinettssekretäre nahm ebenso zu wie die der Kabinettsordres. Wo das »persönliche Regiment« besonders scharf ausgeprägt war, verweist schon die bloße Menge der Erlasse auf die Überforderung der Monarchen. Friedrich II. hat jeden Tag bis zu zwölf solcher Kabinettsordres hinausgehen lassen, bei Joseph II. waren es zwar weniger, aber dafür konzipierte, ja, formulierte er die Dekrete weitgehend selbst. Wie sehr jedoch noch immer die »Verstaatung der Gesellschaft« vom persönlichen Stil des jeweiligen Regenten abhing, kann ein Vergleich der Gesetzgebungsaktivität aufeinanderfolgender Landesherren zeigen. Im Fürstentum Osnabrück lag die Summe der Verordnungen und Gesetze unter Ernst August II. (1716-1728) um 170% über derjenigen seines Vorgängers[34] und vermutlich auch seines Nachfolgers, die beide Geistliche Herren waren und ein anderes Amtsverständnis hatten als der Welfenprinz.

Wir sind damit den Ereignissen vorausgeeilt. Im 17. Jahrhundert empfanden sich die Fürsten noch keineswegs als die »ersten Diener des Staates«, sondern als Regenten. Wenn sie sich abbilden ließen, durften die verschiedenen Insignien ihrer Hoheit nicht fehlen, vom Symbol ihrer Reichsvasallität bis zu den umfangreichen Wappen. Gerade diese waren wichtig, denn die altertümlich-unsystematischen Staatswesen des späten 17. Jahrhunderts bedurften der patriarchalisch-persönlichen Herrschaft mit ihrer Addition von Titeln und Rechten. Auch die christlich-biblische Legitimation verstand sich noch vollkommen von selbst, das lutherische Wort vom Fürsten als Gottes »ambtmann« galt weit über die protestantische Welt hinaus, beruhte es doch im Kern auf der mittelalterlichen Staatsanschauung.

Im 18. Jahrhundert wandelte sich das, nahm der Staat veränderte Gestalt an. Sein religiös-konfessioneller Charakter trat zurück, der Katalog der hoheitlichen Befugnisse wurde durch die systematische Staatstheorie ersetzt, über die die internationale Gelehrtenrepublik diskutierte. Vom »teutschen Fürstenstaat« führt der Weg zum säkularen Wohlfahrtsstaat, der ungeachtet aller traditionsbestimmten Eigentümlichkeiten, die an ihm haften blieben, ein wachsendes Maß kontinentaleuropäischer Gemeinsamkeiten aufwies; alle standen vor derselben Frage, wie nämlich politische Herrschaft unter veränderten Bedingungen organisiert werden könne. Nach 1760 gewann dieser Vorgang, wie ungezählte Briefwechsel und namentlich Zeitschriften, das neue Medium intellektueller Selbstverständigung, belegen, an Dynamik und erreichte 1789 ein neues und nie zuvor gekanntes Tempo.

Die Triebkräfte für diesen Wandel waren nicht, noch nicht, gesellschaftlichen Ursprungs, sondern entstammten zunächst der Sphäre der Herrschaft. Nach dem Abschluß des Wiederaufbaus erwiesen sich dem weiteren Ausbau des Fürstenstaates zwei Kräfte als besonders hinderlich: die Kirche und die Privilegierten. Das Problem war nicht neu, stellte sich jetzt aber mit größerer Dringlichkeit bzw. wurde jetzt als größeres Ärgernis denn bisher empfunden.

Abhilfe versprach das Naturrecht. Einerseits machte der von ihm vertretene Gesellschafts- und Unterwerfungsvertrag die Sicherung und Steigerung fürstlicher Macht begründbar, andererseits konnte es, da es dem positiven Recht vorgeordnet war, die herrschenden Rechtszustände im Namen der Vernunft ändern. So wurde es in dieser Phase zu einer vorzüglichen Waffe im Dienste des absoluten Staates, der nunmehr intensiver als vordem einen einheitlichen Untertanenverband durch die rationale Konstruktion des Herrschaftsapparates anstrebte. Die enge Verbindung von Natur- und Staatsrecht wird bei Autoren wie Christian Thomasius und Christian Wolff, der als preußischer Staatsphilosoph eine ähnliche Wirkung wie 100 Jahre später Hegel erlangte, gut sichtbar. Besonders Wolff lieferte eine im Gewande des Naturrechts daherkommende Legitimation der absolutistisch geprägten Wirklichkeit. Die in seinem Werk sich manifestierende Option der deutschen Aufklärung für den Absolutismus wurde von außerordentlicher historischer Bedeutung. Sie erklärt sich sowohl aus der gesellschaftlichen Position als auch aus der historischen und aktuellen politischen Erfahrung der frühen Aufklärer. Der Ausbau des Fürstenstaates entsprach nicht nur ihren persönlichen Interessen als Professoren und Beamten, sondern erwies sich auch in theoretischer Hinsicht als überlegen: der traditionelle Gemeinwohlgedanke und die nicht minder traditionelle christliche Dienstethik gingen mühelos mit der Konstruktion der Gesellschafts- und Unterwerfungsverträge zusammen.

Je eindringlicher der Appell an die Herrscherpflichten, desto niedriger konnten die (natur-)rechtlichen Schranken gehalten werden und desto freiere Hand bekam der Fürst dadurch zum Ausbau seiner Herrschaft. Das diene, argumentierte man, auch den Untertanen, denn eine Kollision von Privat- und Gemeinwohl war für die Wolffsche Schule ebenso undenkbar wie eine Kollision von göttlichem, natürlichem und positivem Recht. Die Monarchen seien zwar »souvrain«, doch dürften sie, wie Wolff schrieb, »nicht schlechter dinges thun, was sie gelüstet, sondern sie haben . . . allezeit auf die gemeine Wohlfahrt und Sicherheit zu sehen, wo sie nicht Tyrannen werden wollen. Ihr Wille ist nicht die Regel, sondern er hat eine Regel, danach er determiniret werden muß, wenn es recht hergehen soll.« Die rechtmäßige Obrigkeit hat daher »denen Unterthanen zu befehlen, was sie tun und lassen sollen, und die Unterthanen müssen der Obrigkeit gehorchen«, gegebenenfalls sogar »blind«. Denn wenn auch der Staat keine Familie ist, macht doch der Grundsatz der gemeinen Wohlfahrt, daß er wie eine Familie regiert wird; nur so ist die Harmonie aller gewährleistet.[35]

Für die Wirklichkeit des absoluten Fürstenstaates deutscher Prägung war dieser Gedanke der »gemeinschaftlichen Glückseligkeit« als dem »Hauptendzweck« des Staates besonders wichtig.[36] In ihm begegneten sich Naturrechtslehre und Polizeiwissenschaft, und die eine übergab, politisch betrachtet, an diesem Punkt der anderen den Stab. Denn – noch – begnügte sich das Naturrecht mit dem bloßen »Nachweis« des gemeinschaftlichen Glückes von Regenten und Regierten, da allseits daran festgehalten wurde, daß der Fürst sein Amt aus Gottes Hand habe und entsprechend gemeinnützig verwalte.

Eine weitergehende, kritische Frage nach der Legitimation der Herrschaft stellte sich erst, nachdem der Fortschrittsgedanke sich soweit konkretisiert und im allgemeinen Bewußtsein durchgesetzt hatte, daß er als Maßstab für den Vergleich des Entwicklungsstandes politischer Systeme taugte. Seit der Mitte des 18. Jahrhunderts, vor allem seit 1763, als der erste Krieg zu Ende ging, der nicht nur so gut wie weltumspannend geführt worden war, sondern der auch die militärische und politische Überlegenheit moderner Regierungsmethoden erwiesen hatte, kam ein erhöhter Legitimations- und Leistungsdruck auf die Fürsten zu. Die große Hungerkrise von 1770/71 zwang die Obrigkeit vollends zum Handeln. Aufgeklärte Herrscher kehrten nun noch mehr als zuvor ihren Anspruch auf uneingeschränkte Machtfülle hervor, um jene Reformen in Gang zu setzen, die ihnen zur Überwindung der Rückständigkeit geboten schienen. Die Denkschrift Josephs II. vom Frühjahr 1763 ist ein gutes Beispiel für das neue, die Epoche des Reformabsolutismus einleitende Denken: Er wollte von den Ständen unbeschränkte Vollmachten für zehn Jahre verlangen und glaubte in dieser Zeit, den Adel politisch ausschalten, Regierung und Verwaltung umbauen, den Staatshaushalt sanieren und die Streitkräfte stärken zu können.[37] Auch wenn diese Pläne bloße »Träumereien« blieben, zeugen sie nicht nur vom gewandelten Selbstverständnis der Monarchen, sondern verweisen auch auf einen abermals erweiterten Begriff des Politischen. Die gesellschaftlichen Verhältnisse und die wirtschaftliche Verfassung rückten in den Mittelpunkt des Gestaltungswillens, sie sollten ohne Rücksicht auf das historische Recht verändert und den neuen Erfordernissen angepaßt werden.

Niemand hatte eine Ahnung davon, zu welchen Spannungen die Intervention in diese neuen Gegenstandsbereiche der Politik führen und wie sich als Folge davon sehr bald die Erkenntnis durchsetzen würde, daß Privatinteresse und Gemeinwohl nicht in jedem Falle deckungsgleich sind. Einstweilen jedoch galt die Machtsteigerung des aufgeklärten Fürsten und sein entschiedener Eingriff in die hergebrachten Verhältnisse als die beste Voraussetzung zur »Glückseligkeit des gesammten Staats«, wie man jetzt »das allgemeine Beste, die Wohlfahrt aller und jeder Familien«[38] bezeichnete. Die Durchführung der Reformpolitik blieb wie bisher der Policey überlassen. Nun erst schlug die Stunde des Polizeistaates im zeitgenössischen Wortsinne, d. h. eines Staates, der mehr denn je, auf allen Gebieten, für das Wohl seiner Untertanen zu sorgen hatte.

Der Katalog der Policey-Sachen wurde im späten 18. Jahrhundert lang und länger, eine erschöpfende Aufzählung ist gar nicht möglich. Prinzipiell galten sämtliche Lebensbereiche als »polizierbar«, denn der Verwaltungsanspruch des Staates war, im Unterschied zur Sphäre der Rechtsprechung, unbegrenzt. So verschaffte sich die Obrigkeit auf administrativem Wege sogar Zugang zum »Ganzen Haus«, das gemeinrechtlich noch immer Immunitätsschutz genoß, ja, sie versuchte zuletzt nichts weniger, als kollektive Verhaltensänderung mit Hilfe der »Religionspolicey« zu erzwingen, und überschritt dafür bedenkenlos die vom Naturrecht gezogene Grenze der persönlichen Glaubenssphäre. Die Dynamik staatlicher Intervention, die ihre Rasanz in der Epoche des Reformabsolutismus, also seit den sechziger Jahren, noch beschleunigte, führte dazu, daß die Untertanen sich zwei verschiedenen Tempi hoheitlicher Regelungs- und Steuerungsversuche ausgesetzt sahen. Beide gerieten nicht selten zueinander in Widerspruch.

Die langsame Zeitebene markierten das gemeine Recht und die Land-, bzw. Stadtrechte, die – teils der Gesetzgebungsbefugnis der Territorien entzogen, teils der Entwicklung nicht angepaßt – einem allmählich veralteten Sozialmodell verpflichtet waren. Deshalb überließ dieses Recht auch viele Fragen des täglichen Lebens der autonomen Handhabung durch die *societas civilis*. Je mehr jedoch unter dem Druck gesellschaftlicher und wirtschaftlicher Veränderungen die »Krise des Herkommens« sichtbar wurde, desto entschiedener sah sich der Staat zum Handeln gezwungen. Mit den Mitteln der Policey nahm er auf die aktuellen Gegebenheiten Bezug, indem er einesteils die eingetretenen Mißstände beseitigte, andernteils planend und vorausschauend die soziale Wirklichkeit zu steuern versuchte.

So entstand die zweite, die dynamische Zeitebene, und es entfernten sich Rechts- und Verwaltungsordnung mehr und mehr voneinander. Auch wenn es darüber zwischen Juristen und Kameralisten nicht zum Konflikt kam, weil beide in der Frage des Staatszwecks übereinstimmten, waren die Obrigkeiten doch zur Reaktion aufgerufen. In der zweiten Hälfte des 18. Jahrhunderts kamen daher in einigen deutschen Staaten Arbeiten zur Kodifikation in Gang. Sie sollten das geltende Recht im Sinne des modernen Vernunftrechts und seiner Vertragslehre systematisieren und fortentwickeln. Zur Überraschung der aufgeklärten Reformer erwies sich das jedoch als sehr schwierig, denn ein solches Vorhaben rief eine Opposition auf den Plan, die von den Ständen teilweise bis in die hohe Bürokratie hineinreichte. In Preußen sorgte sogar der König selber mittels seiner Kabinettsordre vom 14. April 1780 für einen Kompromiß zwischen ständischen »Freiheiten« und dem Naturrecht.[39] So kam es zu wirklich modernen Kodifikationen nirgends mehr im Ancien Régime, und die Richter mußten sich weiterhin mit vielfach veralteten Gesetzen behelfen, die dank neuerer Kompilationen in etlichen Ländern nunmehr wenigstens leichter greifbar waren. Dennoch besteht kein Zweifel, daß dieses Scheitern den Vorsprung des Verwaltungsstaates in Deutschland nur noch hat größer werden lassen; wiederum hatte sich gezeigt, daß der Fortschritt ungleich mehr auf der Verwaltung als auf dem Gesetz beruhte.

Die Wirklichkeit sah natürlich anders aus als die ungezählten Erlasse, Dekrete, Kabinettsordres usw. vermuten lassen. Je dichter das Netz von Vorschriften, je intensiver die Policey wurde, um so weiter blieben die tatsächlichen Zustände zurück. Menschliche Trägheit, Praxisferne der Verwaltung, schließlich auch Widerstand gegen die zunehmende Bevormundung verhinderten, daß der aufgeklärte Reformoptimismus seine ehrgeizigen Ziele erreichte. Anfang der achtziger Jahre des 18. Jahrhunderts geriet die Aufklärung unversehens in die Krise und allenthalben stellte sich die Frage: »Was ist Aufklärung?«[40] Darf man zum Zwecke der Aufklärung die Untertanen, das »Volk«, gängeln, ja möglicherweise sogar manipulieren, oder muß man ihm die Freiheit des Irrtums, gar des Widerspruchs einräumen? Die Zeitgenossen fanden hierauf keine einmütige Antwort, die Aufklärung spaltete sich. Fortan wurde um die »wahre« Aufklärung gestritten.

Die Mehrzahl der Aufklärer waren Beamte. Die Resistenz der Bevölkerung traf sie darum nicht nur als Intellektuelle, sondern auch als Vertreter der Staatsmacht. Die doppelte Herausforderung ließ sie im Namen des Fortschritts nur um so entschiedener an den Traditionen des Obrigkeits- und Verwaltungsstaates festhalten. Die Zensur hatten sie ohnedies nie für aufklärungsfeindliche, und das hieß natürlich auch: gegengouvernementale Schriften freigegeben, aber nun mußten andere Mittel zur Hilfe kommen. In Wien verlangte Joseph v. Sonnenfels, damals *die* Autorität auf dem Gebiet der Verwaltungswissenschaft, die spezielle »Wachsamkeit der Policey . . . gegen solche Gefahren«[41] Der Appell fiel im Österreich der radikalen Reformen auf besonders fruchtbaren Boden. Hier hatte schon 1782 der Regierungspräsident für Niederösterreich, Graf Pergen, in kaiserlichem Auftrag Franz Anton Beer als »Oberpolizeidirektor« eingesetzt und in dessen Instruktionspapier zwischen »öffentlicher« und »eigentlicher« Polizei unterschieden. Während letzterer wie bisher die herkömmlichen Verwaltungsaufgaben anvertraut waren, oblag ersterer, straff organisiert und unter zentraler Leitung stehend, d. h. aus dem allgemeinen Behördenapparat ausgegliedert, die Sicherheit. Die Policey wandelte sich so zur Polizei, die 1786 sogar nach französischem Vorbild mit der Errichtung eines geheimen Überwachungssystems für die ganze Monarchie begann und dafür ein ausgedehntes Spitzelsystem organisierte.

Der Übergang von der Policey zur Polizei war daher alles andere als ein Zufall. Er zeigt einen im stillen stattgefundenen Wandel des Staatszwecks und, damit einhergehend, des Fundamentalgedankens der Verwaltung an. Justi, der bis in die achtziger Jahre hinein namentlich im protestantisch-norddeutschen Reichsgebiet maßgebliche Theoretiker, hatte noch die Wohlfahrt als Hauptaufgabe der Verwaltung bezeichnet und dabei insbesondere in seinem 1760/61 geschriebenen zweiten großen Werk, der *Grundfeste zu der Macht und Glückseeligkeit der Staaten oder ausführliche Vorstellung der gesamten Policey-Wissenschaft*, der Sorgepflicht des Staates das Wohlfahrtsrecht des Bürgers entgegengestellt, ja, Justi war konsequenterweise noch einen Schritt weiter gegangen und hatte gerade in wirtschaftlichen Fragen dem Staat Zurückhaltung nahegelegt. »Eine weise Regierung, welcher der Flohr des Nahrungsstandes am Herzen liegt«, müsse sich »sehr hüten, die Freyheit der Commercien und Gewerbe deshalb einzuschränken«.[42] Unübersehbar kündigte sich hier die Trennung staatlicher und gesellschaftlicher Interessen an.

Diese Erkenntnis mußte das Selbstverständnis der Verwaltung in seinen Grundfesten erschüttern. Sollte sie künftig den Bereich der Wirtschaft freigeben, um den Souveränitätsanspruch des absoluten Staates um so stärker befestigen? Die Tradition des Kameralismus war zu übermächtig, als daß die Beamten der Privatsphäre gegenüber dem Staatsganzen Priorität eingeräumt hätten. Immerhin gaben sie allmählich den Wohlfahrtsgedanken als Norm der Verwaltung auf und beschränkten diese auf die Wahrung der Sicherheit. Sonnenfels hat diesen Rückzug theoretisch gerechtfertigt. Aber war es wirklich ein Rückzug? Sein Hauptsatz von 1777, alles was »die innere Sicherheit vergrößern kann, gehöret in den Umfang der Polizey«[43], erklärte prinzipiell eben alles zur Aufgabe des Staates und ließ, wie schon zeitgenössische Kritiker eingewandt haben, die Polizeiwissenschaft als einzige Staatswissenschaft übrig. Für Sonnenfels war unstreitig, daß der so befestigte Staatsabsolutismus der Reformpolitik zu dienen habe. Auch Joseph II. setzte seine Polizei ausdrücklich zur Absicherung seiner radikalen Reformen, insbesondere der Kirchenpolitik ein und instruierte sie, daß bei der Überwachung »der bürgerlichen Freyheit nicht zu nahe getreten werde«.[44] Aber der Vorbehalt war vergeblich. Die beamtete Intelligenz verlieh der späten Aufklärung oftmals ein autoritäres Antlitz.

Eigentlich war – jedenfalls aus heutiger Sicht – der Absolutismus durchgängig und nicht erst in seiner Spätphase autoritär, und zwar einfach deshalb, weil ein Konflikt zwischen Privat- und Gemeinwohl, zwischen individuellen Interessen und denen des Fürsten als ausgeschlossen galt. Die Zeitgenossen erblickten gerade hierin jedoch den entscheidenen Vorzug gegenüber dem überwundenen System der Personenverbandsstaates. Folglich bedurfte es eigentlich keiner Freiheit, jedenfalls keiner politischen. Denn nach den Grundsätzen des klassischen Naturrechts hatten sich die Menschen im Augenblick des Vertragsabschlusses, der die bürgerliche Gesellschaft einleitete, ihrer Freiheit unwiderruflich begeben, da-

mit Recht und Ordnung, Friede und Sicherheit regierten. Naturrecht und absolute Herrschaft schlossen sich demnach nicht aus,
sondern waren im Gegenteil aufeinander angewiesen. Nur so
konnte der sakrale Staatszweck des Mittelalters und mit ihm die
seit der Reformation gesteigerte Konfliktanfälligkeit überwunden
werden.

Die deutschen Aufklärer teilten bis in die sechziger Jahr ganz
überwiegend diese Sicht der Dinge, war sie doch ihre eigene »Er-
findung«. Schon seit der Jahrhundertmitte aber begann der Gedanke um sich zu greifen, daß die Überantwortung der Freiheit an
die Herrschaft nicht nur Vorteile mit sich gebracht habe. Drei
komplexe Probleme führten zum Umdenken. Seit jeher diskutiert
hatte man die Freiheit der Religionsausübung. Die 1648 beschlossene Reichskirchenverfassung mit ihrem geringen Maß rechtlich
verbürgter Toleranz mochte damals ein Vorzug gewesen sein, die
Vertreibung von 30000 Protestanten durch den Erzbischof von
Salzburg im Jahre 1731/32 empfand die Welt jedenfalls als Skandal,
gegen den sich die Religionspolitik namentlich Preußens wohltu-
end abhob. Zunehmend verlangten die Aufklärer die Duldung von
Sekten, zuletzt auch diejenige der Juden. Die Debatte zog sich über
Jahrzehnte hin und trug, da nunmehr in kritischer Absicht Forde-
rungen gegen den Staat vorgetragen wurden, zur Politisierung der
Gebildeten bei.

Der zweite Bereich, in dem Staat und Gesellschaft auseinander-
zutreten begannen, war die Ökonomie. Die Bevölkerungszunahme veränderte die hergebrachte Wirtschaftsweise in vielen
Fällen so rasch, daß dies aufmerksame Beobachter veranlaßte, die
neuen Sachverhalte mit Hilfe eines neuartigen Verfahrens, der Statistik, zu erschließen. Seit Anfang der siebziger Jahre konnte sich
das gebildete Publikum in Zeitschriften und Büchern über den gesellschaftlichen und wirtschaftlichen Wandel und über die Mittel
zu seiner Verarbeitung informieren. Wichtig wurde dabei, daß das
Vertrauen in die Policey allmählich dahinschwand, weil deren Rezepte angesichts der sich ausbreitenden kapitalistischen Methoden
und dadurch bedingter gesellschaftlicher Divergenzen zu versagen
begannen. Wie sollte man auch auf dem Verordnungswege den unterschiedlichen Interessen etwa von Kaufleuten, verlegten Handwerkern und Behörden gerecht werden? Für viele konnte hier nur
noch »Freiheit« helfen. »Der Staatsmann, der es versuchen wollte,
Privatleuten zu zeigen, auf welche Art sie ihre Kapitalien anwen-

den sollten«, warnte 1779 der ehemalige Tuchkaufmann Friedrich Heinrich Jacobi die kurpfalzbayerischen Behörden, »würde sich nicht nur mit einer höchst unnötigen Sorge und Arbeit beladen, sondern sich auch eine Gewalt anmaßen, die man nicht nur keiner einzelnen Person, sondern auch keinem Staatsrate oder Senate sicher vertrauen kann und welche nirgends so gefährlich sein würde als in den Händen eines Mannes, der so töricht und verwegen wäre, sich einzubilden, er sei fähig, sie auszuüben.«[45]

Jacobi hatte mit seiner Kampfansage an die »unterdrückte Staatswirtschaft«, wie er sie polemisch bezeichnete, zugleich die politische Grundsatzfrage gestellt. Das war unvermeidlich bei der damaligen Einheit von Staat und Gesellschaft. Solche Vorstöße hatten darum das Ende der Bevormundung durch die Policey zum Ziel, auf wirtschaftlichem und zunehmend auch auf politischem Gebiet. Die These tauchte auf, »daß die Staatsverbindung der bürgerlichen Vereinigung untergeordnet sey, weil erstere nur das Mittel zur Beförderung des Zweckes der letzteren ist«; wäre es anders, so herrschte »die bürgerliche Knechtschaft, die Knechtschaft in Ansehung des Vermögens, und die schlimmste und verderblichste Art des Despotismus.«[46] Die politische Ableitung dieser These war dieselbe wie überall auf dem europäischen Kontinent, von einer gewissen Ausnahme Frankreichs abgesehen. Statt der »Despotie« des Fürsten wünschte man die »Despotie der Gesetze«. Diese sollte im Wege einer Selbstbindung der Monarchen an das Recht etabliert werden[47], nicht durch Einführung konstitutioneller Garantien. Dieses Ziel wurde nirgends erreicht. Preußen machte in Gestalt des *Allgemeinen Landrechts* zwar die größten Fortschritte innerhalb Deutschlands, doch stand auch dort immer noch die Wahrung der absolutistischen Staatsverfassung einer Entwicklung zum Rechtsstaat entgegen; zu mehr als zu einem Gesetzesstaat prekären Zuschnitts hat die Schubkraft der aufgeklärten Reformer nicht gereicht.

Damit diese Schubkraft sich hinreichend entfalten konnte, bedurfte es noch auf einem anderen, geradezu zentralen Gebiet der Abkehr vom absoluten Fürstenstaat herkömmlicher Prägung. Gedankenfreiheit war bereits seit langem die Hauptforderung der Gebildeten, weil anders die Vernunft sich nicht entfalten konnte. Nun kam, vornehmlich bei jener Minderheit, die in dieser Denkfreiheit wegen des Geheimnisses, das im Absolutismus alles Politische umgab, stark behindert war (die also nicht selbst zu den

Beamten zählte) der Wunsch nach Pressefreiheit hinzu. Weil die Gesellschaft sich vom Staat zu lösen begann, dessen Maßnahmen immer mehr die privaten Interessen verletzen konnten, sollte die Öffentlichkeit warnend, korrigierend und lenkend eingreifen. August Ludwig Schlözer stellte 1785 kategorisch fest: »Folglich – macht PreßFreyheit die unumschränkte Monarchie zum FreiStat. Folglich – macht PreßZwang jeden sogenannten FreiStat zur förmlichen Despotie.«[48]

Damit ist die Gegenutopie der späten Aufklärung vollständig umschrieben. Mehr wurde nicht verlangt. Insbesondere politische Partizipation stellte vor 1789 keinen wichtigen Punkt im politischen Reformprogramm dar. Nicht nur wirkten alle Beispiele ständischer Repräsentation auf die politisierten Eliten abschreckend, die Pressefreiheit bot ihnen genügend Möglichkeiten, die Belange der Allgemeinheit zu Gehör zu bringen – jedenfalls theoretisch. Denn Theorie blieb das meiste dieses Alternativentwurfs einer bürgerlichen Gesellschaft, weil ihre Anhänger, jedenfalls soweit sie Staatsdiener waren, einer eigenen politischen Repräsentation nicht bedurften, und weil sie in längeren Zeiträumen dachten. Beschleunigende Krisen waren nicht in Sicht: Die soziale begann sich gerade erst abzuzeichnen, aber es fehlte der deutschen Aufklärung eine geeignete Gesellschaftstheorie, um sie zu deuten, und politische Krisen gab es keine, dafür waren die Aufklärer zu sehr Teil des politischen Systems. Daher die gehäuften Überraschungen, die das Ende des Ancien Régime begleiteten. So übersahen die meisten die politischen Implikationen der seit 1781 schrittweise erfolgenden Zerstörung der normativen Grundlagen des Naturrechts durch Kant.

Völlig überraschend brach auch 1789 die Revolution im Nachbarland aus, deren tiefere Bedeutung den meisten Intellektuellen zunächst verborgen blieb. Überraschend kam schließlich für viele das Ende des Reiches, dessen altertümliche Verfassung der vollen Entfaltung des Absolutismus immer noch gewisse Schranken gesetzt hatte. Nun erst erlangten Begriffe wie »Rechtsstaat«, »Menschenrecht«, »Repräsentation« und »Verfassung« in Deutschland ihre besondere Bedeutung, und die Einheit des politischen Lagers, dessen Zerfall sich seit der Krise der Aufklärung angekündigt hatte, war zerstört. Es gehört zu den Bedingungen der Modernität, daß diese Einheit nie mehr wiederhergestellt werden konnte.

4. Reich und Stände

Früher als alle anderen deutschen Landesherren, schon zu Anfang des 17. Jahrhunderts, schlugen die Habsburger den Weg zum absoluten Fürstenstaat ein. Die von Ferdinand II. 1627 für Böhmen erlassene »Verneuerte Landesordnung« wies dabei den Weg, da sie faktisch auch auf die Länder der deutschen Krone angewandt wurde. Mit dem Prozeß der Zentralisierung und Steigerung der Landeshoheit lebten sich Österreich und das Reich zwangsläufig auseinander. Zunächst trennten sich in Wien die Wege der Behörden, schied der Reichsvizekanzler aus dem Geheimen Rat, die Österreichische Hofkanzlei aus der Reichskanzlei. 1648 kam die verfassungsrechtliche Bestätigung in Gestalt des Westfälischen Friedens hinzu. Er hat den ständischen Charakter des Reiches weiter ausgebaut und dem kaiserlichen Absolutismus endgültig die Bahn versperrt.

Institutionell gesehen erstarrte damit das Reich als ein Staatsgebilde, das über seine spätmittelalterlich-frühneuzeitliche Entwicklung nicht mehr hinausgelangte. Aber das war nicht alles. Das große Paradoxon bestand darin, daß gerade manche dieser altertümlichen Institutionen sich dauerhafter, ja steigender Wertschätzung erfreuten, und zwar desto mehr, je stärker sich der landesherrliche Absolutismus entfaltete. In materiellrechtlicher Hinsicht, wenn man so sagen kann, überholte das Reich dank der in seiner Verfassung eingebauten *checks and balances* die Territorien an Modernität, jedenfalls dann, wenn man die Wahrung der »Untertanenrechte« mit Hilfe der Justiz als etwas Modernes ansieht. Dieses hat zusammen mit der Existenzgarantie der Reichsstände einschließlich der Klein- und Kleinstterritorien im späten 18. Jahrhundert jenen Reichspatriotismus beflügelt, den die neuere Geschichtsschreibung mit so großer Sympathie behandelt. Das Verhältnis von Reichsverfassung und Staatssouveränität wird daher heutzutage ganz anders bewertet als im Zeitalter der nationalliberalen Historiographie.

Dieser Reichspatriotismus galt dem Heiligen Römischen Reich in seiner Spätphase. Im 17. Jahrhundert war das Urteil ein ganz anderes. Die Reichspublizisten, wie sich die Spezialisten dessen nannten, was man heute vielleicht am ehesten als öffentliches Recht bezeichnen könnte, machten sich vor allem Gedanken um den Charakter des Reiches, das sich in einer schwierigen Lage befand. Sonderbünde schienen es zu sprengen. Juristisch war dem Reich freilich nicht beizukommen, jedenfalls so lange nicht, wie man formal, mit Hilfe römischrechtlicher Begriffe und aristotelischer Grundmuster anstatt historisch argumentierte.

Politisch gesehen waren die verschiedenen Institutionen des Reiches 1648 und danach trotz des Westfälischen Friedens noch keineswegs gegen alle weiteren Eventualitäten gesichert. Denn obwohl die kaiserlichen Rechte ein Bündel verschiedener Titel aus dem Lehnsrecht und den Reichsregalien blieben und obwohl die Reichsverwaltung kaum diesen Namen verdiente (neben der kleinen Reichskanzlei gab es nur noch die beiden kaiserlichen Hofgerichte in Franken und Schwaben und als Berufungsinstanzen Reichshofrat und Reichskammergericht), stand dem Kaiser eine Reihe von Mitteln zu Gebote, die lästigen Stände auf Distanz zu halten. Das galt freilich nur bis in die Anfänge des 18. Jahrhunderts. Andererseits enthielt Artikel VIII des Friedensinstruments ein sehr weitgehendes ständisches Verfassungsprogramm, das den Reichstag in den Mittelpunkt stellte und den Kaiser tendenziell zu einem bloßen Notar, allenfalls Vollzugsorgan eventueller Beschlüsse zu machen beabsichtigte.

Wie offen die Situation zunächst war, läßt sich daher am besten am Verhältnis von Kaiser und Reichstag ablesen. Es durchlebte zwischen 1648 und 1711, zwischen Friedensschluß und Entwurf einer Beständigen Wahlkapitulation, eine eigentümlich dynamische, freilich besonders schlecht erforschte Periode. 1648 war das kaiserliche Ansehen auf seinem Tiefpunkt. Nur die Zeitnot der Friedensverhandlungen ersparte vermutlich dem Reichsoberhaupt eine Niederlage gegenüber jener Fürstenopposition, die eine grundsätzliche Umstrukturierung des Reiches in einen rein ständischen Körper, genauer: die Regierung des Reiches durch den Reichstag und die Ausschaltung der Kurfürsten angestrebt hatte. Die Vertagung der »hinterstelligen Materien« auf den folgenden Reichstag war ein erster Sieg der beharrenden Kräfte, denn damit überantwortete man dieser Versammlung die Aufgabe ihrer eigenen Reform, das Hinauszögern dieses Reichstages bis 1653 ein zweiter. Schon hatte das Oppositionsprogramm trotz schwedischer und brandenburgischer Unterstützung viel von seiner Stoßkraft verloren, aber als drohende Möglichkeit einer die traditionellen ständischen und politischen Unterschiede überwindenden Fürstenversammlung blieb sie ins politische Kalkül einbezogen.

Dann aber schien sich das Blatt wieder zu wenden. Die vom Westfälischen Frieden bestätigte Aufwertung der Reichsfürsten schlug sich in ihrem Erfolg nieder, im Paragraphen 180 des Jüngsten Reichsabschieds von 1654 – er trug diesen Namen, weil es seit 1663, seit der Perpetuierung des Reichstags, nur noch Reichsschlüsse gab – die Steuerpflicht der Landstände für militärische Zwecke durchzusetzen. Da das Militärische zum Kernbereich des frühneuzeitlichen Staatsbildungsprozesses zählte, ist der Machtzuwachs für die Fürsten offensichtlich. In Paragraph 197 erschwerten sie außerdem die Zulassung neuer Fürstengeschlechter zur Stimmabgabe im Reichstag und schoben daher den Versuchen des Kaisers, mit Hilfe eines »Peersschubs« die Mehrheitsverhältnisse zu ändern, einen Riegel vor. Die schwerste Niederlage mußte Leopold I. jedoch 1658 einstecken, als der Kurerzkanzler des Reiches, Erzbischof Johann Philipp von Mainz, mit französischer Unterstützung den Rheinbund gründete, um der den Religionsfrieden bedrohenden Bündnispolitik des Kaisers zu begegnen; der Bund wurde allerdings gegenstandslos, sobald der Kaiser selbst zur Reichstreue zurückkehrte bzw. andere Konflikte in den Vordergrund traten. Die Interessen der Stände deckten sich auch in einigen anderen Punkten mit denen des Reiches. Der Jüngste Reichsabschied enthielt eine weitreichende Justizreform, die den Stillstand der Rechtsprechung durch die Reichsgerichte beendete, und strich einen Teil der ruinösen Zahlungsverpflichtungen der besonders verschuldeten Reichsstände, vor allem der Kurpfalz.

Scheinbar war auch der neuerliche Zusammentritt des Reichstages 1663 in Regensburg ein Sieg der Reformpartei, denn wegen des bevorstehenden Türkenfeldzugs konnte der Kaiser die Einberufung nicht länger hinauszögern. Die Verwandlung dieses Gremiums in den nunmehr von Gesandten beschickten »Immerwährenden Reichstag« erschien ebenfalls zunächst als Erfolg gegen den Kaiser. In Wahrheit markierte jedoch gerade dieser Schritt den Wendepunkt. Leopold gelang die politische Rückkehr ins Reich, indem er mit Hilfe der von ihm ernannten Prinzipalkommissäre seine Klientel wieder um sich zu sammeln vermochte, um mit den Mitteln des Reichsrechts die Dinge in seinem Sinne zu steuern. Der Reichstag bezahlte seine Perpetuierung mit einem Rückgang seiner politischen Möglichkeiten.

Das zeigte sich schon 1671, als der Kaiser die verlangte »Extension« des landständefeindlichen Paragraphen 180 aus dem Jüngsten Reichsabschied ablehnte und damit den absolutistischen Tendenzen der Territorien zumindest den Segen des Reiches verweigerte – was noch 100 Jahre später im Falle Württembergs von Bedeutung war. 1674 konnte Leopold sogar den Abschluß eines Friedensvertrages mit Frankreich ohne Einschaltung des Reichstages wagen, doch war der ungünstige Ausgang des Krieges den Ständen Anlaß, nunmehr endlich einen noch immer seit 1648 unerledigten Gegenstand zu regeln, das Defensionswesen. Die Kriegsverfassung von 1681 verbesserte die Sicherheitslage vor allem in den Frankreich benachbarten Reichskreisen, wie sich dann im Spanischen Erbfolgekrieg zeigte, widersprach aber der Militärpolitik des Absolutismus so sehr, daß ihr keine Dauer beschieden war. Seine beiden wichtigsten Erfolge verbuchte Leopold bzw. sein Sohn Joseph I. mit der Erweiterung des Kurfürstenkollegs: 1692 erhielt Hannover die neunte Kur und wandelte sich zum loyalen Bündnispartner Habsburgs – zwei Eheschließungen zwischen beiden Häusern besiegelten diese Politik –, 1708 wurde die böhmische Kur wieder zugelassen.

Mit dem Entwurf einer Beständigen Wahlkapitulation im Jahr 1711 – eine weitere der noch immer unerledigten »hinterstelligen Materien« von 1648 bzw. 1654 –, die gegen den Kaiser zwar nicht formell durchgesetzt werden konnte, aber künftig beachtet wurde, ging die seit 1648 dauernde Phase verfassungspolitischer Offenheit zu Ende. Die sich anschließende Erstarrung ist von der Geschichtswissenschaft unter machtpolitischen Vorzeichen meist als der Beginn der letzten Etappe des Zerfalls und Untergangs des Alten Reiches, in verfassungspolitischer Hinsicht als Bedeutungsverlust der maßgeblichen Reichsinstitutionen gedeutet worden. Hier bahnt sich in den letzten Jahren das bereits erwähnte Umdenken an. Tatsächlich gelangt man zu anderen Urteilen, wenn man die Perspektive wechselt und unterstellt, daß allen Zeitgenossen an der Fortexistenz des Reiches gelegen war, weil die von ihm repräsentierte und gesicherte Ordnung, wenn schon nicht gut, so doch jedenfalls besser als alle Alternativen war. Das schloß Konflikte um Kaisertum und Reichstag nicht aus, im Gegenteil lassen gerade sie eher auf das anhaltende Interesse am Reich und die unverminderte Bedeutung seiner Organe schließen. Natürlich erklärt diese Sichtweise nicht die Konflikte selbst, schon gar nicht die zeittypischen Erbfolgekriege, dafür aber deren reichspolitische Begleiterscheinungen und, als Ergebnis davon, die wachsende Identifizierung der Untertanen mit dem Reich, die sich politisch in Gestalt des bereits angesprochenen Reichspatriotismus, juristisch im wachsenden Vertrauen in die Reichsjustiz als wichtigster Instanz zur Gewährleistung von Rechten und Freiheiten bemerkbar machte.

Die beiden Ebenen, die machtpolitische und die verfassungspolitische, sollen im folgenden des besseren Verständnisses halber getrennt betrachtet werden. Die gestärkte Position des Kaisers im Reich zu Beginn des 18. Jahrhunderts war durch das Ausbleiben männlicher Erben im Hause Habsburg schwer bedroht. Weder die habsburgischen Territorien noch gar das Reich kannten die weibliche Erbfolge. Die von Karl VI. 1713 erlassene »Pragmatische Sanktion« verfügte für die habsburgischen Länder die Unteilbarkeit und weibliche Thronfolge. Streng rechtlich gesehen war das Reich von diesem Gesetz nicht betroffen, aber aus politischen Gründen konnte der Kaiser auf die Zustimmung der deutschen Fürsten und der europäischen Staaten nicht verzichten. Die damit verbundene Aufwertung der Reichsstände – und erst recht der Landstände der verschiedenen habsburgischen Territorien einschließlich Ungarns und Siebenbürgens, deren Zustimmung zu diesem Grundgesetz nötig war – destabilisierte das politische Gefüge im Reich, was in den dreißiger Jahren zunächst nur jenseits von dessen Grenzen spürbar wurde, 1740 beim unerwarteten Tode des Kaisers aber das Reich selber erschütterte. Das Interregnum ließ das festgefahrene Verfassungssystem wieder in Bewegung geraten, der alte Gedanke einer Aufwertung der Kreise gewann an Interesse, und Preußen nutzte die Gelegenheit, seinen Krieg in Schlesien mit aktiver Reichspolitik zu verbinden, ja zu kaschieren. Wie schon 100 Jahre zuvor etablierte sich eine Reformpartei meist protestantischer Fürsten, die auf dem Aschaffenburger Tag von 1741 ihr Programm absprachen: Die Beständige Wahlkapitulation sollte erweitert und verabschiedet, die Rolle der kleineren Reichsstände aufgewertet werden. Die Wahl und Krönung – in Aachen (!) – Karl Albrechts von Bayern schien dem Programm die personalpolitische Gewähr zu bieten.

Wechselndes Kriegsglück und der unverhoffte Tod Karls VII. machten diese Pläne hinfällig, auch wenn die anschließende zwanzigjährige Regierungszeit Franz Stephans von Lothringen reichspolitisch keine Zeichen hinterlassen hat. Immerhin wurde damals erreicht, daß sein Nachfolger wieder aus dem Hause Habsburg kam. Und schon dieser Verhandlungserfolg zeigt, wie wichtig meistens der katholischen Partei die Erhaltung des *Status quo* im Reiche war. Um so mehr überraschte, daß dann der nächste Kaiser, Joseph II., durch seine aggressive Politik das Reich in seine zweite Krise seit 1740 führte. Joseph wollte durch energische Reformen in den habsburgischen Territorien endlich denjenigen Grad des modernisierten absoluten Fürstenstaates herstellen, den der Erzrivale Preußen schon seit längerem durchgesetzt hatte. Diese Politik entsprach zwar völlig der allgemeinen Entwicklung, führte im Falle Österreichs aber zu ganz anderen und zumindest von einem Teil der habsburgischen Regierungselite einschließlich des Kaisers selbst nicht vorhergesehenen Konsequenzen. Österreich war eben als Hausmacht des Kaisers kein Territorium wie jedes andere. Es wirkte geradezu als Sprengsatz des Alten Reiches, wenn in Österreich die Kirchenverfassung geändert, die Privilegien der Landstände beseitigt und die Gleichheit aller Untertanen eingeführt wurde, denn damit geriet der Landesherr Joseph mit seiner Rolle als Kaiser in Konflikt. Als Kaiser hatte er den *Status quo* im Reich zu sichern und die Vorrechte der Stände zu schützen, die er als Landesherr aufhob.

Noch komplizierter gestaltete sich die Lage dadurch, daß Joseph durch den beabsichtigten Erwerb Bayerns – 1778 versuchte er es durch Erbvertrag, 1783 durch Ländertausch – auch das machtpolitische Gleichgewicht in Deutschland zu verändern wünschte. Die dadurch ausgelöste Krise machte offenkundig, daß die Reichsverfassung an einem Wendepunkt angelangt war. In ihrer hergebrachten Form konnte sie dem territorialstaatlichen Modernisierungsprozeß nicht länger standhalten, weil das Entwicklungsgefälle im Reich zu groß geworden war. Die rückständigen Geistlichen Staaten, aber auch so gut wie sämtliche weltlichen Territorien unterhalb einer gewissen Größe, insbesondere natürlich die Reichsritter, waren auf die unveränderte Fortexistenz der Reichsverfassung angewiesen (daher führte ihre episkopalistische Politik die rheinischen Kirchenfürsten in dieselbe Aporie wie den Kaiser sein Reformabsolutismus), während das Modernisierungspotential der Größeren gerade von ihr behindert, im Falle Österreichs sogar verhindert wurde.

In den achtziger und frühen neunziger Jahren kam es daher machtpolitisch zu einer höchst bedeutsamen und für das Reich letztlich ruinösen Verkehrung der Fronten. Um die Modernisierung Habsburgs zu bremsen, entdeckte Friedrich II. plötzlich die

Vorteile der Reichsverfassung. Ihm kam dabei zugute, daß Josephs Griff nach Bayern auch eine Vielzahl kleinerer Fürsten auf den Plan gerufen hatte, die in klassischem reichspolitischem Reflex auf die Verschiebung der Gewichte mit einem antikaiserlichen Fürstenverein antworteten. 1785 fanden unter Führung der drei Kurfürsten von Brandenburg, Sachsen und Hannover die beiden Gruppen im »Deutschen Fürstenbund« zusammen, dem selbst der Erzkanzler beitrat und mit seiner katholischen Klientel das Bündnis zu einer interkonfessionellen Union erweiterte. Allein das zeigt die ganze Reichweite der Isolierung Habsburgs an, das die macht- und verfassungspolitische Balance zu zerstören drohte. Seit 1648 hatte es das nicht mehr gegeben.

Der Fürstenbund war jedoch zu heterogen, als daß er sich auf ein geschlossenes Vorgehen hätte einigen können. Während Dalberg, der Koadjutor des Mainzer Erzbischofs, 1787 die Reform der Reichsjustiz und Carl August von Sachsen-Weimar darüber hinaus noch eine föderative Umbildung der Verfassung anstrebten und dafür natürlich die Zusammenarbeit mit dem Kaiser brauchten, genügte es der nord- und mitteldeutschen Führungsgruppe, Joseph als Gegner der Reichsverfassung zu brandmarken. 1790 schien es, als komme es neuerlich zum preußisch-österreichischen Waffengang, als müsse der Fürstenbund das Reich mit militärischen Mitteln gegen den Kaiser verteidigen.

Nachdem Friedrich Wilhelm II. bzw. sein Minister Hertzberg sich als Helfer der Lütticher Revolution, bei der wie ein Jahr zuvor im benachbarten Frankreich altständische und naturrechtlich motivierte Ziele zu einem explosiven Gemisch vereinigt waren, desavouiert, Leopold II. dagegen gleich nach der Thronbesteigung seine Verfassungstreue beteuert und dies Anfang 1791 durch die Besetzung Lüttichs unter Beweis gestellt hatte, verkehrten sich abermals die reichspolitischen Fronten. Schon im vorangegangenen Sommer war durch den preußisch-österreichischen Vertrag von Reichenbach der Fürstenbund hinfällig geworden. Damit blieb freilich auch die Frage der Reichsreform unerledigt. Sie hat gerade in dieser Zeit eine Fülle von Broschüren hervorgebracht, in denen ausnahmslos der Fortbestand des Reiches unter Hinweis auf dessen mehrfache Schutzfunktion verlangt wurde. Dieser Reichspatriotismus bekräftigte gegenüber der entstehenden öffentlichen Meinung, was die Fachleute seit langem wußten: Die Reichsverfassung hatte nicht nur die Aufgabe, den Dualismus der deutschen

Führungsmächte zu mildern, sondern die Rechte und Freiheiten von Ständen und Untertanen zu schützen.

Daß beide Aspekte, Machtpolitik und Bestandsgarantie, miteinander gekoppelt waren, erkannten nur die wenigsten Zeitgenossen. Die Ursache wurde bereits genannt: In Deutschland fehlte die Tradition Bodinscher Souveränitätslehre und Staatsraison, ihre wenigen Anhänger blieben Außenseiter. Eine Staatsraison des Reiches verbot sich angesichts der Verfassungslage von selbst, und auch die Theoretiker des modernen Fürstenstaates argumentierten ja, wie erinnerlich, mit den Kategorien des Naturrechts und kombinierten sie mit der aristotelisch-christlichen Pflichtenethik. Im großen und ganzen blieben daher Fragen der Machtpolitik aus dem politischen Denken ausgeblendet. Das begünstigte die ohnedies im System angelegte Verrechtlichung der Politik. Wir betreten damit die zweite, die verfassungsrechtliche Ebene unseres Themas.

Mehr als jedes andere Land Europas betrieb seit 1648 das Heilige Römische Reich Konfliktregelung mit Hilfe des Rechts, was in der politischen Kultur der Deutschen tiefe Spuren hinterlassen hat. Interessenausgleich und konfessionelle Toleranz gehörten dank komplizierter Gesetze und ausgeklügelter Verfahrensweisen zum Alltag des Reiches, der Konflikt mit den Ständen war seit 1648 auf den Rechtsweg verwiesen und zuletzt kam der Schutz der »Rechte der Untertanen« als weitere wichtige Aufgabe hinzu.

Das alles bildete zwangsläufig Barrieren gegen den Absolutismus, dessen Entwicklungsgrad folglich vom politischen Gewicht des betreffenden Territoriums abhing. Denn da der Prüfstein des Absolutismus die Fähigkeit des Landesherrn war, sich über hergebrachtes Recht hinwegzusetzen, erscheint die hier interessierende Seite des Reichs am eindrucksvollsten, wenn man dessen Möglichkeiten des Eingreifens bei Beschwerden der Untertanen wegen Rechtsverletzungen nachgeht; hierauf kommen wir später zurück.

Zunächst bedarf der Zusammenhang von Reichsverfassung und Landständen einiger Hinweise. Streng genommen bot der verfassungsrechtliche Dualismus, der das frühneuzeitliche Regierungssystem immer dann kennzeichnete, wenn sich ein Fürst die Macht mit seinen Ständen teilen mußte, überhaupt keine Chance zu absoluter Herrschaft. Denn die drei Grundsätze des Ständetums besagten, daß, erstens, die erworbenen Rechte nicht einseitig vom Fürsten geändert werden durften, daß dieser folglich, zweitens, an den Konsens der Stände gebunden war und daß, drittens, der Kreis der Konsensberechtigten auf die Träger der Mitherrschaft, d. h. in der Regel auf den landsässigen Adel, die hohe Geistlichkeit und die Städte, beschränkt war. Die Rechtsgrundlage der Stände war also ihre (Mit-)Herrschaft, und Herrschaft galt im alten Recht als Eigentum; es war als solches grundsätzlich unantastbar.

Dennoch kam es in der Frühen Neuzeit zu einem kontinuierlichen Schrumpfungsprozeß landständischer Rechte. In den eineinhalb Jahrhunderten zwischen Dreißigjährigem Krieg und Ende des Reiches verlief dieser Prozeß besonders rasch. Die Reichsverfassung spielte dabei eine zwiespältige Rolle, denn einerseits verhalfen die Fürsten als Reichsstände im berühmten Paragraphen 180 des Jüngsten Reichsabschieds von 1654 sich selbst zu einem entscheidenden fiskalpolitischen Vorsprung, andererseits garantierte das Reich als solches die Fortexistenz landständischer Verfassungen. Es konnte aber nicht verhindern, daß die Fürsten neben dem ständischen Verwaltungsapparat mit seinen geschichtlich bedingten, begrenzten Zuständigkeiten – Kassenwesen und untere Rechtsprechung – eigene Behörden errichteten und diese mit bisher unbekannten, nun aber dringlich werdenden Aufgaben betrauten. Policey war, wie erinnerlich, Sache der Landesherren, nicht der Stände. Zum fiskalpolitischen Vorsprung der Fürsten kam also der administrativ-politische hinzu. Er machte Gesetze im älteren Rechtssinne weithin überflüssig und damit den Zusammentritt der landständischen Plenarversammlungen. Diese wurden zunehmend durch Ausschüsse ersetzt, die den verbliebenen Teil ständischer Aufgaben selbständig und allerdings auch weithin unkontrolliert wahrnahmen.

Die sich entfaltende Staatstätigkeit drängte die Stände in eine politische Randlage. Wo wie z. B. in den welfischen, wittelsbachischen, habsburgischen oder hohenzollernschen Gebieten durch Eroberung oder Erbgang größere Gesamtstaaten entstanden, folgten dieser Entwicklung die Stände nicht und entfernten sich dadurch noch weiter von den politischen Zentren. Sie repräsentierten nunmehr die historischen Landesteile und – angesichts der Tendenz des Absolutismus zur Ausbildung einer allumfassenden Untertanengesellschaft – soziale Sonderinteressen. Die Stände gerieten dadurch zwangsläufig ins Visier der in landesherrlichen Diensten stehenden Juristen. Deren naturrechtliche Staatslehre verlegte den Herrschaftsvertrag aus dem konkreten Bereich der Landstände, die ihre Existenz tatsächlich oft auf spätmittelalterliche Herrschaftsverträge zurückführen konnten, in den imaginären Bereich der Gesellschaft. Die »gemeine Wohlfahrt« eines Landes zu befördern, war unter diesen Vorzeichen von den Ständen nicht mehr zu erwarten. Am Ende einer langen Debatte stand Hegels Feststellung, das ständische Steuerrecht sei nichts als »Privat-Plünderei« der Oberschicht, der es nur um ihre »Privilegien und Monopole« gehe[49], nicht aber um das allgemeine Wohl.

Wenn trotzdem das Renommée der ständischen Verfassung gerade in der zweiten Hälfte des 18. Jahrhunderts noch einmal gewaltig stieg, so war das vor allem der enormen Wirkung von Montesquieu zu danken, der im 1748 erschienenen *Esprit des Loix* die »gemäßigte«, das heißt freiheitliche Monarchie von der Existenz einer »Zwischengewalt« abhängig gemacht hat. Die Lehre von der Gewaltenteilung, die Montesquieu bekanntlich am mißverstandenen englischen Verfassungssystem entwickelt hatte, wertete in Deutschland auch die Landstände auf. Friedrich Karl v. Moser bezeichnete sie 1761 »als Wächter für die Freiheit des Volkes und als Vormünder für dessen Rechte«. Ebenso sein Vater Johann Jakob, der von ihnen 1769 als »Custodes Legum et Jurium Patriae, Vorstehere, und gleichsam Vormündere des Landes« sprach.[50] Sogar der Begriff der »Repräsentation« tauchte auf, und dieser eröffnete einen direkten Zugang zur westeuropäisch-nordamerikanischen Verfassungsdiskussion. Dank seiner rückten für viele Zeitgenossen die bislang des Egoismus geziehenen Stände zu den eigentlichen Garanten des Gemeinwohls auf und zogen dadurch in systematischer Hinsicht mit den Verfassungsgarantien des Jüngeren Naturrechts gleich – jedenfalls in der Theorie. In der Praxis waren sich die Fachleute der entscheidenden Mängel dieser Organe, ihres oligarchischen Charakters und ihrer eigennützigen Politik, durchaus bewußt. »Sie sind oder sollten wenigstens die wahren Repräsentanten desselben [d. h. des Volkes] sein, die dessen Bestes beim Regenten vertreten, dessen Gesinnungen studieren und diese dem Regenten erklären müssen, also Organ der Nation«, schrieb der Staatsrechtler Häberlin 1794.[51] Die bewegenden Vorgänge im Nachbarland sind in diese Aussage unzweideutig eingegangen, doch vermochte solche Kritik das Selbstverständnis der Landstände nicht zu ändern. Zur Reform aus eigener Kraft waren sie durchweg unfähig, selbst in Württemberg, wo sie immerhin gewählt wurden und wo von 1797 bis 1799 um die zeitgemäße Anpassung der Verfassung gerungen wurde. Die Teilnehmer stellten sich darunter jedoch in erster Linie die Beschneidung der fürstlichen Gewalt vor. Hier wie anderswo erhoben die Landstände damals zwar den Anspruch, »die Repräsentanten der Untertanen« zu sein[52] und erfuhren darin teilweise auch von Publizisten Zustimmung, aber an der Realität ständischer Interessenlagen hat sich nichts geändert. Das zeigte auch die Mitwirkung der preußischen Provinzialstände bei der Entstehung des *Allgemeinen Landrechts*, die den einseitigen Interessenstandpunkt des Adels noch einmal deutlich hervortreten ließ.

Es mag daher verwundern, daß die Stände trotz all ihrer Kompetenzverluste ihre Existenz selbst bewahren konnten. Die Gründe dafür sind indessen leicht erkennbar. Erstens war es sogar im Interesse des Fürstenstaats, daß sie nicht völlig verschwanden. Gelang ihm ihre Integration, so konnte er am kostspieligen und schwierigen Aufbau eines eigenen Behördensystems sparen. Die Stände nahmen dann ihre herkömmlichen Aufgaben nicht mehr aus eigenem Recht, sondern im Auftrag des Fürsten wahr und mußten sich kontrollieren lassen. Sie akzeptierten deshalb diese Entwicklung, weil ihre Mitglieder, die Privilegierten, auf diese Weise zu »Amt und Würden« kamen. Die nachgeborenen Söhne konnten im Militär- und Verwaltungsdienst versorgt werden, die Spannungen zwischen Fürst und Ständen verminderten sich. Tatsächlich hat der Adel davon Gebrauch gemacht, und zwar so massenhaft, daß sein sozialer Geltungsanspruch und politischer Einfluß bis zum Ende des Reiches anhaltend hoch blieb. Daher fehlt im Deutschland des späten 18. Jahrhunderts sowohl die Revolte der Privilegierten als auch der scharfe, einen funktionslos gewordenen Adel angreifende Antinobilitarismus, wie er die Aufklärung in anderen Ländern kennzeichnete.

Außer diesen politisch-pragmatischen Motiven gab es auch rechtliche Gründe für die Fortexistenz der Stände. Der Westfälische Friede hat nämlich die landständischen Verfassungen ausdrücklich garantiert und in diese Garantie sämtliche »Güter, Rechte und Privilegien« einbezogen (IPO Art. I, § 16; vgl. Art. XI, § 11). In der Folgezeit war es eine Auslegungsfrage, wie weit diese Rechte reichen sollten, aber ihre vollständige Beseitigung fand nirgendwo statt. Die obersten Reichsgerichte, namentlich der Reichshofrat, haben in Streitfällen meistens zugunsten der Stände entschieden und vor allem kleinere Territorien konnten sich Verstöße gegen solche Urteile nicht erlauben. Oft lenkten die Regierungen schon im Vorfeld ein, um eine Prozeßniederlage in Wien zu vermeiden; man wußte einfach, daß »nach der dort herrschenden Praxis sowie der Autorität des älteren Moser«[53] die Stände in der Regel Recht erhielten. So erlangte dank der Reichsjustiz Mosers apodiktische Forderung Gültigkeit, daß nämlich »Teutschland auf teutsch« regiert werde, was nichts anderes hieß, als daß hier der Trend zur absolutistischen Regierungsform, dieser neumodischen »Universal-Staats-Medizin«, wie er das nannte, seine Grenzen hatte.[54]

Die beiden wichtigsten Ständekonflikte des 18. Jahrhunderts wurden denn auch mit Unterstützung der Reichsinstanzen – und fallweise von Helfershelfern – zugunsten der betreffenden Landstände entschieden. 1755 unterzeichneten in Rostock Landstände und Herzog Christian Ludwig von Mecklenburg-Schwerin den »Landesgrundgesetzlichen Erbvergleich«; Adolf Friedrich von Mecklenburg-Strelitz trat wenig später bei. Diesem Vertrag waren jahrzehntelange Erbstreitigkeiten, vor allem aber der Versuch Herzog Karl Leopolds vorangegangen, mit russischer Hilfe ein absolutes Regiment einzuführen. Die Ritterschaft erreichte hiergegen beim Reichshofrat ein Mandat, auf das hin hannoversche und braunschweigische Truppen 1718 die Reichsexekution durchführten; den unnachgiebigen Herzog setzte der Reichshofrat schließlich 1728 sogar ab. Im Erbvergleich sicherte der neue Landesherr der Ritterschaft und den Städten »vollkommene Sicherheit und Erhaltung bey Ihren Rechten, Gerechtigkeiten, Freyheiten, Vorzügen, Gebräuchen und Gewohnheiten« zu.[55] Die Stände wirkten wie seit alters an der Gesetzgebung für ihren eigenen Herrschaftsbereich mit und leisteten zu den Ausgaben des Landesregiments »Hülfe« und »Beytrag«. Man einigte sich mithin auf ein Regierungssystem, das schon damals überholt war, jedenfalls in Staaten dieser Größenordnung; um so erstaunlicher, daß es bis 1918 erhalten blieb.

Seine zweite aufsehenerregende Niederlage erlitt der Absolutismus im »Württembergischen Erbvergleich« von 1770. Auch hier hatten die versuchte Einführung eines größeren stehenden Heeres und der damit verbundene Umbau der Staatsverfassung, also der klassische Streitfall jener Zeit, die Anlässe zum jahrelangen Konflikt gebildet. Ihren Sieg verdankte die Landschaft dem schweren taktischen Fehler Herzog Karl Eugens, am Siebenjährigen Krieg auf der Seite des Kaisers gegen die württembergischen Schutz-mächte Brandenburg-Preußen und England teilzunehmen. So konnten diese die Niederlage Österreichs ausnutzen und als Ver-teidiger des Reichsrechts und der altwürttembergischen Verfas-sung auftreten, nachdem der Landtag 1764 Klage beim Reichshof-rat eingereicht hatte. Sie setzten einen Kompromiß durch, in dem gegen finanzielle Zugeständnisse der Abgeordneten Karl Eugen für sich und seine Erben die Landschaft und deren Kleinen Aus-schuß wieder als »Corpus repraesentativum des gesammten lieben Vatterlandes« anerkannte und zusicherte, die »allgemeinen Lan-desgesetze und -ordnungen« nicht »ohne vorherige Communica-tion« mit der Landschaft abzuändern.[56]

Obgleich die Ergebnisse dieser spektakulären Auseinanderset-zungen nur die Rechte der Privilegierten festigten, in Mecklenburg vor allem der Ritterschaft, in Württemberg der kaum weniger ab-geschlossenen bürgerlichen Ehrbarkeit, erfreuten sie sich des na-hezu ungeteilten Beifalls der Gebildeten. Offensichtlich wurden aber weder Freiheit noch Gleichheit durch solche Verfahren geför-dert und natürlich erst recht nicht Partizipation. Was hat hat die-sen Beifall verursacht? Warum kam er von dieser Seite? Die Antwort auf diese Frage legt die politische Mentalität der aufge-klärten Eliten in wesentlichen Teilen bloß.

Politik und Moral bildeten in der deutschen Denktradition ge-meinsame Bestandteile der praktischen Philosophie. Politisches Verhalten mußte daher einer Prüfung durch die Gebote der Moral standhalten können; die deutsche Aufklärung war nicht bereit, Po-litik und Moral zu trennen. Die beiden Ständekonflikte hatten ge-rade dieses Erfordernis wieder deutlich hervorgekehrt. Für die Zeitgenossen war es weniger bedeutsam, ob Karl Leopold oder Karl Eugen einen zeitgemäßen Staatsumbau oder zukunftsträch-tige Vorhaben verwirklichen wollten, größere Bedeutung kam den dabei angewandten Methoden zu. Diese verstießen in beiden Fäl-len eindeutig gegen hergebrachtes Recht und entlarvten daher die beiden Fürsten als »Despoten«, d. h. als Herrscher, die nicht nur die Freiheit, sondern über die eigenmächtige Besteuerung auch das Eigentum ihrer Untertanen bedrohten. Seit Montesquieu war aber der Gedanke einer »gemäßigten Monarchie«, d. h. einer durch in-stitutionelle Vorkehrungen gegen Willkürakte gesicherten Herr-schaft noch einmal populär geworden. Die Aufklärer hatten es sich daher zur besonderen Pflicht gemacht, gegen unberechenbare Alleinherrscher einzuschreiten. Mit demselben Eifer suchten sie übrigens auch gegen Grund- und Gutsherren einzugreifen, die einseitig die Lasten ihrer bäuerlichen Untertanen erhöhten.

Das wichtigste Mittel, das dem aufgeklärten politischen Wächteramt neben der Presse zu Gebote stand, war die Justiz – in Staaten wie den mit Appellationsprivilegien ausgestatteten preußischen und österreichischen ausschließlich die einheimische, in allen übrigen Ländern auch die Reichsjustiz. Tatsächlich gelangen ihr im 18. Jahrhundert bemerkenswerte Erfolge, die aber von der Forschung noch nicht katalogisiert worden sind, so daß ein Überblick schwierig ist. Zu den spektakulärsten Fällen gehörte die Absetzung mehrerer Fürsten am Ende des 18. Jahrhunderts durch das Reichskammergericht, obgleich die Reichsstände in der Wahlkapitulation Karls VII. die bis dahin dem Kaiser in die Hand gegebenen Möglichkeiten erschwert, die lehnsrechtliche Acht sogar praktisch unmöglich gemacht hatten. Auch in einigen Reichsstädten intervenierte die Justiz erfolgreich und sorgte für die Wiederherstellung verfassungsmäßiger Zustände, so 1712 in Wetzlar und 1797 in Nürnberg.

Überhaupt verschaffte sich dieses Gericht wachsende öffentliche Aufmerksamkeit und Anerkennung, weil es sich zu einer der wichtigsten Institutionen aufschwang, die Recht und Ordnung sicherten. Voraussetzung dafür war eine Beschleunigung der Verfahren, die durch die neue Geschäftsordnung von 1775 und durch die Einstellung von 25 weiteren Beisitzern im Jahre 1782 erreicht wurde. Tatsächlich beendete es daraufhin eine Reihe von Prozessen, die teilweise seit 100 Jahren anhängig waren. Durch das immer häufiger gebrauchte Mittel des Mandatsprozesses, das in einem summarischen Verfahren dem Beklagten unter Strafandrohung ein bestimmtes Verhalten gebot, trug es der verbreiteten Forderung nach »schleuniger Justiz« Rechnung; meist sicherte das Gericht in solchen Fällen die klagende Partei in ihren Rechten gegen die Obrigkeit. Sein Prestige als Verfassungsorgan nahm dank der mittleren Position, die es bei der Bekämpfung der lokalen Unruhen im Westen des Reiches im Jahr 1789 einnahm, weiter zu, während das mit der Exekution des Urteils gegen die Lütticher Revolutionäre beauftragte Preußen sich in den Augen der Öffentlichkeit schweren Schaden zufügte, weil es seiner Weisung nicht nachkam und Reichsrecht brach. Hier wendete sich die Lage, wie geschildert, erst dank des Eingreifens österreichischer Truppen, aber politisch war es mittlerweile zu spät: Ende 1792 eroberten französische Truppen mit den Österreichischen Niederlanden auch das Fürstbistum Lüttich. Insgesamt aber hat die Reichsjustiz niemals zuvor annähernd so gut funktioniert wie in den letzten beiden Jahrzehnten ihres Bestehens; sie war auch niemals so populär wie damals.

Im Lichte dieser Vorgänge wird die Zustimmung der Gebildeten zu den Siegen der Stände einsichtig. Wer von heutigen Erfahrungen ausgeht und nach einer sozialen Dimension der Konflikte sucht, um daraus eine Erklärung abzuleiten, wird ohne Antwort bleiben. Eine solche Dimension gab es nicht, auch wenn sie bereits von manchem Zeitgenossen behauptet wurde.[57] Wichtig war statt dessen für die Aufklärer, daß hier ein Teil ihrer Wertordnung, die »gemäßigte Monarchie«, zwei klare Erfolge verbuchen konnte.

Das lenkt den Blick zurück auf die Rolle der Rechtspflege. Die Funktion des Reiches und seiner Institutionen bestand für die Mehrheit der Spätaufklärer darin, daß diese es vor allem waren, die diese Wertordnung schützten und verteidigten. Faktisch wurde dadurch natürlich nicht nur die politische, sondern auch die mit ihr verbundene gesellschaftliche Verfassung befestigt, theoretisch schien ihre Überwindung jedoch nicht ausgeschlossen, nur war sie eben an Konsens und Rechtsförmigkeit gebunden. Da über die Inhalte weitgehend Einigkeit herrschte, waren Verfahrensfragen das Entscheidende. In ihnen zeigte sich der Unterschied zwischen Reform und Revolution. Der Verrechtlichungsprozeß, von dem in diesem Kapitel schon so oft die Rede war, mündete in ein fast allgemein vertretenes Verfassungsideal: die absolute Monarchie sollte zum aufgeklärten Gesetzesstaat umgeformt werden. Das war der gemeinsame Nenner, auf den sich Reichspublizisten und Anhänger des Naturrechts in der zweiten Hälfte des 18. Jahrhunderts ungeachtet ihrer unterschiedlichen Denkansätze einigen konnten.

Als nach 1789 nicht nur in Frankreich die absolute Monarchie zusammenbrach, sondern auch die ungestüme Reformpolitik Josephs II. in einer Fülle von Revolten endete, als mit anderen Worten zu den altbekannten gänzlich neuartige Gefahren hinzukamen, stieg der Kurswert der Reichsverfassung noch höher. Nichts konnte besser als sie den gefährlichen Balanceakt zwischen Despotie und Revolution absichern. Das erklärt den gesteigerten Reichspatriotismus, die sich nun häufenden Beweise des Vertrauens. Der staatsrechtliche Charakter des Reiches war hier ebenso irrelevant wie seine Lähmung infolge des österreichisch-preußischen Dualismus. Was zählte, war nicht die Herrschaft der Macht, sondern des Rechts. Dieses Recht war traditional in seiner Begrifflichkeit und Verfahrensweise, aber das schloß geradezu revolutionäre Urteilssprüche keineswegs aus. So wurde man vom Reichskammergericht zwar mit einer empfindlichen Geldstrafe abgewiesen, wenn man im Namen der »unveräußerlichen Menschenrechte« klagte, aber wer für die Geltendmachung seiner »Untertanenrechte« prozessierte, konnte mit gerichtlichem Entgegenkommen rechnen.[58] Karl Friedrich Häberlin resümierte 1796 die Leistungen der »teutschen Reichsjustiz« als »die beste Lobrede auf die teutsche Constitution. Sie verdienen um so mehr allgemein bekanntgemacht zu werden, damit man daraus sieht, daß gottlob in Teutschland der Bauer nicht nur gegen seinen Gutsherren, sondern auch gegen seinen Fürsten, wenn dieser auch zugleich Gutsherr ist . . . Recht erhalten kann, wenn er Recht hat. Freilich sind manche Leute den Revolutions-Processen, wie sie Processe nennen, wodurch das liebe Herkommen . . . bestritten wird, gar nicht gewogen. Aber laßt uns doch Gott danken, daß wir Revolutions-Processe führen können . . . Solange wir dieses dürfen, werden wir in Teutschland vor französischen Revolutions-Processen, die an keine Formen gebunden sind, sicher sein und wir können mit Recht jeden Versuch einer eigenmächtigen Selbsthilfe als Versuch einer Empörung betrachten.«[59]

Zielte Häberlin mit seiner Bemerkung auf die Funktion der Reichsverfassung als Revolutionsprophylaxe, rief Christoph Martin Wieland im Jahre 1793, ebenfalls mit Blick auf Frankreich, nochmals ihren Charakter als Barriere gegen den »despotischen« Absolutismus ins Gedächtnis und betonte ihr der »Denk- und Pressefreiheit« und der »ausgebreitetern Aufklärung«[60] förderliches Wesen. Man benötige doch »nur die gemeinste Kenntniß der deutschen Reichs- und Kreisverfassung und der weltkundigen Reichsgrundgesetze, besonders des osnabrückischen Friedensinstruments und der jedesmahligen kaiserlichen Wahlkapitulazion, um zu wissen: daß das deutsche Reich aus einer großen Anzahl unmittelbarer Stände besteht, deren jeder, in seinem Innern von jedem andern unabhängig, die Reichsgesetze, oder Kaiser und Reich, nur in so fern diesen die Handhabung und Vollziehung je-

ner Gesetze obliegt, über sich hat; und daß von einem selbster-
wählten Oberhaupt an, bis zu Schultheiß, Meister, Rath und Gemeine der Reichsstadt Zell am Hammersbach (sic!), kein Regent
in Deutschland ist, dessen größere oder kleinere Machtgewalt
nicht durch Gesetze, Herkommen und auf viele andere Weise von
allen Seiten eingeschränkt wäre; und gegen welchen, sofern er sich
irgend eine widergesetzliche Handlung gegen das Eigenthum, die
Ehre oder die persönliche Freyheit des geringsten seiner Unterthanen erlaubt, die Reichsverfassung den Beleidigten nicht Schutz
und Remedur seiner Beschwerden verschaffte.«[61]

Die beiden Autoren, die hier zu Wort gekommen sind, standen
dem Reich keineswegs kritiklos gegenüber. Häberlins Vorbehalte
gegen die Stände wurden bereits zitiert, Wieland schränkte sein
Lob für das herrschende politische System mit dem Hinweis auf
»eine (höchst nöthige) Reformazion unserer Verfassung« ein.[62]
Beide wußten aber zwischen den vom Reich garantierten Institutionen einerseits und den dadurch eingeräumten Spielräumen andererseits zu unterscheiden. Die alten Stände waren gewiß nicht
dem Fortschritt verpflichtet, aber gerade ihre Altertümlichkeit
legte sie auf strikte Rechtswahrung fest und räumte dadurch auch
allen jenen große Bewegungsfreiheit ein, die die herrschenden Zustände mit den Mitteln des Rechts verändern wollten. Der politische Konsens sämtlicher Eliten, eine durch Gesetz und Herkommen eingeschränkte Fürstenherrschaft stelle die beste aller Regierungsformen dar, tat ein übriges. Und schließlich gewährleistete
die zur Reform unfähige Reichsverfassung die Existenz zahlreicher Kleinterritorien, die im machtpolitischen Wettbewerb niemals, um so mehr jedoch im geistigen mithalten konnten. Der in
Weimar lebende Wieland sprach aus Erfahrung, wenn er angesichts der Fortschritte der Aufklärung feststellte, daß »wir der
Vortheile an einer anerkannten Hauptstadt von Deutschland
(gern) ermangeln!«[63]

Auch diese Seite gilt es zu beachten, wenn vom Heiligen Römischen Reich die Rede ist. Sein mehrdimensionaler Charakter läßt
Urteile oft zur einseitigen Abrechnung werden. Aber die Statik der
Machtverhältnisse, die der preußisch-österreichische Dualismus
noch weiter befestigt hat, schloß Spielräume nicht aus, die mit Dynamik ausgefüllt werden konnten. Freilich war diese Dynamik
vergleichsweise gering, aber gering war auch der Wunsch der Menschen nach Veränderung. Daß »unterm Krummstab gut leben« sei,

wie man damals sagte, daß die Zufriedenheit der Regierten mit ihrer Herrschaft in den rückständigsten, nämlich den Geistlichen Territorien am größten war, gab den Eliten zu denken. Sie rieten daher von radikalen Neuerungen ab. Die wahren Revolutionäre saßen vor 1789 meist auf dem Thron.

VI. Wendepunkte

1. Nach dem Großen Krieg

Der Dreißigjährige Krieg stellt einen der Wendepunkte der deutschen Geschichte dar. In diesem Urteil sind sich, bei aller sonst gegensätzlichen Bewertung, die Historiker weitgehend einig. Umstritten ist, ob eher die wirtschaftlichen und sozialen Auswirkungen von ausschlaggebender Bedeutung waren oder die politischen, d. h., ob der Akzent eher auf eine Katastrophe hinsichtlich Bevölkerungsentwicklung und Konjunktur gelegt werden soll, oder ob eher das politische System die nachhaltigsten Veränderungen durchlaufen hat. Offen ist auch, inwiefern der Krieg sich in die allgemeine Geschichte des späten 16. und frühen 17. Jahrhunderts einordnet. Die einen erblicken in ihm einen vorwiegend auf Deutschland begrenzten Religions- und Ständekonflikt, der unter internationaler Beteiligung ausgefochten wurde, die anderen sehen ihn dagegen eingebettet in die gesamteuropäische »Krise des 17. Jahrhunderts«, die zwischen 1620 und 1630 die säkulare Prosperitätsphase des »langen 16. Jahrhunderts« beendete.

Wie immer lassen sich in der konkreten Forschung die hier skizzierten Entgegensetzungen so strikt nicht durchhalten. Es verbietet sich einfach, die Folgen des Dreißigjährigen Krieges bewerten zu wollen, ohne zu wissen, was sich bis 1618 abgespielt hat. Nur ist weder die Darstellung des 16. Jahrhunderts noch diejenige des Krieges selbst Aufgabe dieses Bandes. Zum Verständnis des Nachfolgenden werden aber hier in aller Knappheit die wichtigsten Tatbestände aufgeführt.

Politisch war das Reich noch keineswegs jenes »Monstrum«, von dem die Juristen schon wenige Jahrzehnte nach dem Krieg zu sprechen begannen. Man hat sich von diesem Begriff lange genug täuschen lassen. Der große Vorzug jenes »Monstrums« sollte es werden, konfessionelle Toleranz und innere Friedenswahrung institutionell abzusichern, wozu angesichts der komplizierten Machtverhältnisse offenbar eine Verfassungskonstruktion vonnöten war, die das Definitionsvermögen der damaligen Fachleute überstieg. Vor 1618 konnte dagegen das Reich sehr viel leichter in geläufige Verfassungskategorien eingeordnet werden, aber gerade deshalb war der Frieden gewissermaßen konstitutionell gefährdet gewesen. Die Protestanten ignorierten den 1555 festgelegten Religionsfrieden, indem sie den sogenannten geistlichen Vorbehalt unterliefen und auf diese Weise fast alle norddeutschen Bistümer an sich brachten. Als die Wittelsbacher und Habsburger eine weitere Verschiebung der Gewichte im Reich zuungunsten der katholischen Partei nicht länger bereit waren hinzunehmen und daher seit den siebziger Jahren des 16. Jahrhunderts die Gegenreformation politisch zu unterstützen begannen, steuerte der Konflikt auf eine militärische Entladung hin. Solange der Kaiser die Hoffnung auf eine Reichsreform zur Stärkung seiner Gewalt noch nicht aufgegeben hatte und solange deshalb Bekenntnisfragen nur zu leicht den Charakter von Verfassungskonflikten annahmen, war der Friede in Mitteleuropa nur schwach gesichert. Der Ausgang des Dreißigjährigen Krieges beseitigte zwei Konfliktherde von kaum zu überschätzender Bedeutung. Er entschied den Rollenkonflikt der Habsburger, die bis dahin zwischen einem regenerierten Kaisertum und einer absolutistisch gefestigten südostdeutschen Territorialpolitik geschwankt hatten, sich nun aber dem allgemeinen Trend des modernen Fürstenstaates anschlossen. Und er brachte die protestantische Partei zur Einsicht, daß die Erhaltung des *Status quo* im Reich ihren Interessen besser diente als eine von der illusionären Hoffnung auf ein protestantisches Kaisertum genährte Politik des Risikos. Das konfessionelle Zeitalter war zu Ende gegangen.

Schwieriger ist es, die gesellschaftliche und wirtschaftliche Entwicklung auf einen gemeinsamen Nenner zu bringen, und zwar schon deshalb, weil die Knappheit der meisten Güter nach wie vor das vorherrschende Merkmal war. Die Anbieter befanden sich deshalb von vornherein in einer ungleich günstigeren Lage als die Käufer. Eine gespaltene Entwicklung ist daher mehr als wahrscheinlich. Nur ein Gut war, wenn auch je nach Region und in unterschiedlicher Höhe, vor dem Kriege alles andere als knapp: die Arbeitskraft. Das enorme Bevölkerungswachstum, von dem an anderer Stelle genauer die Rede ist, ließ im 16. Jahrhundert nicht nur die Nachfrage nach Nahrungsmitteln und gewerblichen Gütern kontinuierlich ansteigen, es drückte zugleich auch auf die Löhne, die mit dieser Entwicklung nicht Schritt hielten, und – wichtiger noch angesichts der deutschen Sozialstruktur – es vermehrte die Zahl der Familien, deren Landausstattung zu gering war. Die Fachleute gelangten daher zu dem Schluß, daß einerseits

»im Verlauf des 16. Jahrhunderts das Sozialprodukt je Kopf der Bevölkerung in Deutschland« gesunken[1] und daß andererseits die Kossätenstelle im Osten bzw. der Kleinbauer in den Realteilungsgebieten »vollends mit dem 16. Jahrhundert zum Leitbild ländlicher Siedlung« geworden sei.[2] Für die Zukunft war das kein gutes Omen. Tatsächlich reichte z. B. im Herzogtum Württemberg vor dem Dreißigjährigen Krieg die Nahrungsmittelproduktion nicht entfernt mehr zur Ernährung der einheimischen Bevölkerung aus, und so waren erheblichen Teile der Einwohner permanent unterbeschäftigt und unterernährt. Einen Ausweg schienen dort vermehrte Weinausfuhr und der Aufbau eines gleichfalls exportorientierten Textilgewerbes zu bieten. Beides wurde entsprechend forciert.

Daß das kein Einzelfall war, belegen die allenthalben sich verdichtenden Handelsverbindungen. Fraglos nahm die internationale Arbeitsteilung zu, die von Europa ausgehende Weltwirtschaft erfuhr damals ihre Grundlegung. Ob aber die zunehmende wechselseitige ökonomische Abhängigkeit schon ausreicht, um der Zeit das Prädikat der Hochkonjunktur und wirtschaftlichen Blüte zu verleihen, scheint zumindest so lange problematisch, wie die sozialen Kosten dieser Entwicklung nicht in die Bewertung mit einbezogen werden. Im übrigen zeichnete sich für Mitteleuropa schon lange vor 1618 ab, daß das Gros der Warenströme sein Gebiet nicht länger berührte; die Achsen des Welthandels hatten sich an den Atlantik verschoben. War also schon der Aufschwung hierzulande nicht entfernt so dynamisch wie weiter westlich, schlug auch der Konjunkturumschwung der zwanziger und dreißiger Jahre nicht so drastisch zu Buche wie dort. Wo – wie etwa in der Grafschaft Ravensberg – der Krieg ein seltener Gast blieb, erhielt sich darum die landwirtschaftliche Leistungsfähigkeit in einem Maße, die angesichts des populären Bildes vom vollständigen Zusammenbruch Deutschlands überrascht; allen Störungen zum Trotz brachte dieses Territorium über Jahrzehnte hinweg eine jährliche Kontributionslast von mindestens 100000 Reichstalern auf, die so gut wie ausschließlich von den bäuerlichen Betrieben getragen wurde. Ähnliches gilt für ein anderes Gebiet: im oberbayerischen Benediktbeuren lassen die Akten der Hofübergaben und die hohen Mitgiften einen ungebrochenen Wohlstand auch in der Zeit des Krieges erkennen.

Wenn wir uns zunächst den demographischen Folgen des Dreißigjährigen Krieges zuwenden, muß sich der Betrachter als erstes vom Bild des 20. Jahrhunderts freimachen. Im Zeitalter der totalen Mobilisierung um des totalen Krieges willen ist zwischen militärischem System einerseits und Gesellschaft andererseits nicht mehr zu trennen. 300 Jahre früher muß und kann dagegen zwischen beiden Größen getrennt werden. Denn einerseits ist bekannt, daß die unmittelbaren Kriegsverluste verhältnismäßig gering waren, eine Folge von Truppenstärke und Militärtechnik, auf die hier nicht weiter einzugehen ist. Um so größer fiel auf der anderen Seite die Dimension der mittelbaren Folgen aus: Hungersnöte schwächten die Widerstandskräfte der Menschen, so daß Epidemien, allen voran die Pest, mit Abstand die meisten Menschen dahinrafften. Die Seuchen hatten um so leichteres Spiel, als die vielen Truppenbewegungen ihre Verbreitung begünstigten und sich die Städte im Verlauf der Feldzüge mit Flüchtlingen aus dem Umland oft bis an die Grenze ihrer Fassungskraft füllten. In diesen übervölkerten Agglomerationen, in denen es rasch am Nötigsten fehlte, hielt der Tod besonders leicht Einzug. Nicht nur Städter, auch die Bauern kamen meist in den Städten um, und wenngleich die Kernzone der Bevölkerungsverluste nicht auf die klassischen deutschen Städtelandschaften beschränkt blieb, zählen diese doch ausnahmslos zur Kernzone der Katastrophe.

Damit ist bereits angedeutet, daß die demographischen Wirkungen des Krieges je nach Gegend stark waren. Seit Günther Franz' bahnbrechender Zusammenstellung[3] unterscheidet die Forschung zwischen Schongebieten, Übergangsbereich und Zerstörungsgebieten. Zu den ersteren zählen Niederdeutschland und die Alpenländer, Sachsen markiert die Übergangszone, Ost-, Mittel- und Süddeutschland wurden vom Krieg am meisten betroffen. Ein Blick auf die Karte erweckt das Bild einer Kriegswalze, die über Deutschland von Nordosten nach Südwesten, von Pommern und Mecklenburg bis an die Grenze von Burgund gerollt ist und dabei eine breite Schneise der Zerstörung hinterlassen hat, von der namentlich Brandenburg, Thüringen, Hessen, die Mosellande, die Pfalz, Lothringen, das Elsaß, Baden und endlich Württemberg betroffen waren.

Das Herzogtum Preußen blieb, vom Schwedisch-Polnischen Krieg 1626/29 abgesehen, verschont, sein Getreidehandel mit Westeuropa via Königsberg florierte damals mehr denn je. Gleiches gilt für die an der Küste gelegenen Hansestädte Lübeck, Bremen und Emden und ganz besonders für Hamburg, das damals den Grund für seine spätere Vormachtstellung in Niederdeutschland legte. In Schleswig und Holstein fielen einige Städte dem Krieg zum Opfer; sie erholten sich von ihren Verlusten nur schwer, zum Teil überhaupt nicht mehr. In den Marschgebieten wurde dagegen sogar neues Land eingedeicht. Friesland und Oldenburg blieben ganz verschont, ebenso der größte Teil der welfischen Herzogtümer. Westfalen bietet dagegen ein uneinheitliches Bild: Viele Städte, namentlich im Süden, das Bistum Paderborn und Teile des Münsterlandes erlitten erhebliche Verluste, in der Grafschaft Lippe beliefen sie sich auf mehr als 25% der Bevölkerung; die übrigen Gebiete blieben weitgehend unbehelligt. Münster und Osnabrück, beide unzerstört, waren bekanntlich in der Lage, die Friedenskongresse zu beherbergen. Ähnliches gilt für die Rheinlande: Allgemein stellte der Krieg keinen entscheidenden Einschnitt in der Bevölkerungsentwicklung dar, doch müssen von dieser Aussage die dichter besiedelten und vor allem die in der Nähe der Heerstraßen gelegenen Gebiete ausgenommen werden. So rissen Krieg und Seuchen in Jülich und Berg ähnlich breite Lücken wie in Lippe, d. h., die Bevölkerung verminderte sich um mehr als ein Viertel, in manchen Städten und Ämtern jedoch um mehr als die Hälfte. Erschwerend kam hinzu, daß in diesen Gegenden der Krieg um 1650 keineswegs zu Ende ging, sondern sich um nicht weniger als 70 Jahre mit längeren oder kürzeren Unterbrechungen fortsetzte. Kurköln dagegen scheint insgesamt wenig betroffen gewesen zu sein, jedenfalls fehlen Berichte, die auf das Gegenteil schließen ließen.

An einer weitgehenden Zerstörung Nordost- und Mitteldeutschlands besteht dagegen kein Zweifel. Am genauesten sind wir über die Mark Brandenburg informiert, wo 1652 der Landesherr für die Kurmark eine genaue Untersuchung befahl, um geeignete Hilfsmaßnahmen einleiten zu können. Seit 1626 war dieses Gebiet Kriegsschauplatz für fast 15 Jahre gewesen. Wüstes Land, vielfach gänzlich unbesiedelte Dörfer, halbleere Städte, so sah die Bilanz noch Jahrzehnte nach dem Friedensschluß aus, vielerorts wurde der ursprüngliche Bevölkerungsstand erst im 18. Jahrhundert wieder erreicht. Doch war der Verlust der halben Einwohnerschaft des Kurfürstentums nicht nur ein quantitatives Problem, auch qualitativ wirkte dieser ungeheure Aderlaß. Einerseits geriet das bisherige Verhältnis zwischen großen und kleinen Städten aus dem

Gleichgewicht, die unbefestigten Landstädte erholten sich kaum wieder von ihren Verlusten, während Berlin und Cölln mit ihrer »nur« um ein Viertel gesunkenen Bevölkerung von nun ab die größte (Doppel-)Stadt des Landes waren. Auch die Beziehungen zwischen dem Gutsadel und seinen Bauern veränderten sich radikal infolge der Kriegsverluste, die hier ungleich höher ausfielen als in den landesherrlichen Ämtern.

In noch größerem Umfang wiederholte sich dieser Prozeß im benachbarten Mecklenburg, das überhaupt zu den am schwersten betroffenen Gebieten Deutschlands zählte, weil jahrelang um dieses strategisch damals so wichtige Land gekämpft wurde. Der schwedische General Banér schrieb 1636 an Kanzler Oxenstierna, alles sei »bis auf den Erdboden verheert«. 1640 soll nur noch jede dritte Bauernstelle besetzt gewesen sein, 1651 sogar nur noch jede achte; der Rest lag wüst und wartete auf Wiederbesetzung, meist jedoch waren die Höfe eingezogen und zum Herrenland geschlagen worden. Am Ende des Krieges hatte Mecklenburg nicht nur die Hälfte seiner Bevölkerung verloren, auch die Besitzverfassung hatte sich grundlegend verändert.

Mit Vorpommern erhielten die Schweden 1648 ein Land, in dem sich die Bevölkerung um 40% vermindert hatte. Schwerer als die Städte war das flache Land betroffen, Stralsund und Stettin hatten etwa ein Viertel ihrer Einwohner verloren. Ungleich gravierender stellte sich die Lage in Hinterpommern dar, das an Brandenburg gelangte. Im Bistum Kammin war bei Kriegsende gerade noch jede fünfte Hufe bewirtschaftet, noch schlechter sah es anderswo aus. Zwei Drittel der ländlichen Bevölkerung waren umgekommen oder geflohen, doch sah die Lage in den Städten nicht besser aus. Auch 100 Jahre später waren die Verluste noch keineswegs wieder wettgemacht.

Sachsens Neutralitätspolitik hatte dem Land ein ähnliches Schicksal erspart, doch verlor es trotzdem 10 bis 20 % seiner Bevölkerung. Ein erheblicher Teil davon ging auf das Konto der 1625/26 wütenden Pest, der Rest kam im Gefolge der ab 1631 stattfindenden Kriegshändel um. Allerdings gab es im einzelnen sehr erhebliche Unterschiede. In Mittelsachsen waren die Verluste mit Abstand am höchsten: im Dreieck, das von Leipzig, Chemnitz und Dresden gebildet wurde und wo wichtige Staßenverbindungen den Wasserweg der Elbe ergänzten, kamen möglicherweise zwei Drittel der Bevölkerung um oder sie waren geflohen. Über die Lausitz, die 1635 zu Kursachsen kam, sind wir dank der Landesexamination von 1647 besonders gut unterrichtet. Ein Drittel der Bauern-, Gärtner- und Häuslerstellen lag wüst, ein Viertel der Bevölkerung war umgekommen. Der Viehbestand hatte sogar um zwei Drittel abgenommen. Man kann ermessen, was dieser Verlust unter den damaligen Bedingungen bedeutet hat, wenn man weiß, welche vielfältige Rolle das Vieh spielte; die entgangene Fleischproduktion war noch am leichtesten zu verschmerzen, aber den Bauern fehlten Zugkraft und ganz besonders Dünger, eine ohnehin allzeit knappe Substanz. So blieben die Ernten und im folgenden die Aussaat noch auf Jahre hinaus gering, viel geringer als zur Ernährung der verminderten Bevölkerung nötig gewesen wäre.

Auch das benachbarte Schlesien hatte hart unter dem Kriege zu leiden, insbesondere das beiderseits der Oder gelegene Herzogtum Brieg und das Fürstentum Schweidnitz. Insgesamt verlor wohl rund ein Viertel der Bevölkerung das Leben. Besser war es um das jenseits des Erzgebirges liegende Böhmen bestellt, obwohl der Krieg dort begonnen hatte. Aber nach der verhängnisvollen Schlacht am Weißen Berge, die am 8. September 1620 stattgefunden hatte, verlagerte sich das Kriegstheater rasch in andere Teile des Reiches. Am nachhaltigsten wurde das Land darum nicht von den Feldzügen getroffen, sondern von der Massenemigration evangelischer Bevölkerungsteile. Sie half ihrerseits, die Verluste vor allem in Mitteldeutschland und Franken teilweise auszugleichen, im Hinblick auf technische Kompetenz und unternehmerisches Verhalten sogar mehr als das. Die Gesamtverluste summierten sich auf diese Weise auf 20%.

Schwer dezimiert war die thüringische Bevölkerung entlang der Heerstraßen, während die Residenzen auch der im Umland wohnenden Bevölkerung verhältnismäßig sicheren Schutz boten und von Epidemien verschont blieben. In der Thüringer Bucht, im Herzogtum Gotha, im oberen Saalfeld lagen viele Dörfer völlig verlassen; Naumburg verlor die Hälfte seiner Bevölkerung, Erfurt ein Drittel, in den Orten der Grafschaft Henneberg beliefen sich die Verluste im Jahre 1649 auf zwei Drittel, doch war ein erheblicher Teil davon nur temporärer Natur: die Menschen waren geflohen. 1659, als die Flüchtlinge wieder zurückgekehrt waren, zeigte sich, daß die Hälfte der Menschen und der Häuser dem Krieg zum Opfer gefallen war. In dem an der wichtigen Straße von Erfurt nach Nürnberg liegenden Coburg hatten Hunger und Pest fast zwei Drittel der Bewohner dahingerafft.

Auch die Landgrafschaft Hessen-Kassel hatte schwer gelitten, vor allem das Durchzugsgebiet zwischen Thüringer Wald und Hessischem Bergland. Marburg und Wetzlar verloren die Hälfte, Gießen ein Viertel ihrer Bevölkerung, die Stadt und Festung Friedberg gar drei Viertel. Eine Bestandsaufnahme des Jahres 1639, mitten in der schwersten Notzeit angelegt, zeigt auch hier, daß die Subsistenzmittel noch weit drastischer zurückgegangen waren: in den Kasseler Ämtern die Zahl der Pferde um mehr als die Hälfte, die der Kühe um sechs Siebtel, die der Schweine um neun Zehntel und endlich die der Schafe um fünf Sechzehntel. Städtisches Handwerk und Bauern waren also weit schwerer betroffen, als es die bloßen Menschenverluste andeuten. An ordentliches Wirtschaften war nicht mehr zu denken. Ein Amtmann stellte 1632 denn auch fest, die meisten seiner Leute lebten »im Gehölz«. Insgesamt verlor Oberhessen 40 bis 50% seiner Einwohner.

In Unterfranken beliefen sich die Verluste auf mehr als ein Drittel, aber diese Durchschnittszahl besagt wenig. In den an Thüringen angrenzenden Dörfern lebten vielfach kaum noch Menschen, im Mainfränkischen Gäuland lagen vier Fünftel der Höfe wüst. Auch der Odenwald zählt zu den Kernzonen der Zerstörung.

Im Rhein-Main-Gebiet grenzten überhaupt mehrere Territorien aneinander, die zu den am schwersten betroffenen zählten. Die Gegend um Darmstadt verlor mehr als die Hälfte ihrer Bevölkerung. Katastrophal aber war die Lage in der Kurpfalz, wo große Landstriche völlig verödet waren und der Krieg nicht einmal 1648 endete, sondern noch jahrzehntelang weiterging. Am schlimmsten war die Lage unmittelbar links und rechts des Rheins. Der bayerische General van Werth berichtete 1637, die hier gelegenen Dörfer und Ämter seien »meistenteils unbewohnet und gleichsamb eine Wustenei«.[4] Selbst Mannheim war viele Jahre ohne Einwohner, in Kaiserslautern lebten nur noch 200 Menschen, ein Bruchteil der einstigen Zahl, in der Residenzstadt Zweibrücken waren es 141 Familien. Die Dörfer waren mehr oder weniger entvölkert; weiter westlich im Amt Blieskastel waren sogar 90% der Bevölkerung gestorben oder geflohen. Auch im Hunsrück standen massenweise Höfe verlassen, Felder lagen brach, der Wald ergriff von ihnen Besitz. Kreuznach und Alzey hatten die Hälfte ihrer Einwohnerschaft eingebüßt, und auch in Mainz war nach Brandschatzungen, Besatzung, Abwanderung, Hungersnöten und Pest zwischen 1632 und 1637 die Bevölkerung auf die Hälfte zurückgegangen; außer achttausend Bürgern waren nicht weniger als siebentausend schwedische Besatzungssoldaten allein im Katastrophenjahr 1635 ums Leben gekommen. Auch Saar und Mosel waren nicht verschont geblieben. 1640 berichtete der Trierer Kurfürst nach Rom, die Hälfte seiner Untertanen sei ein Opfer des Krieges geworden. Tatsächlich waren im Amt Saarburg achtzehn Dörfer völlig verödet, nur noch jeder dritte Hof wurde bewirtschaftet. Die Stadt Trier verlor nach einer Erhebung von 1648/49 annähernd 40% ihrer Einwohner und geriet nicht zuletzt durch diesen Krieg in eine anhaltende strukturelle Krise, von der sie sich erst nach der Jahrhundertwende zu erholen begann.

Schwer betroffen war auch das Elsaß, wo aus verschiedenen Herrschaftsbezirken enorme Verluste gemeldet wurden. Im Oberelsaß wurden sogar 20 verlassene Dörfer niemals wieder besiedelt. Das vergleichsweise sichere Straßburg verlor dagegen zwar ein Sechstel seiner Einwohnerschaft, bot aber nach wie vor ausreichend Annehmlichkeiten, um z. B. dem geflohenen württembergischen Hof jahrelang vergnügliche Unterkunft zu gewähren. Für das gesamte Elsaß rechnet man mit einem durchschnittlichen Bevölkerungsschwund um knapp die Hälfte. Nur wenig geringer fiel der Rückgang in Lothringen aus. Er genügte jedoch, daß in diesem ohnedies eher dünn besiedelten Gebiet ungefähr 40 Ortschaften an Seille, Meurthe und Mosel für immer erloschen; eine weit größere Zahl war auf längere Zeit unbewohnt.

Wie das Elsaß wurden auch die gegenüberliegenden Gebiete am Oberrhein vom Krieg stark mitgenommen, insbesondere die Gegenden um die beiden wichtigen Flußübergänge bei Breisach und Neuenburg. In der Grafschaft Badenweiler war auch längere Zeit nach dem Kriege nur die Hälfte der Bauernstellen besetzt, in der Markgrafschaft Hochberg waren es noch 1683 immerhin zwei Drittel. Gleichermaßen unter Krieg, Hunger und Pest hatte auch die Ortenau und das wichtige Kinzigtal zu leiden, durch das die seit Jahrhunderten wichtigste Heerstraße durch den Schwarzwald führte. Dieser selbst kam dagegen vergleichsweise glimpflich davon. Statt dessen zählten der Kraichgau und die Rheinniederung zwischen Karlsruhe und Speyer zum Zerstörungsgebiet. Hier verminderte sich die Bevölkerung in den Kriegsjahren durchweg um zwei Drittel. Die alsbald einsetzenden Réunionskriege Ludwigs XIV. haben auch in der Folgezeit diese Gebiete nicht zur Ruhe kommen lassen.

Mit am schwersten von allen deutschen Territorien hatte das Herzogtum Württemberg zu leiden, das 1634/35 weitgehend verwüstet wurde. Hunger, Seuchen und Massenflucht ließen die Bevölkerung nach diesem Katastrophenjahr auf 25% sinken, und selbst 1652 betrug der Rückgang immer noch 52%, bei allerdings erheblichen Unterschieden im einzelnen; gebietsweise erreichten die Verluste auf dem Lande mehr als 75%. Erschwerend kam hinzu, daß der Landesherr für eineinhalb Jahrzehnte teils gänzlich vertrieben war, teils nur begrenzte Vollmachten besaß. Brandschatzung, Kontributionen und sonstige Aufwendungen für den Krieg betrugen knapp 60 Millionen Gulden; mit diesem Geld hätte man vor 1618 ungefähr sechs Millionen Menschen, das Achtzehnfache der Einwohnerschaft dieses Landes, ein Jahr lang mit Getreide versorgen können.

Die oberschwäbischen Reichsstädte erholten sich von den Schäden erst wieder im 18., Ulm sogar erst im 19. Jahrhundert. Das heißt nichts anderes, als daß sie ihre alte Bedeutung, die freilich schon vor dem Krieg im Schwinden war, nie wieder erreicht haben. Im ostschwäbischen Ries wurde Nördlingen, im Jahr 1634 Schauplatz einer der kriegsentscheidenden Schlachten, regelrecht entvölkert; es erreichte erst im 20. Jahrhundert wieder seine alte Einwohnerzahl. Dagegen blieb das Nürnberger Gebiet verschont, im Windschatten der militärischen Wechselfälle erlebte sein Gewerbe sogar eine neue Blütezeit. Durch die benachbarte Oberpfalz, die 1628 an Bayern gelangt war, führten dagegen wichtige Heerstraßen. Sie erlebte ein ähnliches Schicksal wie jenseits der Wälder Böhmen: Gegenreformation, Elitenwechsel, Emigration und die üblichen Zerstörungen. Die Steuereinnahmen sanken um mehr als die Hälfte. In Altbayern beschränkten sich die großen Schäden vor allem auf das Gebiet um die Landeshauptstadt, bis kurz vor Kriegsende nahezu der gesamte Kurstaat heimgesucht wurde; ihm folgte wie gewöhnlich die Pest. 30 bis 40% der Bewohner fielen beidem zum Opfer.

Die benachbarten habsburgischen Erblande und das Erzbistum Salzburg blieben dagegen vom Krieg verschont, jedoch verließen mehrere zehntausend Glaubensflüchtlinge die Heimat, vor allem zwischen 1647 und 1653. Hier handelt es sich jedoch um eine andere Art von Bevölkerungsbewegung, auf die gleich noch zurückzukommen ist.

Die Bilanz der Gesamtverluste fällt gegenüber früheren Schätzungen vorsichtiger aus, aber sie zeigt nach wie vor einen tiefen Einschnitt an. Als Obergrenze gilt seit Franz' minutiöser Zusammenstellung, daß die Landbevölkerung um ca. 40%, die Stadtbevölkerung hingegen um 33% abgenommen hat. Aber dies sind eben Durchschnittsziffern, die nur für Globalabschätzungen etwas zu sagen vermögen. Denn in den Alpenländern nahm die Bevölkerung im gewohnten Maße zu, in Nordwestdeutschland stockte der Zuwachs, in den Hauptzerstörungsgebieten nahm sie dagegen um 60 bis 70% ab, in den Übergangszonen immer noch um 30 bis 50%.

Die Folgen können kaum überschätzt werden. Auch wenn eine Geschichte der kollektiven Mentalität jenes Zeitalters noch aussteht, zeigt doch schon ein bloßer Blick in Grimmelshausens großartigen *Simplizissimus*, was es bedeutet hat, wenn herkömmliche Verhaltensweisen sinnlos wurden und tradierte Wertsysteme deshalb zusammenbrachen. Gewiß, das war eine zeitweilige Erscheinung, die alsbald wieder den mehr oder weniger »normalen« Lebensweisen wich. Aber gerade die, wenn auch vorübergehende, so doch massenhafte räumliche, soziale und auch moralische Entwurzelung war eine Tatsache von erheblicher Bedeutung.

Naturgemäß forderte das die Obrigkeit heraus, der dabei zustatten kam, daß sie den Krieg im ganzen unbeschadet überstanden hatte. Ihre Antwort bestand in vermehrten Eingriffen und verschärfter Kontrolle der Untertanen. Ein neuer, mächtiger Schub sozialer Disziplinierung setzte ein und erfaßte das religiöse Leben ebenso wie die gesellschaftlichen Ordnungsentwürfe und drückte so dem Alltag mehr als zuvor den Stempel normierten Verhaltens auf. Wer im barocken Stil nur Formenfülle und Farbenspiel erblickt, der verkennt die – modern gesprochen – Entlastungsfunktionen solcher Erscheinungen, hinter deren Fassade ein Programm vertreten wurde, das Nüchternheit, Strenge, Gehorsam und Unterordnung von jedermann verlangte. Eine vormals undenkbare Fülle von »Ordnungen« vor allem der Territorialfürsten, aber auch der Städte und immer noch des Reiches suchte das Leben zu reglementieren. Ihnen allen lag eine elementare Erfahrung zugrunde, die zwar nicht neu war, die aber der Große Krieg außerordentlich vertieft hatte und die in so offensichtlichem Kontrast zum raschen Auf und Ab der Sphäre des Politischen stand: die Knappheit aller materiellen Güter.

Wie wurde diese Katastrophe, und um nichts Geringeres handelte es sich, überwunden? Da bisher vor allem von der Bevölkerung die Rede war, deren Entwicklung damals in viel elementarerer Weise als heutzutage über Wohl und Wehe auch der Wirtschaft entschieden hat, wollen wir zunächst bei dieser Frage bleiben. Leider liegt jedoch generell nicht viel aussagekräftiges Material vor und schon gar nicht für ländliche Gebiete. Erhaltene Kirchenbücher, die hinter 1648 zurückreichen, zählen hierzulande zu den Seltenheiten. Eines der wenigen erhaltenen und glücklicherweise auch ausgewerteten Exempel ist Leihgestern, ein damals mittelgroßes Dorf südlich von Gießen, das vom Krieg wie die gesamte Gegend schwer in Mitleidenschaft gezogen worden war.[5] Über die absolute Zahl der Einwohner wissen wir nichts, aber über Geburt und Tod sind wir vollständig unterrichtet. Unmittelbar nach der schlimmen Zeit von 1638/39 wurden viele Kinder geboren und das, obwohl wahrscheinlich nicht wenige Erwachsene umgekommen waren: 1639 zehn, 1640 gar 24, 1641 wieder zehn, 1642 dann 23, im folgenden Jahr 15 usw. Noch immer starben jedoch in Leihgestern überdurchschnittlich viele Personen, 14 im Jahr 1640, 20 im darauffolgenden, aber nur noch eine 1643. Auf die 34 Todesfälle der Jahre 1640/41 reagierten Dorfbewohner mit dreizehn Heiraten und 33 Geburten in den folgenden beiden Jahren. Während dann die Zahl der Hochzeiten stark zurückging, blieb die Geburtlichkeit, wie oben aufgezählt, ausgesprochen hoch.

Wir begegnen hier einem nachgerade klassischen Fall der vorindustriellen Bevölkerungsweise, die geprägt war von einer phasenverschobenen Korrespondenz zwischen Tod, Heirat und Geburt. Immer wenn besonders viele Menschen starben, schnellte wenig später die Zahl der Eheschließungen nach oben; ein Babyboom schloß sich an. Die Voraussetzung für diese Korrespondenzen war allerdings, daß die Sterblichkeitswelle wesentlich durch Erwachsenenmortalität bedingt war, denn nur dadurch wurden Stellen frei bzw. bestehende Ehen aufgelöst. Arbeitsbelastung und Daseinsvorsorge waren jedoch auf vollständige Familien ausgelegt. Starb einer der Ehepartner, war Wiederverheiratung die Regel. Ohne daß wir Näheres wissen, können wir anhand der Zahlen feststellen: In Leihgestern waren es nicht die Pocken, die die Übersterblichkeit verursacht haben, denn diesen fielen vor allem Säuglinge und Kinder zum Opfer, sondern Krieg, Hunger und Seuchen haben den Ort heimgesucht, Erwachsene waren offenbar in großer

Zahl umgekommen, und die Überlebenden gingen neue Ehen ein, um Haus und Hof durchzubringen. Aber nicht nur das. Offenbar, und das ist ja nicht weiter verwunderlich, waren auch Paare, ja ganze Familien ausgelöscht worden, die Hofstätten standen leer; es gab jedoch noch Erben. Auch diese mußten natürlich heiraten, um wirtschaften zu können. So erklärt sich, daß für ein paar Jahre die Bräute bei ihrer ersten Heirat deutlich jünger waren als vor dieser Zeit und später. In Gießen, für das entsprechende Zahlen vorliegen, gab es zwischen 1641 und 1650 vier Frauen, die vor ihrem zwanzigsten Lebensjahr zusammen bereits sieben Kinder geboren hatten, ein Jahrzehnt später waren es sogar doppelt so viele mit zusammen neun Kindern; danach gingen diese Fälle deutlich zurück, um wieder der in Mitteleuropa althergebrachten Form der Geburtenregelung Platz zu machen, der vergleichsweise späten Heirat.

Vor einem möglichen Fehlurteil muß jedoch gewarnt werden. Mehr Ehen hatten zwar mehr Kinder zur Folge, aber die einzelnen Ehepaare brachten nicht signifikant mehr Kinder zur Welt als sonst auch, es sei denn, sie hätten wesentlich früher geheiratet als bisher üblich. In Leihgestern waren es durchschnittlich knapp vier Geburten pro Ehe, in den Nachbarorten etwas mehr. Die hohe Kindersterblichkeit ging wegen der nach Kriegsende deutlich besseren Ernährungslage zwar zurück, trotzdem war sie noch so groß, daß sie zusammen mit den anderen Todesfällen nur knappe Überschüsse zuließ. In Leihgestern betrug 1639 der natürliche Bevölkerungsgewinn sechs Personen, im folgenden Jahr sogar zehn, aber 1641 gab es schon wieder zehn Beerdigungen mehr als Geburten, der Überschuß vom Vorjahr war aufgezehrt. 1643 dann allerdings der größte Schub in der Geschichte jenes Dorfes bis zum 19. Jahrhundert: nachdem 1642 nicht weniger als zehn neue Familien gegründet worden waren, kamen insgesamt 23 Kinder zur Welt, aber nur eine Person starb. In der Folgezeit pendelten sich die Überschüsse auf Werte zwischen vier und sieben Personen ein, immer noch ein beachtliches Wachstum und vor allem ein viel stärkeres, anhaltenderes Wachstum als zuvor. Reichte es aber aus, um die Verluste wieder zu ersetzen? Wir werden darauf zurückkommen.

Schauen wir uns zunächst in einigen Städten um. Schwäbisch Hall litt im Krieg schwer unter Truppendurchzügen und Seuchen.[6] Die Haushaltungen, deren Zahl sich 1618 auf 1179 belaufen hatte, gingen bis 1652 auf 979 zurück, in der Folge sogar noch weiter;

noch stärker verminderte sich allerdings die sog. »Rott«, d. h. diejenige Bürgerschaft, die kein eigenes Haus besaß, sondern zur Miete wohnte: sie halbierte sich glatt. Hier wird bereits erkennbar, daß Krieg und Not nicht jedermann in gleicher Weise getroffen hatten. Da in Hall die steuerbaren Vermögen bekannt sind, kann man die Verschiebungen innerhalb der städtischen Gesellschaft noch genauer nachzeichnen. Der Anteil der reichen Bürger halbierte sich im genannten Zeitraum von 1 auf 0,5 %, ihr Vermögensanteil reduzierte sich sogar um knapp zwei Drittel auf 6,5 %. Die Masse der selbständigen Handwerker nahm dagegen – wenn auch nur wenig – zu; 1652 verfügten diese über 55 % der Vermögenswerte, in die sich 30 % der Bürger teilten. Die größte Bewegung gab es bei der städtischen Armut; betrug 1618 ihr Anteil noch 42 % mit knapp 2 % der Vermögen, blieben davon mit 16,4 % weniger als die Hälfte übrig, deren Vermögen auf nahezu ein Achtel zusammenschmolz und nur noch ein Viertel Prozent der gesamten steuerbaren Werte ausmachte.

Es wäre jedoch vollkommen irrig, wollte man annehmen, die Armen hätten im Krieg ihr Los verbessern können und seien in den Mittelstand aufgerückt. Diese marginalisierte Bevölkerung hatte im Gegenteil unter steigenden Preisen, Hunger und Krankheiten doppelt und dreifach zu leiden und starb daher überproportional. Der Krieg besorgte somit eine soziale Auslese, der vor allem die Armen und Schwachen, die Alten und Kranken zum Opfer fielen und hinterließ gewissermaßen eine bereinigte städtische Gesellschaft, in der wieder jeder Haushalt seinen Besitz hatte, während Mieter und Hausgenossen wie vor etlichen Jahrhunderten zu den Ausnahmeerscheinungen zählten. Noch 1750, als es beinahe wieder ebensoviele Familien gab wie 1618, nämlich 1063, war die »Rott« noch deutlich geringer an Zahl als hundertzwanzig Jahre früher. Ihre Existenzmöglichkeiten blieben offenbar dauerhaft begrenzt, und erst nach der Mitte des 18. Jahrhunderts, als das Heimgewerbe auch Schwäbisch Franken erfaßte und eine Vielzahl neuer Einkommenschancen bot, expandierte die Zahl der unbehausten Bürger rasch; sie hat sich bis 1800 mehr als verdoppelt.

Etwas anders liegen die Dinge in Mainz, das vom Krieg wohl ungleich schwerer heimgesucht worden ist.[7] Von 1632 bis 1635 fielen der altbekannten Trias von Krieg, Not und Krankheit etwa 8000 Menschen zum Opfer, 1644 lebten einschließlich der Flüchtlinge mit 6000 bis 6500 Einwohnern nur noch halb so viele Personen in der Stadt (Adel, Klerus und Besatzung nicht mitgerechnet) wie in der Vorkriegszeit. Auf diese demographische Krise, der vor allem Säuglinge und Erwachsene zum Opfer gefallen waren – unter letzteren nicht weniger als 60% der Zunftmitglieder –, reagierte die Bevölkerung in der schon bekannten Weise: Es gab mehr Heiraten (insbesondere von Verwitweten, die bis 1650 vermutlich mehr als ein Drittel aller Ehen ausgemacht haben), die Bräute wurden jünger, und folglich stieg die Zahl der Kinder pro Ehe. Zwischen 1630 und 1660 lag das Heiratsalter der Frauen mit 21 Jahren um mehr als eineinhalb Jahre unter dem langjährigen Durchschnitt, und pro Ehe kamen beinahe neun Kinder zur Welt, eine für städtische Verhältnisse ungewöhnlich hohe Zahl. Niemals gab es mehr Taufen in Mainz als im fünften Jahrzehnt des 17. Jahrhunderts.

Das reichte jedoch bei weitem nicht aus, um die Verluste wettzumachen, zumal 1666 die Beulenpest in Mainz wütete und ca. 2300 Menschen dahinraffte, während dem Pfälzischen Erbfolgekrieg 1688/89 noch einmal 1500 zum Opfer fielen. Noch am Ende des Jahrhunderts waren darum die materiellen und demographischen Schäden der jüngeren Vergangenheit kaum verheilt.

Wenn trotzdem die Mainzer Bevölkerung rasch, ja überdurchschnittlich wuchs, war dies der Anziehungskraft zu danken, die von dieser kirchlichen Metropole ausging, der wichtigsten in Deutschland. Die Stadt galt beim katholischen Adel dank der vergleichsweise vielen und gut dotierten Pfründen als wahres »Eldorado«, und dieser Umstand schuf Arbeitsplätze – mehr, als die Einheimischen besetzen konnten. Jahr für Jahr kamen daher Zuwanderer in die Residenz und ließen sich hier dauerhaft nieder, und zwar in einer Menge, die das normale Maß jener Zeit deutlich überschritt. Auch die Distanzen, die dabei überwunden wurden, waren ungewöhnlich: Schon bei den Frauen kam, soweit dies feststellbar ist, ungefähr je ein Viertel aus Entfernungen zwischen 31 und 50 bzw. zwischen 50 und 100 Kilometern, während sonst die unmittelbare Umgebung vorzuherrschen pflegte; von den Männern jedoch kamen nahezu ebensoviele aus Orten, die über 100, ja über 250 Kilometer entfernt lagen. Noch 1778, als es längst nicht mehr um die Beseitigung der Kriegsfolgen ging, stammten 43% der Bürger aus Mainz, 57% dagegen aus anderen Orten. Es war besonders Johann Philipp von Schönborn, von 1647 bis 1673 auf dem Mainzer Erzstuhl, der Zuwanderungswilligen weitreichende Vergünstigungen wie Steuerfreiheit, Zuweisung von Bauplätzen und Erleichterung bei der Bürgeraufnahme gewährte und sogar ledige Nichtkatholiken gelegentlich akzeptierte. Seine Nachfolger setzten diese Peuplierungspolitik fort. So wurden von 1641 bis 1650 194 Fremde aufgeschworen, im folgenden Jahrzehnt bereits mehr als doppelt so viele, nämlich 386, sodann 521, 494, 610 und im letzten Dezennium schließlich 524. Im neuen Jahrhundert waren dann die Zahlen lange Zeit rückläufig.

Mainz bietet also im Gegensatz zu Schwäbisch Hall ein ganz anderes Muster dafür, wie die Schäden des Großen Krieges aufgefangen und überwunden wurden: nicht, weil die Verluste größer waren, sondern weil es einen anderen Typus repräsentierte, nämlich den der Residenzstadt. Residenzstädte kamen in Deutschland überhaupt erst so richtig in dieser Zeit auf, auch wo es sich nicht um Neugründungen handelte, denn die Höfe entwickelten jetzt ausreichend Eigendynamik, um die Entwicklung der Stadt zu prägen. Berlin ist dafür ein vorzügliches Beispiel.[8]

Von Kampfhandlungen war die Hauptstadt Brandenburgs zwar verschont geblieben, aber 1637 wütete die Pest, 1638 brandschatzten sie die Schweden und auch der Kurfürst, der sich ins ferne Königsberg geflüchtet hatte, stellte außerordentlich hohe finanzielle Ansprüche. Bei Kriegsende war daher rund ein Viertel der nur 1209 Wohnstätten verlassen, aber damit war die Stadt immer noch sehr viel besser gestellt als das verwüstete Umland. 30 Jahre benötigte sie, bis sie sich von den Folgen erholt hatte, und der Landesherr spielte dabei eine widersprüchliche Rolle: Einerseits förderte er seine Residenz nach Kräften, andererseits behinderte er deren Erholung und Wachstum durch seine militärischen Ambitionen, die Krieg und Teuerung auch in der Folge noch mehrfach ins Land brachten.

Kurfürst Friedrich Wilhelm mit dem Beinamen »der Große« kehrte von Königsberg mit dem Ziel zurück, Berlin zur wirklichen Zentrale seines Staates zu machen. 1646 begann die Wiederherstellung des Schlosses, 1658 folgte der Festungsbau, der vor allem den westlich der Spree gelegenen Stadtteilen zugute kam bzw. diese, von der Keimzelle Cölln abgesehen, recht eigentlich erst begründete. In nur einer Generation nahm die Bevölkerung um fast 7000 Menschen oder gut 70% zu: 1680 hatte Berlin einschließlich der Garnison 16500 Einwohner. Dieses ungewöhnliche Wachstum speiste sich aus zwei ganz verschiedenen Quellen. Die eine war der Geburtenüberschuß, der vor allem unmittelbar nach Kriegsende ein enormes Ausmaß erreichte, weil sehr viele neue Ehen geschlossen wurden. In den meisten dieser Ehen kamen jedoch nur vier Kinder zur Welt, eine für damalige Zeiten geringe Zahl. Sie erklärt sich aus dem Umstand, daß eine große Zahl von Hinterbliebenen einander heirateten und daß die Fruchtbarkeit dieser Zweit- oder gar Drittehen bald an ihre natürliche Grenze kam. Der hohe Geburtenüberschuß war also von kurzer Dauer. Er kam auch nicht der ganzen Stadt zugute, sondern vornehmlich Alt-Berlin. Die Cöllner Seite, auf der die eigentliche Residenz lag, speiste ihren Zuwachs dagegen zu zwei Dritteln aus Zuwanderern. Das war kein Zufall, verlangte doch der Herrscher, daß Neuankömmlingen verbilligtes Bauland gegeben und andere Vorzüge gestattet würden.

Der Aufschwung der Hauptstadt vollzog sich jedoch nicht ohne Schwierigkeiten und Hemmungen. Um die Mitte der fünfziger Jahre lief die erste Bevölkerungswelle aus. Der Schwedisch-Polnische Krieg erhöhte nicht nur die Abgabenlast, sondern besonders die Nahrungsmittelpreise; der Hunger führte 1658 bis 1661 zur Krise, ja zur Übersterblichkeit, von der sich die Bevölkerung nur langsam erholte. Das gute Jahrfünft von 1669 bis 1674 war nur ein Zwischenspiel, denn 1675/76 sorgte der Krieg, ohne Berlin zu berühren, erneut für Brotmangel, Hunger und Massensterben. Stadterweiterungen und Schloßbau lösten 1685 einen neuen Wachstumsschub aus. Der Kurfürst nahm französische Hugenotten auf, von denen sich bis 1700 ungefähr 5500 in Berlin niederließen; dies stellte nicht weniger als ein Sechstel der gesamten Einwohnerschaft dar. Nicht nur sie wurden aus der Staatskasse großzügig unterstützt, alle Zuwanderer, die sich fest ansiedeln wollten, erhielten 15 bis 30% der Baukosten ersetzt. Es waren offenbar sehr viele junge Menschen unter ihnen, denn die Geburtenziffer stieg unablässig. So wuchs die Hauptstadt nicht nur überhaupt, sondern sie wuchs immer schneller: von 1650 bis 1680 betrug die jährliche Wachstumsrate 1,67%, von da an bis 1710 aber nicht weniger als 4,01%, mehr als jede andere deutsche Stadt damals. 1709 hatte die Stadt knapp 50000 Einwohner, weitere 5000 Personen zählten zu Garnison und Hof. Der Zuwachs kam zu gleichen Teilen aus Geburtenüberschuß und Zuwanderung, und so kann man mit einigem Recht behaupten, daß mindestens die Hälfte der Berliner Dynamik der Obrigkeit zu danken war. 1648 hatte in der Tat »die Stunde der Regierungen« (Vierhaus) geschlagen.

Noch deutlicher als im Falle der Städte zeigt sich dieser Sachverhalt, wenn man ganze Territorien vergleicht. In den entvölkerten Kerngebieten wuchs zwar in den ersten 20 bis 30 Jahren nach dem Kriege die Bevölkerung auf natürliche Weise jährlich um 15 bis 18‰ an, doch genügte dieser Überschuß bei weitem nicht, um alle Lücken auszufüllen. Hier konnte nur Einwanderung helfen, aber diese war an eine Reihe von Voraussetzungen gebunden: religiöse Toleranz, weitreichende Beziehungen, Geld. Nicht jeder der Herren verfügte über alle drei Bedingungen zugleich, so daß sich die Einwanderer ungleichmäßig über das Reich verteilten. Man kann bei ihnen deutlich zwei Personengruppen voneinander unterscheiden. Da sind zum einen diejenigen, die aus der näheren oder weiteren Umgebung stammten. Sie kamen aus eigenem Antrieb, und zwar oft als Einzelpersonen, warteten nicht auf den Ruf eines Dorfherren und suchten im Ortswechsel zugleich sozialen Aufstieg, wie bescheiden er auch immer ausfallen mochte. Entlaufene Knechte, abgedankte Soldaten, weichende Erben, Entwurzelte stellten das Gros dieser Gruppe. Sie waren durchweg arm, viele hatten sich im Krieg an ein unstetes Leben gewöhnt und wurden darum auch oft nicht gleich auf der ersten Stelle seßhaft. Die Dokumente sind voll von Klagen der Herren über den häufigen Wechsel auf den Höfen. Man darf aber nicht vergessen, wie gering die Starthilfe in den allermeisten Fällen war und wie verwildert manche Flur, die zwei, drei Jahrzehnte und länger wüst gelegen war.

Der andere Teil der Neusiedler setzte sich dank der obrigkeitlichen Aktivität in Marsch; über ihn sind wir darum auch wesentlich besser unterrichtet. Er kam aus den vom Krieg verschonten Gebieten, also vor allem aus den Alpenländern und auch Böhmen, seltener aus dem Bistum Lüttich, aus den Niederlanden, aus Kursachsen und Holstein, vereinzelt aus Skandinavien. Lothringen wurde von Richelieu vorzugsweise mit Bauern aus Innerfrankreich wiederbesiedelt. Einzelwanderer waren hier naturgemäß selten – bei den Nordschweizern machten sie gerade 10% aus – in der Regel wanderten ganze Familien aus. Es waren das vielfach die Ärmsten im Dorfe, oft gaben aber auch religiöse Konflikte den Anstoß, so daß schon diese Umstände, aber auch die ganz anderen Dimensionen als im Falle der Nahwanderer, Kontrakte, ja regelrechte Ansiedlungsverträge mit dem Herrn der neuen Heimat nötig machten. Zehntausende machten sich auf diese Weise auf den Weg: das

Züricher Oberland verließen knapp 5000 Personen, ungefähr 5% der einheimischen Bevölkerung, 30000 Hugenotten wanderten seit 1685 nach Deutschland ein, 6000 Wallonen folgten ihnen, ungefähr 1000 Schweizer Mennoniten ließen sich im Elsaß und in der Pfalz nieder, 3000 piemontesische Waldenser kamen nach Württemberg, die meisten von ihnen zogen jedoch alsbald weiter – nur um einige vergleichsweise gut belegte Zahlen zu nennen.

Wo diese Massen sich niederlassen konnten, hing von den Bedingungen ab, die man ihnen bot. Toleranz war eine zentrale Voraussetzung, denn die meisten Fernwanderer gehörten einem anderen Bekenntnis an. Württemberg wurde von ihnen deshalb anfangs umgangen, während die Kurpfalz und Brandenburg-Preußen keine Vorbehalte machten. Startkapital und Unterkünfte sowie die Zusage geschlossener Ansiedlung waren ebenfalls wesentlich. Die 1750 Waldenser, die sich zwischen 1698 und 1700 in Württemberg dauerhaft niederließen, erhielten Gelder, die Holland und England zur Verfügung gestellt hatten, und für den Anfang barackenartige Unterkünfte, die noch vom Bau der Reichsverteidigungslinie aus den Franzosenkriegen stammten. Noch weiter ging Kurfürst Friedrich Wilhelm im Potsdamer Edikt von 1685, in dessen 14 Artikeln er den Hugenotten nicht nur verfallene Häuser nebst Baumaterial oder Übernahme der Mietkosten, Investitionskredite und Steuerfreiheit für die ersten sechs Jahre gewährte, sondern auch eigene gewählte Richter und französische Kirchengemeinden zugestand. Auch die übrigen Landesherren taten alles Erdenkliche, um Einwanderer anzulocken, die nicht nur die vom Krieg hinterlassenen Lücken füllen sollten, sondern oftmals Spezialkenntnisse mitbrachten und damit wirtschaftliche Impulse vermittelten. So führten die Waldenser Kartoffel und Luzerne ein, die Hugenotten verhalfen dem Berliner Handel und der Textilherstellung zu ungeahntem Aufschwung, die Holländer waren als Kenner des Wasserbaus international geschätzt, lutherische Emigranten aus Böhmen aktivierten in Sachsen Bergbau und Metallverarbeitung, die Wiener Juden brachten internationale Bankverbindungen nach Berlin.

Aber gerade diese Bedingungen erklären auch, warum nicht alle Herrschaften in der Lage, gelegentlich aber auch nicht willens waren, Neuankömmlinge aufzunehmen. Dem Friedensschluß folgte nämlich die typische Nachkriegsdepression, die von einem Preissturz für landwirtschaftliche Produkte, insbesondere Getreide eingeleitet wurde, dem ein ähnlicher Verfall für gewerbliche Erzeugnisse folgte, während die Löhne viel weniger sanken. Schon das Beispiel von Schwäbisch Hall hat ja gezeigt, daß Reichsstädte die Bevölkerungsverluste ganz aus eigener Kraft ersetzen mußten, was dann mehr als ein ganzes Jahrhundert gedauert hat. Denn das städtische Bürgertum und die Städte selbst, die damals wichtigsten Gläubiger, hatten im Krieg einen großen Teil ihrer Kredite verloren, weil die Schuldner nicht einmal mehr die Zinsen bedienen konnten. Die Landesherren dagegen dachten nicht daran, die Steuern wieder auf das Vorkriegsniveau zu senken, zumindest blieb die Pro-Kopf-Belastung wesentlich höher als gegen 1600; in Württemberg war sie hinterher z. B. nicht weniger als viermal so hoch. Dem grundbesitzenden Adel blieb dagegen der Rekurs auf seine Untertanen vielfach versperrt, denn diesen hatten Krieg und Wirtschaftskrise ebenso zugesetzt wie ihren Herren. Finanzielle oder sonstige Anreize zur Niederlassung fehlten darum bei adeligen Herrschaften in aller Regel. Das gilt namentlich für die seit jeher dünnbesiedelten Gebiete östlich der Elbe, wo überdies die rechtliche Lage der zu den Gütern geschlagenen Landleute seit gut einem Jahrhundert so unvorteilhaft war, daß an eine Zuwanderung persönlich Freier gar nicht zu denken war. Den Gütern blieb darum kaum etwas anderes übrig, als die Wüstungen den eigenen Betrieben zuzuschlagen – ihre Fläche nahm dadurch in der Mittelmark um ein Achtel zu[9] – und sie mit Gesinde, Frondiensten und Lohnarbeit zu bewirtschaften, wodurch sich angesichts der »Leutenot« der Status der Untertanen nur noch weiter verschlechterte. Auch anderswo kam eine vollständige Wiederbesiedelung der unbesetzten Hufen vorläufig nicht in Betracht, weil die Mittel dazu fehlten, wenngleich die größere Bevölkerungsdichte im Westen und Süden dauerhafte Wüstungen fast vollständig verhindert hat.

Nur eine Art von Ansiedlungspolitik erfreute sich damals einiger Beliebtheit, weil sie nicht nur nichts kostete, sondern von Anfang an Geld abwarf. Viele Reichsritter, im Besitze der erforderlichen kaiserlichen Privilegien, ließen in den Dörfern ihrer Zwergstaaten jüdische Familien zu, die aus den Städten des Reiches vertrieben worden waren oder vom Osten her zuwanderten. Sie betrieben den Trödel- und Hausierhandel, vermittelten Grundstücks- und Viehkäufe und fungierten als Geldwechsler, waren also unverzichtbarer Bestandteil der ländlichen, oft auch der (klein-)städtischen Wirtschaft. Aber selbst bei dieser Art von »Peuplierung« zeigten sich noch einmal die enormen Unterschiede zwischen Kleinadel und Landesfürsten. Friedrich Wilhelm I. war nicht an diesen Kümmerexistenzen interessiert, auch nicht auf sie angewiesen, sondern erlaubte 1671, wie bereits geschildert, 50 jüdischen Familien aus Wien die Niederlassung in Berlin und Brandenburg. Diese waren außerordentlich wohlhabend und zählten alsbald zur internationalen Finanzaristokratie, der es freilich vorderhand noch an dauerhaften Garantien ihres Wohnrechts fehlte. Auch andere Höfe bedienten sich zunehmend dieser kapitalkräftigen Personengruppe, blieben jedoch in Fragen der Ansiedlung viel zurückhaltender.

Das Tempo des Wiederaufbaus hing also in entscheidender Weise davon ab, ob die Herrschaft die Mittel besaß, die nötige Zahl von Neusiedlern anzusetzen, denn die Regeneration der Bevölkerung aus eigener Kraft war, wie oben gezeigt, langwierig und unsicher. Die Chancen zu einer solchen Politik waren ganz verschieden. Reichsstädte und Niederadel zogen im Vergleich zu den Reichsfürsten den kürzeren. Ein gut erforschtes Beispiel ist die Kurpfalz. Sie war, wie erinnerlich, von den Verwüstungen und Schäden besonders betroffen. Schätzungen nehmen einen Bevölkerungsverlust in der Rheinebene von 75%, für die Pfalz von 60 bis 70% an.[10] Auf die Flucht im Krieg folgte noch jahrelang Abwanderung, denn der Nahrungsspielraum blieb auch im Frieden unzureichend. Schon 1649, unmittelbar nach seiner Rückkehr, befahl Kurfürst Karl Ludwig, über alle unbebauten Güter zu berichten. 1650 schärfte er den Ämtern ein, daß die herrschaftlichen Abgaben der Bauern Vorrang vor deren Kreditschulden hätten. Wenig später wurde angeordnet, die Wirtschaftskraft des Landes neu zu »schatzen«, d. h., die Grundstücke der Gestorbenen und Ausgewanderten festzustellen. Einzelne Gemeinden erhielten Steuernachlässe, andere durften einen Teil der herrenlosen Güter zum Besten der Steuerschuld versteigern. Zwischen 1654 und 1661 ergingen zahlreiche Aufrufe an die Geflohenen, auf ihre Besitzungen zurückzukehren. Offenbar half weder das eine noch das andere. Daher verhießen etliche andere Edikte Rückkehrwilligen und Fremden, falls sie sich niederlassen wollten, für eine gewisse Frist Freiheit von Abgaben.

Als auch dies wenig Erfolg zeitigte, verlängerte man die Fristen und senkte weitere Kosten. Die scheinbar günstigen Bedingungen für Landerwerb wurden durch den anhaltenden Preisverfall für Nahrungsmittel und den schlechten Zustand der Güter allerdings mehr als ausgeglichen. Versorgungspolitische Maßnahmen durften daher nicht fehlen, doch fiel der Regierung nicht viel mehr als Ausfuhrverbote ein, die den Interessen eines Teils der Bevölkerung zuwiderliefen. Die Untertanen verkauften heimlich und leisteten offenen Widerstand gegen lästige Fronverpflichtungen, und in solchen wie in anderen Fällen verzichtete der Kurfürst auf harte Strafen, »damit es keinen bösen Ruf gebe und andere, in Pfalz Landen zu kommen, nicht abgeschreckt werden«. Der Mangel an Untertanen ließ der Obrigkeit auch den bisher verworfenen Gedanken der Toleranz plausibel erscheinen, und sie setzte ihn verschiedentlich bei widerstrebenden Gemeinden durch. In eine ähnliche Richtung weist die Lockerung des Zunftzwanges, der in Mannheim faktisch von der Gewerbefreiheit ersetzt wurde, und es war Karl Ludwig persönlich, der einen die hergebrachten Verwaltungsgrundsätze allzu genau nehmenden Amtmann belehrte, »hierinnen noch etwas durch die Finger zu sehen«.[11] Wie richtig diese Politik war, zeigen die Steuereinkünfte, die sich von 1659 bis 1671 verdoppelten. Es liegt nahe, auch eine vergleichsweise Zunahme der Bevölkerung anzunehmen, obwohl genaue Zahlen nicht vorliegen.

»Peuplierung« stand also in engem Zusammenhang mit den landesherrlichen Einnahmen. Ein Blick auf die Fiskalpolitik der Kurpfalz soll daher das Bild abrunden. Als 1653 die kriegsmäßige Besteuerung, Kontribution genannt, beseitigt wurde, sah man sich genötigt, für die neue »Schatzung« die Ansätze ganz erheblich zu senken, da die Steuerobjekte nur noch einen Bruchteil der Vorkriegsanschläge wert waren. Das hat Proteste ebensowenig verhindert wie die verfassungspolitisch bedeutsame Tatsache, daß man nunmehr ohne eine landständische Vertretung Steuern zu beschließen gedachte. Die Räte argumentierten, daß die »Schatzung«, wie bisher schon die Kontribution, vornehmlich dem Unterhalt des Militärs diene und dementsprechend einer Zustimmung der Untertanen nicht bedürfe. 1661 aber kam man den Untertanen entgegen und entschloß sich zu einem damals beispiellos modernen Verfahren: Die Veranlagung sollte von Gremien vorgenommen werden, in denen die Steuerpflichtigen Sitz und Stimme hatten. Zugleich setzte man den Steuersatz noch einmal herab, denn auch jetzt war »die Not noch sehr groß, auch das Wegziehen bei ein und andern zu besorgen«.

Alle diese entgegenkommenden Maßnahmen, die der Wiederaufbau des Landes nahelegte, wurden jedoch von den allgemeinen politischen Zeitumständen teils eingeschränkt, teils zunichte gemacht. Die Kriege der sechziger und siebziger Jahre, in die die Pfalz verwickelt war, zwangen nicht nur zur Anhebung der »Schatzung«, sondern auch zur Einführung ganz neuer Abgaben, vor allem von Verbrauchssteuern. Sie erbrachten 1671 nahezu das Doppelte der alten Vermögenssteuer, erreichten aber insgesamt nur etwas mehr als ein Viertel aller Steuereinnahmen. Die Pfalz praktizierte damit eine vergleichsweise soziale Steuerpolitik, und sie konnte angesichts der nach wie vor prekären Lage von Land und Leuten gar nichts anderes tun; noch immer war die Regierung von der Sorge erfüllt, daß der eine oder andere sich sonst zur Auswanderung entschließen könne.

Ein letzter Gedanke gilt dem Schuldenabbau. Die gesamten Schulden der Pfalz waren bei Kriegsende höher als die Summe des steuerpflichtigen Vermögens aller Untertanen. Da das politische Gewicht der Schuldner genau umgekehrt proportional zur Durchsetzungsfähigkeit der Gläubiger war, war der weitere Gang der Dinge bereits vorgezeichnet. Im Wege des Machtspruchs regelte zunächst der Friede von Osnabrück, dann vor allem der Jüngste Reichsabschied des Jahres 1654, auf den unten eingegangen wird, diese Materie. Der Kurpfalz wurde darin ein *Indultum speciale* gewährt, d. h. ein noch über das allgemeine Moratorium hinausgehender Schutz vor ihren Gläubigern, nämlich vollständiger Zinsaufschub für die kommenden zehn Jahre und für die nächstfolgenden zehn nur die Hälfte der vereinbarten Zinsen. Trotzdem waren die Verpflichtungen so hoch, daß eine Tilgung ausgeschlossen blieb. Die Regierung versuchte daher, und natürlich mit Erfolg, so viel Schuldbriefen als möglich die Anerkennung zu verweigern. Wer Einfluß hatte, konnte darum eher auf wenigstens teilweise Befriedigung seiner Ansprüche hoffen, und so entspann sich ein lebhafter Handel mit Schuldverschreibungen, die mit hohen Abschlägen den Besitzer wechselten. Die Gläubiger waren ihren Schuldnern ausgeliefert, und Kurfürst Karl Ludwig z. B. nutzte diese Situation, indem er die Einlösung von Obligationen an die Bedingung knüpfte, das empfangene Geld in den Bau eines Hauses im total zerstörten Mannheim zu investieren.

Mit allen geschilderten Maßnahmen stand die Kurpfalz damals keineswegs allein. Sie war aber insofern ein Sonderfall, als hier das »Retablissement« gescheitert ist, weil die nötige Friedensperiode gefehlt hat. Ein großer Teil des Aufbauwerks wurde nach 1673 erneut zerstört, und am Ende des Jahrhunderts war das Land wieder auf denselben Stand zurückgeworfen, auf den es 50 Jahre zuvor schon einmal herabgesunken war.

Man sollte diese triste Bilanz freilich nicht irgendwelchen anonymen Schicksalsmächten anlasten. Vielmehr beging der Kurfürst nicht nur schwere außenpolitische Fehler, sondern seinem Wiederaufbauprogramm fehlte auch die nötige langfristige Perspektive, wenn man davon absieht, daß er die altgewohnten Zustände nach Möglichkeit wiederherstellen wollte. Das war freilich auch in anderen Territorien der Fall. Das nahe Herzogtum Württemberg etwa machte hiervon keine Ausnahme, wie es ja auch hinsichtlich der Schwere der Schäden mit der Kurpfalz vergleichbar ist.[12] Mit der Steuerrenovation von 1652 begann auch hier das staatlich gelenkte Aufbauwerk, doch stand nicht die Herabsetzung der Lasten als vielmehr ihre Überwälzung von der Landwirtschaft auf Handel und Gewerbe im Vordergrund. Das war verständlich angesichts der Überschuldung und des Preisverfalls, unter dem der primäre Sektor besonders zu leiden hatte, aber für den Export, der vor dem Krieg neben Wein vor allem Textilprodukte umfaßt hatte, war die Entscheidung von Nachteil. Die enormen Wiederaufbaukosten verhinderten im übrigen von vornherein die tatsächliche Minderung der Steuern, sie blieben vielmehr, wie bereits bemerkt, je Kopf der Bevölkerung viermal so hoch wie vor dem Kriege. Um so dringlicher war die Schuldenabwertung. Man einigte sich bei staatlichen Krediten auf mindestens 50%, im privaten Bereich sogar auf 66% und mehr und beseitigte durch diesen radikalen Schnitt sozialen Sprengstoff, freilich auf Kosten der Gläubiger. Weniger erfolgreich war die Stuttgarter Regierung mit ihren zahlreichen Eingriffen in das Preis- und Lohngefüge, denn Menschenmangel und Angebotsüberfluß ließen sich auf administrativem Wege damals so wenig wie heute als Faktoren der Preisbildung ausschalten. Immerhin setzte der Herzog 1672 Mindestpreise für Getreide durch, deren Einhaltung angesichts des erneuten Kriegsausbruchs am Mittelrhein keine Schwierigkeiten bereitet hat. Die Reihe der Aufbaumaßnahmen war damit in Württemberg abgeschlossen, wenn man von der weiteren, allerdings eher zurückhaltenden Aufnahme ausländischer Zuwanderer absieht.

Der einzige deutsche Staat, der aus der Lektion von 1648 den Schluß zog, mittels einer kohärenten Politik die Entwicklung des

Landes in eine neue Richtung zu lenken, war Brandenburg-Preußen. Es hatte dieses freilich wohl auch nötiger als jedes andere Territorium, denn aus dem anhaltenden Machtkampf in Nordosteuropa und im Westen des Reiches ergaben sich gleichermaßen Gefährdung und Chancen. Nur war Kurfürst Friedrich Wilhelm nicht der Mann, der sich Möglichkeiten der Konsolidierung und des Ausgreifens entgehen ließ. Um ständig gerüstet zu sein, bedurfte er eines stehenden Heeres, und um dieses Zieles willen setzten er und seine Berater die zahlreichen Verfassungs-, Verwaltungs- und Finanzreformen ins Werk, die in der Geschichtsschreibung so intensiv behandelt worden sind wie kaum ein anderes Problem dieses Jahrhunderts. Daß dem damals eingeschlagenen Weg die Zukunft gehören sollte, wie immer wieder festgestellt worden ist, war damals aber zweifelhaft. Das Frankreich Richelieus mochte ein Vorbild sein, seit 1660 auch das nahe Dänemark, aber England bot ein abschreckendes Beispiel, an dem freilich die Stuarts selbst nicht ganz unschuldig waren.

Über die Rückständigkeit seines Staates in institutioneller wie in wirtschaftlicher Hinsicht war sich der in den Niederlanden aufgewachsene Kurfürst nur zu sehr im klaren. Das Land verfügte nicht einmal über eine einheitliche Regierung. Die Finanzverfassung aber – Friedrich Wilhelm war auf kurzfristige Bewilligung der Stände angewiesen, nur im Kriege gab es die, »Kontribution« genannte, mehr oder minder selbständig verordnete Steuer – und die Überbürdung mit Schulden entsprachen dagegen weitgehend den damals üblichen Mustern der Machtverteilung. Wie so oft erlaubte auch im Falle Brandenburg-Preußens das außerordentliche Maß an Rückständigkeit den besonders großen Sprung nach vorn. In atemberaubend kurzer Frist überwand das Land die Erbschaft des dualistisch verfaßten frühneuzeitlichen Ständestaates. Das gelang wohl vor allem deshalb, weil sich der Kurfürst auf einen einzigen Gegenstand mehr oder weniger konzentrierte: die Durchsetzung des stehenden Heeres in Friedenszeiten, die freilich nur kurz bemessen blieben. Das berührte in erster Linie die Armee selbst, sodann die Zentralverwaltung, vor allem aber die Finanzverfassung. An allen übrigen Fragen der Innenpolitik blieb der Landesherr dagegen vergleichsweise wenig interessiert und schenkte ihnen im allgemeinen nur insoweit Aufmerksamkeit, als sie für seine eigentlichen Ziele von Bedeutung waren. Es genügte also ein Kompromiß mit den herrschenden Ständen, die im Kolonialland östlich der

Elbe zunächst aus dem Adel bestanden, da es, von Königsberg abgesehen, keine mächtigen und selbstbewußten Städte mehr gab und weil die Kirche als Institution in der Reformation dem Staat unterworfen worden war.

Drei Aufgaben hatte der Kurfürst zu bewältigen: die Errichtung zentraler, von ständischer Mitwirkung freier Zentralbehörden, die Schaffung eines diesen Behörden unterstehenden Steuersystems und den Ausgleich mit den Ständen. Alle drei gelangen bemerkenswert rasch. 1651 verwandelte ein Erlaß den Geheimen Rat in eine für alle Territorien zuständige Regierung; die Unterinstanzen fehlten ihr freilich noch, und das sollte für mehr als zwei Jahrhunderte praktisch so bleiben. 1653 verglich sich der Kurfürst mit den brandenburgischen Ständen. Gegen sehr weitgehende Zugeständnisse, die gerade im Verzicht auf Staatseingriffe in die von der Ritterschaft kontrollierten drei Fünftel des Landes bestanden, erhielt er das einstweilen auf sechs Jahre befristete Recht zur Erhebung einer in Friedenszeiten bisher unbekannten Steuer, der »Kontribution«. Die Auseinandersetzungen waren damit noch keineswegs beendet. Sie hielten an, bis in zwei weiteren Rezessen 1683 und 1686 der Kurfürst die ständische Schuldenverwaltung sanierte und praktisch verstaatlichte und durch einen Vergleich mit den Gläubigern schließlich den größten Teil der Kredite tilgte. Parallel dazu entzog er 1655, als der Krieg wieder ausbrach, dem Geheimen Rat die Kontrolle über die Militärfragen und schuf als neue Oberbehörde das Generalkriegskommissariat, die erste wirklich für alle Landesteile zuständige Institution. Damit waren die Weichen gestellt: mit dem Adel der Erblande hatte man sich geeinigt – das stehende Heer bot ihm alsbald ungefähr tausend Offiziersstellen, die vor allem den armen Familien willkommene Hilfe boten –, und eine ganz neuartige Ämter- und Steuerverfassung war im Entstehen.

Die weitere Entwicklung ist rasch geschildert. Mit den Ständen in Kleve und der Mark einigte sich der Kurfürst nach anfänglichen Niederlagen 1660/61, mit denen (Ost-)Preußens 1662/63, hier wie auch in der Folgezeit nicht ohne Gewaltanwendung; die Durchsetzungsfähigkeit der Landtage hatte begreiflicherweise von Mal zu Mal abgenommen. 1667 führte der Kurfürst nach französisch-niederländischem Vorbild die Akzise, eine Verbrauchssteuer, ein, die entgegen den ursprünglichen Zielen nur in den Städten erhoben wurde. Aber nun verfügte der Staat über zwei feste Einnahmequellen, neben denen die alten ständischen Abgaben, das Biergeld, der

Hufenschoß und die Städtesteuer, zur Bedeutungslosigkeit herab-sanken. Da sie, wie erinnerlich, vor allem dem Militär zugute ka-men, war es nur logisch, daß man 1674 die Generalkriegskasse einrichtete. Sie wurde alsbald zur wichtigsten Abteilung des Gene-ralkriegskommissariats, das seinerseits den weiteren Ausbau des gesamten Steuersystems in die Hand nahm. Schließlich erfaßten die Reformen die Zentralisierung der Domänenverwaltung, mit der die Erhebung der landesherrlichen Regalien verbunden war. Schuldentilgung, Aufgabe des naturalwirtschaftlichen Systems, Steigerung der Überschüsse durch schärfere Kontrolle der damals noch meist adligen Pächter und Aufstellung einer Gesamtbilanz waren die Ziele, die nach über dreißigjährigen Anstrengungen 1689 in der Errichtung der Geheimen Hofkammer als Zentralbe-hörde für alle Provinzen erreicht wurden.

Man hat im Hinblick auf diese Vorgänge, die beim Tod des Kur-fürsten im Jahre 1688 ja keineswegs abgeschlossen waren, das Bon-mot geprägt, Preußen sei kein Staat, der eine Armee unterhalte, sondern eine Armee, die sich einen Staat hält. Das ist eine Übertrei-bung, die gleichwohl den wahren Sachverhalt wiedergibt. Denn das Generalkriegskommissariat, das die Aufgaben des General-stabs, des Kriegs- und des Finanzministeriums in sich vereinigte, wurde ganz zwangsläufig auch zur obersten Instanz für die Wirt-schaft. Und das nicht nur durch förmlichen Beschluß wie etwa die 1683 verfügte Aufsicht über Handel und Manufakturen; 1685 übertrug der Kurfürst Joachim Ernst v. Grumbkow, dem bedeu-tendsten Chef dieser Behörde, auch noch die Ansiedlung der *Réfu-giés*, und als Konsequenz beauftragte man ihn, dafür Sorge zu tragen, daß die Einwanderer die dem Land so nötigen Unterneh-men gründen konnten. Es blieb darum nicht aus, daß auch die Zünfte der Kontrolle Grumbkows unterworfen wurden. Die Ak-zise machte nicht nur die Oberaufsicht über die gesamte städtische Verwaltung durch das Generalkriegskommissariat nötig, sondern auch der Charakter der Steuer selbst, die als Verbrauchsabgabe wachstumsabhängig war, legte ihm die Sorge für wirtschaftliches Wachstum überhaupt nahe. So wurde wirklich das Militärwesen durch die Reformen zur institutionellen Klammer des Staates, Of-fiziere (und in geringerem Maße Beamte) stellten die »herrschende Klasse« – ein Tatbestand, der gerade auch im Hinblick auf die Welt der Gegenwart noch einmal die These unterstreicht, wie rückstän-dig Brandenburg-Preußen war. Diese Kräftekonstellation konnte jedoch die Verstetigung des wirtschaftlichen Rückstandes nicht verhindern, denn der Fortschritt war zweckgebunden; er sollte und mußte der Armee dienen. Als Beleg dafür gilt der Abgabendruck. Er hat sich in den 48 Regierungsjahren Friedrich Wilhelms nicht nur je Kopf der Bevölkerung vervierfacht, sondern er war 1688 auch doppelt so hoch wie im ungleich wohlhabenderen Frankreich. Die partielle und in dieser Hinsicht ganz außergewöhnlich erfolgreiche Modernisierung hatte eben ihren Preis: den Niedergang der Städte und ihres Bürgertums konnte sie nicht verhindern, sie wollte ihn nicht im Falle der bäuerlichen Untertanen. Aufs ganze gesehen hat daher das Wiederaufbauwerk des Großen Kurfürsten die Gesellschaftsordnung Brandenburg-Preußens – nach dem Urteil Francis L. Carstens – aus Mitteleuropa herausgelöst und zu einem Bestandteil Osteuropas gemacht.

Daß 1648 »die Stunde der Regierungen« und nicht die Stunde jedweder Herrschaft und Obrigkeit geschlagen hatte, geht auch aus zwei Sachverhalten hervor, die im Zusammenhang mit dem Wiederaufbau standen: der Entschuldung der Staaten und der Entmachtung der Landstände. Beide Vorgänge standen in enger Verbindung, da sie die Emanzipation der Fürsten aus den hergebrachten Bindungen bedeuteten. Der im ganzen langfristige Vorgang erfuhr eine schlaglichtartige Beleuchtung von ungewohnter Seite. Auf dem Regensburger Reichstag von 1653/54 setzten es die Reichsstände, deren Aufstieg zu innerer und äußerer Quasi-Souveränität soeben erst vor aller Welt für verbindlich erklärt worden war, im Einvernehmen mit dem Kaiser durch – selten waren sich beide Teile so einig – daß ihre Rekonstruktionspolitik sich notfalls über geltendes Recht hinwegsetzen dürfe. Paragraph 173 des Jüngsten Reichsabschieds erlaubte nichts weniger als die Streichung von 75% der aufgelaufenen Schuldzinsen. Da an die Tilgung des Kapitals, die zwar zugesichert wurde, ohnedies nicht zu denken war, hat man diesen Beschluß, der die logische Konsequenz der zahlreichen im Krieg verkündeten Moratorien bildete, in deren Genuß vor allem die total überschuldeten Reichsritter, aber auch etliche Landesherren gekommen waren, mit Recht revolutionär genannt. Denn es war nicht so wichtig, daß ihm bereits entsprechende Regelungen in vielen größeren oder kleineren Territorien vorangegangen waren. Vielmehr hat die reichsrechtliche Enteignung der Gläubiger, unter denen man sich in erster Linie Bürger und städtische Institutionen vorzustellen hat, allen Versuchen, über die Reichsgerichte doch noch zu seinem Recht zu gelangen, definitiv den Boden entzogen. Das alte Finanzkapital war weitgehend ruiniert, und der gerade damals einsetzende Aufstieg jüdischer Bankiers zu Hoffaktoren, die den Fürsten ungleich stärker ausgeliefert waren als das etablierte Stadtbürgertum, scheint damit in engem Zusammenhang zu stehen.

Doch auch die Landstände, ja eigentlich alle Abgabenpflichtigen kamen nicht ungeschoren davon. Man schärfte ihnen in Paragraph 180 des Jüngsten Reichsabschieds ein, ihren Landesherren diejenigen Geldmittel zu gewähren, welche für die Erhaltung der vorhandenen Festungen und für ihre Besetzung mit den nötigen Garnisonen erforderlich seien. War es schon ungewöhnlich genug, daß der Reichstag sich direkt an »Landsassen, Unterthanen und Bürger« wandte, so erregte es erst recht Aufsehen, daß die Höhe der Gelder dem Belieben der Fürsten anheimgestellt wurde. Faktisch hieß das nichts anderes, als daß letztere das Recht erhielten, eine gewisse Truppenzahl auf Landeskosten unabhängig von der Zustimmung der Landstände dauernd zu unterhalten. Indem der Jüngste Reichsabschied damit den *miles perpetuus* sanktionierte, erwies sich die Ständeversammlung im Vergleich zu späteren Zeiten als ungewöhnlich anpassungsfähig, denn noch waren die allerwenigsten Territorien zur Institution des stehenden Heeres übergegangen. Es versteht sich daher, daß in den entsprechenden Debatten mit den Landständen in der Folge die Regierungen sich vorzugsweise auf diesen Paragraphen zu berufen pflegten.

Gerade deswegen wurde wenig später der Versuch unternommen, diese innenpolitische Waffe noch zu schärfen. Der Reichstag beschloß nämlich 1670 ein Reichsgutachten, das den Landständen noch viel weitergehende Verpflichtungen aufzuerlegen gedachte. Weil der Westfälische Friede den Reichsständen das Bündnisrecht eingeräumt habe, müßten nunmehr auch die Mittel bereitgestellt werden, um den Verpflichtungen notfalls nachzukommen. Daher sollte der 1654 beschlossene Paragraph 180 »extendirt« werden, und zwar in der Weise, daß man von den Landständen verlangte, »alles, was an sie und so offt es begehrt wird, gehorsam- und unweigerlich darzugeben«.[13] Und wiederum war vorgesehen, daß die Reichsgerichte keine diesbezüglichen Klagen annehmen durften.

Zu dieser Generalvollmacht ist es indessen nicht gekommen, weil der Kaiser seine Unterschrift verweigerte. Er wollte den Fürsten die Bildung größerer stehender Heere nicht auch noch weiter erleichtern und besann sich deshalb wieder auf seine Rolle als Schutzherr der landständischen Gerechtsame. Noch über 100 Jahre später pries Pütter, der den »Geist des Westphälischen Friedens« in einer so betitelten Schrift als eines auf Interessenausgleich gegründeten Vertragswerks deutete, jene »preiswürdige kaiserliche Erklärung« als »ein herrliches Beispiel von den Vorzügen der deutschen Reichsverfassung«.[14] Am tatsächlichen Gang der Dinge hat das jedoch nichts geändert. Und zwar nicht deshalb, weil wenig später die Kurfürsten von Köln, Bayern und Brandenburg und der Pfalzgraf von Neuburg sowie der Herzog von Mecklenburg-Schwerin ein Bündnis schlossen, worin sie sich zu wechselseitigem Beistand verpflichteten, falls ihre Landstände und Untertanen sich den an sie gerichteten militärischen Ansprüchen gewaltsam widersetzten, wobei als Norm die eben vom Kaiser verweigerte »extendierte« Auslegung von Paragraph 180 des Jüngsten Reichsabschieds festgestellt wurde. Vielmehr hatten durch die veränderten Bedingungen staatlichen Handelns die Landstände, die sich ja beileibe nicht als Interessenvertreter »der« Gesellschaft verstanden, sondern in erster Linie sich selbst repräsentierten, schon damals Mühe, mit der politischen Entwicklung Schritt zu halten. Die Katastrophe des Großen Krieges hatte den Blick der Verantwortlichen unvermeidlicherweise in viel stärkerem Maße als zuvor auf »das Ganze« der gesellschaftlichen Erscheinungen gelenkt. Unversehens gerieten darum die Sachwalter partikularer Belange ins Abseits. Die Stände sind in Deutschland aus dieser Randlage, wenn überhaupt, weniger weit herausgekommen als die Repräsentationskörperschaften in anderen Ländern. Auch das war ein Ergebnis der »Stunde der Regierungen«.

2. Machtpolitische Konfliktlagen

Der Krieg ist heutigentags geächtet – jedenfalls in bestimmten Teilen der Welt. Man hat dort die Erfahrung gemacht bzw. sich angesichts der Fortschritte der Waffentechnik ausrechnen können, daß moderne Kriege keinen Sieger mehr kennen, sondern nur allseitige Vernichtung. Solange dies nicht der Fall war, solange der Waffengang noch, wie Clausewitz definiert hat, als »Fortsetzung der Politik mit anderen Mitteln« galt, gehörten Kriege zum politischen Alltag. Vor allem aber waren sie legitim.

Das gilt ganz besonders für die Frühe Neuzeit, die eine außergewöhnlich kriegerische Epoche war mit einem deutlichen Höhepunkt zwischen 1620 und 1720. Aus der zeitlichen Übereinstimmung mit der wirtschaftlichen Depression hat man verschiedentlich Krieg und Krise in einen ursächlichen Zusammenhang zu bringen versucht, sei es als Auslöser, sei es als Folge. Das ist indessen ein Irrtum. Die Kriege der Frühen Neuzeit stehen nur in einem weitläufigen Bezug zur Wirtschaft, kausal ist dagegen ihr Verhältnis zum modernen Staat als souveränem Machtstaat. Fast könnte man sagen, daß niemals sonst so elementar, so uneingeschränkt der Krieg »der Vater aller Dinge« war wie gerade damals. Die Fähigkeit zur Kriegführung veranlaßte die Staaten nicht allein, in Verfassung, Verwaltung und Gesellschaft tief einzugreifen, sondern sie bestimmte auch ihre internationale Rangordnung: nur in militärischen Konflikten war die Chance des Aufstiegs zur Großmacht gegeben. Beides hat Otto Hintze in der prägnanten Formel zusammengefaßt: »Der Krieg ist das große Schwungrad für den gesamten politischen Betrieb des modernen Staates geworden.«[15]

Wie sehr sich das Alte Reich gegen diese Art von Modernität sperrte, zeigt sich an seinem Verhältnis zum Krieg. Nach Aufgabenstellung und Konstruktion bildete es eine mitteleuropäische Friedenszone. Lehnsrecht und Landfriedensordnung erlaubten keine bewaffneten Auseinandersetzungen der Reichsstände untereinander. Der Westfälische Friede hat das noch einmal ausdrücklich ins Gedächtnis gerufen (IPO Art. VIII, § 2; Art. XVII). Für innere Konflikte waren der schiedsrichterliche und der Rechtsweg vorgesehen, für äußere gab es eine Kriegsverfassung. Hätte sich das durchsetzen lassen, wäre dem Reich und seinen Gliedern vermutlich eine ähnliche Entwicklung wie der Eidgenossenschaft beschieden gewesen, die nach 1648 überwiegend friedliche Zeiten erlebt hat – freilich charakteristischerweise um den Preis des Verzichts auf staatliche Modernisierung.

Die Wirklichkeit sah bekanntlich anders aus, denn im Reich fehlten für einen vergleichbaren Gang der Dinge alle Voraussetzungen. Man kann darüber streiten, ob seine geopolitische Lage das damalige Deutschland mit besonderer Häufigkeit zum Schlachtfeld hat werden lassen. Unzweideutig ist jedoch, daß das Zeitalter dynastisch bestimmter Außenpolitik, das bis zur Französischen Revolution reichte, den einzelnen Gliedern gar keine Chance zu ungestörtem Dasein gelassen hat, selbst wenn sie das gewollt hätten. Dieser Wille hat jedoch gefehlt, weil er mit dem Fürstenstaat unvereinbar war.

Daß der Krieg legitim war, wurde bereits festgestellt. Zwar sind immer wieder Stimmen laut geworden, die für eine universale Friedensordnung warben und dafür einen »Völkerbund«[16] entwarfen – der Bundesbegriff hatte in der Frühen Neuzeit seine biblische Herkunft noch keineswegs verloren –, doch hat der Gedanke des »ewigen Friedens« den damaligen Erwartungen und Ansprüchen keine Rechnung getragen. Die Kirchen betrachteten, mit Ausnahme der Sekten, das »Kriegshandwerk« als einen ehrlichen Beruf, die Ethik hatte seit langem die Lehre vom »gerechten Krieg« entwickelt, das Völkerrecht schließlich bemühte sich durch Systematisierung und Formalisierung, den Kreis der zum Krieg Berechtigten einzugrenzen, die Kriegführung an gewisse Regeln zu binden und die Technik des Friedenschließens zu vervollkommnen. Das ist auch gelungen. Im 17. Jahrhundert etablierte sich das Völkerrecht als eine neue, zunehmend auf den Universitäten gelehrte Wissenschaft, die auf die Verrechtlichung der Außenbeziehungen der Staaten hinarbeitete und damit einen vergleichbaren Beitrag zum Prozeß der Rationalisierung des Politischen leistete wie das öffentliche Recht für die Binnenstruktur. Allerdings muß daran erinnert werden, daß die Leistungen dieser neuen Disziplin nur der Permanenz der Konflikte im damaligen Europa zu verdanken waren.

So willkürlich und bisweilen regellos die zahlreichen Kriege schienen, sie lassen sich bei näherem Zusehen in drei Kategorien einteilen. Diese verweisen zugleich auf die entscheidenden Ansatzpunkte zu Destabilisierung und Umverteilung der politischen Gewichte in Europa. Zur ältesten Gruppe von Kriegen zählen die *Religions-* und *Ständekonflikte.* Ihre größte Häufigkeit erreichten sie im 16. Jahrhundert, im 17. Jahrhundert begann der Dreißigjährige Krieg als ein solcher, markierte aber zugleich das Ende dieser Konfliktform in Deutschland. Sie wurden als erste rigoros verrechtlicht, ins Staatsrecht abgedrängt und fortan zu einem Gegenstand der Innenpolitik. Damit war klar, »wer Stand und wer Staat war«.[17] Nicht alle Stände waren jedoch seither bereit oder gezwungen, auf eine eigene Außenpolitik und damit auf das Risiko des Bürgerkrieges zu verzichten. So hat etwa die selbstbewußte württembergische Landschaft, die seit ihrem Konflikt mit Herzog Karl Eugen ohnedies das Verhandeln mit ausländischen Mächten gewohnt war, noch in den Revolutionskriegen eine eigenständige, gegen ihren Landesherrn gerichtete Außenpolitik zu betreiben versucht und dazu auch einen eigenen Bevollmächtigten in Paris bzw. bei den Friedensverhandlungen in Rastatt unterhalten.

Jüngeren Ursprungs, jedenfalls in dieser Häufung, war die Kategorie der *Erbfolgekriege*. Im 17. und 18. Jahrhundert überwogen sie so sehr, daß sie geradezu die Signatur des Zeitalters ausmachten. Dafür gab es objektive und subjektive Gründe. Zu den objektiven zählt einerseits, daß damals der Staat, um die konkurrierenden Gewalten auszuschließen, ganz auf die Person des Monarchen ausgerichtet war, während andererseits die in Europa regierenden Dynastien auf eine nicht mehr zu durchschauende Weise miteinander versippt waren. Ehe- und Hausverträge sowie testamentarische Bestimmungen brachten nicht die erhoffte rechtliche Klarheit, sondern lieferten oft genug erst recht Vorwände zur Intervention. Damit sind die subjektiven Gründe angesprochen. Im Zeitalter der dynastisch bestimmten Außenpolitik besaßen Erbansprüche offenbar den größten Bonus an Legitimation. Folglich gab man alle Kriege, auch solche, denen in Wahrheit ganz andere Motive zugrunde lagen, als Erbfolgekriege aus. Friedrich II. berief sich bei seinem Einmarsch in Schlesien im Dezember 1740 in der Öffentlichkeit auf Erbansprüche der Hohenzollern aus dem 16. Jahrhundert, auf die Kurfürst Friedrich Wilhelm 1686 verzichtet, gleichwohl aber insgeheim seinen Nachfolgern geraten hatte, sie im Falle des Aussterbens der Habsburger wieder auf die Tagesordnung zu setzen. Die wirklichen Gründe nannte Friedrich II. später selbst: Er war einem damals bereits der Vergangenheit angehörenden Herrscherideal verpflichtet, das im Monarchen den Kriegshelden sah – »ich liebe den Krieg um des Ruhmes willen«.[18] Es ließ sich in diesem Falle, jedenfalls rückschauend nach glücklichen Siegen, mit der preußischen Staatsraison verbinden: Noch sei sein Staat mehr Kurfürstentum als Königreich gewesen, als der Tod des Kaisers ihm die Chance eröffnet habe, »diesem Zwitterzustand ein Ende zu machen«.[19]

Aber schon dieser erste der drei Schlesischen Kriege wollte nicht so recht in das Muster der Erbfolgekriege passen, der letzte, der Siebenjährige, tat es erst recht nicht. Er gehörte im Grunde bereits einem neuen, erst in der Zukunft voll sich entfaltenden Typus an, dem *Nationalkrieg*. Mit seinen weitreichenden, aufs Ganze gehenden Zielen kündigte er nicht nur die Zukunft an, sondern er setzte auch ganz andere Energien frei. Auf ihn wird noch näher einzugehen sein.

Im Unterschied zu späteren Zeiten, als Kriege das Ergebnis eines sehr komplizierten Bündels von Krisen und Handlungszwängen geworden waren, entsprangen damals die militärischen Konflikte ausschließlich der Entscheidung des Angreifers. Sie wurden in der Heimlichkeit des Kabinetts geplant und vorbereitet und dort auch wieder beendet. Der Staatsraison entsprach die Kriegsraison und für beide war der Rahmen des Erlaubten so weit gezogen, daß den Fürsten breiter Handlungsspielraum gegeben war. So gehörten unerwartete Wendungen wie Koalitionswechsel, Bündnisbruch, Sonderfriedensschluß zum anerkannten und häufig gebrauchten Arsenal der Außenpolitik. Natürlich erhöhte das die Risiken ungemein und nötigte zur Suche nach Gegenkräften. Das Europa des 17. und 18. Jahrhunderts entwickelte dabei drei Strategien zur Begrenzung der Konflikte.

Vom *Völkerrecht* war bereits die Rede. Es bewegte sich damals in den Kategorien des modernen Naturrechts und suchte dem zwischen den Staaten herrschenden Naturzustand mit Hilfe von Regularien beizukommen, ja schließlich sogar diesen Zustand in einen gesellschaftlichen zu überführen, d. h. Kriege auszuschließen.

Auf der Ebene der praktischen Politik mußten ebenfalls Grundsätze entwickelt werden, die das Gefahrenpotential kalkulierbar machten und, wichtiger noch, die Kriegsziele begrenzten. Dazu war es nötig, sie aus der Sphäre staatlicher Egoismen so weit als möglich herauszuheben und allgemein akzeptabel zu machen. Das Prinzip des *Gleichgewichts* diente diesem Vorhaben. Die englische Diplomatie machte es populär, als die Politik Ludwigs XIV. sich nicht mit der Befreiung aus der habsburgischen Klammer begnügte, sondern Frankreich zur Hegemonialmacht auf dem Kontinent zu machen suchte und schließlich sogar nach der Seeherrschaft griff. 1713 gelang es den Engländern im Frieden von Utrecht, den Grundsatz der *balance of power* zwischen Habsburg und Bourbon durchzusetzen. Damit war ein wesentliches Strukturelement des europäischen Staatensystems anerkannt. Die erhoffte Statik der Verhältnisse wurde damit aber nicht erreicht. 1721 stieß Rußland, das im Frieden von Nystad die schwedische Vormachtstellung in Ostmitteleuropa beerbt hatte, zu den Großmächten hinzu. Für 20 Jahre blieb das Gleichgewicht nun stabil. Dann erschütterte 1740 der Angriff Preußens auf Schlesien das internationale System ebenso wie die politische Ordnung im Reich. In fünfundzwanzigjährigem Kampf setzte der Neuling seine Anerkennung als fünfte Großmacht durch, was Europa aber ebenfalls nicht zur ersehnten Ruhe verhalf. Denn nun wurde die Pentarchie der Großmächte um den preußisch-österreichischen Dualismus erweitert, der zur Quelle eines Dauerkonflikts für die nächsten 100 Jahre werden sollte.

Das rein mechanische Prinzip des Gleichgewichts reichte als Steuerungsinstrument nicht aus, weil die Akteure sich sonst rigoros dem Grundsatz des *Status quo* hätten unterwerfen müssen. Das stand aber in krassem Widerspruch zum Selbstverständnis des souveränen Machtstaates. Die Konfliktregelung folgte daher noch einem zweiten, größere Beweglichkeit erlaubenden Handlungsmuster, der sog. *Konvenienz*. Sie wurde auf den Friedenskongressen jeweils neu definiert und zur Grundlage der anstehenden Lösungen gemacht. Auch hier besaß natürlich das Kartell der Großmächte die Stimmführerschaft und legte fest, was als Gemeinwohl Europas zu gelten habe. Diesem hatten sich dann die zweitrangigen Staaten zu fügen; ihre Interessen konnten sie darum nur insoweit durchsetzen, als sie der Interessenlage der Großen mehr oder weniger entsprachen. Andererseits war ihre Zustimmung und daher auch ihre Anwesenheit erforderlich, da nur so ihre Souveränität respektiert und das den Zeitgenossen so wichtige Bild einer Staatengemeinschaft gewahrt werden konnte.

Die Beteiligung des Reiches an Krieg und Frieden ist ein besonders schlecht erforschtes Kapitel, da die Geschichte aus der Sicht der Territorialstaaten geschrieben worden ist. Angesichts der gegen Modernisierung weitgehend resistenten Reichskriegsverfassung und mehr noch angesichts der unumgänglichen Verquickung von österreichischer und Reichspolitik lag das offenbar nahe. Mehr als Hinweise können darum die folgenden Ausführungen kaum sein.

Sieht man einmal von der Reichsexekution ab (von ihr war im vorigen Kapitel die Rede), die im Falle des Siebenjährigen Krieges zu einem regelrechten und sogar besonders heftigen militärischen Konflikt geworden ist, hat zwischen 1648 und seinem Untergang das Reich bemerkenswerterweise nur an seiner Westgrenze Krieg geführt. Hier war es zwar insgesamt achtmal in Auseinandersetzungen verwickelt, rechtlich gesehen befand es sich jedoch nur fünfmal im Krieg sowie ein weiteres Mal, ohne ihn erklärt zu haben. Kriegserklärungen verkündete der Kaiser 1689 (im Pfälzischen Erbfolgekrieg, 1688-97), 1702 (im Spanischen Erbfolgekrieg, 1701-14), 1734 (im polnischen Thronfolgekrieg, 1733-36) und schließlich 1793 (im Ersten Koalitionskrieg, 1792-97) sowie 1799 (im Zweiten Koalitionskrieg, 1798-1801). Gerade im besonders kriegserfüllten späten 17. Jahrhundert trat das Reich auffallend wenig in Erscheinung. Im Devolutionskrieg (1667/68), der vor allem in den Spanischen Niederlanden geführt worden ist, blieb es neutral, am Holländischen Krieg (1672-78) beteiligte es sich seit 1673 gewissermaßen nur inoffiziell, und gegenüber den *Réunionen* Ludwigs XIV. (1679-81) im Westen Deutschlands bezog es lediglich politisch Position. Die Ursachen für diesen aus heutiger Sicht überraschenden Tatbestand sind leicht erklärlich. Der Kaiser, noch immer um seinen politischen Wiederaufstieg im Reich bemüht, blockierte das Funktionieren der Reichskriegsverfassung, die seit 1681 von den interessierten Ständen Schritt um Schritt verbessert worden war, aber in die kaiserlichen Prärogativen einzugreifen drohte, und außerdem beschäftigte ihn die Abwehr der Türken; 1683 belagerten sie immerhin zwei Monate lang, wenn auch erfolglos, Wien.

Die Türkenkriege waren in vieler Hinsicht ein Sonderfall. In der öffentlichen Meinung galten sie seit jeher als Religionskriege, eine Ansicht, die auch in offiziellen politischen Dokumenten Eingang fand; in ihnen kehrte regelmäßig die Formel vom »Erb-Feind Christlichen Namens«[20] auf. Der Krieg wurde auch weithin als solcher geführt, d. h., die Normen des Völkerrechts, das ja im Ursprung ein christliches war, beschränkten sich auf Kriegserklärung und Friedensschluß, während in den Kampfhandlungen beiderseits dasjenige Maß an Brutalität waltete, welches für einen Gegner zu passen schien, der außerhalb der eigenen Wertgemeinschaft stand. Da die Osmanen als einziges Volk Europas keinen Adel kannten und folglich auf sie die Regeln kavaliersmäßigen Umgangs miteinander keine Anwendung finden konnten, erschlugen die Kaiserlichen – nur um ein Beispiel zu nennen – 1697 in der Schlacht von Zenta außer zahlreichen Paschas und anderen hohen Würdenträgern selbst den Großwesir. Eine weitere Besonderheit: Der Religionskrieg erlaubte den Appell ans Abendland, Hilfe zu leisten. Tatsächlich fanden sich auch regelmäßig internationale Koalitionen zusammen, vom Papst über Venedig, (gelegentlich) Frankreich und Polen bis zum Zaren. Da die Kaiser aber auch die

Unterstützung der Reichsstände verlangten, suchten sie den Krieg zum Reichskrieg zu machen. Dazu ist es indessen in keinem Fall gekommen, jedenfalls nicht in rechtlichem Sinn, obgleich dieses Thema zu einem Wendepunkt der Reichsverfassung Anlaß gab. 1663 trat nämlich der Reichstag nach langem Aufschub endlich zusammen, weil der Kaiser gegen die Türken »eilende Hülffe«[21] verlangt hatte. Die Stände benutzten die Session jedoch, um ihren Plan einer Verfassungsreform durchzusetzen und waren daher nur »unpraejudicirlich zur Mithülffe und Beysprung« bereit. Da keine der beiden Parteien sich gegen die andere durchsetzen konnte, verwandelte sich der Ständetag über diesen Dauerkonflikt unversehens in einen »immerwährenden« Gesandtenkongreß, der bis 1806 nicht mehr auseinandertreten sollte. Viele Reichsstände sandten aber auf freiwilliger Grundlage Hilfscorps, so daß das Reich in die Türkenkriege faktisch einbezogen war, jedenfalls im 17. Jahrhundert. Die drei Kriege des 18. Jahrhunderts drehten sich dagegen so offensichtlich um die Vorherrschaft in Ungarn, daß der Kaiser nur noch auf Miettruppen zurückgreifen konnte, die ihm einzelne Reichsstände gegen Bezahlung zur Verfügung stellten.

Hatte 1663 bzw. 1683 nur eine »Cooperation«[22] zwischen einzelnen Fürsten und dem Kaiser in militärischer Hinsicht stattgefunden, so sah die Reichsverfassung sehr viel Weitergehendes vor. Der Westfälische Friede hatte festgelegt, daß der Kaiser nur mit Zustimmung des Reichstags Krieg führen durfte. Für Offensiven waren damit dem Reichsoberhaupt von vornherein die Hände gebunden. Diese strukturelle Nichtangriffsfähigkeit war im damaligen Europa einmalig, entsprach aber ganz dem Selbstverständnis der Reichsstände. Zwischen Eröffnung der Feindseligkeiten und Abgabe der Kriegserklärung des Reiches verging in der Regel ein ganzes Jahr. Wenn es so weit war, kam die Reichskriegsverfassung zur Geltung. Ihr Problem bestand darin, daß sie auf den Schultern der Reichskreise lastete, deren föderative Gestalt den Absichten sowohl der mächtigen Reichsfürsten als auch des Kaisers widersprach. Nur in der Ausnahmesituation der unentwegten Vorstöße Ludwigs XIV. nach Flandern, ins Rheinland und nach Süddeutschland, als dem Kaiser durch die Türkenabwehr die Hände ohnedies gebunden waren, funktionierte sie. 1693 schlossen sich zunächst der Schwäbische und der Fränkische Kreis unter Führung Markgraf Ludwig Wilhelms von Baden, des »Türkenlouis«, militärisch zusammen, 1694 entschieden sie sich sogar für ein stehendes Heer, und schließlich erweiterte man 1697 nach kurzen Verhandlungen das Bündnis zur Assoziation der fünf sog. »Vorderen Reichskreise«; Süd- und Westdeutschland einigten sich damit auf ein einheitlich bewaffnetes und ausgebildetes Heer von 40000 Mann in Friedens- und 60000 Mann in Kriegszeiten. Anfang 1702, kurz nach Ausbruch des Spanischen Erbfolgekrieges, wurde die Assoziation vollzogen.

Diese hatte jedoch die Rechnung ohne den Kaiser gemacht. Er lehnte 1702 nicht nur rigoros ein stehendes Reichsheer ab, sondern wollte überhaupt die im Westfälischen Frieden garantierte außenpolitische Mitsprache und Mitwirkung der Stände nicht dulden. So akzeptierte er zwar vorderhand die militärische Unterstützung der Assoziation, deren Heerführer nur mit einem Drittel der zugesagten Truppen auskommen mußte, verhinderte aber erfolgreich, daß bei Friedensschluß eine gemeinschaftliche Vertretung der Reichsinteressen durch eine Reichsdeputation zustande kam. An ihrer Statt verhandelte die kaiserliche Gesandtschaft allein. Das war schon seit dem Frieden von Nymwegen im Jahr 1679 so, und daran änderte sich trotz mehrfachen Protests in den nächsten 120 Jahren nichts, auch nicht durch den gegenteiligen Passus in der Wahlkapitulation Karls VII. von 1742, der einfach nicht befolgt wurde.

Der Grund dafür ist leicht einzusehen. Die mächtigeren Reichsfürsten mit ihren stehenden Truppen – in der Sprache des Reiches hießen sie darum die »armierten Stände« – waren ohnedies als selbstständig kriegführende Parteien auf diesen Kongressen vertreten und bedurften einer Vertretung des Reiches nicht; sie hätten sie höchstens als lästig empfunden. Sie waren zugleich die einzigen, die auch in der Folgezeit ihre Streitkräfte beibehielten, ja vergrößerten. Die meisten anderen reduzierten nach dem politischen Umschwung Anfang der zwanziger Jahre des 18. Jahrhunderts und namentlich in der Friedensperiode, die auf den Siebenjährigen Krieg folgte, ihre Truppen und verwendeten das Geld für andere Zwecke. Sie vertrauten dabei auf die vom Reich garantierte mitteleuropäische Friedensordnung und rechneten mit dem Schutz der Großen.

Militärisch zerfiel daher das Reich ebenso wie politisch in zwei höchst ungleiche Gruppen. Auf der einen Seite standen die auf das Funktionieren des Reiches angewiesenen mittleren und kleinen Reichsstände, auf der anderen die deutschen Großmächte, deren Interessengrundlage sich niemals vollständig mit derjenigen des

Reiches deckte. Selbst mittlere Staaten wie Hannover, Sachsen und Bayern verfügten am Ende des 18. Jahrhunderts über weniger Truppen als an seinem Beginn, und diese waren zudem schlecht ausgebildet und unzureichend geführt: Bayern zählte 1701 28000 Mann, 1777 nurmehr 16000; am Bayerischen Erbfolgekrieg nahmen keine bayerischen Truppen teil. In Sachsen sank die Zahl der Soldaten in 60 Jahren nach dem Tode Kurfürst Friedrich Augusts I. von 30000 auf 6000 Mann. In Württemberg genehmigten die Stände im Erbvergleich maximal 3000 Soldaten, während es 1736 noch 12000 gewesen waren. Auf Reichsebene verhielt es sich nicht anders. Der Römermonat, wie die Umlage für die Reichstruppen hieß, belief sich ursprünglich auf 128000 Taler, er sank zum Ende des 18. Jahrhunderts auf 50000 Taler. Unter den deutschen Mittelmächten machte nur Hessen-Kassel eine Ausnahme. Die Landgrafen unterhielten gut ausgebildete 12000 Mann und vermieteten sie meistbietend an protestantische Großmächte; sie verdankten damals die Hälfte ihrer Einnahmen dem ›Soldatenhandel‹.

Wie nachteilig die einseitige »Abrüstung« war, zeigte sich in den Revolutionskriegen, in die die Frankreich benachbarten Stände faktisch entwaffnet und daher erpreßbar hineingezogen wurden. Schon 20 Jahre vorher hatte Johann Jakob Moser angesichts der fundamentalen »Gebrechen« der Reichskriegsverfassung sarkastisch verlangt, »daß man, so lang das Teutsche Reich in seiner jezigen Verfassung bleibt, demselben auf ewig verbieten sollte, keinen Reichs-Krieg zu führen, so lang es nur immer möglich ist«.[23]

Die unterschiedliche Entwicklung des Militärs im Deutschen Reich setzte nach dem Dreißigjährigen Krieg ein. Militärtechnische und allgemeinpolitische Erfahrungen haben bei den brandenburg-preußischen und wenig später auch bei den habsburgischen Herrschern den Entschluß zum Aufbau einer modernen, nur ihnen verantwortlichen Streitmacht reifen lassen. Beide Staaten beschritten jedoch hinsichtlich Heeresfinanzierung und -aufbringung unterschiedliche Wege.[24] Preußen faßte die Militär- und Steuerverwaltung in Gestalt der Kommissariatsbehörden zu einer festen Einheit zusammen, in Österreich dagegen dauerte der Dualismus im Finanzwesen bis zu den Reformen Maria Theresias fort. Mit anderen Worten: In den habsburgischen Territorien, die nie zu einem Einheitsstaat zusammengewachsen sind, erfüllten die Landstände nach wie vor jene Aufgaben – Steuererhebung und

Rekrutengestellung –, und zwar bis in die fünfziger Jahre hinein sogar in eigener Regie, die die preußischen Herrscher Zug um Zug an sich gerissen hatten.

Dadurch entwickelte sich Brandenburg-Preußen zum Sonderfall eines Militärstaates. Die wichtigsten Stationen waren die Verstaatlichung der Steuerhoheit seit 1653 und als Konsequenz die Schaffung der ersten für das Gesamtterritorium zuständigen Behörde, des Generalkriegskommissariats, im Jahre 1655, das diese Gelder verwaltete; seit 1693 wurde den Ständen die Zahl der zu stellenden Rekruten vorgeschrieben. Den Abschluß brachte die Regierungszeit Friedrich Wilhelms I., der nicht von ungefähr den Beinamen des »Soldatenkönigs« erhielt. Mit der Einrichtung des Generaldirektoriums 1723 machte er die militärpolitische Zweckbindung der gesamten inneren Verwaltung endgültig sinnfällig; das 1733 eingeführte Kantonsreglement ergänzte diesen Schritt, indem es die Pflicht der Landbevölkerung zum Militärdienst festlegte, ohne davon aber in der Praxis besonders häufig Gebrauch zu machen; die meisten Soldaten wurden nach wie vor angeworben. Politisch war dieser Militärstaat mithin durch die beispiellose Ausweitung der herrscherlichen Prärogativen abgesichert, sozial durch einen Grundadel, der als Gegenleistung für seine Dienstbereitschaft in seinen gesellschaftlichen und wirtschaftlichen Privilegien rigoros geschützt zu werden verlangte.

Radikaler als andere Territorien gestaltete Brandenburg-Preußen auch das Verhältnis von Herrschern und Soldaten um. Als Kurfürst Friedrich Wilhelm in den achtziger Jahren des 17. Jahrhunderts das System der Kapitulationen mit den Obristen, die ihre Truppen bis dahin als militärische Unternehmer führten, zugunsten der staatlichen Finanzierung und Kontrolle beseitigte, ahmte er nur die Verfahrensweise im fortgeschrittenen Westeuropa nach. Nunmehr wurde auch in Deutschland das Regiment zur Grundeinheit des Heeres, das im Frieden wie im Krieg finanziell, administrativ, disziplinarisch und taktisch als selbständiger Verband auftrat. Diese Vereinheitlichung machte das Militär selbst ebenso wie sein direktes und ausschließliches Unterstellungsverhältnis unter den Monarchen zum Symbol dessen, was der Absolutismus war oder zu sein vorgab. Der »Soldatenkönig« ging aber noch einen entscheidenden Schritt weiter. Als er 1725 die Uniform seines Potsdamer Leibregiments anzog, gab er sich damit vor der Öffentlichkeit als Offizier zu erkennen und unterwarf sich fortan dem militärischen Kodex. Wenn als Folge davon die Uniform hoffähig wurde, war dies nur das äußerliche Zeichen für die beginnende Militarisierung der Monarchie überhaupt, die vom Adel alsbald nachgeahmt wurde und schließlich in die Militarisierung der Gesellschaft insgesamt mündete.

Von den Habsburgern vollzog erst Joseph II. diesen Schritt, ohne damit im mindesten das zu erreichen, was in Preußen seit langem eingeführt war. Österreich ist beim Ausbau des Absolutismus niemals den Weg der Militarisierung gegangen, sondern hat sich stets auf seine Bürokratie verlassen. Auch die theresianischen Reformen der fünfziger und sechziger Jahre haben daran nichts geändert. Es folgte dem preußischen Beispiel nur in der Frage der Rekrutierung, für die 1753 die Zentralbehörden zuständig wurden. Aber es verließ sich weder auf einen Militäradel, was die Bauernbefreiung später sehr erleichterte, noch auf die zufälligen soldatischen Qualitäten des Herrschers. So blieb es beim Hofkriegsrat, der eine nach bürokratischen Verfahrensweisen arbeitende Verwaltungs- und Kommandospitze war, über die sich nur Joseph II. gelegentlich hinweggesetzt hat. Das Heer des Kaisers war darum nicht schlechter als das des preußischen Königs, auch wenn die borussisch inspirierte Geschichtsschreibung das stets behauptet hat. Die einzige große, aber zeitweise denkbar knappe Niederlage steckte es gegen Friedrich II. ein aus Gründen, auf die gleich noch einzugehen ist. In den Türkenkriegen blieb es regelmäßig Sieger, in den Reichskriegen behauptete es sich mit wechselndem Erfolg – nicht anders als die preußischen Kontingente. Nicht Österreich allein, sondern beide deutschen Großmächte wurden schließlich von den Revolutionsarmeen vernichtend geschlagen, nur daß die Kapitulation den Militärstaat Preußen ungleich härter traf als den Beamtenstaat Österreich.

Die allgemeinpolitische Bedeutung des Stehenden Heeres war so offensichtlich, daß im 18. Jahrhundert auch die zweitrangigen Landesherren sich Regimenter zulegten. Die vielgelästerte »Soldatenspielerei« der Fürsten hatte durchaus rationale Gründe, jedenfalls dann, wenn das Militär zu mehr reichte als zur Schloßwache. Denn innenpolitisch verlangte eine solche Truppe einen rationalisierten Verwaltungsapparat, das Heer stand also in direktem Zusammenhang mit der administrativen Modernisierung. Sogar finanzpolitisch brachte es den Fürsten Vorteile ein, denn jedenfalls die kleineren unter ihnen, ja selbst noch der »Soldatenkönig« in seinen Anfängen, ließen sich ihre Regimenter vielfach durch die Großmächte im Wege der Subsidienzahlung finanzieren oder vermieteten sie an kriegführende Parteien. Vor allem aber erlaubte ein Stehendes Heer eine gesteigerte außenpolitische Bewegungsfreiheit. Der Aufstieg Brandenburg-Preußens wäre ohne das Zusammenspiel von Militärmacht und Koalitionswechsel undenkbar gewesen.

Soldaten waren also in damaligen Zeiten nicht nur auf dem Schlachtfeld von Nutzen. Das Schlachtfeld war sogar nur die *ultima ratio* eines vielgestaltigen Kräftemessens, dessen Virtuosen die Entscheidung nach Möglichkeit ohne Kampfhandlungen herbeizuführen suchten. Soldaten waren nämlich so kostbar, daß man ihnen die Schlacht nach Möglichkeit ersparte. Das Hauptproblem war die Desertion. Werbemethoden und Lebensumstände veranlaßten unablässig zur Flucht, die naturgemäß im Durcheinander des Schlachtfeldes besonders häufig war.[25] Wenn selbst in der vergleichsweise schlachtenarmen Regierungszeit des »Soldatenkönigs« über 30000 Mann desertiert sind, was fast der halben Sollstärke des Jahres 1740 entsprach[26], wird die Größenordnung dieses Problems deutlich.

Um die Desertion zu verhindern oder wenigstens zu erschweren, hatten die Heerführer in der zweiten Hälfte des 17. Jahrhunderts für ihre Truppen ein Ordnungsprinzip entwickelt, das in Lager, Marsch und Kampf dasselbe war: die Linie zu drei Gliedern. Auf diese Weise war zwar eine wirksame Kontrolle gewährleistet, aber die Unbeweglichkeit der Lineartaktik verursachte so hohe Verluste im Gefecht, daß die Feldherren lieber mit Märschen den Gegner ermüdeten und sein Nachschubwesen störten. Nur Abstumpfung und gnadenloser Drill, dessen Grundzüge der »Soldatenkönig« 1714 in dem von ihm verfaßten Exerzierreglement entwickelt hatte, der allerersten Dienstvorschrift überhaupt, machten dieses schwerfällige Instrument schlachtentauglich. Aber die Defensive blieb die den Umständen einzig angemessene Taktik, und die Tatsache, daß niemand sie besser beherrscht hat als gerade der »Soldatenkönig«, unterstreicht noch einmal den besonderen Charakter des Jahrhunderts zwischen 1660 und 1760 als einer Zwischenzeit. Vorher wütete die der Kontrolle entglittene Soldateska, nachher begannen die ersten Umfassungsschlachten und änderten sich die Kriegsziele; der dynastische Krieg kündigte sein Verschwinden an.

Der Siebenjährige Krieg markierte in mehr als einer Hinsicht den Wendepunkt, er vereinte Altes und Neues in ganz besonderer Art. Fünf zukunftweisende Elemente machten sich in diesem schweren Konflikt bemerkbar. Das erste ist seine unmittelbare Vorgeschichte. Sie schien ganz im Stile der herkömmlichen Politik abzulaufen, denn dem Wiener Hof gelang eine Allianz aller derjenigen Staaten, die sich durch den Aufstieg Preußens zur Großmacht bedroht fühlten. Im August 1755 fiel in Wien die Entscheidung, im Frühjahr 1756 bereits gelang Kaunitz nach zähen Verhandlungen die »diplomatische Revolution« des Jahrhunderts, das unerwartete Bündnis zwischen Habsburgern und Bourbonen. Der sensationelle außenpolitische Systemwechsel war selbst noch ein Produkt klassischer Kabinettspolitik, er leitete jedoch eine internationale Krise ein, die ihrerseits stark an entsprechende Phänomene im Vorfeld der großen Kriege des 19. und 20. Jahrhunderts erinnert. Denn das *renversement des alliances* beschleunigte sofort die Politik und machte die Kabinette zusehends zu Getriebenen, statt daß sie wie bisher im geheimen und mit Bedacht ihre Fäden ziehen konnten. Schon der Versailler Vertrag war die Antwort auf die englisch-preußische Konvention von Westminster gewesen, eine weitere Antwort war das Bündnis zwischen Wien und St. Petersburg. Dies bewog die Zarin Elisabeth sogleich, dem internationalen Rüstungswettlauf durch den Aufmarsch ihrer Truppen in Livland zuvorzukommen, der seinerseits unmittelbar nach Bekanntwerden Friedrich erst zu Gegenmaßnahmen in Pommern veranlaßte und dann in ihm den Entschluß zum Präventivkrieg gegen Habsburg reifen ließ. Am 29. August 1756 marschierte er in Sachsen ein, und so begann der Krieg ein gutes halbes Jahr früher als von Kaunitz geplant.

Mochte der österreichische Staatskanzler auch, ganz seinem Naturell entsprechend, einen Kabinettskrieg im herkömmlichen Stil beabsichtigt haben, vereitelte niemand anders als er selbst diese Absicht durch das von ihm ins Auge gefaßte Kriegsziel. Hier war für dieses Mal Friedrich der Konventionellere. Ihm ging es um Landgewinn, Sachsen vor allem sollte die Kriegsbeute werden, gegebenenfalls auch Westpreußen und der schwedische Teil Pommerns. Anders Kaunitz. In der entscheidenden Wiener Konferenz am 21. August 1755 gab er als Ziel seiner Politik an, »dass Preussen muss übern Haufen geworfen werden, wenn das ... Erzhaus aufrecht stehen soll«.[27] Das bedeutete, daß man über die gewöhnlichen »Länder-Abreißungen« hinauszugehen beabsichtigte und nach Mitteln sann, Preußen ein für alle Mal angriffsunfähig zu machen und damit aus dem Kreis der Großmächte wieder auszustoßen, in den es eben erst eingetreten war. »Zu der gleichen Schwermachung einer wieder aufzurichtenden Preußischen grossen Kriegs-Macht könnte unter andern dienen, wenn für all künftige Zeiten, auch nach dem Frieden, die Preußische Werbungen im Reich gehindert verblieben, oder gar vorgeschrieben würde, wie viel das Chur-Haus-Brandenburg Kriegs-Völker halten dörfte.«[28] Die angestrebte Wegnahme mindestens Schlesiens und die Teilentwaffnung des Reststaates zeigte der europäischen Öffentlichkeit, daß es nicht mehr nur um »Ruhm« und »Ehre« des preußischen Königs ging, sondern »um Sein oder Nichtsein der neuen Monarchie«.[29] Das war neu, sollte von nun ab aber zum geläufigen Ziel von Politik und Krieg in Europa werden. Polen wurde wenig später das erste Opfer dieser Strategie.

Der andersartige Charakter des Konflikts lag bereits bei Kriegsbeginn offen. Gekämpft wurde nicht nur um Gebietsbesitz, sondern um die öffentliche Meinung. Deren Bedeutung hatte der preußische König schon in den ersten beiden Schlesischen Kriegen erkannt; nun, im Vorfeld des dritten, tat er den Schritt von der Zensur zur Presselenkung. Es sei ihm »gar nicht gleichgiltig«, was das Publikum von der preußischen Politik denke, teilte er seinem Außenministerium mit und beauftragte es zugleich, »das Publicum zu désabusiren«.[30] »Inspirierte Artikel« erschienen schon seit Ende Juli 1756 zunächst in den *Berlinischen Nachrichten*, um die einheimischen Leser »über die erstaunliche und dort noch nie gesehene Kriegsveranstaltungen« in Böhmen und Mähren zu unterrichten, denen Preußen bisher nichts entgegengesetzt habe.[31] Sodann wurden die preußischen Geschäftsträger im Reich und in den Niederlanden, deren Zeitungen das internationale Publikum erreichten, mit Material versorgt. In ihm stellte man nicht nur den großen »Kriegesanstalten« Wiens den preußischen »Defensionsstand gegen einen Überfall« entgegen, sondern alarmierte überdies die Evangelischen noch mit der Nachricht, die Kaiserin plane »den Umsturz der protestantischen Religion« im Reich, wozu die Konversion des Erbprinzen von Hessen-Kassel der erste Schritt sei.[32] Mit dem Überfall auf Sachsen begann dann als weitere Steigerung eine Serie sog. »Staatsschriften« zu erscheinen, d. h. kurzer Broschüren, teils von Friedrich selbst entworfen, in denen der internationalen Öffentlichkeit die Motive Preußens für seinen Präventiv-schlag dargelegt wurden. Die Originale waren darum in französi-scher Sprache, doch trug die Berliner Regierung Sorge, daß die Texte sogleich ins Deutsche und – im Hinblick auf die polnischen und ungarischen Leser – ins Lateinische übersetzt wurden; engli-sche Versionen veranlaßte das Ministerium in Westminster.

Wie wichtig dem König diese Seite des Feldzugs war, zeigt der einmalige Vorgang, daß auf seinen Befehl hin preußisches Militär unter Gewaltanwendung ins Dresdner Schloßarchiv eindrang und dort die sächsischen Aktenstücke zur Vorgeschichte des Kriegs be-schlagnahmte. »Um nun gegen der ganzen Welt die Wahrheit da-von darzuthun und [mich] legitimiren zu können«, befahl Fried-rich am 12. September den Druck.[33] Die von Graf Hertzberg zusammengestellte und kommentierte Dokumentation erschien Anfang Oktober, wenige Tage später eine weitere Broschüre aus der Feder Graf Finckensteins auf dem Markt. Kurz zuvor war das erste kaiserliche Hofdekret gegen Preußen publiziert worden; es leitete die Reichsexekution ein, die Anfang 1757 beschlossen wurde.

Die österreichische Propaganda hatte dem nicht viel entgegen-zusetzen. Sie wußte sich im Einklang mit der Idee des Gleichge-wichts und dem Völkerrecht, und auch ihr war der Gedanke des Religionskriegs nicht fremd; nicht zuletzt suchte sie das Publikum auf einen denkbar harten Frieden für Preußen vorzubereiten. Ge-rade dies aber hat, scheint es, der preußischen Sache genutzt. All-mählich vollzog sich in der öffentlichen Meinung Deutschlands ein Umschwung. Auch wer nicht den Beteuerungen des Königs Glau-ben schenkte, er müsse jetzt ganz »allein« Deutschlands »Freihei-ten, seine Privilegien und seine Religion« verteidigen[34], konnte sich der Wirkung nicht entziehen, die von der zähen Selbstbehaup-tung Preußens ausging. Landespatriotismus kam beim Militär auf, bis hinunter zum einfachen Soldaten. »Preußen« verlor seine pro-vinzielle Bedeutung und wurde zum Begriff für die Summe des Ganzen. Im März 1757 dichtete Ewald v. Kleist, selbst Offizier, seine *Ode an die preußische Armee*, am 4. Dezember desselben Jahres, am Vorabend der Schlacht bei Leuthen, appellierte Fried-rich an seine Stabsoffiziere – auch dies ein neues Stilmittel, das er freilich seinen lateinischen Schriftstellern abgeschaut hatte, die er beständig bei sich trug (aber bei Cicero und Livius war es bekannt-lich Fiktion) – und verlangte von ihnen »unbedingten Gehorsam«

angesichts der zahlenmäßigen Unterlegenheit der eigenen Truppen. »Wenn Sie übrigens bedenken, daß Sie Preußen sind, so werden Sie sich gewiß dieses Vorzuges nicht unwürdig machen.«[35]

Das gebildete Bürgertum erlebte einen Politisierungsschub ohnegleichen. Er ist nicht nur an den deutschen Zeitungsauflagen ablesbar – sie nahmen allesamt zu, aber die preußenfreundlichen Blätter verzeichneten die größte Steigerung –, sondern auch an der literarischen Produktion. 1757 begann Gleim mit den *Grenadierliedern*, die später von Lessing herausgegeben wurden, der sich seinerseits 1763 zur *Minna von Barnhelm oder das Soldatenglück* anregen ließ. In den Kirchen feierten patriotische Predigten die Heldentaten des Königs und seiner Armeen. Es ist ein anderer, schon an den Befreiungskrieg von 1813/14 gemahnender Patriotismus als derjenige der praktisch orientierten Aufklärer, die damit den Dienst am Gemeinwohl bezeichneten, und führte daher sogleich zum Streit, ob die Liebe zum Vaterland dem »Deutschen National-Geist«, den Friedrich Karl von Moser verlangte, vorzuziehen sei. Endete diese Debatte notwendigerweise in der Sackgasse, öffnete Thomas Abbt mit seiner 1761 publizierten Schrift *Vom Tode für das Vaterland* den Gelehrten den Weg zum politischen Räsonnement. Vordergründig eine schwülstige Apotheose seiner preußischen Wahlheimat, die ihm zum Vaterland geworden ist – »es flehet um die Hilfe seiner Kinder« – und seines Regenten – »es ist mein König« –, verbirgt sich dahinter der Aufruf zum politischen Engagement, da nicht nur in der Republik, sondern auch in der Monarchie jeder den »vormals so herrlichen Namen eines Bürgers« trage. Das »gemeine Beste« sei keine Frage der Staats-, sondern der Regierungsform, und so erwartete sich Abbt gerade von seinen preußischen Landsleuten »eine große und neue Denkungsart«.[36] Beide Gattungen, Lyrik wie Essay, verbanden mit der Umdeutung des Kabinettskrieges in einen gerechten Freiheitskrieg die Neubestimmung der Rolle des Schriftstellers und gelangten auf einer weiteren Stufe der Entwicklung zur Zeitkritik, wie sie dann in den siebziger Jahren auftauchen sollte.

Bis zum Frieden dauerte es jedoch noch geraume Zeit. Vorderhand herrschte Krieg, und auch dieser zeigte besonderen Charakter. Jedenfalls nach Meinung der Zeitgenossen, und dieser Gesichtspunkt ist der fünfte und letzte, der den Siebenjährigen Krieg aus den gewohnten Vergleichsmaßstäben hat herauswachsen lassen. Wortreich beklagten die offiziösen Wiener »Staats-Betrachtungen« von 1761 die »ganz neue Art Krieg zu führen . . . dergleichen kein Exempel in den Kriegs-Geschichten aufzuweisen«.[37] Worin bestand das Neue? Am wichtigsten war wohl, daß der Krieg in der Alten und Neuen Welt zugleich, in nicht weniger als vier Erdteilen geführt wurde. Aber das blieb den deutschen Augenzeugen weitgehend verborgen. Sie meinten statt dessen die Ausplünderung und rücksichtslose Indienstnahme der eroberten und selbst neutraler Gebiete durch die preußische Heeresverwaltung. Am meisten darunter litt Sachsen: die Mannschaften seines Heeres, das am 15. September 1756 kapitulieren mußte, wurden in preußische Dienste gezwungen, das Land hatte über Jahre so gut wie sämtliche Steuern und sonstige Abgaben an die preußischen Kommissare abzuliefern, und obendrein ließ der König die sächsische Währung durch Münzverschlechterung ruinieren; dasselbe machte er aber auch mit seiner eigenen. Die preußische Kriegsmaschinerie erfaßte jedoch nicht nur die besetzten Gebiete mit größerer Wucht als diejenige ihrer Gegner, auch an der Front fuhr sie anders auf. Unter den Fachleuten herrscht Uneinigkeit darüber, ob Friedrich seine Schlachten nach einer neuen Taktik geschlagen hat oder nicht. Was ihn jedoch zweifellos von seinen Gegnern unterschied, war einmal, daß er selber seine Truppen befehligte, dann aber auch, daß er Angriffe der Verteidigung vorzog, auch wenn dies purer Not entsprang; wegen seiner eigenen Unterlegenheit glaubte er, alles auf eine Karte setzen zu müssen. Die Ausnahmestellung des *Prince Connétable* erlaubte ihm in der Tat – wie er selbst eingestand – Risiken ganz anderer Art einzugehen als jeder Feldherr, der sich seinem Monarchen gegenüber zu verantworten hatte. So wurde der Krieg von beiden Seiten unter sehr verschiedenen Bedingungen geführt. Sie erklären den Ausgang besser als die Berufung auf Friedrichs militärisches Genie oder gar auf »das Mirakel des Hauses Brandenburg«[38], an das er selbst nicht geglaubt hat. Niemals zuvor sind die dem absolutistischen Heerwesen innewohnenden Grenzen so deutlich geworden wie in diesem Krieg. Die Militärspezialisten zogen daraus alsbald die Konsequenzen. Kaum war 1763 der Friede geschlossen, begann Frankreich mit der Auflösung des Massenheeres in selbständig operierende Divisionen. Weitere 25 Jahre später kam der Gedanke des »Volksheeres« auf und begannen erste Versuche mit der Tirailleurtaktik. Das war vollends der Abschied vom Ancien Régime.

Das siebenjährige Ringen hat zwar nicht die deutsche Landkarte, wohl aber die deutsche Politik so sehr verändert, daß die Historiker neuerdings dazu neigen, in 1763 ein wichtigeres Epochenjahr zu sehen als z. B. in 1789. Schon der Krieg als solcher war ungewöhnlich genug. Mit seinen fünf Zeitschichten band er Vergangenes und Künftiges auf eine die Zeitgenossen irritierende Weise zusammen. Altertümlich an ihm waren seine Züge als *Religionskrieg* und als *Reichsexekution*; konnte man mit dieser den österreichisch-preußischen Gegensatz nicht beseitigen, war jener vollends so obsolet geworden, daß gerade damals endgültig von ihm »Abschied« genommen werden mußte.[39] *Kabinettskrieg* war er namentlich aus österreichischer und französischer Sicht, doch führte Versailles zugleich bekanntlich einen *Weltkrieg* gegen England; es hat beide verloren. Am weitesten in die Zukunft wies der Krieg, soweit er um die Existenz Preußens ging; man könnte ihn als *Nationalkrieg* bezeichnen, auch wenn dieser Begriff erst für 1813/14 belegt ist.

Der Doppelfriede von Paris und Hubertusburg bescherte dem Reich eine dreißigjährige Erholungszeit. Von den siebziger Jahren an fiel sie zusammen mit einer Periode internationaler Hochkonjunktur und einer weiteren Bevölkerungswelle. Nach 1772 blieb Mitteleuropa auch für mehr als eine Generation von außerordentlicher Witterungsungunst verschont. Das waren die Rahmenbedingungen, innerhalb derer sich der Wiederaufbau vollzog. Die gesteigerte Rolle der wirtschaftlichen Verhältnisse hatte gerade dieser Krieg den Herrschaftseliten drastischer als je zuvor verdeutlicht. Dieser Erkenntnis galt es Rechnung zu tragen. Es ist darum nicht überraschend, wenn seit 1763 der Absolutismus neue Züge annahm. Reformen waren das Gebot der Stunde, über sie wurde nicht mehr nur diskutiert, sondern sie wurden nunmehr auch energischer denn je in Angriff genommen. Die Regierungen begannen mit dem Nächstliegenden. Verwaltungsreformen sollten den Einfluß der Stände zurückdrängen, die Belastungen namentlich der Bauern verringern und die staatlichen Einkünfte erhöhen. In katholischen Staaten war damit zwangsläufig der Versuch verbunden, die Kirche der Kontrolle durch die Regierung zu unterwerfen. Das bildungspolitische Interesse wandte sich den Universitäten und Hochschulen zu, um die Qualifikation der künftigen »Staatsdiener« zu verbessern. Nicht zu vergessen die zahllosen Eingriffe der Policey in das tägliche Leben der Untertanen im Namen eines erweiterten Begriffs vom »gemeinen Besten«.

Wichtig war, daß die Gebildeten von der Reformbedürftigkeit der Verhältnisse überzeugt waren. Da sie als Beamte, Professoren, Geistliche ebenso den Staat repräsentierten, wie sie als Intellektuelle die öffentliche Meinung bestimmten, verlief der Austausch zwischen Theorie und Praxis ziemlich reibungslos. Freilich trug die (weitgehende) Identität von Öffentlichkeit und Staatsapparat auch den Keim ihrer Überwindung in sich. Die Politisierung der Aufklärung ließ einen Teil der bürgerlichen Eliten in kritische Distanz zur Obrigkeit treten, und während diese nach Mitherrschaft zu verlangen begannen, brach jene verunsichert die Reformpolitik ab.

Zunächst jedoch, sicherlich bis Mitte der achtziger Jahre, kann die Reform als Signatur des Zeitalters gelten. Christian Wilhelm v. Dohm, ein hoher preußischer Beamter, entwickelte dazu eine förmliche Theorie, mittels derer er den Staat auf die Reformpolitik festzulegen versuchte. »Nach einem festen, sich selbst immer nach den Zeitumständen entwickelnden Plane mit Rücksicht nicht auf einige, sondern auf alle Bedürfnisse, alle Verhältnisse des Staats, mit Schonung des nun einmal unter dem Schutz und mit Beyhülfe des Staats aufgewachsenen Vorurtheils reformiren – dies ist das Werk einer weisen und aufgeklärten Regierung.«[40]

Es wurde auch viel erreicht. Am radikalsten griff die Wiener Regierung seit 1780 in die überlieferten Verhältnisse ein, Joseph II. begann nichts weniger als das Ancien Régime selbst zu überwinden. Im Vergleich dazu blieb Preußen bemerkenswert weit zurück. Die dringlichste gesellschaftliche Reform, die Beseitigung der Leibeigenschaft, konnte wegen des Widerstands des Adels nicht durchgesetzt werden. Friedrich nahm auf ihn, der mit dem König zusammen unter persönlichen Opfern den Krieg gewonnen hatte, jede Rücksicht. Er brauchte ihn um so mehr, als Preußen weit und breit der einzige Staat war, der nach 1763 weiter aufrüstete: gegen 1775 hatte es 200000 Mann unter Waffen, 1794 sogar 235000.[41] Auf dem flachen Lande formte die Armee sowieso Staat und Gesellschaft nach ihren Bedürfnissen, die Aufrechterhaltung ihrer Privilegien machte aus ihr aber überhaupt das größte Hindernis für politische und soziale Änderungen einschließlich einer Reform des Heereswesens selbst. Die preußische Variante der Aufklärung hat Kritik daran jedoch nicht aufkommen lassen, sie genoß im Gegenteil aufgrund ihres geistigen Niveaus einen ebenso ausgezeichneten Ruf wie ihr Monarch.

Der Siebenjährige Krieg leitete mit seiner Belebung der Politik eine bedeutsame Wende ein. Der dadurch in Gang gesetzte Reformprozeß, wie beschränkt er auch im Einzelfall gewesen sein mochte, hat es zusammen mit den Traditionen der politischen Kultur ermöglicht, daß das Ancien Régime hierzulande flexibel genug geblieben ist, um die mannigfachen Herausforderungen des späten 18. Jahrhunderts aufzufangen und zu verarbeiten. Niemand vermag zu sagen, wie die deutsche Geschichte ohne den Einbruch der Revolution verlaufen wäre, aber so viel ist sicher: die Revolution kam von außen. Allerdings gab sie auch der weiteren Entwicklung eine Richtung, die von allein nicht beschritten worden wäre.

3. Deutschland und die Französische Revolution

Die Nachrichten vom Fall der Bastille und all der anderen Ereignisse in Frankreich, die man rasch zusammenfassend als »Revolution« bezeichnete, verbreiteten sich mit Windeseile in Deutschland, und zwar nachweislich in allen Gesellschaftsschichten. Daß dort Außergewöhnliches geschah, begriff man sofort. Schließlich hatte sich das Geschehen lange genug angekündigt. Außerdem hatten die damals nur kurz zurückliegenden Nachrichten von der Revolution in Nordamerika das Publikum auf neuartige politische Großereignisse und Verfassungsexperimente vorbereitet.

Was haben diese Nachrichten in Deutschland bewirkt? Selbst in der kurzen Zeit, in der die Revolution noch nicht auf die Nachbarländer übergriff, solange es also wirklich bei den Nachrichten blieb, fiel das Spektrum der Reaktionen breiter aus als wohl erwartet. Auffällig dabei ist vor allem, daß die Reflexe je nach Schicht ganz unterschiedlich ausfielen.

Bei den Gebildeten überwog zunächst die Zustimmung bei weitem. *Sie, und nicht wir*, wie Klopstock eine seiner zahlreichen Oden zur politischen Lage im Mai 1790 überschrieb, kann als Tenor dessen gelten, wie diese Kreise auf die Vorfälle im Nachbarland reagierten – begeistert, neidvoll, hoffend. Das Echo beschränkte sich natürlich nicht auf die Lyrik. Zeitschriften und Bücher brachten eine Fülle aktueller Nachrichten und bemühten sich um die Analyse der politischen Entwicklung.

Zwangsläufig interpretierte man die Revolution aus der politischen Perspektive Deutschlands, des Reiches wie seiner Territorien. Das bedeutete, daß man die Geschicke Ludwigs XVI. als Menetekel für alle »Despoten« begriff, zugleich aber auf die Vorzüge der politischen Ordnung hierzulande hinwies, die eine Revolution überflüssig machten. So diente die Entwicklung im Nachbarlande als Hintergrund, vor dem sich die absolute Monarchie unter einem aufgeklärten Herrscher besonders vorteilhaft darstellte. Der Ausbruch der Revolution erschien vielen geradezu als Rechtfertigung der Aufklärung, natürlich in dem Sinne, daß rechtzeitige Reformen sie überflüssig machten. Die Erfahrungen der Gebildeten mit dem Reformabsolutismus mündeten 1789/90 unter dem Eindruck der gewalthaften Ereignisse beim Nachbarn in den Gedanken der »Revolution von oben«, der für mindestens 100 Jahre das politische Denken der Deutschen tief beeinflußt hat.

Schwingt in diesen Gedanken schon eine gewisse Sorge gegenüber der Revolution mit – die von Enthusiasmus und Faszination einstweilen freilich verdeckt blieb –, brach sich die Skepsis volle Bahn angesichts dessen, was seit 1791 aus Frankreich an Neuigkeiten herüberdrang. 1792/93 schließlich wich sie der Enttäuschung, dem Entsetzen, der rigorosen Ablehnung – jedenfalls bei der großen Mehrheit. Auf Nuancen im Urteil kann hier verzichtet werden. Wichtiger sind die Ursachen für dieses Verhalten. Bei genauerem Zusehen zeigt sich, daß es dieselben sind, die Lob und Verdammung zugrunde lagen – die deutsche Perspektive, die besondere Tradition des deutschen politischen Denkens.

In diesem Buch wurde schon mehrfach auf die Merkmale dieses Denkens hingewiesen. Sie lassen sich letztlich auf das Fortleben des Aristotelismus zurückführen, der eine Trennung von menschlicher und staatlicher Existenz nicht kennt, die Menschen für den Staat gemacht hält und diesen an das Gemeinwohl bindet. Eine eigene Identität des Staates ist unter diesen Voraussetzungen ebenso undenkbar wie die der Gesellschaft, der Staat besteht aus der Summe seiner Familien bzw. der ihn repräsentierenden Oberhäupter, der »Bürger«: *res publica sive societas civilis*. Eine solche Lehre mochte für ihre antike Entstehungszeit und vielleicht auch für das Spätmittelalter und die erste Hälfte der Frühen Neuzeit wirklichkeitsgerecht gewesen sein, die Realität des späten 18. Jahrhunderts verfehlte sie zweifellos. Sie konnte die beiden wichtigsten Instrumente zum Erfassen der modernen Welt nicht hervorbringen, eine Theorie des Politischen und eine Theorie der Gesellschaft. Zwar hat das Jüngere Naturrecht, das sich nicht zufällig seit den dynamischen siebziger Jahren zu entwickeln begann, den Aristotelismus überwunden und folglich zum Gedanken der Trennung von Staat und Gesellschaft gefunden, es hat auch aus dieser Einsicht die naheliegenden »liberalen« politischen Ableitungen vorgenommen, aber eine Anerkennung der Revolution, gar »das Recht des Volkes zu einer Revolution«[42] bedeutete das natürlich nicht. Auch das liberale Naturrecht war nämlich insoweit keine politische Theorie, als es vermieden hat, den Weg aufzuzeigen, der zur angepeilten politischen Ordnung führen sollte. Es lieferte weder Verfassungsentwürfe, noch beteiligte es sich an der Diskussion um die politische Freiheit. Nicht zufällig begann es sich gerade in der Zeit der Revolution zur abstrakten Rechtsphilosophie umzubilden.

Der großen Mehrheit der politisch Interessierten Deutschlands fehlte also das geeignete Instrumentarium, die gesellschaftlichen Spannungen und deren politische Entladungen im Nachbarland angemessen zu analysieren. Sie hatten keinen anderen Maßstab als den des Gemeinwohls, der »Glückseligkeit«. Politik war und blieb ein Bestandteil der Ethik. Dies bestimmte ihre anfängliche Zustimmung ebenso wie die anschließende Verurteilung. Deutschland und die Französische Revolution – auf geistiger Ebene endete der Erkenntnisprozeß fürs erste mit einem Mißverständnis.

Das politische Leben ging hierzulande zunächst unbeeinflußt von den Nachrichten aus Frankreich weiter. Die Menschenrechte wurden rezipiert, dabei aber vielfach mit den Untertanenrechten auf eigenartige Weise verschmolzen. Schlözer, wahrlich kein unkritischer Geist, sprach von der »ruhigen WiederEroberung verlorner MenschenRechte« in Zusammenarbeit mit den Monarchen; »Fürsten werden Fürsten bleiben, und alle deutschen Menschen freie Menschen werden«.[43] Das verstand er 1791 als die deutsche Form der »Revolution«. Die Praxis gab ihm hierin Recht. Es war bereits davon die Rede, daß die Reichsjustiz niemals besser gearbeitet hat als gerade damals und daß ihre vielen Urteilssprüche zugunsten der Untertanen darum tatsächlich als »WiederEroberung verlorner MenschenRechte« verstanden werden konnten, jedenfalls solange darunter nicht die politische Selbstbestimmung fiel.

Politische Freiheit und Partizipation blieben auch nach 1789 meistenteils aus den Forderungskatalogen ausgeschlossen. Vor der Jahrhundertwende tauchte sie regelmäßig fast nur bei den deutschen »Jakobinern« auf, wie der demokratische Flügel der Gebildeten etwas mißverständlich neuerdings bezeichnet wird. Und aus Kant hat das Publikum, sofern es ihn überhaupt als politischen Autor zur Kenntnis nahm, eher seine scharfe Verurteilung der Französischen Revolution, insbesondere der Hinrichtung Ludwigs XVI., und seine freilich unter Vorbehalt ausgesprochene Billigung des aufgeklärten Absolutismus herausgelesen, als daß es sein unzweideutiges Bekenntnis zu Volkssouveränität, Gewaltenteilung und Repräsentativverfassung zur Kenntnis genommen hätte. Die Vorstellung vom unpolitischen deutschen Idealismus ist nicht erst das Produkt späterer Tage. Um so eher verdient die Tatsache hervorgehoben zu werden, daß Kant mit seiner ganz unspekulativen liberalen politischen Philosophie in den neunziger Jahren ziemlich einsam dastand.

Die Masse des gebildeten Publikums dachte hierin anders. Politische Freiheit schien ihm deshalb nicht vordringlich, weil die maßgeblichen Aufklärer staatliche oder staatsnahe Ämter versahen und insoweit auf den Gang der Dinge bereits Einfluß nahmen. Dem Umstand einer »im Schatten der Höfe lebenden und wirkenden Intelligenz«[44], deren Erfahrung vom Kompromiß der Macht mit der Vernunft geprägt war, ist es zuzuschreiben, daß »Freiheit« und »Herrschaft« nicht miteinander in Konflikt gerieten. Der traditionelle Vorrang des Verwaltungs- gegenüber dem Verfassungsstaat wurde durch die Französische Revolution nicht nur nicht erschüttert, sondern für lange Zeit noch einmal befestigt. Das ist um so bemerkenswerter, als schon seit der Mitte der achtziger Jahre, verstärkt seit 1789/90 der Reform-Elan der Bürokratie zum Erliegen gekommen war. Fortab blieb es bei bloßen Bekundungen, von denen die Aussage des Ministers Struensee von 1799 die bekannteste, wohl auch die hochtönendste war. Damals sagte er zum französischen Geschäftsträger, daß »die heilsame Revolution, die Ihr von unten nach oben gemacht habt, ... sich in Preußen langsam von oben nach unten vollziehen werde«.[45]

Damit sind die wichtigsten Kontinuitäten im Bereich des Politischen umschrieben. Dem steht nicht die Spaltung der Gebildeten in eine liberale und eine konservative Richtung entgegen – zumal in der Forschung umstritten ist, ob diese Spaltung nicht im Zuge der bereits mehrfach angesprochenen Politisierung längst vor 1789 begonnen hat, und zwar deshalb, weil beide im Grundsatz am selben Politikverständnis festhielten. Sie blieben darum auch miteinander koalitionsfähig.

Es ergäbe aber ein völlig einseitiges Bild, wollte man den Überblick auf die geschilderten Dinge beschränken. Selbst wenn man nur die neunziger Jahre betrachtet, so wird offensichtlich, daß die Nachrichten aus Frankreich die von der Politik bisher Ausgeschlossenen ganz anders haben reagieren lassen. Richtiger wäre vielleicht zu sagen, daß sie ein anderes Politikverständnis besaßen als die Eliten. In ihm hatte die Anerkennung gesellschaftlicher Differenzierung als Ergebnis demographischen und wirtschaftlichen Wandels ebensowenig Platz wie die als Antwort darauf entwickelte Neigung der Obrigkeit zur Intervention in diese Verhältnisse. Statt dessen bestimmten umfassende Vorstellungen von »Gerechtigkeit« die Wertordnung und das Handeln, hier herrschte ein volkstümlicher Konsens darüber, was im wirtschaftlichen Leben legitim sei und welche Rolle der Staat haben solle. Träger eines solchen Weltbildes waren vor allem Bauern, Handwerker, Krämer und andere kleine Gewerbetreibende. Zwischen ihnen und ihren Herrschaften existierte seit längerem ein Zustand latenter Spannungen, die einesteils in sog. Untertanenprozesse mündeten, anderenteils sich in lokalen »Widersetzlichkeiten« zu entladen pflegten, ohne daß durch den gewaltsamen Protest die Ursachen jener Spannungen beseitigt worden wären. Die Nachrichten aus Frankreich wirkten auf dieses labile Geflecht von Beziehungen geradezu elektrisierend. Schlagartig brachen Unruhen aus, deren Teilnehmer es den Franzosen gleichtun wollten. Das war ein völlig neues Motiv für Empörungen und zeigt deren abgeleiteten Charakter. Unverändert blieben dagegen die Handlungsmuster. Der massenhafte Charakter des im Kern nach wie vor antikapitalistischen oder antietatistischen Protests erweiterte die Handlungsspielräume der Manifestanten, weil die Behörden, ebenfalls von den Vorgängen jenseits der Grenzen alarmiert, nunmehr oft schon zur Vermeidung von Konflikten eine sorgfältigere Überprüfung der Rechtmäßigkeit von Beschwerden anordneten bzw. weil Grund- oder Gutsherren vorsorglich ihre Ansprüche minderten.

Im Gegensatz zu den Eliten wurde die Revolution – genauer: die Nachricht davon – hier zum Katalysator der Destabilisierung. Das verweist auf die Krise der gesellschaftlichen Verhältnisse in diesem Bevölkerungsausschnitt, der im bürgerlichen Spektrum nichts Vergleichbares entsprach. Ober- und Unterschichten erlebten 1789 unter so ungleichen Bedingungen, daß sie keine gemeinsame Perspektive erlaubten. Dieser Umstand verhinderte hierzulande die Revolution, im Unterschied zu Frankreich, wo Eliten, städtisches Gewerbe und Bauern in lockerem Zusammenspiel das Ancien Régime beseitigten. Hinzu kam, daß der Handlungsspielraum der Unterschichten mit Beginn der Koalitionskriege wieder enger wurde und dann 1806 mit dem Untergang des Reiches und seiner Rechtsordnung vollends auf den gewalthaften Protest beschränkt blieb.

1806 ist aber nicht nur in dieser Hinsicht ein Wendepunkt. Mit dem politischen System, das damals zu Grabe getragen wurde, verloren auch die daran ausgerichteten politischen Denktraditionen ihre sachliche Grundlage. Es war ja nicht nur das Reich vergangen, zusammengebrochen war auch der dynastische Fürstenstaat unter den Schlägen des nationalen Machtstaates. Ihm gehörte die Zukunft. Die Monarchen hatten dem ebenso Rechnung zu tragen wie die politischen Eliten.

Unter gesamteuropäischen, ja weltgeschichtlichen Vorzeichen ist dagegen der Zeitraum von 1789 bis 1848 »das Zeitalter der europäischen Revolution«, 1789 mithin das Epochendatum. Aber Deutschland, das 1789 als Zuschauer, 1806 als Teilnehmer, und endlich 1813/14 als einer der Hauptdarsteller erlebte, wird damit zum beredten Zeugen für die vielen Bereiche, die vom Übergang vom Ancien Régime zur nachrevolutionären Ordnung betroffen waren. Gesellschaftsstruktur und Wirtschaftsverfassung bedurften gar nicht erst der Revolution, um erschüttert zu werden. Anders die mentale Ebene, die sofort vom Wandel ergriffen wurde; man spricht neuerdings vom Bruch des gesellschaftlichen Bewußtseins, der 1789 stattgefunden habe. Das politische System erlebte seine schwerste Erschütterung im Jahr 1806, doch überbrückte der absolute Fürstenstaat die Zäsur. Er rettete dadurch manche Traditionen des 18. ins 19. Jahrhundert, den Vorrang des Verwaltungsstaates ebenso wie den österreichisch-preußischen Dualismus.

Das hier gezeichnete Bild stellt das landläufige Muster des Verhältnisses von Ereignis- und Strukturgeschichte auf den Kopf. Es vermag aber die Periode krisenhafter Erschütterungen, die Deutschland seit 1780 erfaßten, besser zu erklären als das andere. Bevölkerungswachstum und wirtschaftlicher Wandel fanden in einem politischen Gehäuse statt, das seine Anpassungsfähigkeit zunehmend verlor. Staat und Gesellschaft traten auseinander, aber die Vermittlungsinstanzen, die die Spannungen hätten auffangen können – Volkssouveränität, Verfassung, Repräsentation –, waren suspekt. Man verdächtigte sie der Urheberschaft der Revolution. In diesem Sinne ist das Jahr 1789, wenn auch erst im Rückblick, ein Datum mit unabsehbaren Folgen.

Anmerkungen

Kapitel I

1 Lord Franz Bacon, Über die Würde u. den Fortgang der Wissenschaften, Pest 1783, 173.

2 Ch. Pfister, Das Klima der Schweiz von 1525-1860, Bd. I, Bern 1984, 155 f.

3 Zit. nach H. Jäger, Der Dreißigjährige Krieg u. die deutsche Kulturlandschaft, in: Fs. G. Franz, Frankfurt 1967, 141.

4 Friedrich II., Brief aus Insterburg, 27. 7. 1739, in: R. Koser u. H. Droysen, (Hg.) Briefwechsel Friedrichs d. Gr. mit Voltaire, T. 1, Leipzig 1908, Nr. 98.

5 Historischer Atlas Baden-Württemberg: W.-D. Sick, Beiwort zu Karte IV, 15, Stuttgart o. J.

6 F. Mayer, Der Wald in Altpreußen als Wirtschaftsraum, Bd. 1, Köln 1960.

7 R.-J. Gleitsmann, Die Haubergswirtschaft des Siegerlandes als Beispiel für ressourcenschonende Kreislaufwirtschaft, in: Scripta Mercaturae 16/1. 1982, 21.

8 Zit. nach: ders., Aspekte der Ressourcenpolitik in historischer Sicht, in: ebd., 15/2. 1981, 33.

9 Zit. nach: W. Schwind, Der Eifelwald im Wandel der Jahrhunderte, Düren 1984, 100.

10 R.-J. Gleitsmann, Der Einfluß der Montanwirtschaft auf die Waldentwicklung Mitteleuropas, in: W. Kroker u. E. Westermann (Hg.), Montanwirtschaft Mitteleuropas vom 12. bis 17. Jahrhundert, Bochum 1984, 30.

11 Gleitsmann, Aspekte, 55.

12 J. H. Zedler, Großes vollständiges Universallexicon aller Wissenschaften und Künste, Bd. 52, Halle, Leipzig 1747, Sp. 1161 (Art. »Wald«).

13 Zit. nach: Gleitsmann, Aspekte, 69, Anm. 132.

14 Zit nach: C.-L. Holtfrerich, Die »Energiekrise« in historischer Perspektive, in: Beiträge zu Wirtschafts- und Währungsfragen 19. 1982, 5.

15 W. H. Riehl, Land u. Leute, Stuttgart 1861⁵, 53.

Kapitel II

1 F.-W. Henning, Die Wirtschaftsstruktur mitteleuropäischer Gebiete an der Wende zum 19. Jahrhundert unter besonderer Berücksichtigung des gewerblichen Bereiches, in: W. Fischer (Hg.), Beiträge zu Wirt-

schaftswachstum u. Wirtschaftsstruktur im 16. u. 19. Jahrhundert, Berlin 1971, 115, 129. Vgl. jedoch unten Tab. 4 (S. 98).

2 G. Franz, Der Dreißigjährige Krieg u. das deutsche Volk, Stuttgart 1979[4], 60.

3 A. O. Meyer, Ein italienisches Urteil über Deutschland u. Frankreich um 1660, in: QFIAB 9. 1906, 158.

4 P. Chaunu, Europäische Kultur im Zeitalter des Barock, München 1968, 266.

5 A. E. Imhof u. a., Die namentliche Auswertung der Kirchenbücher. Die Familien von Gießen 1631-1730 u. Heuchelheim 1691-1900, in: A. E. Imhof (Hg.), Historische Demographie als Sozialgeschichte, Bd. 1, Darmstadt 1975, 352.

6 P. Goubert, Beauvais et le Beauvaisis de 1600 à 1730, Paris 1960.

7 Abgedruckt in: H. Birg (Hg.), Ursprünge der Demographie in Deutschland, Frankfurt 1986, 218f.

8 J. P. Süßmilch Gedanken von den epidemischen Kranckheiten u. dem größeren Sterben des 1757ten Jahres [1758], abgedr. in: Birg (Hg.), 311, 312.

9 Süßmilch, 52f., abgedr. in: ebd., 314f.

10 Zit. nach: W. Abel, Massenarmut u. Hungerkrisen im vorindustriellen Europa, Hamburg 1974, 185.

11 O. Behre, Geschichte der Statistik in Brandenburg-Preußen, 1905, ND Vaduz 1979, Anhang.

12 K. Blaschke, Bevölkerungsgeschichte von Sachsen bis zur industriellen Revolution, Weimar 1967, 126.

13 Zitiert nach Abel, 212.

14 R. Braun, Industrialisierung u. Volksleben, Göttingen 1979[2], 61.

15 Ebd., 66.

16 Ebd., 79.

17 Ebd.

18 M. Mattmüller, Demographische Studien am Historischen Seminar der Universität Basel, in: Imhof (Hg.), Bd. 2, 1063.

19 Errechnet nach O. Behre, Beilage 5. – Minden-Ravensberg nach: J. Mooser, Ländliche Klassengesellschaft 1770-1848, Göttingen 1984, Anhang 1.

20 H. Winkler, Bevölkerungswesen, in: Handwörterbuch der Staatswissenschaften, Jena 1924[4], 673.

21 E. W. Buchholz, Ländliche Bevölkerung an der Schwelle des Industriezeitalters, Stuttgart 1966, 4.

22 Blaschke, 149ff.

23 R. W. Lee, Zur Bevölkerungsgeschichte Bayerns 1750-1850, in: VSWG 62. 1975, 309ff.

24 Zit. nach: K. J. Matz, Pauperismus u. Bevölkerung. Die gesetzlichen

Ehebeschränkungen in den süddeutschen Staaten während des 19. Jahrhunderts, Stuttgart 1980, 59.

25 K. H. Rau, Bevölkerung, in: J. S. Ersch u. J. G. Gruber, Allgemeine Encyclopaedie der Wissenschaften und Künste, Abt. I, Bd. 9, Leipzig 1822, 367.

26 P. Münch (Hg.), Ordnung, Fleiß u. Sparsamkeit. Texte u. Dokumente zur Entstehung der »bürgerlichen Tugenden«, München 1984.

27 Zit. nach: W. Conze, Arbeit, in: O. Brunner u. a. (Hg.), Geschichtliche Grundbegriffe, Bd. 1, Stuttgart 1972, 177.

28 Waldordnung für die Steiermark, 1767, zit. nach: G. K. Schmelzeisen, Polizeiordnungen u. Privatrecht, Münster 1955, 258.

29 W. H. Hubbard, Familiengeschichte, München 1983, 73.

30 Imhof (Hg.), 423, 434 f.

31 Zit. nach: W. Abel, Massenarmut u. Hungerkrisen im vorindustriellen Deutschland, Göttingen 1972, 8.

Kapitel III

1 K. D. Hüllmann, Geschichte des Ursprungs der Stände in Deutschland, Bd. 1, Frankfurt/O. 1806, 1.

2 J. H. Zedler, Großes vollständiges Universallexicon aller Wissenschaften und Künste, Bd. 39, Halle 1744, Sp. 1093 (Art. »Stand«).

3 B. Moeller, Stadt u. Buch. Bemerkungen zur Struktur der reformatorischen Bewegung in Deutschland, in: W. J. Mommsen (Hg.), Stadtbürgertum u. Adel in der Reformation, Stuttgart 1979, 30.

4 J. C. Goethe, Reise durch Italien im Jahre 1740, München 1987², 5, 6 f.

5 D. Klippel, Politische Freiheit u. Freiheitsrechte im deutschen Naturrecht des 18. Jahrhunderts, Paderborn 1976, 164.

6 G. Arnold, Wahres Christentum Alten Testaments, 1707; zit. nach: R. Koselleck, Vergangene Zukunft, Frankfurt 1979, 45, Anm. 24.

7 Zit. nach: L. C. Eisenbart, Kleiderordnungen der deutschen Städte 1350-1700, Göttingen 1962, 59.

8 C. O. Mylius (Hg.), Corpus Constitutionum Marchicarum. Continuatio, T. 1, Halle 1744, 251 f.

9 Ebd.

10 M. Hasselhorn, Der altwürttembergische Pfarrstand im 18. Jahrhundert, Stuttgart 1958, 27.

11 Zit. ebd., 34.

12 Zit. ebd., 31 f., Anm. 3 u. 7.

13 G. W. F. Hegel, Grundlinien der Philosophie des Rechts oder Naturrecht u. Staatswissenschaft im Grundrisse, in: H. Glockner (Hg.), Sämtliche Werke. Jubiläumsausgabe, Bd. 7, Stuttgart-Bad Cannstatt 1964, §. 158.

14 Text: Corpus Const. March. – Faksimile: R. Vierhaus, Staaten u.
   Stände, Berlin 1984, neben S. 33.
15 Zit. nach: W. Abel, Geschichte der deutschen Landwirtschaft, Stuttgart
   1967², 266.
16 J. S. Ersch u. J. G. Gruber, Allgemeine Encyclopaedie der Wissenschaften und Künste, Abt. I, Bd. 5, Leipzig 1822, 351 (Art. »Bevölkerung«).
17 S. S. Witte, Über die Schicklichkeit der Aufwandsgesetze, Leipzig
   1782, 67f. u. 62.

Kapitel IV

1 F.-W. Henning, Das vorindustrielle Deutschland 800-1800, Paderborn
   1976², 265, Tab. 2. – Ders., Wirtschaftsstruktur mitteleuropäischer Gebiete, 101-167. – H. Aubin u. W. Zorn (Hg.), Handbuch der deutschen
   Wirtschafts- u. Sozialgeschichte, Bd. 2, Stuttgart 1976, 354, Tab. 4. –
   K. H. Kaufhold, Umfang u. Gliederung des deutschen Handwerks um
   1800, in: W. Abel (Hg.), Handwerksgeschichte in neuer Sicht, Göttingen 1978², 37f. – D. Saalfeld, Lebensverhältnisse der Unterschichten
   Deutschlands im 19. Jahrhundert, in: IRSH 29. 1984, 220, Tab. 2.
2 J. Ch. Siebenkees, Beyträge zum Teutschen Recht, 1786; zit. nach:
   R. Endres, Ländliche Rechtsquellen als sozialgeschichtliche Quellen,
   in: P. Blickle (Hg.), Deutsche ländliche Rechtsquellen, Stuttgart 1977,
   165.
3 Das Folgende nach: G. Franz (Hg.), Quellen zur Geschichte des deutschen Bauernstandes, Darmstadt 1963, 284f.
4 Nach: R. Lehmann, Quellen zur Lage der Bauern in der Niederlausitz
   im Zeitalter des Absolutismus, Berlin 1957, 155ff.
5 W. Troßbach, »Südwestdeutsche Leibeigenschaft« in der Frühen Neuzeit – eine Bagatelle?, in: GG 7. 1981, 90.
6 F. Lütge, Geschichte der deutschen Agrarverfassung vom Frühen Mittelalter bis zum 19. Jahrhundert, Stuttgart 1967, 195.
7 W. A. Boelcke, Verfassungswandel u. Wirtschaftsstruktur, Würzburg
   1969, 400, Anm. 30.
8 Zit. nach: E. Winter, Barock, Absolutismus u. Aufklärung in der Do-
   naumonarchie, Wien 1971, 198.
9 C. Garve, Über den Charakter der Bauern u. ihr Verhältniß gegen
   Gutsherrn u. gegen die Regierung, 1796, in: ders., Popularphilosophi-
   sche Schriften, Bd. 2, Stuttgart 1974.
10 Errechnet nach: W. Abel, Die landwirtschaftlichen Großbetriebe
   Deutschlands, in: Première Conférence internationale d'histoire économique. Contributions, Paris 1960, 313, Tabelle.
11 Zit. nach: H. Harnisch, Die Herrschaft Boitzenburg, Weimar 1968,
   115f.

12 Zit. nach: Boelcke, 397.

13 Abel, Agrarkrisen und Agrarkonjunktur. Eine Geschichte der Land-
u. Ernährungswirtschaft Mitteleuropas seit dem hohen Mittelalter,
Hamburg, Berlin 1966², 192.

14 F.-W. Henning, Landwirtschaft u. ländliche Gesellschaft in Deutschland, Bd. 2, Paderborn 1978, 75.

15 Brandenburg nach: H. H. Müller, Entwicklungstendenzen des Acker-
baues in Brandenburg vor den Reformen des 19. Jahrhunderts, zit. bei:
Harnisch, 186. – Deutschland nach: E. Bittermann, Die landwirtschaftliche Produktion in Deutschland 1800-1950, in: Kühn-Archiv, 70.
1956, 18, Tab., in Verbindung mit Aubin u. Zorn (Hg.), 307, Tab. 17.
– Abel, Geschichte, 310, enthält Druckfehler, entsprechend alle übrigen Werke, die ihn abschreiben, z. B. H. Kellenbenz, Deutsche Wirtschaftsgeschichte, Bd. 1, München 1977, 325.

16 J. H. G. v. Justi, Die Grundfeste zu der Macht u. Glückseligkeit der
Staaten, Bd. 1, 1760, ND Aalen 1965, 517f.

17 Kaufhold, 37ff.

18 W. Fischer, Handwerksrecht u. Handwerkswirtschaft um 1800, Berlin
1955, 15f.

19 Kaufhold, 59.

20 F. Lenger, Sozialgeschichte der deutschen Handwerker seit 1800,
Frankfurt 1988, 22.

21 H. Schultz, Landhandwerk u. ländliche Sozialstruktur um 1800, in:
JWG 1981/II, 13.

22 E. Schremmer, Standortausweitung der Warenproduktion im langfristigen Wirtschaftswachstum. Zur Stadt-Land-Arbeitsteilung im Gewerbe des 18. Jahrhunderts, in: VSWG 59. 1972, 1-40.

23 Zit. nach: Lenger, 20.

24 Vgl. ebd., 35.

25 J. H. G. von Justi, Systematische Abhandlung aller ökonomischen u.
Cameralwissenschaften, Leipzig 1758.²

26 Fischer, 39.

27 Das Folgende nach W. Troeltsch, Die Calwer Zeughandelskompagnie
und ihre Arbeiter, Jena 1897. – B. Kirchgässner, Der Verlag im Span-
nungsfeld von Stadt u. Umland, in: E. Maschke u. J. Sydow (Hg.), Stadt
u. Umland, Stuttgart 1974, 72ff.

28 M. Barkhausen, Der Aufstieg der rheinischen Industrie im 18. Jahrhundert u. die Entstehung eines industriellen Großbürgertums, in: RhVj
19. 1954, 135-177.

29 Vgl. ebd., 159, 162.

30 U. Bräker, Brief an J. K. Lavater, abgedruckt in: W. Emmerich (Hg.),
Proletarische Lebensläufe, Bd. 1, Reinbek 1976, 48.

31 S. Voellmy (Hg.), U. Bräker, Lebensgeschichte u. natürliche Eben-

theuer des Armen Mannes im Tockenburg [Zürich 1789], Zürich 1978, 44f.

32 H.-U. Wehler, Deutsche Gesellschaftsgeschichte, Bd. 1, München 1988², 112.

33 D. Landes, Der entfesselte Prometheus, Köln 1973, 67.

34 Das Vorstehende einschließlich des Zitats ist eine Akte des Wiener Kommerzdirektoriums, zit. bei: H. Matis, Betriebsorganisation, Arbeitsmarkt u. Arbeitsverfassung, in: ders. (Hg.), Von der Glückseligkeit des Staates, Berlin 1981, 438.

35 J. v. Weinbrenner, Patriotische Gedanken u. Vorschläge über den gehemmten Ausfuhr-Handel, 1792; zit. nach: H. Freudenberger, Die proto-industrielle Entwicklungsphase in Österreich. Proto-Industrialisierung als sozialer Lernprozeß, in: ebd., 363.

36 Verordnung vom 27. 12. 1788, in: G. K. Mayr (Hg.), Sammlung der Churpfalz-Baierischen allgemeinen u. besonderen Landes-Verordnungen, Bd. 5, München 1797, 167f.

37 Zit. W. Sombart, Der moderne Kapitalismus, Bd. 2/1 (1916²), ND München 1987, 358.

38 F. Voigt, Verkehr, Bd. 2/1, Berlin 1965, 250.

39 W. Troßbach, Der Maiwald-Kanal. Politische Ökonomie u. kulturelle Identität in der Ortenau (1748-1756), in: Francia 15. 1987, 351-405.

40 Diese wie auch die folgenden Zitate bei: H.-J. Teuteberg, Das Kanalwesen als Beitrag zur Entstehung der modernen Welt, in: Scripta Mercaturae 18/2. 1984, 10f., 13.

41 Zahlen bei Sombart, 480, 475.

42 J. H. G. von Justi, Die Grundfeste zu der Macht u. Glückseligkeit der Staaten, Bd. 1 (1760), ND Aalen 1965, 382.

43 Lüneburg: Voigt, 429. Hattersheim: [J. K. Riesbeck], Briefe eines reisenden Franzosen über Deutschland, Bd. 2, Zürich 1783, 275 (errechnet nach den dort angegebenen Einnahmen und vierfache Bespannung pro Wagen vorausgesetzt).

44 Chur-Sächsischer Post-Cours, Leipzig 1703; zit. nach: K. Gerteis, Das »Postkutschenzeitalter«. Bedingungen der Kommunikation im 18. Jahrhundert, in: Aufklärung 4/1. 1989, 63.

45 Angaben nach Sombart, 343.

46 Histoire économique et sociale de la France, Bd. 2, Paris 1970, 181.

47 J. Möser, Patriotische Phantasien; zit. Sombart, 454. Ich konnte das Zitat nicht am angegebenen Ort finden, doch gibt es eine ähnliche Formulierung an anderer Stelle: Patriotische Phantasien, T. 1, Nr. 32 (Sämtliche Werke, Bd. 4, Oldenburg 1943, 158). Überhaupt gibt es bei Möser eine Fülle von Hinweisen auf die Lage des Handels im damaligen Nordwestdeutschland.

48 F. H. Jacobi, Eine politische Rhapsodie. Aus einem Aktenstock ent-

wendet [1773/74], in: ders., Werke, Bd. 6 (1825), ND Darmstadt 1976, 351. Jacobi, gelernter Tuchkaufmann und Verleger, war damals Beamter der bergischen Regierung in Düsseldorf.

49 Der Verfasser des Lexikons, das 1782 in einer auf zwei Bände erweiterten Neuauflage erschien, war Christian Eber, das Adreßbuch, das auch »mit den nötigen Sach-, Waaren- und Messregistern versehen« war, hatte August Schumann zusammengestellt, der in den folgenden drei Jahrzehnten noch eine Vielzahl von Nachschlagwerken herausgab.

50 Zit. nach: I. Bog, Der Reichsmerkantilismus, Stuttgart 1959, 144.

51 Eine Prägung G. Parkers in: C. Cipolla u. K. Borchardt (Hg.), Europäische Wirtschaftsgeschichte, Bd. 2, Stuttgart 1979, 338.

52 Sombart, Bd. 2/II, 957.

53 Kellenbenz, 376. Die Zahlen bei Kellenbenz wurden von mir auf die von Sombart und anderen gebrauchten (Gold-)Mark umgerechnet.

54 Ebd., 378.

55 H. Berding, Die Reformen des Zollwesens in Deutschland unter dem Einfluß der napoleonischen Herrschaft, in: GG 6. 1980, 535.

56 Ich verdanke diese und viele andere in diesem Abschnitt wiedergegebenen Erkenntnisse den verschiedenen Beiträgen von R. Metz. Stellvertretend sei genannt: Währungsstruktur u. Agrarpreisentwicklung des Niederrheinraumes im europäischen Vergleich, 1350-1800, Diss. Trier 1988, Ms.

57 W. Abel, Agrarkrisen u. Agrarkonjunktur.

58 F. Braudel u. F. Spooner, Prices in Europe from 1450 to 1750, in: Cambridge Economic History of Europe, Bd. 4, Cambridge 1967.

59 Abel, 267.

60 Braudel u. Spooner, 435, Tab. 36.

61 J. J. Becher, Politische Discurs von den eigentlichen Ursachen dess Auf- und Abnehmens der Städte, Länder und Republicken..., Frankfurt 1688 u. ö. Die letzte Auflage erschien 1759.

62 Allein der Hochschwarzwald produzierte rund 75000, 1815 sogar 187000 Stück billiger Holzuhren.

63 J. H. Pestalozzi, Christoph u. Else, 1781; zit. nach: W. Conze, Arbeit, in: Geschichtliche Grundbegriffe, Bd. 1, 173.

64 J. H. G. v. Justi, Staatswirthschaft, Bd. 1, 1758²; zit. ebd.

65 J. H. Schlettwein, Die wichtigste Angelegenheit für das ganze Publicum: oder die natürliche Ordnung in der Politik, Bd. 2, 1773; zit. ebd., 175.

66 J. F. Schlez, Landwirthschafts-Predigten. Ein Beytrag zur Beförderung der wirthschaftlichen Wohlfahrth unter Landleuten, Nürnberg 1788.

67 J. D. Lawätz, Vorschläge zur Errichtung einer patriotischen Gesellschaft für Schleswig u. Holstein, 1812; zit. nach: F. Kopitzsch, Grundzüge einer Sozialgeschichte der Aufklärung in Hamburg und Altona, 2. Bd., Hamburg 1982, 782f.

68 Zit. ebd., 785.

69 N. Funk, Versuch über das Armenwesen, o. J. [1803]; zit. ebd., 781.

70 R. Vierhaus, Deutschland im 18. Jahrhundert. Soziales Gefüge, politische Verfassung, geistige Bewegung; in: Lessing u. die Zeit der Aufklärung, Göttingen 1968, 25.

71 J. H. G. v. Justi, Oekonomische Schriften über die wichtigsten Gegenstände der Stadt- u. Landwirthschaft, Bd. 2, Neuaufl. 1767; abgedr. in: W. Conze (Hg.), Quellen zur Geschichte der deutschen Bauernbefreiung, Göttingen 1957, 44.

72 J. G. Krünitz, Oeconomisch-technologische Encyklopädie, oder allgemeines System der Stats-, Stadt-, Haus- u. Land-Wirthschaft... in alphabetischer Ordnung, 29. T., Berlin 1792², 709 (Art. »Indüstrie«).

73 Schlettwein, Angelegenheit; zit. bei: Conze, Arbeit, 177.

74 Conze, ebd.

75 Deutsche Encyklopädie oder Allgemeines Real-Wörterbuch aller Künste u. Wissenschaften, Bd. 3, 1780, zit. ebd.

Kapitel V

1 K. Biedermann, Deutschland im 18. Jahrhundert, Bd. 2/1, Leipzig 1880², 84.

2 Eingabe von 1669; in: M. Ksoll, Die wirtschaftlichen Verhältnisse des bayrischen Adels 1600-1679, München 1986, 49.

3 W. H. v. Hohberg, Georgica curiosa oder Adeliges Land- u. Feldleben, 1682; zit. nach: O. Brunner, Adeliges Landleben u. europäischer Geist, Salzburg 1959, 220.

4 Ch. Wolff, Vernünfftige Gedancken von dem gesellschaftlichen Leben der Menschen u. insonderheit dem gemeinen Wesen, Frankfurt 1740⁵, 506.

5 Das Folgende vor allem nach: J. v. Kruedener, Die Rolle des Hofes im Absolutismus, Stuttgart 1973.

6 R. Graf Khevenhüller-Metsch u. H. Schlitter (Hg.), Aus der Zeit Maria Theresias. Tagebuch des Fürsten Johann Joseph Khevenhüller-Metsch, Bd. 6, Wien 1917, 196.

7 Memoiren des Ritters Karl Heinrich v. Lang, Bd. 1, Braunschweig 1842, 209, 212.

8 Instruction u. Reglement für das General-Ober-Finanz-Krieges- und Domänen-Direktorium, 20. 12. 1722; abgedr. in: Acta Borussica. Behördenorganisation, Bd. 3, Berlin 1901, 577.

9 Kabinettsordre an Cnyphausen, 23. 7. 1723; abgedr. in: ebd., Bd. 4/1, Berlin 1908, 216.

10 Lebensgeschichte Johann Jacob Mosers, von ihme selbst beschrieben, 1. T., o. O. [Offenbach] 1768, 31.

11 Zitiert nach: C. van den Heuvel, Beamtenschaft u. Territorialstaat. Behördenentwicklung u. Sozialstruktur der Beamtenschaft im Hochstift Osnabrück 1550-1800, Osnabrück 1984, 204.

12 Edikt vom 9. 12. 1737; in: Acta Borussica, Bd. 5/2, Berlin 1912, 371.

13 Schlözer, einer der schärfsten Beobachter des politischen Lebens seiner Zeit, bemerkte 1793 zu den »StatsBeamten«: »Diese eigentlich regiren den Stat, ziehen die Maschine auf und brauchten von jeher die Herrscher nur als Bleigewicht, um die Dauer ihrer Bewegung zu sichern.« Ders., Allgemeines StatsRecht u. StatsVerfassungslere, Göttingen 1793, 22.

14 Instruction (Anm. 8), 582.

15 Lebensgeschichte (Anm. 10), 118.

16 Allgemeines Landrecht für die Preußischen Staaten, II 10. Zum folgenden ebd., §§ 94 ff.

17 Zit. nach: A. Eckardt, Beamtentum u. Pfarrerstand in Hessen, in: G. Franz (Hg.), Beamtentum u. Pfarrerstand 1400-1800, Limburg 1972, 101. Auch Herzog Karl Alexander beklagte sich über den »bei denen Collegiis eingerissene Eigennutz und die so schädliche Rücksicht auf die familen«. Brief vom 21. 10. 1736; zit. nach: J. A. Vann, Württemberg auf dem Weg zum modernen Staat 1593-1793, Stuttgart 1986, 194.

18 In Württemberg sei kein Platz für Steuern, die »bloß durch absolute decreta« erhoben würden. Gravamen des Landschaftsausschusses, 15. 4. 1706; zit. in: ebd., 167.

19 So der scharfe Tadel Josephs II. für die Beamten seines Landes, den er ihnen im sog. »Hirtenbrief«, seinem Runderlaß vom 13. 12. 1783, zur Kenntnis brachte. Abgedr. in: F. Walter (Bearb.), Die Österreichische Zentralverwaltung, Abt. II, Bd. 4, Wien 1950, 124, 125.

20 G. E. Lessing, Die Erziehung des Menschengeschlechts, § 90. Zit. nach: R. Koselleck, Vergangene Zukunft, Frankfurt 1979, 34.

21 Geheime Raths-Ordnung für Brandenburg, 4. 12. 1651; abgedr. in: W. Altmann (Hg.), Ausgewählte Urkunden zur Brandenburgisch-Preussischen Verfassungs- und Verwaltungsgeschichte, T. 1, Berlin 1897, 48.

22 Brief vom 9. 4. 1736; zit. nach: Vann, 194.

23 Dieses und die folgenden Zitate entstammen dem Politischen Testament Friedrichs II. von 1752. Abgedr. in: Friedrich der Grosse, Die Politischen Testamente, übers. v. F. v. Oppeln-Bronikowski, Berlin 1922, 41-43.

24 Lang, 197. Ebd., 198, die folgenden Belege.

25 R. Augstein, Preußens Friedrich u. die Deutschen, Frankfurt 1968, 229.

26 Undatierter Brief an Kaunitz [13. 11. 1754]; abgedr. in: A. R. v. Arneth, Briefe der Kaiserin Maria Theresia an ihre Kinder u. Freunde, Bd. 4, Wien 1881, 249.

27 »Dabei war des Fürsten Art zu arbeiten diese, daß er alle an ihn einge-
henden Berichte, nachdem er sie geöffnet, neben seinem Schreibtisch
so hoch aufschichtete, als er mit seinem Arm reichen konnte. Hatten
aber die Geschäfte diese Höhe erreicht, so wurde beschlossen, den Stoß
wieder kleiner werden zu lassen. Im plaudernden Auf- und Abgehen
zog also der Fürst bald oben, bald unten, bald aus der Mitte einen Bericht
hervor, griff schnell den Gegenstand auf, erlauerte jede Gelegenheit, wo
vielleicht gerade das Gegenteil von dem, worauf die Collegien angetra-
gen, durchzusetzen möglich wäre, bemerkte dann mit einem Silberstift
in wenigen treffenden Worten seinen Beschluß, und gab mir die Sache
zum Expediren«; Lang, 203. Man hat diese wie andere Schilderungen
Langs bezweifelt, doch wurden sie von A. v. Raumer in allen Punkten
bestätigt. Der Ritter von Lang u. seine Memoiren, München 1923, 94.

28 T. Schieder, Friedrich der Große, Frankfurt 1983, 298.

29 Bei ihm kam noch die schlampige Aktenführung hinzu. Nach seinem
Tode konnte Leopold II. wegen »der in allen Geschäften herrschenden
allgemeinen Unordnung« die Protokollierung seiner Handbillets erst
mit monatelanger Verzögerung beginnen lassen. Der neue Monarch
entließ sämtliche Kabinettssekretäre und Kanzlisten seines Vorgängers. Zit. nach: A. Wandruszka, Leopold II., Bd. 2, Wien 1965, 252 f.

30 M. Stolleis, Geschichte des öffentlichen Rechts in Deutschland, Bd. 1,
München 1988, 172. Auch die folgende Darstellung verdankt diesem
Buch viel, desgleichen H. Maier, Die ältere deutsche Staats- u. Verwal-
tungslehre, München 1980².

31 J. T. Jablonski, Allgemeines Lexikon der Künste u. Wissenschaften,
Bd. 2, 1748²; zit. nach: F. Knemeyer, Polizei, in: Geschichtliche
Grundbegriffe, Bd. 4. 1978, 882.

32 Zitiert nach Stolleis, 352. Dort auch die weiteren Belegstellen.

33 Beides Prägungen von H. Boldt, Deutsche Verfassungsgeschichte,
Bd. 1, München 1984, 226.

34 Van den Heuvel, 134, sowie Tab. I im Anhang.

35 Wolff, 473, 474, 459 f., 424; die patriarchalische Staatstheorie findet sich
463, alles im berühmten Paragraphen 433: Von der Macht und Gewalt
der Obrigkeit.

36 J. H. G. v. Justi, Natur u. Wesen der Staaten. Mit Anmerkungen hg.
v. H. G. Scheidemantel (1771), ND Aalen 1969, 61.

37 Joseph II., Rêveries. Abgedr. in: D. Beales, Joseph II's »Rêveries«, in:
MÖStA 33. 1980, 142-160.

38 Justi, a.a.O.

39 Abgedr. in: Acta Borussica. Behördenorganisation, Bd. 16/2, Berlin
1982, Nr. 465.

40 An einem ganz konkreten Problem, nämlich ob, wie soeben in Österreich, die Zivilehe in Preußen eingeführt werden solle, entzündete sich

1783 die Grundsatzdebatte, was »Aufklärung« sei. Dokumentation: N. Hinske (Hg.), Was ist Aufklärung? Beiträge aus der Berlinischen Monatsschrift, Darmstadt 1981[3]. Zum Folgenden W. Schneiders, Die wahre Aufklärung, Freiburg 1974.

41 J. v. Sonnenfels, Grundsätze der Polizey-, Handlungs- u. Finanzwissenschaft, Bd. 1, Wien 1787[5], 211.

42 J. H. G. v. Justi, Die Grundfeste zu der Macht u. Glückseligkeit der Staaten, Bd. 1 (1760), ND Aalen 1965, 702.

43 Sonnenfels, 30.

44 Joseph II., Geheime Instrukzion, 20. 9. 1786. Zit. nach: L. Bodi, Tauwetter in Wien, Frankfurt 1977, 243.

45 F. H. Jacobi, Noch eine politische Rhapsodie, worin sich verschiedene Plagia befinden; betitelt: Es ist nicht recht, und es ist nicht klug [1779], in: ders., Werke, Bd. 6 (1825), ND Darmstadt 1976, 405 f. Das folgende Zitat ebd., 411.

46 S. S. Witte, Ueber die Schicklichkeit der Aufwandsgesetze, Leipzig 1782. 84.

47 Belege dazu bei: D. Klippel, Politische Freiheit u. Freiheitsrechte im deutschen Naturrecht des 18. Jahrhunderts, Paderborn 1976, 147 ff.

48 Ueber Holland, in: StatsAnzeigen 7. 1785, 77 f., Anm. Schlözers.

49 G. W. F. Hegel, Verhandlungen in der Versammlung der Landstände des Königreiches Württemberg im Jahre 1815 u. 1816. Zit. nach: H. Lehmann, Die württembergischen Landstände im 17. u. 18. Jahrhundert, in: D. Gerhard (Hg.), Ständische Vertretungen in Europa im 17. u. 18. Jahrhundert, Göttingen 1974[2], 205, Anm. 35. Das 18. Jahrhundert urteilte natürlich ebenso.

50 J. J. Moser, Von der Teutschen Reichs-Stände Landen, 1769 (= Neues teutsches Staatsrecht, Bd. 13); zit. nach: G. Birtsch, Die landständische Verfassung als Gegenstand der Forschung, in: ebd., 53, Anm. 89. Das vorige Zitat bei F. C. v. Moser, Beherzigungen, 1761; zit. nach: R. Vierhaus, Montesqieu in Deutschland, in: ders., Deutschland im 18. Jh., Göttingen 1987, 25.

51 C. F. Häberlin, Handbuch des Teutschen Staatsrechts, Bd. 2, 1794; zit. ebd.

52 Die Landstände des Obererzstifts Trier an Kurfürst Clemens Wenzeslaus, 21. 1. 1793; abgedr. in: J. Hansen (Hg.), Quellen zur Geschichte des Rheinlandes im Zeitalter der Französischen Revolution 1780-1801, Bd. 2, Bonn 1933, 721.

53 So ein Bericht der Regierung in Darmstadt an den Landgrafen, 1771; zit. in: Vierhaus, 38.

54 Das erste Zitat Mosers entstammt dessen Brief an Herzog Karl Eugen von 1764 (zit. Vierhaus, 24), das zweite seinem in Anm. 50 genannten Buch, 1188.

55 Paragraph 2. Abgedr. in: H. Boldt (Hg.), Reich u. Länder. Texte zur deutschen Verfassungsgeschichte im 19. u. 20. Jahrhundert, München 1987, 28.

56 Zit.. Vann, 269.

57 Wieland beklagte 1793, daß »in dubio präsumiert wird, daß jeder die Klassen begünstigte, in welcher er geboren ist«. Betrachtungen über die gegenwärtige Lage des Vaterlandes, in: Werke, Bd. 29, Karlsruhe 1816, 305, Anm.

58 Der vom Reichskammergericht behandelte Fall wird in Häberlins Staatsarchiv 3. 1797/98, 365 ff., berichtet. Von »Untertanenrechten« sind die einschlägigen publizistischen Handbücher voll. Vgl. insbes. J. J. Moser, Von der teutschen Unterthanen Rechten u. Pflichten, Frankfurt 1774 (= Neues teutsches Staatsrecht, Bd. 17).

59 Teutsche Reichsjustiz, in: Häberlins Staatsarchiv 1. 1796, 83 f., Anm.

60 Wieland, 336.

61 Ebd., 333 f.

62 Ebd., 334, Anm.

63 Ebd., 336.

Kapitel VI

1 W. Abel, Zur Entwicklung des Sozialprodukts in Deutschland im 16. Jahrhundert, in: JNS 173. 1961, 489.

2 W. A. Boelcke, Wandlungen der dörflichen Sozialstruktur während Mittelalter u. Neuzeit, in: Festschrift G. Franz, Frankfurt 1967, 91.

3 G. Franz, Der Dreißigjährige Krieg u. das deutsche Volk, Stuttgart 1979⁴. Dort sind, falls nicht anders vermerkt, alle Zitate entnommen.

4 Zit. nach: W. Abel, Geschichte der deutschen Landwirtschaft vom frühen Mittelalter bis zum 19. Jahrhundert, Stuttgart 1967², 262.

5 A. E. Imhof u. a., Die nicht-namentliche Auswertung der Kirchenbücher von Gießen und Umgebung, in: ders. (Hg.), Historische Demographie als Sozialgeschichte, Bd. 1, Darmstadt 1975, bes. 109.

6 Nach G. Wunder, Die Bürger von Hall. Sozialgeschichte einer Reichsstadt 1216-1802, Sigmaringen 1980, 186.

7 W. G. Rödel, Mainz u. seine Bevölkerung im 17. und 18. Jahrhundert, Stuttgart 1985, passim.

8 H. Schultz, Berlin 1650 bis 1850, Berlin (DDR) 1987, passim.

9 Errechnet nach W. Abel, Die landwirtschaftlichen Großbetriebe Deutschlands, in: Première Conférence internationale d'histoire économique. Contributions, Paris 1960, 311-19.

10 Das Folgende nach V. Sellin, Die Finanzpolitik Karl Ludwigs von der Pfalz. Staatswirtschaft im Wiederaufbau nach dem Dreißigjährigen Krieg, Stuttgart 1978.

11 Zit. ebd., 112, 115. Das folgende Zitat ebd., 171.

12 Das Folgende nach: W. v. Hippel, Bevölkerung u. Wirtschaft im Zeitalter des Dreißigjährigen Krieges. Das Beispiel Württemberg, in: ZHF 5. 1978, 413-448.

13 Hier zitert nach dem abschlägigen Dekret des Kaisers vom 13. 2. 1671. J. J. Schmauss u. H. Ch. v. Senckenberg (Hg.), Neue u. vollständigere Sammlung der Reichs-Abschiede, Bd. 4 (1747), ND Osnabrück 1967, 84.

14 J. S. Pütter, Historische Entwicklung der heutigen Staatsverfassung des Teutschen Reichs, T. 2, Göttingen 1786, 274.

15 O. Hintze, Wesen u. Wandlung des modernen Staats (1931), jetzt in: G. Oestreich (Hg.), O. Hintze, Staat u. Verfassung. Ges. Aufsätze, Göttingen 1970³, 480.

16 Eine Prägung Kants in den 1770er Jahren. K. v. Raumer, Ewiger Friede, Freiburg 1953, 152. Kants Schrift »Zum ewigen Frieden« datiert von 1795.

17 J. Burkhardt, Frühe Neuzeit, in: R. van Dülmen (Hg.), Fischer Lexikon Geschichte, Frankfurt 1990, 376.

18 Brief an Jordan, 24. 2. 1741, abgedr. in: O. Bardong (Hg.), Friedrich der Große, Darmstadt 1982, 95.

19 Geschichte meiner Zeit (1775). G. B. Volz (Hg.), Die Werke Friedrichs des Großen, Bd. 2, Berlin 1913, 59. Ähnlich aber schon im Brief an Voltaire, 26. 10. 1740; Bardong, 88 bzw. 89.

20 Reichsgutachten über Reichshilfe contra Turcam, 4./14. 3. 1663. Anzeige des Kaisers über die Befreiung Wiens, 8./18. 10. 1683. Beide Dokumente sind abgedr. bei: H. H. Hofmann (Hg.), Quellen zum Verfassungsorganismus des Heiligen Römischen Reiches Deutscher Nation 1495-1815, Darmstadt 1976, 226 bzw. 250.

21 Reichsgutachten zit., ebd., 226. War keine Gefahr im Verzuge, pflegte der Kaiser »harrende Hülffe« zu fordern. Das folgende Zitat ebd., 227.

22 Anzeige zit. ebd., 250.

23 J. J. Moser, Von denen Teutschen Reichs-Tags Geschäfften (= Neues teutsches Staatsrecht, Bd. 4/2), Frankfurt 1768, 810.

24 Das Folgende weitgehend nach der noch immer unübertroffenen Zusammenfassung Hintzes: Der österreichische u. der preußische Beamtenstaat im 17. und 18. Jh. (1910), in: Oestreich (Hg.), 321ff.

25 Ulrich Bräker beschreibt anschaulich seine Flucht in der Schlacht bei Lobositz (1. 10. 1756): S. Voellmy (Hg.), Lebensgeschichte und Natürliche Ebentheuer des Armen Mannes im Tockenburg [1789], Zürich 1978, 183ff.

26 G. Craig, Die preußisch-deutsche Armee 1640-1945, Düsseldorf 1960, 26.

27 Abgedr. in: G. B. Volz u. G. Küntzel (Hg.), Preußische u. österreichi-

sche Acten zur Vorgeschichte des Siebenjährigen Krieges (1899), ND Osnabrück 1965, 145.

28 Staats-Betrachtungen über den gegenwärtigen Preußischen Krieg in Teutschland (1761), abgedr. in: J. Kunisch, Das Mirakel des Hauses Brandenburg, München 1978, 135. »Länder-Abreißungen« ebd., 132.

29 Der dänische Minister Graf Bernstorff an den Herzog von Choiseul; zit. ebd., 35.

30 An das Departement der Auswärtigen Affairen, 18. 8. 1756. Politische Correspondenz Friedrichs des Großen, Bd. 13, Berlin 1885, 234 ff.

31 Berlinische Nachrichten, 3. 8. 1756, abgedr. in: O. Krauske (Bearb.), Preussische Staatsschriften aus der Regierungszeit König Friedrichs II., Berlin 1892, 91.

32 Ebd., 7. 9. 1756; ebd., 107, 106.

33 An das Departement der Auswärtigen Affairen, 12. 9. 1756, Politische Correspondenz, 377. Die Broschüren sind sämtlich in dem in Anm. 31 genannten Band wiedergegeben.

34 An die Markgräfin von Bayreuth, 1. 7. 1757 [meine Übers.]; Polit. Correspondenz, Bd. 15, Berlin 1887, 202.

35 G. Mendelssohn-Bartholdy (Hg.), Der König, München, Leipzig 1913, 321 f.

36 Th. Abbt, Vom Tode für das Vaterland (1761), abgedr. in: F. Brüggemann (Hg.), Der Siebenjährige Krieg im Spiegel der zeitgenössischen Literatur (1935), ND Darmstadt 1966, 91, 53, 63.

37 Kunisch, 103.

38 An Prinz Heinrich von Preußen, 1. 9. 1759 [meine Übers.]; Polit. Correspondenz, Bd. 18, Berlin 1891, 510.

39 J. Burkhardt, Abschied vom Religionskrieg, Tübingen 1985. Zur Konzeption der fünf Schichten ebd., 1 f.

40 Ch. W. von Dohm, Über die bürgerliche Verbesserung der Juden, Bd. 2, Berlin 1783, 370.

41 G. Papke, von der Miliz zum Stehenden Heer, in: Handbuch zur deutschen Militärgeschichte 1648–1938, Bd. 1, München 1964, 221.

42 H. G. Haasis (Hg.), J. B. Erhard, Über das Recht des Volkes zu einer Revolution [1795] und andere Schriften, München 1970².

43 Stats-Anzeigen, 16. 1791, 96 (Anm. Schlözers).

44 G. Birtsch, Freiheit und Eigentum, in: R. Vierhaus (Hg.), Eigentum und Verfassung. Zur Verfassungsdiskussion im ausgehenden 18. Jahrhundert, Göttingen 1972, 192.

45 Bericht an Talleyrand, 26. Therm. VII [13. 8. 1799], abgedr. in: P. Bailleu (Hg.), Preussen und Frankreich von 1795 bis 1807. Diplomat. Correspondenzen, Bd. 1, Berlin 1881, 505 (im Original französisch).

Hundert aktuelle Titel zum Thema

Vorbemerkung: Aus Platzgründen ist die Literaturliste nach Gesichtspunkten der Aktualität zusammengestellt. Hinter 1980 wurde darum nicht zurückgegangen. Es versteht sich, daß dies kein Qualitätsurteil über ältere Titel bedeutet.

Überblicksdarstellungen und Problemaufrisse

v. Aretin, K. O., Das Reich. Friedensgarantie u. europäisches Gleichgewicht 1648-1806, Stuttgart 1986.

Bauer, L. u. Matis, H., Geburt der Neuzeit. Vom Feudalsystem zur Marktgesellschaft, München 1988.

Bödeker, H. E. u. Hinrichs, E. (Hg.), Alteuropa oder frühe Neuzeit? Probleme u. Methoden der Forschung, Stuttgart 1990.

Duchhardt, H., Das Zeitalter des Absolutismus, München 1989.

Hroch, M. u. Petráň, J., Das 17. Jahrhundert. Krise der Feudalgesellschaft? Hamburg 1981.

Kunisch, J., Absolutismus. Europäische Geschichte vom Westfälischen Frieden bis zur Krise des Ancien Régime, Göttingen 1986.

Schilling, H., Höfe u. Allianzen. Deutschland 1648-1763, Berlin 1989.

Vierhaus, R., Staaten u. Stände. Vom Westfälischen Frieden bis zum Hubertusburger Frieden 1648-1763, Berlin 1984.

Wehler, H.-U., Deutsche Gesellschaftsgeschichte. Bd. I: Vom Feudalismus des Alten Reiches bis zur Defensiven Modernisierung der Reformära 1700-1815, München 1988[2].

Die Herrschaft der Natur

Allmann, J., Der Wald in der frühen Neuzeit. Eine mentalitäts- u. sozialgeschichtliche Untersuchung am Beispiel des Pfalzer Raumes 1500-1800, Berlin 1990.

Lamb, H. H., Klima u. Kulturgeschichte. Der Einfluß des Wetters auf den Gang der Geschichte, Reinbek 1989.

Lehmann, H., Frömmigkeitsgeschichtliche Auswirkungen der ›Kleinen Eiszeit‹, in: W. Schieder (Hg.), Volksreligiosität in der modernen Sozialgeschichte, Göttingen 1986, 31-50.

Pfister, Chr., Fluctuation climatique et prix céréaliers en Europe du XVIe au XXe siècle, in: Annales E. S. C. 43. 1988, 25-53.

Ders., The Little Ice Age: Thermal and Wetness Indices for Central Europe, in: Journal of Interdisciplinary History 10. 1980, 665-96.

Radkau, J., Zur angeblichen Energiekrise des 18. Jahrhundert. Revisionistische Betrachtungen über die »Holznot«, in: VSWG 73. 1986, 1-37.

Bevölkerung und Gesellschaft

Birg, H. (Hg.), Ursprünge der Demographie in Deutschland. Leben u. Werk Johann Peter Süßmilchs (1707-1767), Frankfurt 1986.

Bleek, K. u. Garber, J., Nobilitas. Standes- u. Privilegienlegitimation in deutschen Adelstheorien des 16. u. 17. Jahrhunderts, in: Daphnis 11. 1982, 49-114.

François, E., De l'uniformité à la tolérance. Confession et société urbaine en Allemagne 1650-1800, in: Annales E. S. C. 37. 1987, 783-800.

Hinrichs, E. u. van Zon, H. (Hg.), Bevölkerungsgeschichte im Vergleich. Studien zu den Niederlanden und Nordwestdeutschland, Aurich 1988.

Imhof, A. E. (Hg.), Leib u. Leben in der Geschichte der Neuzeit, Berlin 1983.

Knodel, J. E., Demographic Behaviour in the Past. A Study of 14 German Village Populations in the 18th and 19th Centuries, Cambridge 1988.

Kollmer, G., Die Familie Palm. Soziale Mobilität in ständischer Gesellschaft, Ostfildern 1983.

Schulze, W. (Hg.), Ständische Gesellschaft u. Mobilität, München 1988.

van Dülmen, R., Kultur u. Alltag in der Frühen Neuzeit, I: Das Haus u. seine Menschen, München 1989.

Ders., Formierung der europäischen Gesellschaft in der Frühen Neuzeit, in: GG 7. 1981, 5-41.

Landwirtschaft

Achilles, W., Die Lage der hannoverschen Landbevölkerung im späten 18. Jahrhundert, Hildesheim 1982.

Albrecht, P., Die Förderung des Landesausbaues im Herzogtum Braunschweig-Wolfenbüttel im Spiegel der Verwaltungsakten des 18. Jahrhunderts 1771-1806, Braunschweig 1980.

Harnisch, H., Peasants and Markets. The Background to the Agrarian Reforms in Feudal Prussia East of the Elbe, 1760-1807, in: R. J. Evans u. W. R. Lee (Hg.), The German Peasantry. Conflict and Community in Rural Society from the 18th to the 20th Centuries, London 1986, 37-70.

Mager, W., Landwirtschaft u. ländliche Gesellschaft auf dem Weg in die Moderne, in: H. Berding u. a. (Hg.), Deutschland u. Frankreich im Zeitalter der Französischen Revolution, Frankfurt 1989, 59-99.

Protoindustrialisierung als Konzept

Houston, R. u. Snell, K. D. M., Proto-Industrialization? Cottage Industry, Social Change and Industrial Revolution, in: Hist. Journ. 27. 1984, 473-492.

Kriedte, P. u. a., Die Proto-Industrialisierung auf dem Prüfstand der historischen Zunft. Antwort auf einige Kritiker, in: GG 9. 1983, 87-105.

Mager, W., Protoindustrialisierung u. Protoindustrie. Vom Nutzen und Nachteil zweier Konzepte, in: GG 14. 1988, 275-303.

Schultz, H., »Protoindustrialisierung« u. Übergangsepoche vom Feudalismus zum Kapitalismus, in: ZfG 31. 1983, 1079-91.

Gewerbliche Entwicklung: Fallstudien

Freudenberger, H., Die proto-industrielle Entwicklungsphase in Österreich als sozialer Lernprozeß, in: H. Matis (Hg.), Von der Glückseligkeit des Staats, Berlin 1981, 355-82.

Kisch, H., Die hausindustriellen Textilgewerbe am Niederrhein vor der industriellen Revolution. Von der ursprünglichen zur kapitalistischen Akkumulation, Göttingen 1981.

Kriedte, P., Proto-Industrialisierung u. großes Kapital. Das Seidengewerbe in Krefeld u. seinem Umland bis zum Ende des Ancien Régime, in: AfS 23. 1983, 219-66.

Mager, W., Protoindustrialisierung u. agrarisch-heimgewerbliche Verflechtung in Ravensberg während der frühen Neuzeit. Studien zu einer Gesellschaftsformation im Übergang, in: GG 8. 1982, 435-74.

Medick, H., Privilegiertes Handelskapital u. »kleine Industrie«. Produktion u. Produktionsverhältnisse im Leinengewerbe des altwürttembergischen Oberamts Urach im 18. Jahrhundert, in: AfS 23. 1983, 267-310.

Meier, T., Handwerk, Hauswerk, Heimarbeit. Nichtagrarische Tätigkeiten u. Erwerbsformen in einem traditionellen Ackerbaugebiet des 18. Jahrhunderts, Zürich 1986.

Otruba, G. (Hg.), Österreichische Fabrikprivilegien vom 16. bis ins 18. Jahrhundert u. ausgewählte verwandte Quellen zur Frühgeschichte der Industrialisierung, Wien 1981.

Handwerk

Bade, K. J., Altes Handwerk, Wanderzwang u. Gute Policey: Gesellenwanderung zwischen Zunftökonomie u. Gewerbereform, in: VSWG 69. 1982, 1-37.

Deter, G., Handwerksgerichtsbarkeit zwischen Absolutismus u. Liberalismus. Zur Geschichte der genossenschaftlichen Jurisdiktion in Westfalen im 18. u. 19. Jahrhundert, Berlin 1987.

Elkar, R. S. (Hg.), Deutsches Handwerk im Spätmittelalter u. Früher Neuzeit. Sozialgeschichte – Volkskunde – Literaturgeschichte, Göttingen 1983.

Grießinger, A., Das symbolische Kapital der Ehre. Streikbewegungen u. kollektives Bewußtsein deutscher Handwerksgesellen im 18. Jahrhundert, Frankfurt 1981.

Grießinger, A. u. Reith, R., Lehrlinge im deutschen Handwerk des ausgehenden 18. Jahrhunderts. Arbeitsorganisation, Sozialbeziehungen u. alltägliche Konflikte, in: ZHF 13. 1986, 149-99.

Henkel, M., Zunftmißbräuche. »Arbeiterbewegung« im Merkantilismus, Frankfurt 1989.

Hof, H., Wettbewerb im Zunftrecht. Zur Verhaltensgeschichte der Wettbewerbsregelung durch Zunft u. Stadt, Reich u. Landesherr bis zu den Stein-Hardenbergschen Reformen, Köln 1983.

Kaufhold, K. H., Gewerbe u. ländliche Nebentätigkeiten im Gebiet des heutigen Niedersachsen um 1800, in: AfS 23. 1983, 163-218.

Reinighaus, W., Gewerbe in der frühen Neuzeit, München 1990.

Schultz, H., Landhandwerk im Übergang vom Feudalismus zum Kapitalismus, Berlin (DDR) 1984.

Schulz, K., Handwerksgesellen u. Lohnarbeiter. Untersuchungen zur oberrheinischen u. oberdeutschen Stadtgeschichte des 14. bis 17. Jahrhunderts, Sigmaringen 1985.

Wissel, R., Des alten Handwerks Recht u. Gewohnheit, Neuaufl. bearb. E. Schraepler, 5 Bde. Berlin 1971²-1986.

Vermittlung neuer Wertordnungen

Dipper, Ch., Volksreligiosität u. Obrigkeit im 18. Jahrhundert, in: W. Schieder (Hg.), Volksreligiosität in der modernen Sozialgeschichte, Göttingen, Bd. 4, 1986, 73-96.

Landes, D. S., Revolution in Time. Clocks and the Making of the Modern World, Cambridge 1983.

Münch, P. (Hg.), Ordnung, Fleiß u. Sparsamkeit. Texte u. Dokumente zur Entstehung der »bürgerlichen Tugenden«, München 1984.

Neugebauer, W., Absolutistischer Staat u. Schulwirklichkeit in Brandenburg-Preußen, Berlin 1985.

Piesowicz, K., Lebensrhythmus u. Zeitrechnung in der vorindustriellen u. industriellen Gesellschaft, in: GWU. 1980, 465-85.

Schulze, W., Vom Gemeinnutz zum Eigennutz. Über den Normenwandel in der ständischen Gesellschaft der Frühen Neuzeit, in: HZ 243. 1986, 591-626.

Simon, Ch., Untertanenverhalten u. obrigkeitliche Moralpolitik. Studien zum Verhältnis zwischen Stadt u. Land im ausgehenden 18. Jahrhundert am Beispiel Basels, Basel 1981.

Politisches Denken

Bödeker, E. u. Hermann, U. (Hg.), Aufklärung als Politisierung – Politisierung der Aufklärung, Hamburg 1987.

Klippel, D., Politische Theorien im Deutschland des 18. Jahrhunderts, in:

Aufklärung 2/2. 1987, 57-87.

Klueting, H., Die Lehre von der Macht der Staaten. Das außenpolitische Machtproblem in der »politischen Wissenschaft« u. in der praktischen Politik im 18. Jh., Berlin 1986.

Müller, R. A., Fürstenspiegel des 17. Jahrhunderts. Regierungslehren u. politische Pädagogik, in: HZ 240. 1985, 511-97.

Münkler, H., Im Namen des Staates. Die Begründung der Staatsräson in der Frühen Neuzeit, Frankfurt 1988.

Stollberg-Rillinger, B., Der Staat als Maschine. Zur politischen Metaphorik des absoluten Fürstenstaates, Berlin 1986.

Vierhaus, R., Deutschland im 18. Jahrhundert. Politische Verfassung, soziales Gefüge, geistige Bewegungen. Ausgewählte Aufsätze, Göttingen 1987.

Absolutismus und Policey

Baum, D., Bürokratie u. Sozialpolitik. Zur Geschichte staatlicher Sozialpolitik im Spiegel der älteren deutschen Staatsverwaltungslehre, Berlin 1988.

Fürbringer, Ch., Necessitas u. Libertas. Staatsbildung u. Landstände im 17. Jahrhundert in Brandenburg, Frankfurt 1985.

Fulbrook, M., Piety and Politics. Religion and the Rise of Absolutism in England, Württemberg and Prussia, Cambridge 1983.

Hellmuth, E., Naturrechtsphilosophie u. bürokratischer Werthorizont in Preußen. Studien zur preußischen Geistesgeschichte des 18. Jahrhunderts, Göttingen 1985.

Kunisch, J. (Hg.), Der dynastische Fürstenstaat, Berlin 1982.

Matis, H. (Hg.), Von der Glückseligkeit des Staates. Staat, Wirtschaft u. Gesellschaft in Österreich im Zeitalter des aufgeklärten Absolutismus, Berlin 1981.

Preu, P., Polizeibegriff u. Staatszwecklehre. Die Entwicklung des Polizeibegriffs durch die Rechts- u. Staatswissenschaften des 18. Jahrhunderts, Göttingen 1983.

Raeff, M., The Well-Ordered Police State. Social and Institutional Change through Law in the Germanies and Russia 1600-1800, New Haven 1983.

Rassem, M. u. Stagl, J. (Hg.), Statistik u. Staatsbeschreibung in der Neuzeit, Paderborn 1980.

Schlögl, R., Bauern, Krieg u. Staat. Oberbayerische Bauernwirtschaft u. frühmoderner Staat im 17. Jahrhundert, Göttingen 1988.

Schulze, R., Policey u. Gesetzgebungslehre im 18. Jahrhundert, Berlin 1982.

Stolleis, M., Geschichte des öffentlichen Rechts in Deutschland, Bd. I: Reichspublizistik u. Policeywissenschaft 1600-1800, München 1988.

Höfe und Behörden

Buck, A. u. a. (Hg.), Europäische Hofkultur im 16. u. 17. Jahrhundert, 3 Bde., Hamburg 1981.

Ehalt, H. Ch., Ausdrucksformen absolutistischer Herrschaft. Der Wiener Hof im 17. u. 18. Jahrhundert, München 1980.

Quarthal, F., Korruption in Gesellschaft u. Staat des Ancien Régime, in: Sozialwiss. Informationen 16. 1987, 41-46.

Schnur, R. (Hg.), Die Rolle der Juristen bei der Entstehung des modernen Staates, Berlin 1986.

van den Heuvel, Chr., Beamtenschaft u. Territorialstaat. Behördenentwicklung u. Sozialstruktur im Hochstift Osnabrück 1550-1800, Osnabrück 1984.

Reich und Stände

Duchhardt, H., Westfälischer Frieden u. internationales System im Ancien Régime, in: HZ 249. 1989, 529-43.

Press, V., The Habsburg Court as a Center of the Imperial Government, in: JMH 58, Suppl. 1986, 523-545.

Ders., Das Römisch-Deutsche Reich. Ein politisches System in verfassungs- u. sozialgeschichtlicher Fragestellung, in: G. Klingenstein u. H. Lutz (Hg.), Spezialforschung u. »Gesamtgeschichte«, Wien 1982, 221-42.

Troßbach, W., Fürstenabsetzungen im 18. Jahrhundert, in: ZHF 13. 1986, 425-54.

Schindling, A., Der Westfälische Frieden u. der Reichstag, in: H. Weber (Hg.), Politische Ordnungen u. soziale Kräfte im alten Reich, Wiesbaden 1980.

Schmidt, G. (Hg.), Stände u. Gesellschaft im Alten Reich, Stuttgart 1989.

Willoweit, D., Struktur u. Funktion intermediärer Gewalten im Ancien Régime, in: Gesellschaftliche Strukturen als Verfassungsproblem. Intermediäre Gewalten, Assoziationen, öffentliche Körperschaften im 18. u. 19. Jahrhundert, Berlin 1978, 9-27.

Frieden und Krieg

Burkhardt, J., Abschied vom Religionskrieg. Der Siebenjährige Krieg u. die päpstliche Diplomatie, Tübingen 1985.

Duchhardt, H. (Hg.), Krieg u. Frieden im Zeitalter Ludwigs XIV., Düsseldorf 1987.

Kroener, B. (Hg.), Europa im Zeitalter Friedrichs d. Gr. Wirtschaft, Gesellschaft, Kriege, München 1989.

Kunisch, J. (Hg.), Staatsverfassung und Heeresverfassung in der europäischen Geschichte der frühen Neuzeit, Berlin 1986.

Parker, G., Die militärische Revolution. Kriegskunst und der Aufstieg des Westens 1500–1800, Frankfurt 1990.

Deutschland und die Französische Revolution

v. Aretin, K. O. u. Härter, K. (Hg.), Revolution u. Konservatives Beharren. Das Alte Reich u. die Französische Revolution, Mainz 1990.

Berding, H. u. a. (Hg.), Deutschland u. Frankreich im Zeitalter der Französischen Revolution, Frankfurt 1989.

Herzig, A. u. a. (Hg.), »Sie, und nicht Wir«. Die Französische Revolution u. ihre Wirkung auf Norddeutschland u. das Reich, 2 Bde., Hamburg 1989.

Stammen, Th. u. Eberle, F. (Hg.), Deutschland u. die Französische Revolution 1789-1806, Darmstadt 1988.

Voss, J. (Hg.), Deutschland u. die Französische Revolution, München 1983.

Neue Historische Bibliothek
in der edition suhrkamp

»Hans-Ulrich Wehlers fast aus dem Nichts entstandene ›Neue Historische Bibliothek‹ ist (...) nicht nur ein forschungsinternes, sondern auch ein kulturelles Ereignis.«   Frankfurter Allgemeine Zeitung

314/1/6.90

Neue Historische Bibliothek
in der edition suhrkamp

Neue Historische Bibliothek
in der edition suhrkamp

314/3/6.90

edition suhrkamp
Eine Auswahl

edition suhrkamp
Eine Auswahl

edition suhrkamp
Eine Auswahl

edition suhrkamp
Eine Auswahl

edition suhrkamp
Eine Auswahl

316/5/6.90

edition suhrkamp
Eine Auswahl

edition suhrkamp
Eine Auswahl

edition suhrkamp
Eine Auswahl

316/8/6.90